KB276069

누가 만들어도 참 쉬운

한지 전통등

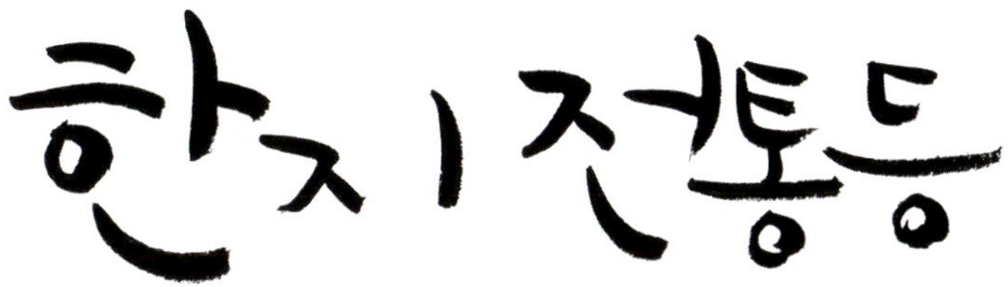

글·사진 전영일

불광출판사

목차

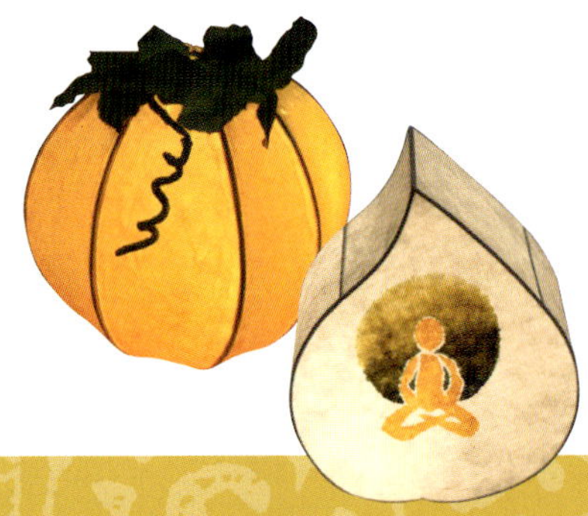

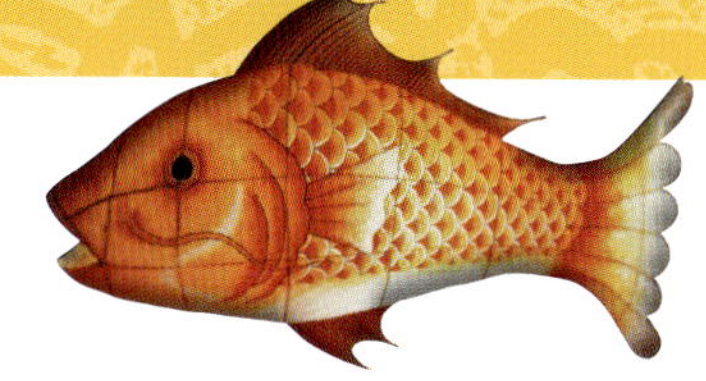

책머리에

전기가 얼마나 위대한 것인지 몸소 경험한 사람들은 적어도 도시가 아닌 시골 출신으로 40대 이상의 나이에 접어들었을 것이다. 우리나라는 1970년대에 들어서 비로소 전기가 전국적으로 보급되었기 때문이다. 나도 그런 사람 가운데 하나이다. 촛불로 불 밝힌 방이 '운치 있고 로맨틱하다.'라고 느끼기에는 현실적으로 전깃불이 필요했던 시기를 보냈다. 그런 탓에 운치 있거나 로맨틱하다는 느낌이 들기보다는 먼저 어린 시절의 여러 가지 기억이 촛불과 함께 떠오른다. 등불을 다루고 있는 지금도 나는 여전히 어릴 때의 그 촛불이 눈에 아른거린다. 어머니는 밤에도 늘 일하셨지만, 우리 형제들은 공부할 때만 불을 켤 수 있었다. 밤에 손톱을 깎으면 귀신이 나온다는 말 따위는 미신이라고 무시할 정도로 큰 뒤에도, 전깃불을 마음대로 쓸 수 있게 된 뒤에도 밤에 손톱 깎는 일은 꺼림칙하게 느껴졌다. 그것은 오랫동안 내려온 절약의 습관이었고, 그런 습관이 문화적으로 나타난 것 중의 하나이다. 그럴 정도로 등불은 귀한 것이었다.

1970년대 중반 무렵 우리 동네에 전기가 들어왔다. 밤을 대낮처럼 훤히 밝히는 전깃불을 보고 다들 좋아했다. 나뿐만 아니라 많은 내 또래들은 그 후 더욱 골치 아픈 시간을 보내야 한다는 사실을 몰랐다. 어머니의 바느질과 집안일은 이제 점점 저녁시간으로 옮겨왔다. 전기는 큰 혜택이지만, 그 혜택을 받는 사람들에게서 잠자는 시간을 앗아갔다. 그렇게 삶의 형태도 변하게 되었다. 전기는 어두운 밤을 밝히면서 우리에게 현대의 산업사회를 선사했

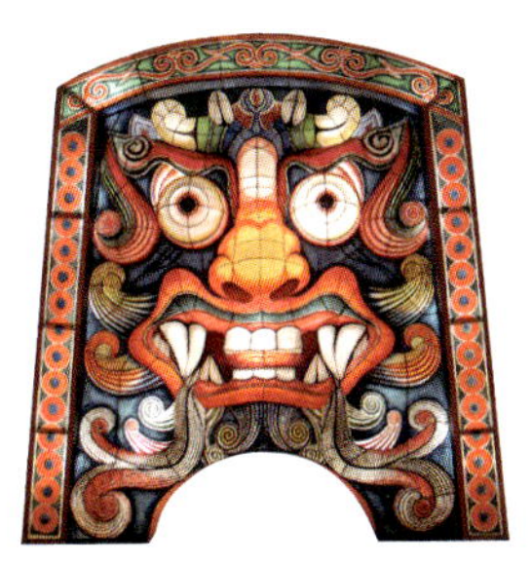

던 것이다.

인류에게 불은 '진보' 그 자체였다. 불의 에너지는 전기로 변화, 발전하였고, 그 에너지가 주는 편리함을 떠나서는 인류의 존재 자체가 어려울 것이다. 우리에게 전기를 이용하는 생활의 변화는 가히 혁명적이었다. 30여 년 전 눈으로 확인한 그 충격은 아직도 잊을 수 없는 추억이 되었다.

전기 조명과 관련된 이야기는 한국의 산업화 과정에서 빼 놓을 수 없는 부분이다. 세계에서 가장 최단시간에 이뤄낸 일인당 국민소득 20,000달러 시대가 겪어야만 했을 어떤 과정이라고 할 수 있다. 우리는 전기 에너지가 주는 편리함과 이로움의 이면에서 잃은 것이 너무 많다는 사실을, 그것도 시간이 한참 지나간 후에 느꼈다. 적어도 지금 내가 확인하는 대한민국은 그렇다. 우리에게는 전기가 무엇이며 그것이 어떤 변화를 가져올지 경계하거나 고민할 시간조차 주어지지 않았다. 밤늦게 공부라도 할라치면 등잔 그을음에 코밑이 시커멓게 되었던 시절, 어머니를 마중하러 나갔던 밤길에 가끔 소스라치게 놀라지만 어머니 목소리를 듣고서야 환하게 웃던 시절이 아주 오래된 기억으로 남았다. 전깃불에 익숙한 요즘 아이들은 이런 이야기를 결코 믿지 않는다.

전기를 사용하면서 새로운 일터가 끊임없이 만들어졌고 세상과 단절된 공장의 전기 불빛 아래에서 세상을 놀라게 한 대한민국의 산업발전이 시작되었다. 화려한 샹들리에와 번쩍거리는 도심의 광고가 부의 상징이라도 되는 것처럼 주거공간의 조명도 눈부시게 밝고 화려하다. 도대체 얼마나 많은 것을 보여주고 싶은지 상상하기 어려울 정도로 우리의 밤은 화려하고 현란하다. 대낮 같은 서울의 밤에 디자인 서울이라는 멋들어진 구호는 보이지 않으며 사람들은 돈과 향락을 쫓아 차갑고 화려한 조명 사이를 비집고 다닌다. 이제는 사람이 전기를 사용하는 것인지, 아니면 전기가 사람을 사용하는 것인지 좀처럼 감을 잡기가 어렵다.

사람들은 지나치게 밝고 요란한 현대의 조명에 쉽게 염증을 느낀다. 빠르게 전기를 수용하고 급속하게 경제발전을 이룬 것과 마찬가지로 이러한 염증이 아주 빠르고 광범위하게 나타난다. 마치 잃어버린 것을 찾아야만 하는 것처럼. 전통등이 인기 있는 이유가 이런 것 때문이 아닌가 생각한다. 한지라는 구시대의 종이와 철사를 이리저리 구부리고 모양을 내서 만드는, 노동집약적인 작업을 통해 우리의 색감과 정체성을 보는 것은 아닐까라고 말이다.

우리의 전통등에는 사람 냄새가 난다. 하나하나 손으로 만들 수밖에 없기 때문에 조금은 투박해 보이지만 한지를 통해 나오는 빛깔은 도시의 차가운 화려함에 비할 바가 아니다. 전기가 들어오기 전에 촛불이나 등불을 사용하면서 느꼈던 정감 어린 은은한 느낌이 한지전통등의 빛을 통해 나오는 것이다.

이 책은 누구나 한 번쯤은 직접 만들고 싶은 한지전통등을 쉽게 만들 수 있도록 하기 위해 기획되었다. 어떤 문화이든 직접 참여해서 체험하는 문화가 눈으로만 보고 즐기는 문화보다 더 깊은 감동을 주고 생명력이 있다. 연등회·연등축제와 전통등전시회 등을 통해 사라져 가던 전통등 문화가 되살아나고 있는 이 시점에서 필요한 것은 우리 것이 좋다는 단순한 품평을 넘어서는 것이다. 작은 등이라도 직접 만들어 집 안을 장식하거나 더 나아가 자신이 직접 만든 등을 들고 축제에 참여하는 것이 우리의 훌륭한 '등 문화'를 꽃피우는 것이라고 확신한다.

이 책을 만든 가장 중요한 이유는 한지를 사용하여 전통등을 만들려는 사람들의 이해를 돕고, 한지전통등을 만들고 즐기는 문화가 널리 확대되기를 바라는 마음이다. 그래서 작은 부분 하나하나도 가능한 한 놓치지 않고 자세히 설명하기 위해 노력하였고, 쉽게 이해할 수 있도록 수많은 과정 사진과 일러스트를 함께 실었다. 단순히 한지로 전통등만 제작하는 것이 아니라, 현대적으로 재해석한 창작등과 여러 가지 행렬등, 인테리어 등의 제작방법도 함께 소개하였다. 또한 가정에서 자녀와 함께 즐길 수 있도록 일상생활에서 쉽게 구할 수 있는 물건을 재활용하여 만든 여러 가지 재미있는 등도 소개하였다. 책의 마지막 부분에서는 조명과 유희를 위한 등의 전통적 기능을 넘어서, 예술작품으로 승화한 모습을 담고자 노력하였다. 한지전통등을 소개한 첫 책을 만든 지 8년 만에 한지전통등의 본격적인 제작방법을 다양하게 담은 책을 만들다 보니 생각보다 욕심이 앞서게 되어 다소 많은 분량이 되었다.

이 책에 충분히 다 설명하지 못하고 부족한 점이 많지만, 우리의 한지전통등 만들기를 쉽게 설명한 첫 번째 책이 세상에 나온 것에 만족한다. 그러나 이 책은 마무리가 아니라 시작이다. 이 책을 시작으로 각 부분별로 더욱 세밀하고 자세한 설명을 곁들인 다음 책을 만들기 위해 더욱 분발할 것을 여러분에게 약속한다.

불광출판사를 비롯해 이 책이 나오기까지 많은 분의 도움이 있었지만 정말 수고해 준 사람들은 우리 작업실의 동료들이다. 나 혼자 힘으로는 어려운, 수많은 작품을 함께 밤새워 만든 보람이 책으로 만들어졌기 때문이다.

파주의 작업실에서

2011년 5월
전영일

1

전통등의 이해

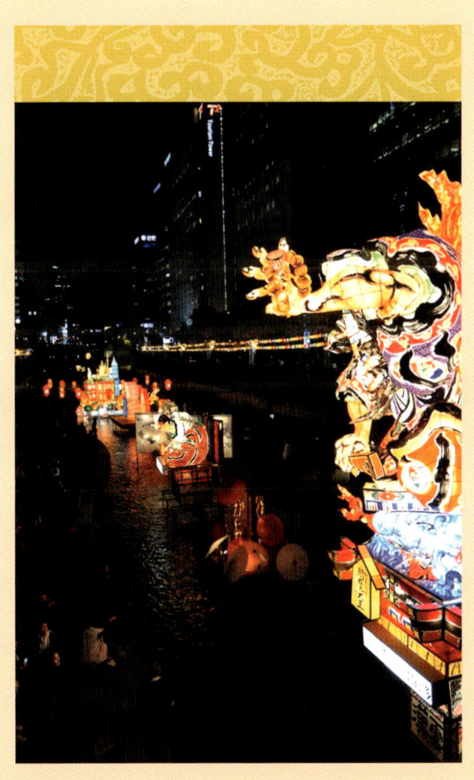

1 · 우리의 전통등

1) 전통등이란

인류의 발전을 이야기할 때 빼놓을 수 없는 발견이 몇 가지 있는데, 그 중의 하나가 바로 불이다. 불을 사용해서 음식을 익혀 먹을 수 있었고, 여러 가지 도구를 만들 수 있게 되었고, 어두운 곳을 밝히고, 잠자리를 따뜻하게 하며, 사나운 맹수를 쫓아낼 수 있었다. 신의 영역에 속하던 불을 인간이 다루게 되면서 인류는 수많은 발전을 이룩해 나갔다. 이렇게 중요한 불은 따로 불씨를 만들어 잘 간직하였는데, 잘못하여 불씨를 꺼트리면 큰 잘못을 저지르는 것이었다.

불씨로 만든 등불은 어둠을 밝히는 기능에 권력을 상징하는 기능을 점차 더하여 갔으며, 시간이 지남에 따라 그 빛깔이나 형태를 달리하여 새로운 기능을 추가하였다. 예를 들어, 황해도 안악군 오군리에 있는 고구려 고국원왕의 무덤인 안악 3호분의 벽화를 살펴 보자. 무덤의 회랑에는 왕의 관인 '백라관'을 쓰고 수레를 탄 무덤의 주인이 문무백관과 악대, 무사 등 250여 명에 달하는 사람들의 호위를 받으며 행진하는 행렬도가 그려져 있다. 그 행렬에 참가한 사람 중에 갓이 씌워진 등롱을 든 등롱수의 모습(사진 참조)을 분명하게 찾아볼 수 있다. 이것은 불을 자유롭게 사용할 수 있었던 지배층의 고급스러운 문화를 분명하게 보여 주고 있다. 조선시대에도 등롱의 색으로 지위를 표시하였는데 그러한 방법이 최소한 전성

기의 고구려 시대에도 분명
히 존재했음을 알 수 있다.
고구려가 불빛을 직접 조명
으로만 사용하지 않고 등의
불빛을 감싸서 투과하는 불
빛의 색을 의례용으로 사용
하였다는 것은 문화적으로
상당히 진일보한 것임에 분
명하다.

초파일 연등놀이와 관련
된 자료에 따르면 여러 가
지 형태의 등롱(燈籠)이 있
다. 고관대작이 사용하는
품위 있는 좌등이나 사초롱

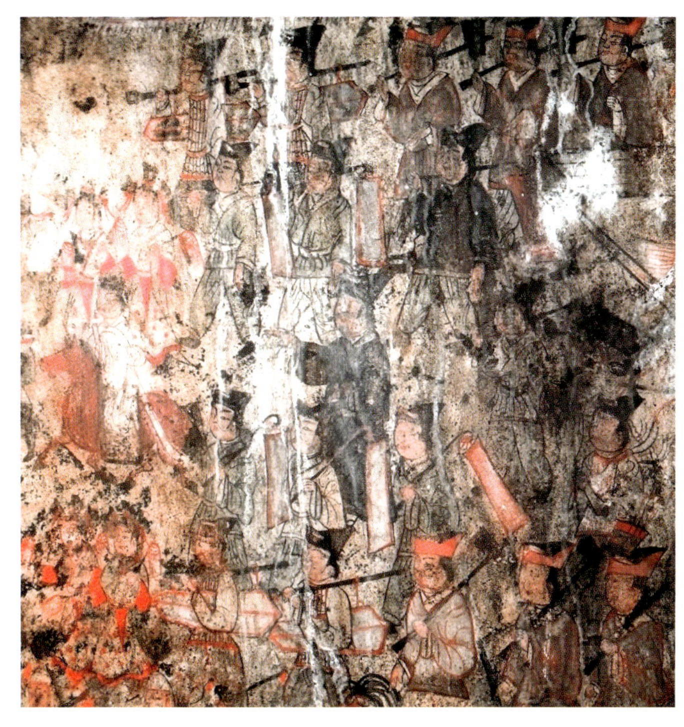

안악3호분 주실 행렬도에 등장하는 등롱

처럼 격식을 갖춘 등롱이 있고, 초파일 민속인 연등놀이에 사용하는 여러 가지 형태의 등롱
에는 온갖 정성이 깃들어 있다. 연등놀이에 사용하는 등은 만드는 이의 소망과 염원을 표현
하는 다양한 모양으로 창조되었는데, 이런 유희용 등은 실내를 조명하거나, 외출할 때 조용
히 들고 다녔던 다소곳하고 진지하며 권위 있는 등과는 분명히 거리가 있는, 역동적이고 익
살과 재미가 넘치는 예술품이다. 물론 연등놀이에, 사각등이나 육각등과 같은 단순한 형태
의 등도 많이 등장했을 것으로 생각된다. 연등놀이에 참가하는 등에는 어떤 특별한 제약이
없었던 것으로 추정된다. 연등놀이를 위해 전문가가 아닌 일반 백성의 손으로 수많은 등이
만들어졌기 때문에, 연등놀이의 등은 모든 등을 포괄한다고 할 수 있다. 따라서 전통등의
정체성은 우리 민족의 소망과 정신, 공동체의 전통이 깃들어 있는 연등놀이의 등으로 지금
도 계승되고 있는 것으로 규정할 수 있다.

삼국시대부터 시작하여 현재에 이르는, 무려 천 년이 넘도록 지속되어온 창조적 예술품
인 연등놀이의 등은 지금도 더욱 새롭게 만들어지고 있다. 숭유억불의 상황에서도, 일제의
강압적 통치하에서도, 군부 독재시대에서도, 눈부시게 밝고 화려한 조명이 집과 거리를 휘
황찬란하게 뒤덮고 있는 요즘의 세상 한가운데서도 우리의 전통등은 끊임없이 이어지고 있

다. 이렇게 우리 민족의 소망과 사상이 담긴 연등놀이의 등롱이야말로 우리의 '전통등'이라고 불릴 당위성이 있다.

연등놀이의 등은 몇몇 전문적인 기술보유자에 의한 특별하고 폐쇄적인 계승이 아니라 매년 어디에서나 습속적(習俗的)으로 만들고 창작되는 거대한 민중적 예술행위였다. 이러한 사실에서 연등놀이의 전통등 문화가 갖는 민속적 특징과 장점을 잘 알 수 있다. 전통등 만들기가 종이나 천을 대충 발라서 등롱의 형태만 갖춘 것이라면 거대한 민중적 예술행위를 운운할 필요도 없겠으나 옛 문헌이나 자료를 보면 지금의 기준으로도 쉽지 않은 작업을 했던 것이 분명하다. 동네의 어린이들이 등을 만들 비용을 구하기 위해 돌아다니고 오랜만에 모여서 웃고 떠들며 며칠 밤낮 동안 등을 만들었을 것이다. 아마도 우리 민족의 탁월한 손재주와 감각은 등을 만드는 전통 속에서 다듬어지지 않았을까 생각한다.

전통문화를 소중하게 여기는 최근의 흐름은 TV의 사극 드라마 비중에서도 찾을 수 있다. 여전히 우리는 역사 속에서 무언가 얻길 원하고 우리 민족의 공통적인 문화적 테두리를 만들고자 한다. 그런데 이렇게 수많은 드라마와 극에서도 전통등의 모습을 발견하기가 어렵다.

연등놀이에서 비롯된 전통등은 모양도 여러 가지였는데 지방의 특색이나 형편에 따라 한지나 면, 새의 깃털, 비단에 이르기까지 다양한 소재를 사용하여 만든 것인 만큼 연등놀이가 대단한 볼거리였고 무척 즐거운 놀이였을 것이다. 연등놀이가 끝나면 등을 태우거나 집에 가져 와 집 안을 지키는 등불 역할을 했겠지만 기름이 귀했던 시절이므로 늘 불을 켜놓지는 않았을 것이다. 고려시대 최이가 대보름에 행하던 연등놀이를 초파일로 옮긴 후에도 계절과 지방을 불문하고 광범위하게 연등놀이를 한 것으로 보인다. 그럼에도 불구하고 그것을 상상하는 게 뭐 그리 어려운 일일까? TV 드라마의 작가는 전통등을 무시하는 것일까? 물론 아닐 것이다.

연등놀이 모습이나 여러 가지 형태의 전통등이 TV의 사극 드라마에 등장하는 일이 많아졌으면 하지만 정확한 사료가 없어서인지, 아니면 등에 대한 인식이 없어서인지 모르겠지만 아직은 찾기 어렵다. 아마도 전통등에 대해 잘 모르기 때문에 생긴 현상이 아닐까 추측한다. 그러나 이것은 전통등 문화가 더욱 확산되고 보급되어야 하는 이유가 하나 추가된 것에 불과하다.

빠르게 변화하는 현실 속에서 우리의 전통을 계승하고 발전시키는 것이 결코 쉬운 일은

아니다. 전통등은 단지 어둠을 밝히는 기능에서 벗어
난 우리 민족의 정서와 사상이 담긴 소중한 문화유산
이다. 이러한 문화유산을 잘 가꾸고 발전시키는 일이
남아 있다.

2) 다양한 형태의 놀이 등

4세기의 안악 3호분 고구려 벽화에 등장하는 여러 가
지 형태의 등롱으로 우리 선조들의 발달한 등 문화를
짐작할 수 있다. 이것은 연등회, 초파일 연등놀이로 이
어지는 유희적인 등 만들기가 광범위하게 확대·지속되
면서 단순한 조명의 역할을 뛰어넘어 민속적인 야간 놀
이문화로 정착되었다.

등을 밝히는 연료로는 동물이나 식물에서 추출한 액
체 기름이나 고체 기름이 사용되었고, 근대로 오면서
양초나 석유를 사용하였다. 이러한 연료에 심지를 연결
하여 불을 밝혔다. 등의 재료로는 금속이나 목재, 돌,
도자, 유리, 종이 등 다양하였다.

연등놀이와 관련하여 야외에서 조명과 놀이 기구로
사용된 제등(提燈)이 있다. 제등(提燈)은 청사초롱과 같
은 형태의 등으로 종교적 의미를 담아 장엄하거나, 조
명 기구로 사용하기도 하였고, 형태의 멋스러움으로 유
희적인 기능을 하기도 한다.

다양한 형태의 등에서 당시 사람들의 세계관과 종교
관을 엿볼 수 있다. 조선후기인 18세 말엽 조수삼의 『세
시기(歲時記)』의 연등놀이 풍속 설명에 나타난 전통등에
대해 알아보자. 풍요와 다산을 기원하는 석류등, 수박
등, 마늘등이 있고, 무병장수를 기원하는 거북등, 학등

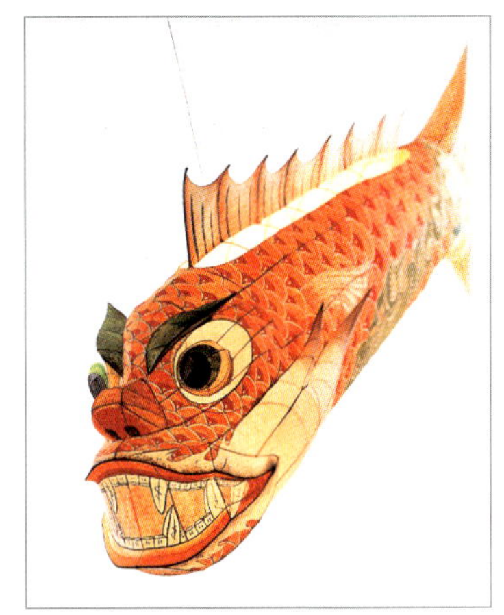

목어등

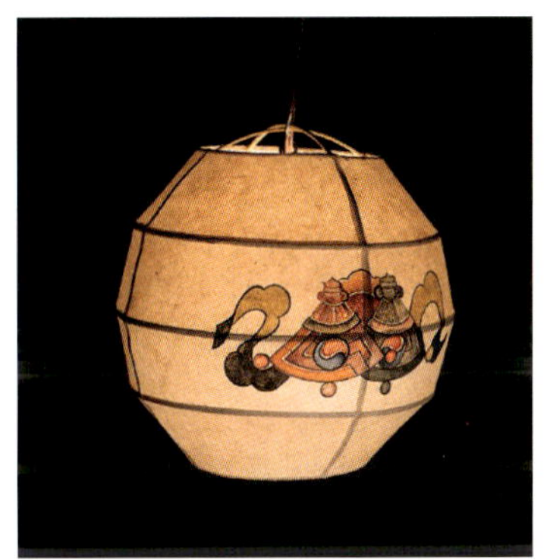

공등

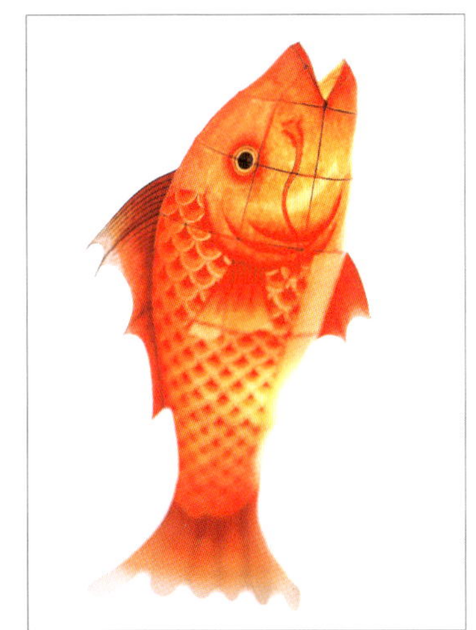

잉어등

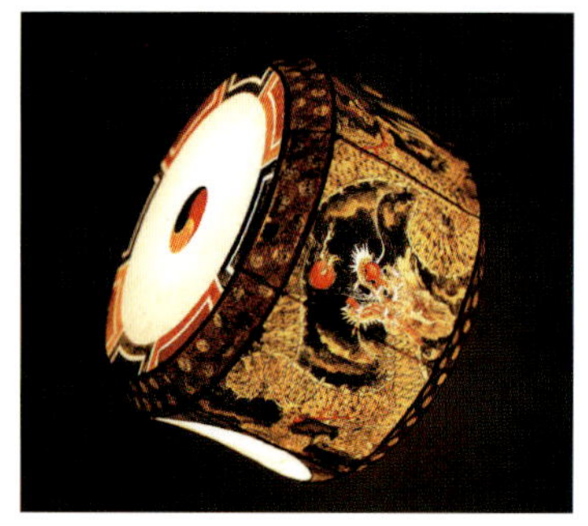

| 북등

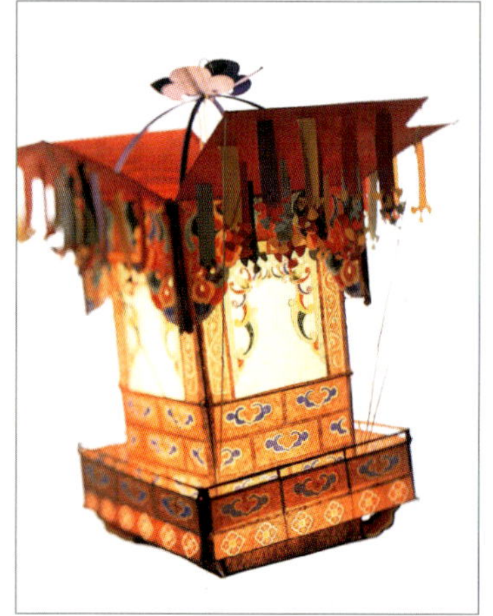

| 가마등

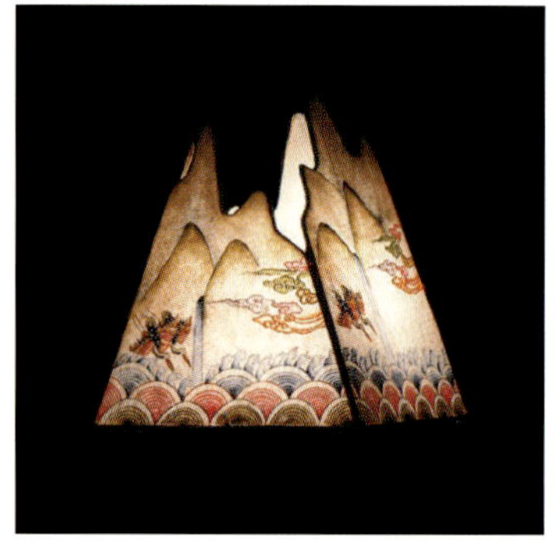

| 남산등

이 있고, 입신출세를 위한 잉어등, 척사를 위한 호랑이등이나 표범등이 있다. 이외에도 문헌에 남아 있는 등의 이름으로 연꽃등, 칠성등, 오행등, 일월등, 공등, 북등, 누각등, 난간등, 화분등, 가마등, 머루등, 병등, 항아리등, 방울등, 알등, 봉등, 자라등, 수복등(壽福燈), 태평등(太平燈), 만세등(萬歲燈), 남산등(南山燈) 등이 있다. 이러한 등의 이름에서 알 수 있듯이 모두 그 모양을 상징하고 있으며 수복등, 태평등, 만세등처럼 등에 써 넣은 글자에 의미를 두어 이름을 붙인 등도 있었다. 또한 이러한 등의 색깔과 모양이 매우 다채로웠다고 전해진다.

등을 만들 때 뼈대에 종이로 바르거나, 붉고 푸른 비단을 바르기도 하였다. 운모●를 끼워 비선(飛仙)과 화조(花鳥)를 그리기도 하고, 평평한 면과 모가 진 곳마다 세 가지 색의 종이를 돌돌 말아 붙이거나, 길쭉한 종이를 붙여 바람이 불 때 펄럭이는 모습이 매우 맛깔스러웠다. 북 모양의 등에는 장군이 말을 탄 모양이나 삼국지의 고사를 그렸다. 또한 등 안에 갈이틀을 만들어 넣고 종이를 잘라 말 타고 사냥하는 모습이나 매, 개, 호랑이, 이리, 사슴, 노루, 꿩, 토끼 모양을 선기에 붙여 바람에 빙빙 돌게 하여 밖에서 그림자를 보는 영등(影燈)도 있다. 이것을 회전등(回轉燈), 주마등(走馬燈)이라고도 한다. '시간이 주마등처럼 지나간다.'라는 말은 주마등 안에서 빙빙 도는 그림자를 보며 세월의 덧없음, 인생의 무상함을

● 운모. 육각형 판 모양인데, 얇은 조각으로 갈라지는 성질이 있는 광물이다. 백운모와 흑운모가 있고, 우리말로는 '돌비늘'이라고 부른다. 약재로도 사용되었지만, 은색 찬란한 빛깔과 얇고 투명한 성질로 장식용으로 많이 사용되었다. 요즘은 절연체나 현미경 등에 사용되기도 한다.

느낀다는 것에서 유래한다. 이러한 원리를 이용하는 등은 중국의 자료에도 자세하게 설명되어 있다. 이로 미루어 보아 등놀이, 불꽃놀이를 즐기는 중국과 한반도 사이에 많은 교류가 있었던 것으로 판단된다.

3) 조명을 위한 등

사대부 집의 방안에 근엄하게 앉아 있는 좌등이나 고관대작의 밤길을 안내하고 웅장한 기와집 대문에 걸려 있기도 했던 비단 등롱은 대다수의 평범한 백성들에게는 머나먼 것이었다. 초롱을 감싼 비단은 빛이 잘 새어나오게 하는 기능보다는 사용하는 이의 지위와 세도를 보여 주는 데 더없이 좋은 재료였다. 조선시대는 옷감의 재료나 색, 모양 등으로 신분을 표시하였기 때문에, 비단과 같은 귀한 물건은 일생에 한 번뿐인 혼례날과 같은 특별한 날이 아니면 일반 백성이 사용할 기회가 거의 없었다. 신분의 구분이 엄격했던 조선시대지만, 중기 이후 혼란한 사회 상황을 틈타 신분질서가 흔들리기 시작했고 이 기회를 놓치지 않고 등장한 집단이 양반의 권력독점에 저항하는 상공인 세력이었다. 그들은 조선 후기의 지방경제를 이끈 주체였는데, 신분질서가 느슨해진 속에서 경제적 여유가 있었던 이들은 왕가를 본 따서 혼례를 올리기 시작하였다. 우리가 전통혼례로 알고 있는 모습이 이 시기에 정착되었는데, 신부가 머리에 커다란 가채를 올리고 화려하게 장식한 꽃가마를 타고 가는 것이나, 신랑이 당상관복에 사모관대를 하고, 혼례집에는 청사초롱을 다는 것이 바로 그것이다. 이러한 것은 왕실이나 고위 관료와 같은 소수의 신분 높은 이들이 누리던 사치스러운 것이었다.

나무나 도자기로 품위 있게 만들어 집 안을 밝히는 좌등과 외출할 때에 사용하는 것으로 들고 다니는 제등(提燈), 마루나 처마에 걸어두는 괘등(掛燈), 행사나 특별한 경우에 쓰는 횃불과 순라꾼이 썼던 조족등 등은 불의 기능 중에서 어둠을 밝히는 조명의 역할에 충실했던 것이다.

좌등은 각진 형태의 등롱인데, 나무나 쇠로 만든 틀 안에 등불을 켜는 방식이다. 품위 있는 모양으로 만들어 집 안을 밝히는 데 사용하였다. 조선후기에는 유리를 이용하기도 하였고 그 위에 그림을 넣는 것이 유행하였는데 중국풍이 들어온 때문이라고 한다. 이러한 등은 방의 품위를 높이는 역할을 함께 했던 것으로 보인다.

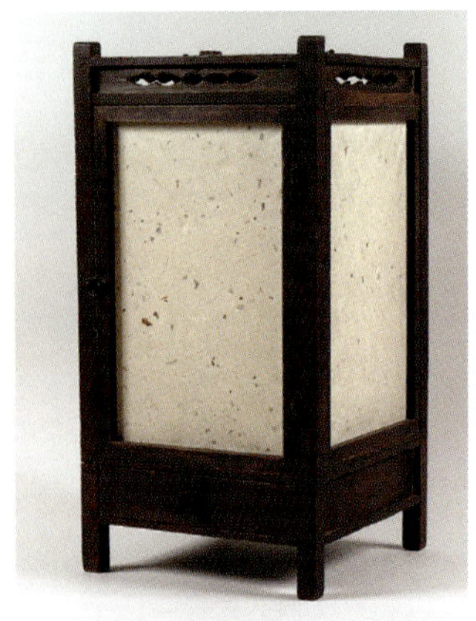

좌등(성균관대학교 박물관 소장)

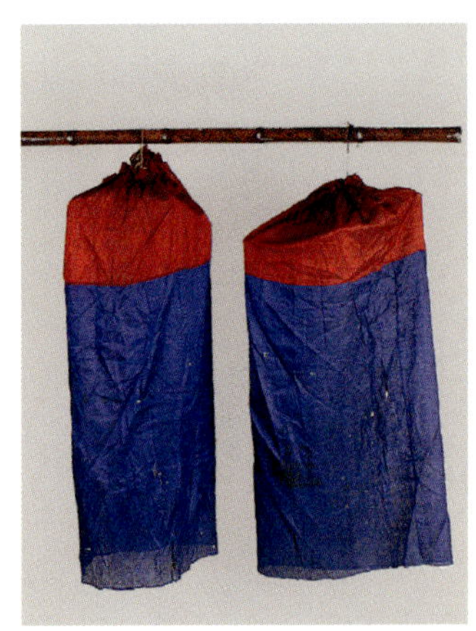

청사초롱(성신여대 박물관 소장)

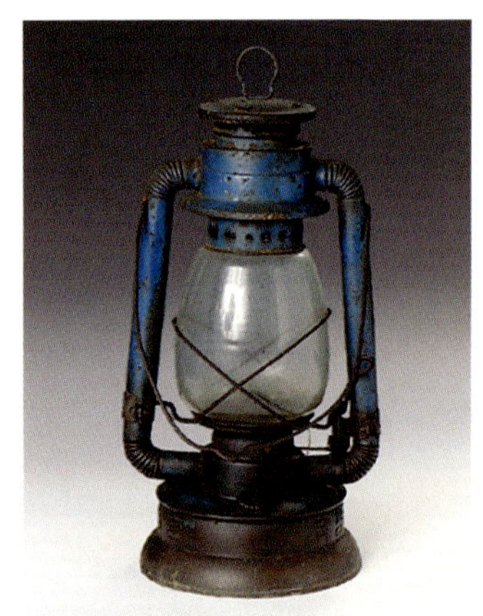

남포등(전주대 박물관 소장)

　초롱은 촛불을 싼 것이고 등롱은 기름불을 싼 것을 말한다. 청사초롱(靑紗초籠)을 말 그대로 풀어보면 청색 비단에〔靑紗〕 가두어진〔籠〕 촛불이다. 초 대신 등잔을 넣으면 청사등롱(靑紗燈籠)이 되고 홍색 비단을 쓰면 홍사등롱이 된다. 또한 비단 대신 종이로 겉을 싸고 초로 조명하면 지초롱(紙初籠)이 된다.

　남포등은 영어의 램프에서 유래된 등으로 많은 사람들이 기억하고 있는 석유 심지등이다. 양각등도 있었는데 남포등과 비슷한 모양이라고 한다. 양의 뿔을 고아서 얇게 만들면 투명해지는데 이 막을 둥글게 만들어 그 안에 등잔을 넣는 방식으로 알려져 있다.

　순라꾼이 주로 사용하던 조족등이라는 특수한 등이 있다. 이것은 축을 이용해서 등불을 받치도록 고안되어 있어서 기름 바른 갓 안에서 흔들림 없이 발 아래를 비추었다. 선조의 놀라운 발상을 느낄 수 있다.

　밤에도 어디든 다닐 수 있을 정도로 밝은 지금과 달리 과거에는 밤길을 다닐 때 등을 들고 다녔는데 그것도 품위유지가 가능한 사람이나 가능했을 것이다. 아무나 횃불을 들고 다녔다가는 관아에 끌려갈 수 있는 것이고. 웬만한 사람들은 비싸고 귀한 기름이나 양초를 걸어 다니며 쓸 수 없었던 것이다. 조선후기에 정조 대왕이 사도 세자의 묘인 현륭원에 행차하면서 관례처럼 사용하던 초롱 대신

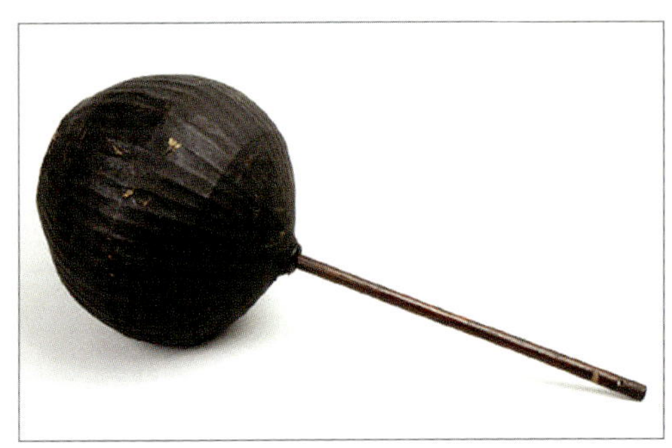

조족등(국립민속박물관 소장)

햇불을 사용하였다는 기록이 있다. 이것은 초나 기름이 비싸고 귀했기 때문에 거대한 행렬에 소용되는 비용을 줄이려고 했던 것이다. 현실이 이렇다 보니 일반 백성은 소나무의 송진을 뭉쳐 괴인 관솔을 이용하여 조명하였다고 한다. 백성이 사는 방과 부엌은 관솔에서 나온 검은 그을음이 가득했을 것이다.

4) 전통등과 한지

전통등은 다양한 재료를 사용하여 만들었다. 뼈대 재료는 주로 쉽게 구할 수 있는 가늘고 긴 나무를 이용하였고 조명 공간을 감싸는 재료는 다양한 종이와 천, 비단, 새의 깃털 등을 사용하였는데, 제한이 없다고 보는 게 맞을 것이다. 조명 재료는 각종 기름과 초가 사용되었다.

이러한 재료들은 현대에 와서 그 기능을 대체하는 새로운 것으로 바뀌었다. 뼈대를 만드는 재료로 과거에는 흔하게 구할 수 있었던 대나무, 싸리나무, 갈대, 그 밖에 가늘고 긴 나무 종류를 사용하였지만, 지금은 가장 저렴하고 손쉽게 구할 수 있는 철사가 그 역할을 하고 있다. 철사는 과거에도 있었지만, 꼭 필요할 때가 아니면 사용이 어려울 정도로 귀하고 비싼 것이었다.

등을 감싸는 재료는 과거에는 종이나 비단, 무명천, 나뭇잎 등을 사용하였으나 현대에 들어서는 합성섬유와 비닐로 대체되었다. 그러나 지금은 전통등을 되살리기 위해 전통종이인 한지를 많이 사용하기도 한다.

조명 장치는 초나 기름, 관솔 따위에서 화재위험이 거의 없으며 매우 밝은 전기제품으로 대체되었다. 양초는 과거와는 달리 지금은 비싸지 않고 쉽게 구할 수 있어서 많이 쓰이는 재료로 남았다.

이러한 재료의 변화에서도 제 역할을 다하고 있는 한지는 현대적 재료인 합성섬유로 만든 천이나 비닐이 가질 수 없는 고유한 멋과 화려함을 지녔다. 등불에 투영되는 한지의 멋진 모습은 보는 이들로 하여금 한지의 우수성을 새삼 느끼게 한다. 전통등은 현대화가 어려운 축제와 놀이를 위한 등이며 개인과 공동체의 소망을 담은 다양한 모양의 등이다. 기능성보다는 상징성, 유희적 측면이 중요하기 때문에 문화적인 색깔이 강하게 드러난다. 때문에 전통적인 등에는 채색이 잘되는 한지가 주로 쓰였는데 현대에도 조명성이 탁월하여 각광받고 있다. 한지는 그 우수성이 잘 알려져 있지만 등불에 비친 한지는 말로 형용할 수 없는 소중한 문화유산임을 증명한다.

전통등을 만드는 여러 가지 재료가 시대의 변화에 따라 변했지만 한지만은 그것을 대체할 것을 찾지 못하고 있다. 찾지 못하는 것이 아니라 한지에 맞추어 발전시키는 것이 옳을 것이다. 그것은 연등놀이에 등장하는 한지등의 아름다움을 보면 금방 알 수 있다. 보기만 해도 좋고 아름다우며 우리의 빛깔임을 금방 알 수 있다. 이토록 한국적인 감성을 가진 재료가 어디 있을까? 이토록 전통등의 장점을 살릴 수 있는 재료가 또 있을까?

한지는 우리 선조의 자연을 다루는 지혜이며 과학에 대한 겸손한 자긍심이다. 그래서 지금도 한지를 연구하고 있으며 그 우수함에 매번 놀라는 것이다. 이러한 한지를 더욱 발전시키기 위해서는 무엇보다 한지를 잘 만들 수 있도록 지원하는 정책적인 배려가 필요하다. 전통등은 한지를 떼어놓고는 상상하기 어렵기 때문에 더더욱 그러하다.

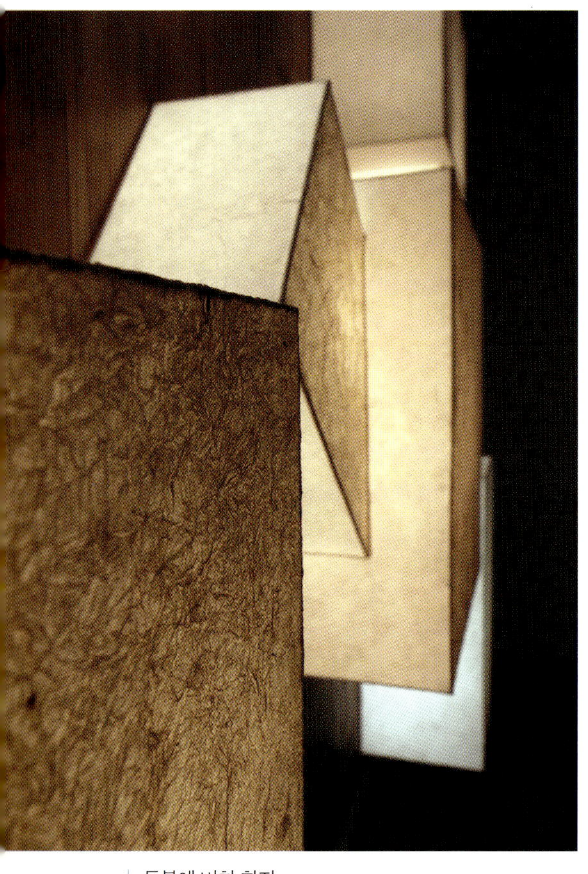

| 등불에 비친 한지

2 · 전통등과 축제

1) 연등놀이의 역사와 문화

우리나라의 연등놀이 역사를 살펴보면, 신라시대 경문왕과 진성여왕이 정월 보름 황룡사로 행차하여 '연등(燃燈)을 간등(看燈)했다.'라는 기록이 있다. 간등은 말 그대로 등을 구경했다는 뜻이다. 고려 시대는 연등회가 팔관회와 함께 큰 풍속으로 정착되었다. 국가적인 행사인 연등회를 위해 연등도감을 두어 주관하였으며, 정월 보름이나 2월 보름에 왕과 모든 백성이 풍년을 기원하며 궁궐부터 시골까지 갖가지 화려한 연등을 밝히고 잔치를 열고 노래와 춤을 즐겼다. 그러던 것이 고려 23대 고종 32년(1245년)부터는 최씨 무신정권의 최이에 의해 연등행사를 사월 초파일로 옮겨 시행하였는데, 그것이 오늘에 이르고 있다.

등롱 자체의 화려함이나 불빛이 주는 공간 장식성, 그리고 등잔을 이용한 등산(燈山), 화수(火樹)와 같은 다양한 연등의 모습은 사람들의 눈을 즐겁게 할 뿐만 아니라, 당대의 문인들이 시로 표현할 정도로 아름다움과 화려함을 자랑하였다.

고려시대 이인로는 『파한집』에서 "바람아 순하게 불어 금진이 떨어지지 않게 하고, 시간이 길어 옥충이 생김을 보리로다. 오로지 일편단심이 있으니 중동의 일월 같은 밝음을 도우리로다."라고 쓰고 있다. 이규보는 『동국이상국집』 제13권의 '등롱시'에서 "남방기름 북방칠 한꺼번에 사르는 줄을 연꽃으로 꾸민 등잔 일백 가지 붉었는데 화려한 자리를 두루두루

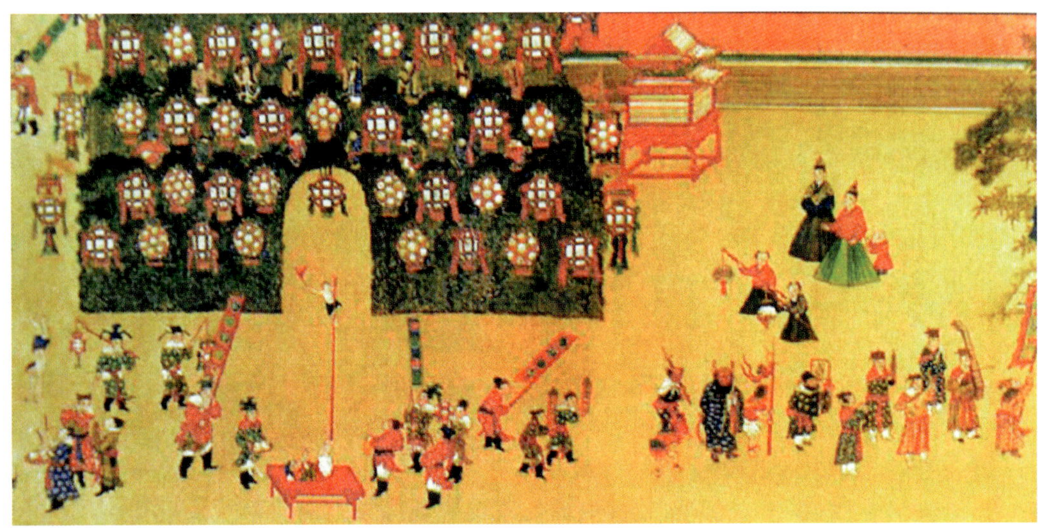

명헌종원소행락도(중국역사박물관 소장) : 고려의 연등회를 유추할 수 있다.

비쳐준다. 하룻밤 좋은 졸이 모두가 네 덕이다. 구석구석 비추어 밝은 달 구실 하누나."라고 읊었고, 같은 책 제14권에서는 "채색한 등롱의 용과 난새가 춤출 때 어좌를 중심으로 백관들 옹호했네. 붉은 사 등불에 번쩍이는데, 패옥 단 온갖 소리 달랑달랑, 이 날은 군영에도 엄한 경계 풀어, 서울 사람들 마음대로 구경하누나. 귀대에 있다 내조하여 헌수하고, 벽도 한 떨기로 상서를 드리네."라고 하였다. 여러 가지의 자료에 의하면 고려시대 최이에 의해 사월 초파일로 옮겨온 연등회는 무척 거대한 축제였으며 '채색한 등롱의 용…'처럼 구체적인 표현에서 여러 가지의 화려한 등이 등장했음을 알 수 있다.

초파일 무렵이면 호기(呼旗)놀이라고 불리는 민속이 있었다. 이것은 아이들이 즐겁게 하는 놀이였는데, 『고려사』공민왕 13년에 '우리나라 풍속에 4월 8일이 석가모니 탄신일이므로 집집마다 연등을 다는데 이 날이 되기 수십 일 전부터 여러 아이들이 종이를 잘라 등대에 작대기를 매달아 기를 만들고 두루 장안의 거리를 누비면서 쌀이나 돈을 요구하며 그 비용을 삼으니 이를 호기라고 한다.'라고 하였다.

호기놀이는 조선시대에도 널리 유행하였다. 초파일이 되기 수십 일 전부터 어린아이들이 종이를 오려 기를 만들고, 물고기 껍질을 벗겨 북을 만들어 두드리며 떼를 지어 각 동네를 다니면서 등불을 밝힐 재료를 구하기 위한 비용으로 쌀이나 돈을 구했다고 한다. 사월 초파일에 쓰는 연등이 아니라도 등의 네 면에 창호지를 붙이고 빨강·노랑·검정·흰색 등으로 물을 들인 4색의 술을 만들어 등의 위아래 사면에 붙여 화려하게 만들었다. 또한 일 년

내내 평안과 무사를 비는 의미의 등제를 열어 등을 수없이 매달고 불을 켜놓았다. 연등행사가 종교적인 모습과 함께 민간의 풍속으로 확실하게 뿌리를 내렸다는 것을 알 수 있는 대목이다.

조선 성종 대의 학자 강희맹(姜希孟, 1424~1483)은 지금의 서울인 한성의 아름답고 유명한 경치로 열 가지를 헤아리며 '한성십영(漢城十詠)'이라는 시문을 남겼다. 그 중 하나가 '잠두봉(蠶頭峯) 관등(觀燈)놀이'이다. 잠두봉은 서울 남산의 북서쪽 봉우리로 현재 케이블카가 설치되어 있는 깎아지른 듯한 절벽이다. 초파일 밤이 되면 서울 장안은 집집마다 거리마다 등대를 높이 세우고 등을 달아 불이 온 성안을 뒤덮었다. 이 날이 되면 악기를 가지고 거리를 돌며 노는 사람이 있는가 하면 초저녁 무렵 남녀노소 할 것 없이 잠두봉에 올라 불야성을 이룬 서울의 장관을 구경했다고 한다.

일제시대 후반, 1937년 이후에는 초파일을 양력으로 전환하고 일본식 봄축제인 하나 마쯔리(花祭)를 전통 연등놀이에 강요하는 등 전통놀이의 일제화가 진행되었다.

일제강점기를 거치며 남게 된 잔재들은 다른 문화와 마찬가지로 청산되지 못한 채로 남아 있었다. 잔재를 걷어내지 못한 연등놀이는 일제강점기 이전의 모습을 회복하지 못하였으며 당연하게도 그 힘의 원천인 정체성을 찾지 못하였다. 게다가 한국전쟁과 급속한 산업화를 거치는 과정에서 철저하게 소외되었으며 그나마 불교적 행사로 명맥을 유지한 게 다행이었다. 이와 같은 맥락에서 우리 민족의 자양분과도 같은 전통문화예술이 일제의 잔재가 섞인 채 오늘에 이르고 있다는 점은 많은 교훈을 주기에 충분하다. 그 후 한국 사회의 종교가 다양화되면서 불교는 연등놀이의 주체가 되어 현재에 이르렀다.

연등회로부터 천 년이 넘는 역사를 지닌 우리의 초파일 연등놀이지만 1990년대에 이르러서는 장엄등의 숫자와 행렬인원 등 그 규모가 줄어들 대로 줄어든 상태였다. 제등으로는 팔모등과 연꽃등이 주류를 형성했으며 한지로 곱게 정성 들인 등의 자리를 값싼 비닐 주름등이 차지하였다.

1996년 이후 초파일 연등놀이를 계승한 '연등회·연등축제'가 시작되었다. 연등회·연등축제는 전통 연등놀이의 계승이자 현대적 변용으로 지금까지 이어오고 있다. 또한 그동안 소홀히 하였던 초파일 연등놀이에 대한 역사 연구와 일제잔재의 청산, 전통의 현대적 계승, 민중들과 함께 하는 연등놀이의 실현을 위해 많은 노력을 기울였으며 시간에 비해 많은 성과를 이뤄 낸 것도 사실이다. 그러나 단절되다시피 했던 전통문화를 다시 세우는 데에는 더

많은 시간과 노력이 필요할 것이다.

요즘은 초파일이 가까워오면 사찰이 있는 거리마다 등을 달고 사찰 안에서는 등을 달기 위해 길게 줄을 서는 진풍경이 펼쳐진다. 초파일이 되면 사찰 마당 가득 등이 달리고, 봉축 행사에 참석하거나 이를 구경하기 위해 오는 사람들로 넘쳐난다. 저녁이 되면 등에 불을 밝히고 손에 등을 들고 거리를 도는 제등행렬이 펼쳐진다. 서울 종로의 연등축제는 초파일 전 일요일에 벌어지는데 화려한 한지등을 앞세우고 춤과 노래가 어우러진 국제적인 축제가 되었다.

다산과 풍요를 상징하는 수박등, 입신양명을 상징하는 잉어등, 삿됨을 물리치는 호랑이등 등이 다시 만들어졌다. 2008년부터는 시청 앞의 연등축제의 상징등도 전통한지등으로 만들기 시작하였다. 연등축제에 참여하는 대중의 눈을 즐겁게 하는 여러 가지의 조형물이 등으로 만들어져 축제에 사용되고 각 사찰이나 단체에서도 등 제작 능력을 배양하여 크기와 모양이 제각기 다른 각양각색의 전통등을 선보이고 있다.

연등축제는 갖가지 등을 들고 행진하는 거대한 축제가 되었으며 동대문운동장에서 종로에 이르는 커다란 길을 수만 개의 등으로 가득 찬 거대한 그림으로 연출한다. 직접 정성껏 만든 다양한 등은 크기와 모양을 달리하며 많은 사람들의 관심과 사랑을 받기도 한다. 이 연등축제는 지방 곳곳에 전통축제로써의 초파일 연등놀이를 회복하는 흐름으로 확대되었으며 과거의 연등놀이처럼 모든 사람이 함께 참여하고 즐기는 축제로 나아가고 있다.

2) 전통 연등놀이의 축제성

한국의 등문화는 초파일 연등놀이 또는 그 이전의 대보름 연등놀이에서 연유한다고 보아야 한다. 단순히 등을 만들고 밝히는 것보다 그것을 즐기고 놀았다는 것에서 많은 의미를 찾을 수 있는데 이러한 축제로서의 연등놀이는 현대에서도 그 의미가 크다. 축제는 어떤 특정한 사람을 위한 것이 아니라 누구라도 참여할 수 있는 '열려 있는' 것이어야 한다. 이것은 민주주의가 보편화되어 있는 현실의 반영이기도 하거니와 공동체의 전통 종교를 중심으로 하는 전통적인 축제의 틀로는 현대의 다양한 사람들과 함께 하기 어렵기 때문이기도 하다.

열려 있는 축제를 정의하기란 어렵다. 그러나 참여하는 모든 사람이 한때나마 축제 안에서 평화로우며 묵은 것을 털고 대등하게 한바탕 노는 것이 아닐까? 그러나 요즘 흔하게 볼 수 있는 온갖 축제는 자발적 참여보다 사람을 대상화시키는 면이 많다는 지적이 있다. 옳은 지적이기도 하고, 또는 당연한 것이라고도 보아야 한다. 공동체의 삶과 의식을 반영하는 전통적인 축제는 현대화·세계화의 흐름에 따라 당연히 변해야 하지만, 참여하는 사람을 대상화하면 축제의 뿌리가 흔들리게 되고 그 정체성이 사라지게 된다. 무표정하고 내용 없는 축제는 결국 공연을 보고 먹고 마시는 일만 남기게 된다. 축제가 무엇이어야 하는지는 많은 사람이 이미 알고 있는 사실이다.

전통적인 연등놀이는 전국 거의 모든 곳에서 준비하고 모두가 참여하여 즐기는 형태였다. 이는 현대의 축제에서 가장 중요한 척도로 작용하는 '참여도'가 매우 높은 것이었다. 민속으로 매년 진행되었기 때문이기도 하지만 현대의 기준으로는 참여도가 높고 준비가 철저한 수준 있는 축제라고 할 수 있다.

축제가 자본주의 사회의 소비시장 역할만 하는 것으로 보이지만 다른 면으로도 볼 수 있다. 그것은 노동과 생산을 담당하는 사람들의 재충전과 문화적 욕구충족이다. 축제는 거대한 뒷풀이에 비견되는 행사이다. 일회적 이벤트와 감각만을 자극하는 낭비적 요소들로 축제를 채우려는 경향은 지적받아야할 사항이다. 이러한 축제는 일시적으로 관심을 끌 수는 있겠지만 축제에 참여하는 사람을 수동적으로 만들고 행사의 질을 떨어뜨릴 뿐만 아니라 학생과 어린이들에게 교육적으로 좋지 않은 영향을 주게 된다.

지금도 연등축제에 참여하려는 사람들이 자신의 역할을 잘하기 위해 열심히 준비하고 있다. 초파일날 한번 멋지게 놀아보려고 말이다. 연등축제에는 술과 음식이 별로 없다. 전통의 문화가 숨 쉬고 최선을 다하며 서로 격려한다. 축제 자체가 1년을 준비한 모습 그 자체이며 거대한 뒷풀이인 것이다. 여기에서 연등축제가 가진 장점이 그대로 드러난다. 이것을 느끼려고 수많은 외국인이 한국방문을 하고 서울 시민들이 종로에 모여드는 것이다.

역사적으로 연등놀이는 요즘의 어린이날을 대신했던 축제였다. 그 시기도 만물이 활짝 피는 봄의 한복판이거니와 다양한 색깔과 모양을 뽐내는 등을 만들고 즐기는 주체가 다름 아닌 어린이였기 때문에 초파일은 어린이의 축제였던 셈이다. 청년과 아이들은 마을을 돌아다니며 등을 만드는 데 쓰는 재료와 비용, 음식 등을 구하였으며 흥겨운 놀이와 함께 마을에 연등놀이가 가까워졌음을 알렸다. 이렇게 사전에 잘 준비된 축제의 힘은 등 만들기를 시작하면서 거대하게 발산되기 시작한다. 연등놀이를 하게 되면 사람들은 약속이나 한 듯 등을 들고 마을을 돌며 흥겹게 논다. 젊은이들은 통행금지가 없는 야밤을 마음껏 즐기고 어른들은 근처의 높은 곳으로 올라가 관등을 한다. 연등놀이가 끝나면 등은 소각하거나 집 안에 둔다. 미련이 있다면 내년에 또 하면 되는 것이다. 초파일 연등놀이는 이렇게 민속적, 축제적 성격이 강했기 때문에 오랫동안 시들지 않고 현재에 이르고 있는 것이다.

전통적인 명절과 놀이가 많지만 초파일 연등놀이는 축제적인 성격을 가장 강하게 지니고 있다. 제사나 형식보다는 즐거움과 나눔의 기쁨을 위해 등을 만들었으며 가족과 공동체의 소망을 구체적으로 표현하였다. 집 안팎, 사찰, 마을, 강과 산까지 주변의 모든 공간과 인간이 하나가 되어 밤을 지새우도록 진행되었다.

3) 현대 연등축제에 등장하는 전통등

전통등 문화가 꽃을 피우게 된 근본적인 배경은 연등축제가 활성화되어 다양한 등이 제작되고 알려지게 되면서부터이다. 연등축제는 한민족이 천 년 넘게 유지해 온 연등놀이를 현대적인 축제문화와 연결하여 시도한 현대적인 연등놀이이다. 초파일 연등놀이는 1996년부터 연등축제로 명명되었으며 지속적인 노력으로 2000년 이후, 대한민국을 대표할 만한 유명한 축제로 자리 잡았다. 2005년 이후로는 대한민국을 넘어 세계적인 축제로 성장하고 있다.

연등축제 이전에 초파일 연등놀이에 등장하던 등은 일제강점기와 산업화를 거치면서 사람들의 관심으로부터 멀어진 결과, 등의 모양이나 크기, 등을 만들며 들이던 정성까지 줄어들었으며 참여하는 인원도 지속적으로 감소하는 실정이었다. 그러다가 연등축제로 이름을 바꾸고 나서 전통등에 대한 비중을 점차 높이고 퍼레이드에 사용되는 등을 조금씩 대형화하였는데 대중의 반응이 가히 폭발적이었으며 연등축제는 대중의 예상보다 빠른 속도로 성장해 갔다.

축제의 가장 중요한 소재이자 볼거리는 당연히 한국의 전통적인 등이지만 이것을 만들고 이끄는 전문가들이 거의 없었기 때문에 연등축제 초기의 모습은 지금처럼 화려하지도 않았으며 소규모였다. 이후 전통등을 제작 보급하고 지속적으로 교육을 진행하자 매년 많은 등이 새롭게 선을 보였다. 이에 따라 참여하는 시민과 외국인 관광객의 입소문을 탔으며 지금은 축제가 열리는 날이면 종로 거리가 인산인해를 이룬다.

연등축제에 나오는 큰 등은 대부분 한지로 만들며 '대형전통등' 또는 '장엄등'이라고 불린다. 이 등은 사람들이 양쪽에서 끌게 되는데 대열의 선두에서 지그재그로 춤을 추듯 움직이기도 하고 수레 안에 음향장치가 되어 있어서 음악이 나오기도 하고 때로는 등의 중간이나 꼭대기에 사람이 타기도 한다. 아이들이 좋아하는 캐릭터를 등으로 만들어 행진하면 길가의 인파에서는 환호성이 터져 나온다. 여기에 나오는 등은 일정한 주제가 정해져 있지는 않다. 다만 초파일이라는 기념비적인 날에 걸맞게 부처님오신날을 상징하기도 하고 많은 사람의 눈을 즐겁게 하는 재미있는 형태도 있다. 그 외에 참가하는 단체를 살짝 광고하거나 특별한 의미를 두는 등도 있어서 그야말로 각양각색의 화려한 연등축제를 만들고 있다.

대형등은 전통등의 제작방식이 대중적으로 보급되기 시작하면서 골조에 한지를 붙이고 채색을 하는 방식으로 바뀌어 갔다. 이렇게 만들면 비용이 많이 들고 사람도 많이 필요하지만 그럴수록 축제는 더욱 활력을 얻어갔다. 사람들이 들인 정성은 등에 고스란히 보이게 되기 때문이다. 물론 축제는 보여지는 등이 전부가 아니다. 많은 사람의 헌신적이고 종합적인 노력의 결과가 보여지는 것이다.

시간이 지날수록 연등축제에서 전통등의 비중은 커져만 갔고 대형 장엄등만 전통등으로 만드는 것이 아니라 개인이 들고 다니는 작은 행렬등까지 바꾸기 시작했다. 참여 대중이 들고 다니는 주름등, 공단등도 대부분 독특한 모양의 한지전통등으로 바뀌어가고 있다. 역시 사람들의 눈은 좋은 것에 쏠리기 마련이다. 참여하는 사찰이나 단체들은 행렬에 들고 나갈 개인 행렬등을 만들기 위해 몇 달 전부터 회의를 하고 재료를 구입하고 강사를 초빙하는 등 정성껏 준비하기 때문에 등을 만드는 역량이 축적되어 다음 해로 이어지게 된다. 자연스럽게 전통적 연등회의 모습과 가깝게 되는 것이다.

연등축제가 많은 인기를 끌며 외국인이 가장 많이 참여하고 보고 싶어 하는 축제가 된

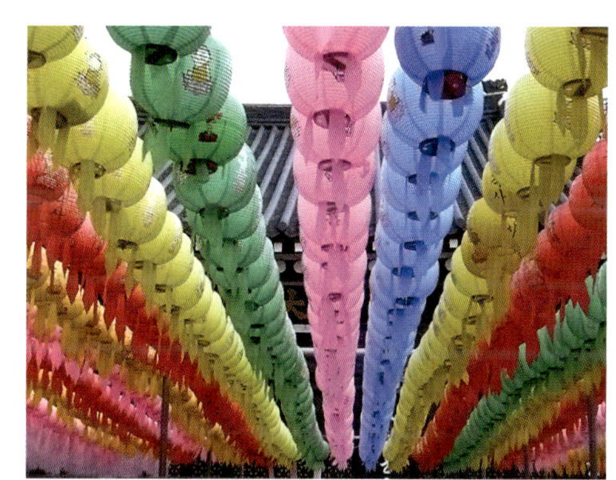

| 비닐로 만들어진 주름등

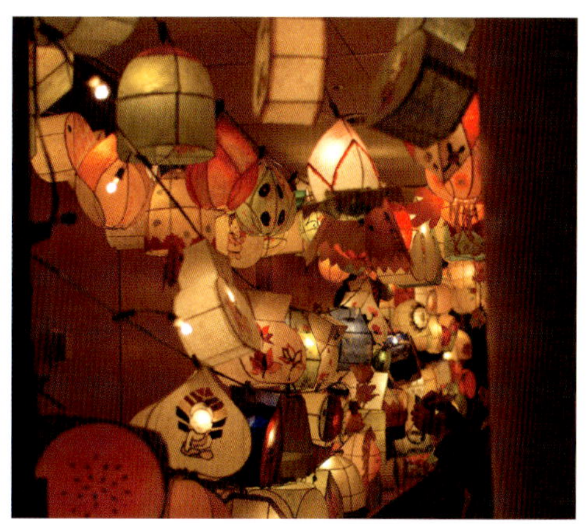

| 한지로 만들어진 전통등

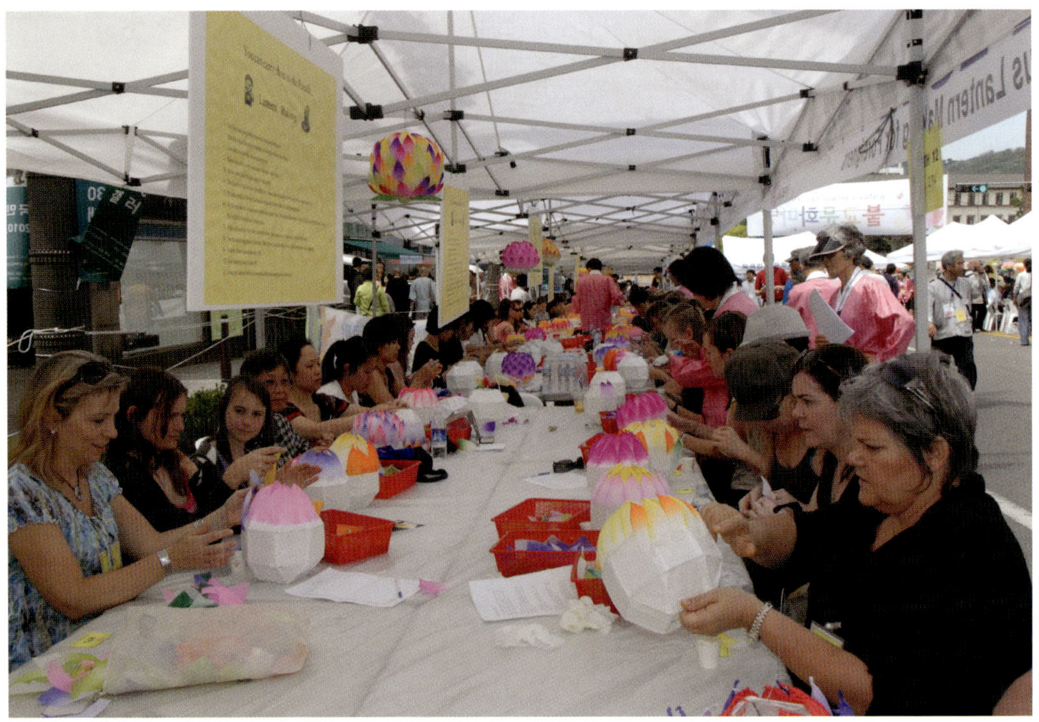

연등축제 문화마당에 참여한 외국인들

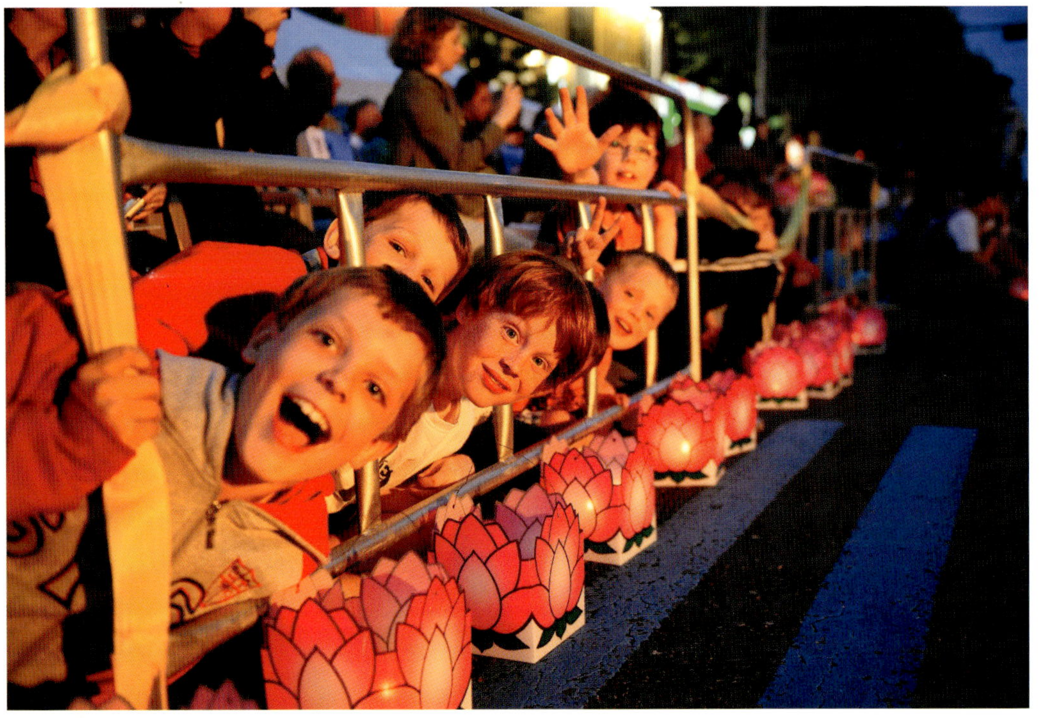

연등축제에 참여한 외국인들

것은 연등축제의 등이 가장 한국적인 요소를 전달하기 때문이다. 다시 말해, 우리의 전통등이 동양의 다른 나라에서 즐기는 그런 등과는 다를 뿐만 아니라 한국인만의 색감과 조형미를 잘 보여주기 때문이다.

　서울 종로에서만 연등축제를 하는 것은 아니다. 천 년 이상 이어져 내려온 초파일 연등놀이는 전국 각지에서 매년 열리고 있고, 그 전통은 연등축제의 성장에 힘입어 오늘날에도 계속 발전을 거듭하고 있다. 아직은 서울의 연등축제에 비교할 바는 아니지만 도심 한가운데 전통등을 크게 세우고 연등행렬을 확대해 가고 있다.

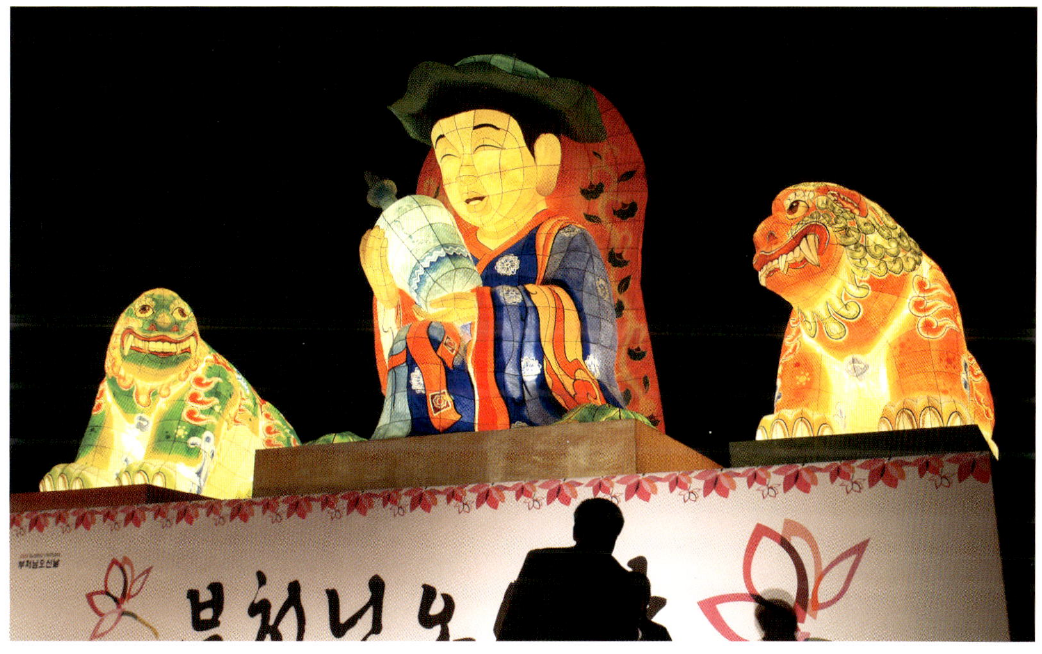

| 수원시의 연등축제 상징 전통등

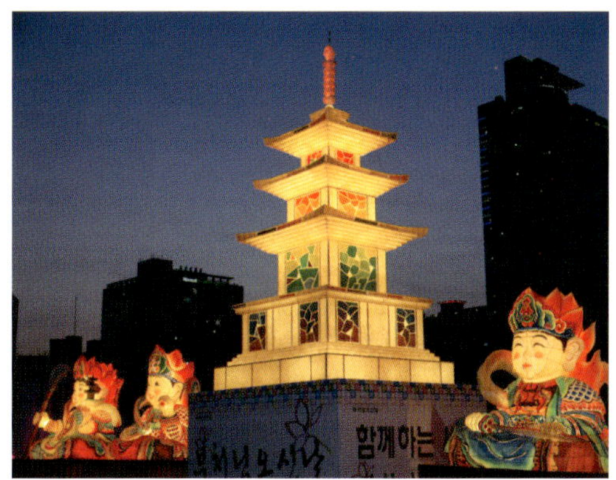

| 안양시의 연등축제 상징 전통등

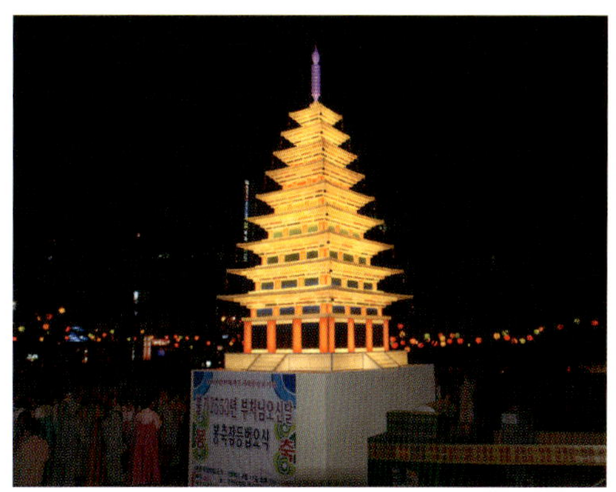

| 인천시의 연등축제 상징 전통등

4) 전통등과 지역축제

연등축제의 화려한 부활에 따라 전국 각지의 축제
에서도 전통등이 많이 쓰이고 있는 추세다. 전통등은
가장 한국적인 멋을 드러낼 뿐만 아니라 야간의 중요
한 컨텐츠로 인식되고 있다. 삼척시의 대보름 행사는
최근에 등을 활용하여 진행하고 있다.

서울시에서는 2009년부터 연등축제의 등전시회 등
을 밴치마킹하여 늦가을에 등축제를 연다. 여기에서
는 소규모이지만 중국과 일본의 등을 볼 수 있으며
청계천의 물과 어울려 많은 사람들이 찾아온다.

파주시 문화원에서는 송구영신 행사장을 뜻 깊은
자리로 마련하고자 소규모 등전시회를 열어서 호평
을 얻었다. 송구영신의 자리가 대개는 날이 바뀌는
야밤에 이루어지기 때문에 등의 역할이 돋보이는데,
여기에 착안하여 전통적인 야간전시물인 전통등을
찾은 것이다.

진주시의 국제유등축제는 합성섬유를 사용하는 만
드는 중국식의 등이지만 남강의 멋스러움과 잘 어울
려 문광부 지정축제가 되었다. 중국기술자가 등을 만
들기 때문에 국제유등축제란 말이 어울리지만 전통
등이라고 부르는 것은 지나친 표현일 것이다.

서울시 송파구에서는 올림픽공원에서 한성백제문
화제 행사를 하며 연못에 유등을 설치하였다.

이외에 포항의 불꽃축제도 전통등을 임대하여 전
시하며 흥을 돋우고, 가을에 열리는 원주 한지문화제
의 소박한 등도 있다. 아산의 이순신 축제에서는 전
통등으로 거북선과 판옥선을 만들어서 축제에 활용

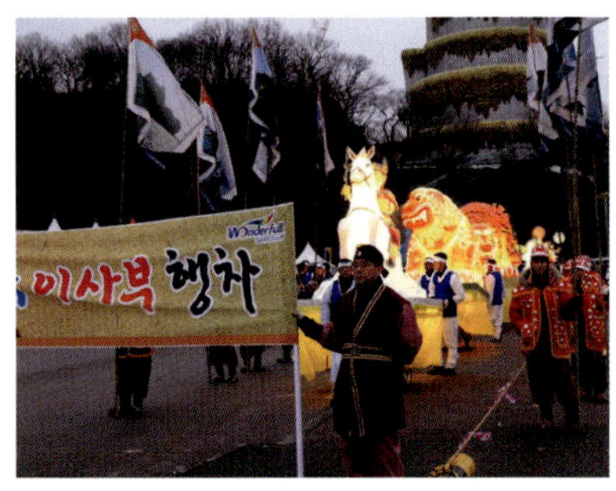

| 삼척시 대보름 등놀이

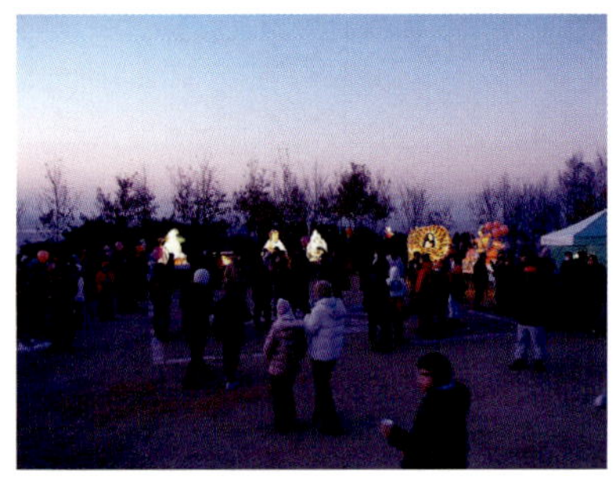

| 파주시 송구영신 행사

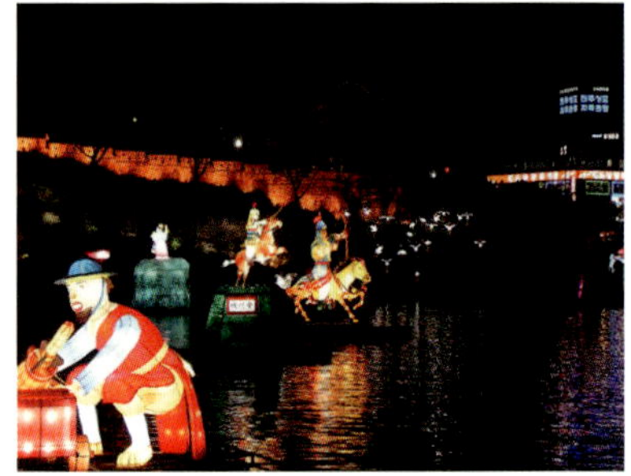

| 진주시 국제유등축제

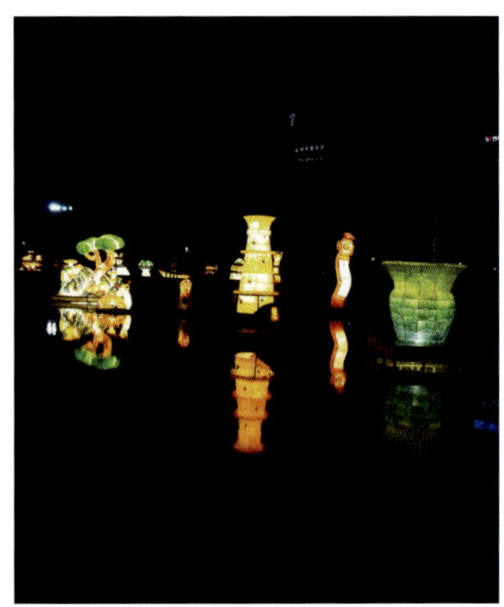

| 서울시 송파구 한성백제문화제

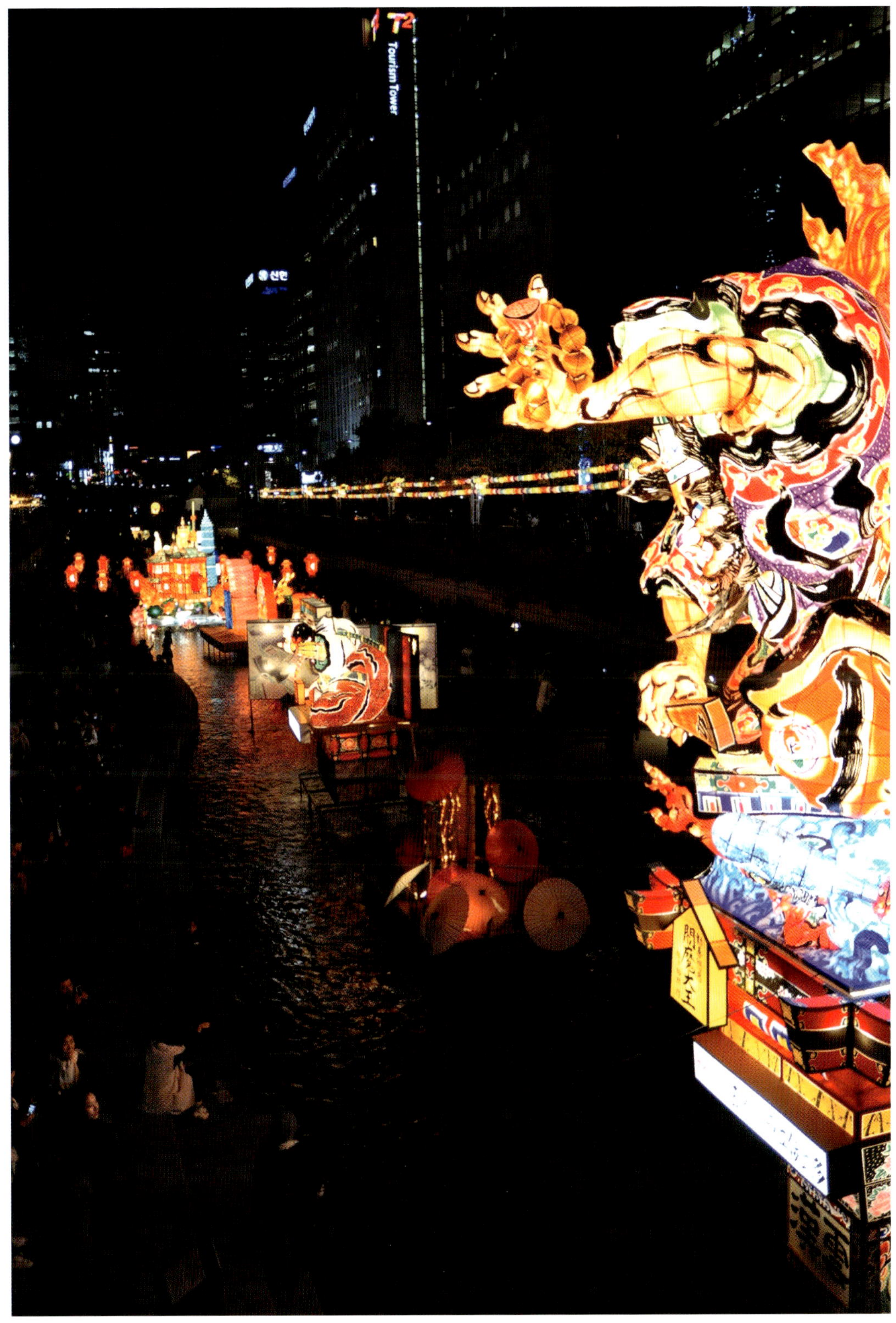

청계천 등축제

하였다.

　전국의 많은 축제는 축제적 요소를 더욱 증대시키기 위해 야간 컨텐츠를 찾고 있다. 그런 이유로 전통등이 많은 지역축제에서 사용되고 있다. 그러나 전통등을 어떻게 활용할지에 대한 장기적인 계획 없이 일회적인 이벤트로 소모해서는 안될 것이다.

　우리의 소중한 문화예술자산에 생명력을 불어 넣는 것은 일차적으로 기획하고 추진하는 사람들이지만 나아가 문화를 소유하고 즐기는 것은 대중이다. 그러므로 대중과 함께 하는 장기적인 길을 모색해야만 전통등을 활용하는 다양한 축제가 새로운 미래를 열어가리라고 본다.

　축제의 모범이라고 하는 화천의 산천어축제는 자원봉사자들이 전통등 만드는 방법을 수 강하고 익혀서 축제기간 동안 온 마을에 산천어등을 설치한다. 많은 화천군민들이 산천어 등을 만들며 즐겁게 축제를 준비한다. 이렇게 많은 사람이 힘을 모아 준비하는 축제가 잘되 는 것은 당연한 이치가 아니겠는가.

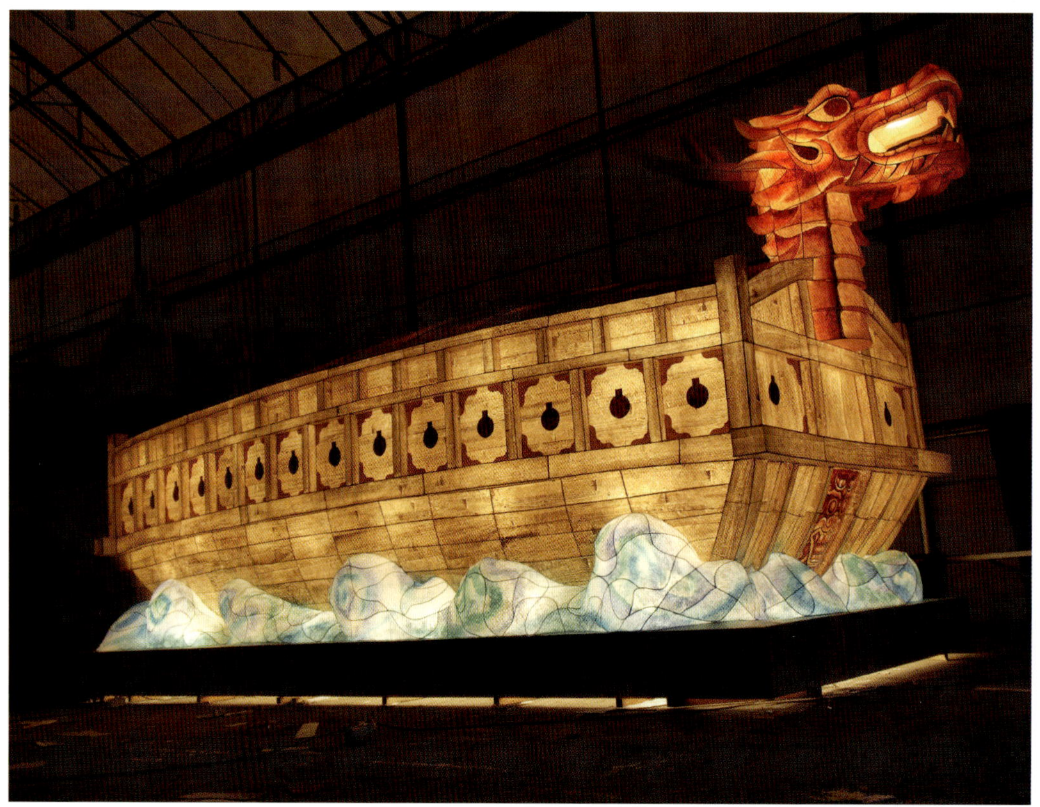

| 아산시 성웅 이순신축제에 사용된 거북선

　민속과 전통문화를 중심으로 하는 축제 중에서 가장 현대적이면서도 가장 전통적인 축제인 연등축제는 우리 민족문화를 꽃피우고 살찌우는 역할을 하고 있다. 이러한 힘은 전국의 많은 축제에 새로운 축제의 전형을 제시하고 있으며 야간 컨텐츠로써 우리의 전통등을 많이 사용하게 하였다. 이러한 변화에 따라 전통등이 아름다움이 널

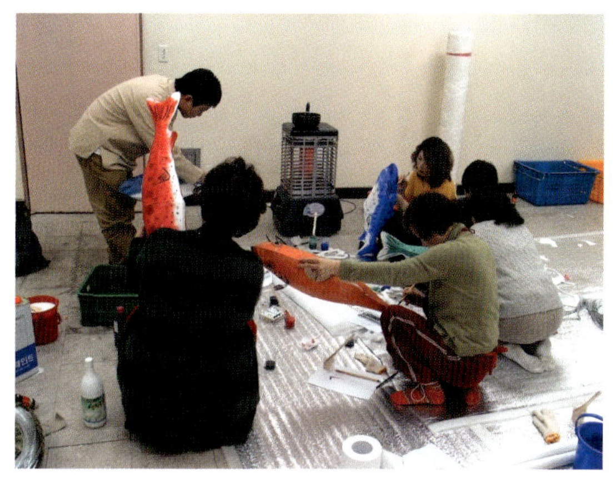

산천어등 만드는 법을 배우고 있는 화천군의 자원봉사자들

리 알려지게 되었고 이러한 기법을 활용하는 다양한 소품이 인테리어의 한 부분을 차지하게 되었다. 문화의 흐름은 다양하게 퍼져나가고 여러 곳에 영향을 미친다. 연등축제의 전통등은 한국사회의 전통문화 중에서 야간을 책임지는 가장 확실한 아이템이 되었다.

3 · 동양의 등축제와 문화

1) 중국과 대만의 등축제

중국은 음력 정월이 되면 다양한 새해맞이 행사를 펼친다. 그 중에 정월 대보름을 원소절(元宵節) 또는 춘등(春燈)이라고 하며 등을 밝히는 풍습이 있다. 원소절은 원석(元夕), 원야(元夜), 원절(元節)이라고도 한다. 고대 중국인들은 하늘에 귀신이 날아다니는 모습이 정월 보름의 밝은 달빛에 보인다고 믿었는데, 등불을 사용해서 귀신을 찾는 풍습이 오늘날 사원이나 공원에서 거행되는 오색찬란한 등불축제로 발전하였다. 그래서 원소절을 다른 말로 등불의 날, 즉 등절(燈節)이라고도 한다. 또한 전통적으로 중국의 학부모들은 자녀들이 해가 바뀌어 첫 번째 등교하는 날에 등불을 들고 가도록 준비한다.

등불을 감상하고 원소(元宵)를 먹는 것은 원소절의 두 가지 주요한 내용이다. 기원전 180년 한나라의 무제가 정월 보름에 황제로 등극하였는데 이를 경축하기 위하여 이 날을 등절로 정하고 해마다 이 날이 되면 황궁에서 나와 백성들과 함께 등불을 즐긴 것이 유래가 되었다는 이야기도 있다. 이 날은 집집마다 크고 작은 거리와 골목마다 천태만상의 갖가지 천연색 초롱이 걸린다. 기원 104년에 와서 원소절은 정식으로 국가의 중대한 명절이 되었다고 한다. 이를 계기로 원소절의 규모가 더욱 확대되었으며 규정에 따라 공공장소와 집집마다 모두 천연색 초롱을 걸고 번화한 거리의 중심에는 성대한 대형 등불을 전시하였다. 또한 남녀노소가 밤을 새워가면서 등불을 감상하고 수수께끼를 푸는 것도 원소절의 중요한 풍습이 되었다. 우리나라에서는 야외 놀이를 할 때 무대처럼 쓰이기도 하고 야외 장식물로도 쓰이는 산대와 같은 것에 등을 달아 장식한 것을 등산(燈山)이라고 부르는데, 당나라 시대에는 거대한 등산에 셀 수 없이 많은 등을 달았다고 한다.

중국의 등은 대나무나 철사로 골조를 만들고 다양한 색상의 천을 오려 붙여 만든다. 주로 용이나 12지신 가운데 그 해의 띠 동물 등 갖가지 상서로운 모양으로 등을 만들고, 전구를 사용하여 화려하게 변하는 모습이나, 움직이는 등을 만들기도 한다. 또한 우리의 주마등과 이름이 똑같은 등이 있는데, 원리나 모양도 비슷하고 말이 달리는 듯한 모습에 유래되어 세월의 무상함을 표현하는 경구도 동일하다. 원소절에는 주마등을 무척 재미있게 즐겼다고 전해지며 지금도 이와 같은 원리를 적용하여 완구 같은 형태로 판매되기도 한다. 원소절에는 원소라는 음식을 먹는 것이 특징 중의 하나이다. 찹쌀가루를 반죽하고 여러 가지 과일로 만든 속을 반죽 안에 넣어 공처럼 둥글게 만든 것이 원소인데 북방에서는 원소(元宵)라고 하고 남방에서는 탕원(湯元)이라고 한다. 중국은 영토가 넓기 때문에 원소를 만드는 재료와 맛이 지방마다 제각각 다르다.

중국인이 등불놀이를 매우 즐기는 것은 널리 알려진 일이다. 이러한 중국에서도 등불놀이가 금지되던 시기가 있었다. 1966년부터 10년 동안 마오쩌둥 정권에 반하는 수백만 명 이상의 사람들이 홍위군에 의해 살해된 문화대혁명 시기에 등불놀이는 반혁명적인 문화로 낙인이 찍혀 금지되었다. 그러나 중국인들이 너무나 즐기는 놀이라 즉각 복원되었다. 사회주의 사상의 영향으로 보다 많은 대중에게 문화적 혜택이 돌아가도록 등불놀이는 더욱 대중적인 형태와 내용으로 바뀌었고, 그러한 흐름이 지속되어 현재에 이르고 있다. 중국의 등은 부귀영화를 뜻하는 붉은색이 매우 많고, 저렴한 합성섬유로 만든 천을 주로 사용한다. 중국 전통에서 유래하는 이야기를 강조하고, 단순한 조형성을 보여주며, 붉은색 위주의 화려함과 거대한 규모를 보여주는 것이 중국 등불놀이의 특징이다. 또한 오랜 세월 동안 축적된 노하우와 저렴한 등 생산 비용은 중국의 등을 세계에 알리는 데 많은 기여를 하였다.

대만에서는 음력 정월 보름이면 타이페이 등축제(Taipei Lantern Festival)가 펼쳐진다. 갖가지 모양의 등을 만들어 전시하고 그 해의 띠 동물을 중앙의 상징등으로 점등하는 행사가 열린다. 학생들이 만든 소박한 등에서 전문가들이 만든 대형등까지 다양한 재료와 모양으로 만든 등을 구경하기 위해 수십만의 인파가 몰려든다. 또한 각 사원에도 갖가지 모양의 등을

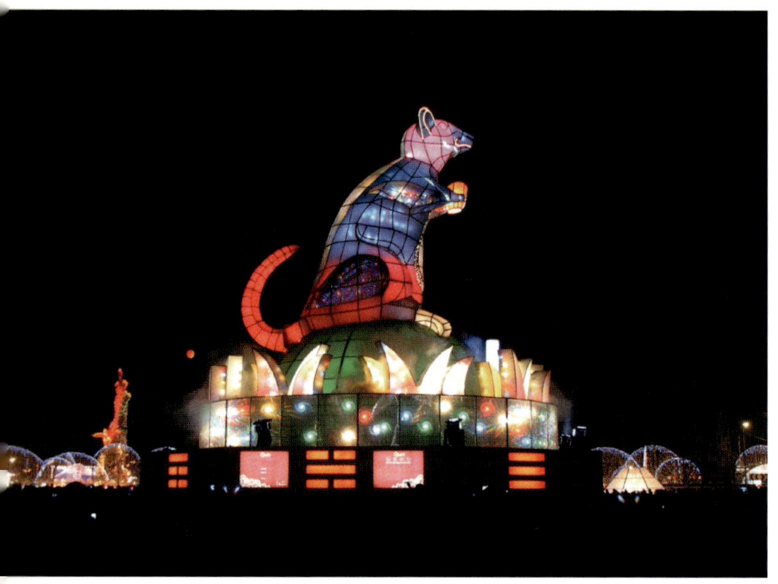
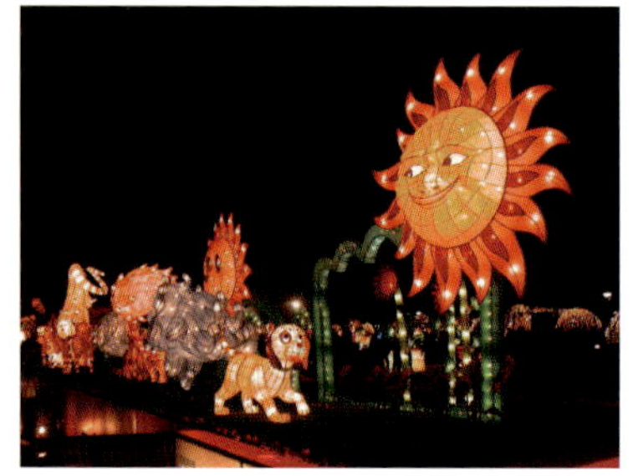
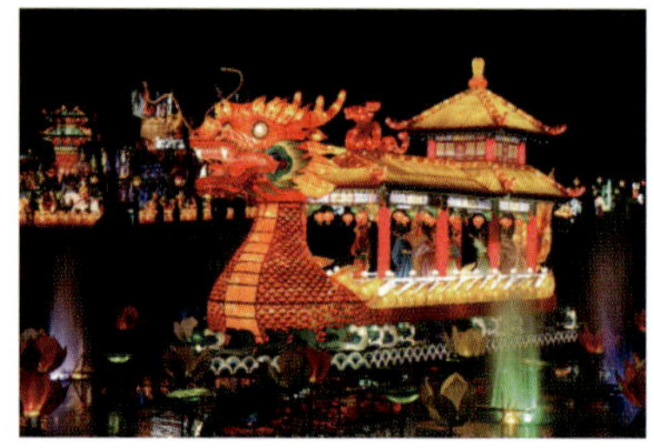

대만의 등축제 모습

밝히는 모습을 볼 수 있다. 대만 등축제에서는 소원을 빌며 천등(풍등)을 하늘로 날리는 풍습이 유명한데, 한 번에 수만여 개의 천등을 날리는 모습은 장관을 이룬다.

대만의 등도 같은 문화권인 중국과 마찬가지로 붉은색 계통의 합성 천을 많이 사용한다. 합성 천을 사용하면 내부의 전구가 쉽게 보이고 완성도가 떨어지지만 등축제를 하는 동안 그런 점에 대해 논란이 발생하는 것 같지는 않다. 대만에도 등불놀이를 즐기는 문화가 대단한데 문구점 같은 곳에서 등 만들기 재료를 쉽게 구할 수 있으며 다양한 모양의 등을 만들 수 있도록 만드는 방법도 함께 포함하여 판매하고 있다. 등을 만드는 전문가들은 대형등뿐만 아니라 소형의 아주 정밀한 등도 만든다.

중국 본토에서는 쓰촨성(四川省) 쯔궁시(自貢市)가 화려한 등공예로 유명하다. 쯔궁시는 기원전 1세기부터 제염업으로 유명한 곳으로, 땅속 깊은 곳에서 암염을 캐내기도 하는데, 이를 위해 등을 밝혔던 것에서 등공예가 발달하기 시작하였다고 전해진다. 쯔궁시는 해마다 설날을 전후해서 약 40여 일 동안 등축제를 열고 있는데, 수많은 관광객이 800년의 역사를 자랑하는 이 축제를 보기 위해 방문하고 있다. 쯔궁시는 등무관리위원회를 두고 등축제를 기획하고 있는데, 쯔궁시에만 등을 만드는 기업체, 즉 등회가 48개 정도 있으며, 종사자의 수도 7000여 명에 이른다고 한다. 이들은 쯔궁시의 등축제에 사용되는 등을 만들기도 하고, 세계 여러 나라의 등축제에 나가 등을 만들어주기도 한다. 또한 이곳에는 세계에서 유일한

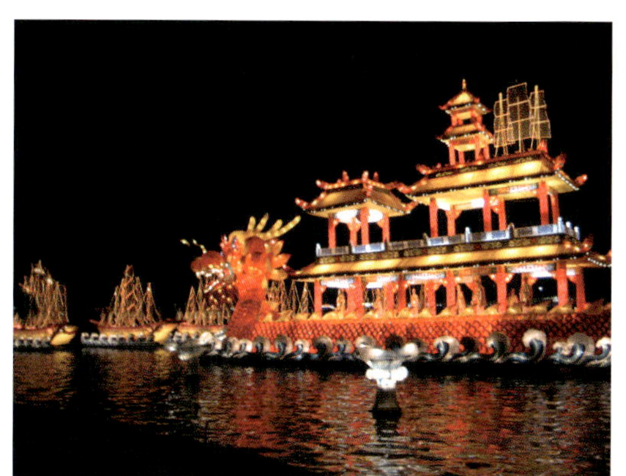

중국 쯔궁시의 등축제 모습

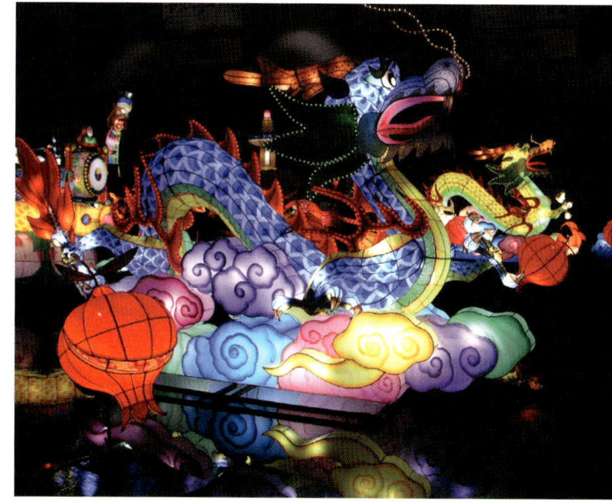

진주 국제유등축제의 등(쯔꿍시의 등회에서 제작한 등)

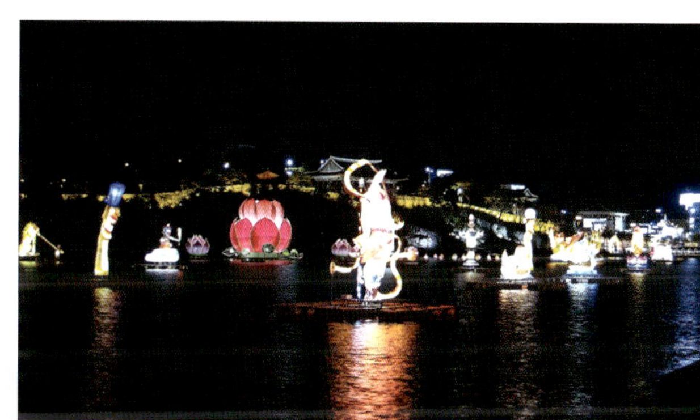

진주 국제유등축제의 모습(쯔궁시의 등회에서 제작한 등)

등 관련 박물관이 있다.

이곳은 거대한 모양과 다양한 소재의 등을 만드는 기술이 뛰어나 널리 알려져 있다. 100m
나 되는 용등, 거대한 누각등, 화려한 공작등 등 수십 종의 등이 만들어지는데, 일반적으로
는 합성 천으로 만들지만, 누에고치나 도자기와 같은 재료로 등을 만들기도 한다. 우리나라
에서 한때 유행했던 천하제일 중국등축제도 쯔궁시의 등회 중 하나가 들어온 것이다. 또한
진주에서 열리는 국제유등축제의 등을 만드는 사람들도 쯔궁시의 등회에 소속된 사람이었
다. 최근에는 서울 청계천에서 열리는 세계 등축제에 등을 출품하기도 하였다.

일본의 등문화는 중국이나 한국과는 달리 독특하게 일본 동북부의 지역축제로 남아 있다. 여름축제로 유명한 네부타 마쯔리와 간토 마쯔리가 그 대표적인 등축제이다.

네부타 마쯔리는 거대한 규모와 기간, 수많은 참여자와 넘치는 역동성으로 세계적인 등축제로 손색이 없으며 높은 예술성과 전통성까지 겸비하고 있어서 세계의 많은 도시로부터 부러움을 사는 축제이다. 지금으로부터 약 240~250년 전 작은 동네에서 주민들이 등롱을 손에 들고 춤을 추었다는 기록이 있는데, 이것을 네부타 마츠리의 기원으로 보고, 250년의 전통을 가진 축제라는 수식을 달고 있다. 1945년 이후 현재의 축제와 비슷해졌다고 하며 공식적으로 1945년부터라는 문구도 보인다. 이것은 일본의 다른 축제에서도 많이 보이는데 이는 태평양전쟁 패배로 위기를 느낀 일본 정부에서 '전통문화의 신속한 복구'를 도모하려는 수단으로 유추될 수 있다. 실제로 전쟁 패배에도 불구하고 일왕과 군국주의자들의 일본 지배는 계속되었다. 두 개의 핵폭탄으로 폐허가 된 상태에서 전통축제를 다시 시작한 것을 이 밖의 다른 이유로 설명하기는 어려울 것이다.

아오모리현의 아오모리시를 비롯해 군소도시에서는 양력 8월 초에 '네부타'라고 하는 축제가 일제히 열리는데 어림잡아 20군데 이상으로 추정된다. 여름 동안 졸음과 병마로부터 인력을 보호하여 가을추수를 잘 준비하는 전통적인 풍습을 배경으로 한다. 비슷한 시기에 우리나라와 중국에는 칠석과 백중이 있는데, 이것은 농경사회의 공통점으로 생각된다.

세계적으로 유명한 축제인 아오모리시의 네부타 마쯔리를 보면, 대형등을 포함한 행진대열의 앞에서 큰 북과 피리로 단순하고 요란한 리듬을 울린다. 하네또라고 불리는 행렬은 작은 방울을 온몸에 두르고 손에 맞는 작은 타악기로 소리를 내며 "랏세라!(잠을 깨라)"를 외친다.

"네부타"의 어원은 "眠たい(네타이, 자고 싶다)"라고 전해진다. 동북의 각지에

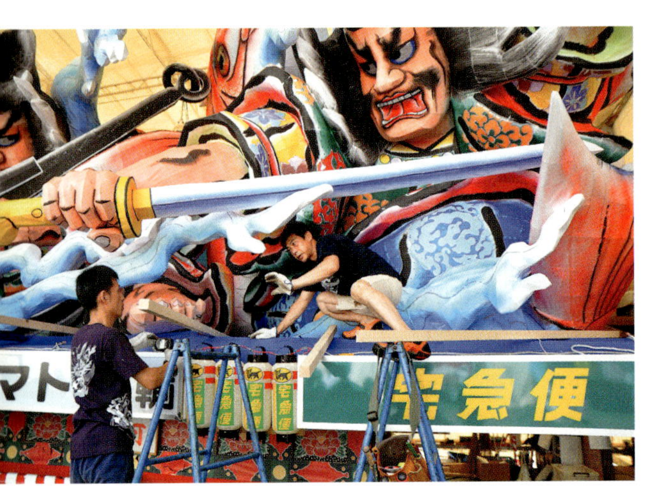

| 2010년 마쯔리 대상작품을 수리하는 모습

서는 예로부터 악령을 물리쳐 한여름의 졸음을 깨우는 "眠り流し(네무리나가시)"가 행해졌는데, 이것은 칠석 행사로 등롱을 강이나 바다에 떠내려 보내는 것이다. 에도시대에는 커다란 등이 등장하였다고 한다.

아오모리현의 아오모리 네부타 마쯔리는 세계적으로 유명한데 아오모리시에서 제공하는 책자에 의하면 350만 명의 관광객이 다녀가고, 300~400억 엔의 경제효과가 있다고 한다.

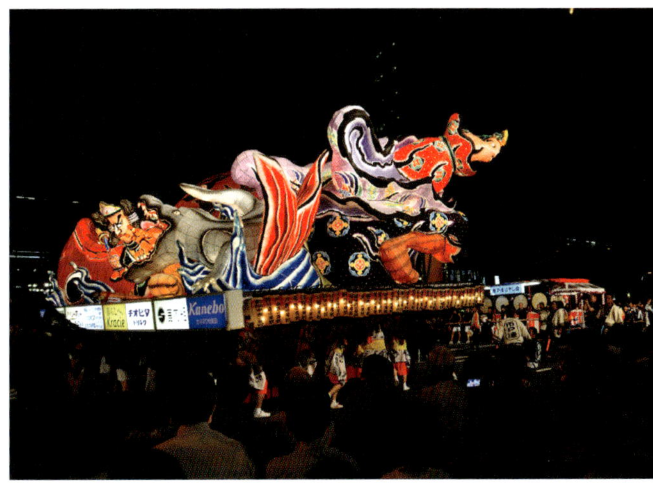

네부타 마쯔리 등롱의 모습

네부타 마쯔리는 1980년에 일본의 중요무형문화제가 되었으며 2001년에는 영국의 대영박물관에서 시연되어 영국인들에게 강렬한 이미지를 심어주기도 하였다. 네부타 마쯔리는 90년대 이후 세계적으로 성장하였다. 수십 년을 거치며 수많은 제작자들이 육성되었으며 지역사회의 후원과 자원봉사자들, 공공기관의 적극적인 지원에 힘입어 탄탄한 물적·인적 기반을 다지게 되었다. 또한 모든 참가자들은 축제실행위원회를 중심으로 맡겨진 역할에 열성을 다하고 있다.

일본은 서양과는 달리 사회구조 변화에 따른 지배계급의 변화 없이 자본주의에 계획적으로 진입한 메이지 유신으로 봉건시대의 골격이 뿌리 깊게 남아 있는데, 이것은 남성중심의 공동체문화가 살아 있는 일본의 문화적 특징이 되며 마쯔리에서도 그 모습을 볼 수 있다. 일본은 여름휴가 기간에 대부분의 마쯔리가 열리는데, 이때 많은 사람이 고향에 찾아와서 마쯔리를 돕고 그 속에서 소속감과 공동체 의식을 키운다고 한다. 마쯔리로 시작해서 마쯔리로 끝난다고 하는 일본인의 특징에서 전통을 사랑하는 모습이 부럽기도 하지만 어디까지나 국가의 정책에 따르는 것이 가장 중요한 일본의 전통이다. 그래서 국가는 부자이고 국민은 가난하다는 평가를 받을 수밖에 없다.

등을 만드는 기본적인 것은 동양의 각국이 동일한 것으로 보인다. 네부타 등롱은 대나무 살을 이어 형상을 만든 뒤, 그 안에 등불을 넣고 그림자가 나지 않게 종이나 천을 면마다 붙인 후 채색하는 방법을 사용하였다. 우리와 마찬가지로 현대에 들어와서 대나무는 철사로,

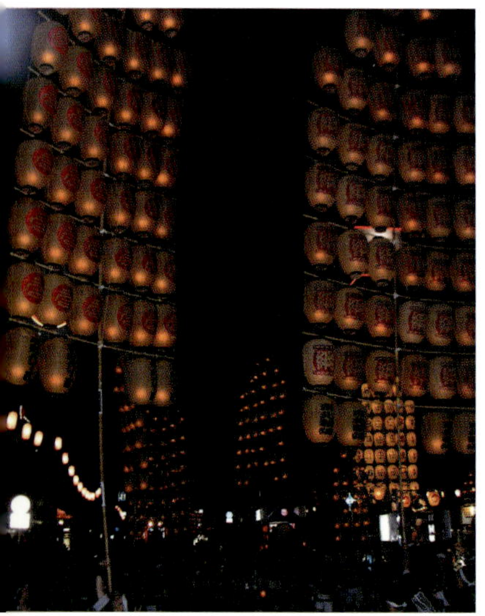

| 간토 마쯔리

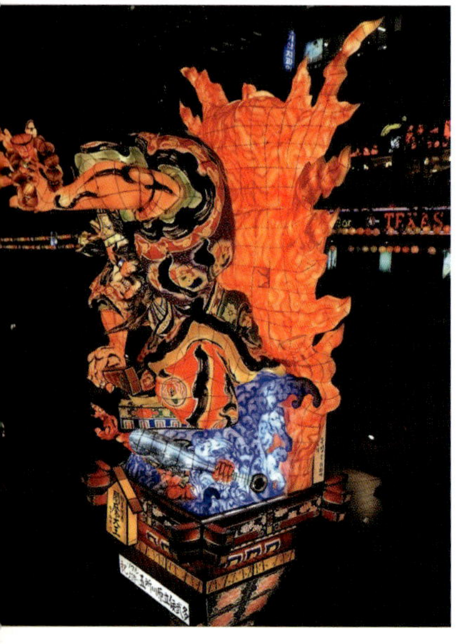

| 고쇼가와라 타치 네부타

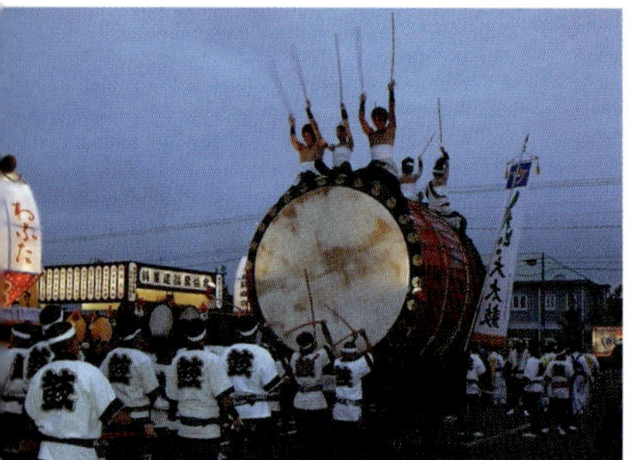

| 히로사키 네부타

등불은 전구로 교체되었다. 축제의 역동성을 살리기 위해 운동성을 지탱하는 바퀴와 치우침을 방지하는 보조바퀴, 안정적인 전기공급을 담당하는 고출력 발전기가 설치된 수레를 사용하고 있다. 일본은 전통종이를 사용하는 것으로 알려져 있으나 언제부터인가 대량생산된 현대 종이를 사용하고 있는데, 등 제작자들의 말에 따르면 이 현대 종이는 예전의 전통종이와 비슷한 재질이라고 한다.

동북지방의 등축제 중에서 아오모리시의 네부타 마쯔리가 가장 유명하고 아오모리현 내의 고쇼가와라에서는 20m의 거대한 등롱이 등장하는 타치 네부타 축제가 최근 새로 복원되었다. 예전에 있던 축제였는데 여러 가지 이유로 중단된 것을 어떤 재력가가 도움을 주어 다시 시작하게 되었다고 한다.

간토 마쯔리는 아키타 지방에서 매년 양력 8월초에 3일간 열리는데, 동북지방의 3대축제에 속하는 유명한 축제다. 간토 마쯔리는 장대에 등을 가득 매달고 여러 가지 재주를 보여주는 축제이다. 장대에 수십 개의 주름등을 단 모습은 벼에 이삭이 달린 것을 상징한다고 한다. 거리에는 등이 달린 장대가 즐비하고 이러한 간토를 어께에 걸거나 위치를 바꾸며 아슬아슬하게 곡예를 하는 모습은 무척 화려하고 경이롭다.

일본의 초파일은 양력 4월 8일이며 등놀이를 하지 않는다. 그 대신 하나 마쯔리(花祭)라고 하며 사찰에서는 꽃으로 꾸미고 관불의식을 거행한다. 일본의 유명한 등축제가 8월초에 열리는 이유는 칠월칠석에서 유래되었기 때문이다. 따라서 양력을 사용하는 일본의 특성상 매년 똑같은 시기에 열리고 있다.

3) 스리랑카의 등축제

스리랑카의 등 문화는 우리와 같이 부처님오신날 행사로 내려오고 있다. 스리랑카, 태국, 말레이시아 등 남방불교권에서는 부처님오신날을 웨삭 데이(Vesak Day)라고 부른다. 웨삭 (Vesak)이라는 말은 빨리어 위사카(Visaka)에서 유래한 말이다. 빨리어 위사카가 웨사카로 변하여 지금의 웨삭으로 정착된 것이다. 위사카는 고대 인도의 달력으로 2월을 말한다. 경전에 따르면, 부처님은 2월 보름에 탄생하시고 성도하셨으며 또한 열반하셨다고 전해진다. 부처님의 생애에서 가장 중요한 탄생과 성도와 열반이 모두 같은 날이 이루어진 것이다. 인도력 2월 보름을 음력으로 환산하면 음력 4월 보름이 되는데, 이것을 웨삭이라고 부르는 것이다. 웨삭 데이 축제는 기원전 1세기 무렵 스리랑카에서 부처님의 탄생과 성도, 입멸을 기리기 위해 열었던 축제에서 유래한다고 한다.

동남아시아 대부분의 남방불교국가에서는 음력 4월 15일 웨삭 데이를 큰 명절로 지내며, 웨삭 랜턴을 만들고 있다. 이때가 되면 집집마다 등을 달고, 공항, 호텔, 병원, 은행, 학교 등 각 기관에도 등을 만들어 장식한다. 주된 등은 사각을 마름모 꼴로 세워 연결하여 만든 등에 기다란 술이 날리게 달아 놓은 등이 가장 많다. 우리와는 모양이 다른 연꽃등과 별등도 있다. 간혹 비행기등, 트랙터등, 크레인등과 같은 재미있는 등도 있다. 또한 부처님이 탄생한 뒤 일곱 발자국을 걸을 때마다 피어났다는 연꽃을 일곱 개의 점점 커지는 연꽃등으로 만들어 잔디밭이나 연못에 탄생불과 함께 장식한 것도 있다.

거리 곳곳에는 등경연 대회가 펼쳐지고 등을 구경하러 많은 사람이 몰려 자연스런 축제

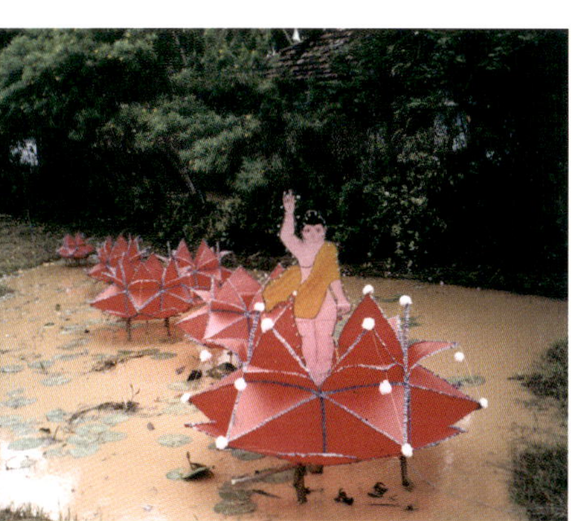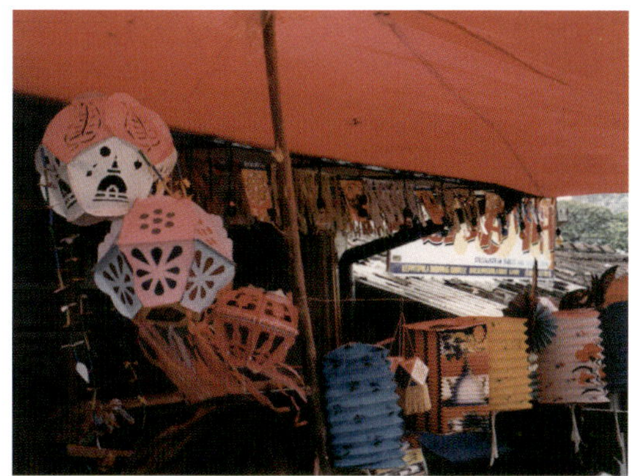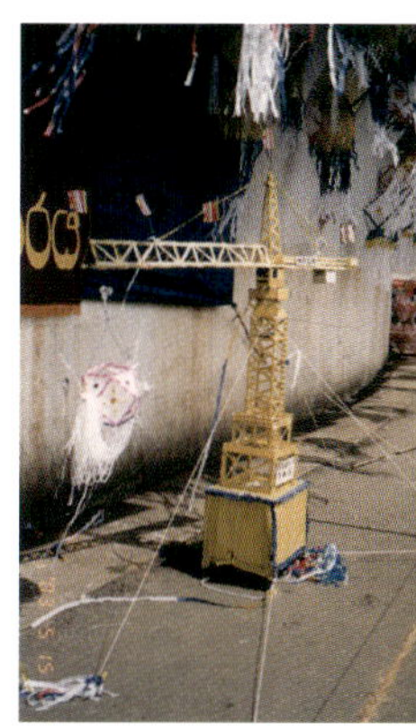

웨삭데이의 등

가 된다. 등경연 대회는 전시부스를 여러 개 연달아 설치해 놓고 그 안에 등을 만들어 놓아 볼 수 있도록 하였다. 등은 샹들리에처럼 가운데 큰 등이 있고 옆에 작은 등을 연결하여 모양을 낸 것이 많았으며 등이 빙빙 돌거나, 불빛이 변하거나 하여 눈길을 끌게 만들었다. 재료는 대나무에 종이를 많이 쓰며 주로 오려 붙이기 방법으로 만들지만, 나뭇잎이나 열매 등 천연의 재료를 쓰기도 한다.

또한 '웨삭 도란'이라고 하여 등은 아니지만 높고 크게 벽화처럼 부처님과 부처님 전생이야기를 그림으로 그려 놓고 그 사이를 전구로 가득 장식을 하여 다양하게 불빛이 변하는 장관을 연출하는 행사도 곳곳에서 펼쳐진다.

4) 등축제와 등 문화 비교

중국, 일본, 스리랑카와 우리나라의 등축제를 비교해 보면 중국은 세시풍습으로, 우리나라는 불교행사로, 일본은 지역축제로, 스리랑카는 불교와 민속이 결합된 형태로 자리 잡고 있음을 알 수 있다.

등이란 인간의 기본적인 생활을 바꾸어 놓은 위대한 유산이다. 이러한 등문화는 민족의 소망을 담은 축제에 녹아들었으며, 소망을 담은 등은 각 민족의 문화로 정착되어 생활 그 자체가 된 것이다.

현대인들은 불야성(不夜城) 속에서 살아간다. 밤새 꺼지지 않는 불빛 속에서 우리는 등의 소중함을 잃어가고 있다. 하지만 그 불빛이 꺼진 어두움 속에서 찬란히 피어나는 불빛의 소중함을 경험한다면 인간의 어두움을 밝히는 등문화의 본질을 이해할 수 있을 것이다.

4 · 전통등의 새로운 지평

1) 현대의 전통등 문화

동양의 각국에는 각 나라의 전통적인 특징이 묻어나는 문화가 많다. 문화적인 차이에도 불구하고 지역적, 역사적인 맥락이 많은 부분에서 서로 연결되기 때문에 공통적인 부분도 많이 있는데 '등' 문화도 그렇다고 볼 수 있을 것이다.

조선에서 동양 문화를 접한 외국인 선교사들은 크리스마스 트리를 꾸미기 위해 등을 활용하기도 하였다. 조선인들이 만든 전통등 형태의 트리 장식에 문화적 충격을 받았을 것으로 보인다.

대한민국 건국 이후 한국의 전통등 문화는 거의 소실되었고 세간의 관심 밖으로 사라졌다. 연등회·연등축제에 '전통등'이 등장하였을 때 많은 사람이 큰 관심을 가지고 바라보았다. 실제로 본 적도 없었지만 우리의 등임을 느꼈다. 우리의 등이라는 생각은 핏속에 흐르는 한민족의 정서에서 비롯되었을 것이고 이를 바탕으로 연등축제는 '전통등'을 선두로 잃어버렸던 연등놀이를 회복해 가는 중이다. 등축제를 통해 소개되는 전통등의 화려함은 현대화의 과정에서 배제되었기 때문에 여타의 전통문화와 함께 한국인에게마저도 새로운 볼거리가 된다. 불교계의 전통문화에 대한 지원과 많은 사람의 헌신적인 노력에 의해 되찾은 전통등이지만 우리 시대에 새로 발견된 어떤 섬처럼 느껴지는, 민족적인 정서로는 해결이

안되는 것이 있었으며 그것은 문화적인 배경을 다시 형성해야 하는 커다란 부담감이었다.

전통등을 우리 것이라고 하여 반드시 계승, 발전시키자는 구호는 시대에 뒤떨어진 발상일 수밖에 없다. 전통문화가 스스로 존립할 수 있으려면 그 만큼의 노력이 있어야 한다. 그렇지 않다면 박물관으로 들어가서 역사의 한 켠에 유물로 남겨지는 운명을 맞이해야 하는 것이다. 전통문화는 끊임없이 창조되고 소비되는 과정을 통해 변화·발전해야 한다. 전통 가운데 우수한 전통은 지키고 현대화 과정에서 변화된 지점을 반영하여 함께 공존해야만 하는 것이다. 우리 것은 무조건 훌륭하다고 박물관에 가야할 운명을 거부한다면 그것은 올바른 개념의 전통이 아니다. 전통은 그것을 지키고 발전시키는 집단의 정체성을 담고 있으므로 그 어떠한 문화보다도 집단 전체의 동의와 실천을 필요로 한다. 전통등과 같이 그것을 만들고 즐기는 문화예술 형태의 전통문화가 더욱 많은 실천적인 노력이 필요한 것도 이 때문이다.

지금은 유명한 어느 사물놀이패가 파리의 낯선 곳에서 공연한 뒤 기립박수를 수없이 받을 때에도 우리는 그것을 농악이라 하며 터부시하던 때가 있었다. 우리 것을 서양에서 인정하면 '그건 좋은 것이다.'라는 문화사대주의가 그때나 지금이나 넘쳐흐른다. 많은 외국인이 우리가 주최하는 '전통등전시회'를 찾고 '연등축제'에 몰려오면 외국인이 얼마가 왔는지 어떤 반응을 하는지가 언론사와 정책당국자들의 주요 관심사가 된다. 이것을 '옳다' 또는 '틀리다'라고 생각하고 싶지는 않다. 다만 '우리 것을 어떻게 지키고 발전시킬 것인가'에 대한 답은 우리 스스로 찾아야 한다는 것이다.

한국의 등은 천 년이 넘는 유구한 등문화의 전통을 뒤로 하고 다시 시작하는 출발선상에 와 있다. 등축제를 위해 일본 아오모리의 등축제를 견학하며 열심히 벤치마킹하려는 지자체가 많지만 아오모리의 전통축제가 가지고 있는 에너지의 근본에 대한 고민은 부족한 것 같다. 자신들의 전통문화에 대한 자긍심과 교육을 통한 전통문화예술의 체득으로 자연스럽게 되물림 되는 장기적인 시스템, 광범위한 네트워크를 구성하여 다양한 방식으로 축제를 발전시키고 있는 모습이 그들이 가진 진정한 장점이다.

남을 알기 전에 우리를 먼저 아는 것이 현명한 방법일 테지만 우리의 등에 대한 관심이 매우 적은 것도 문제이다. 우리 것을 잘 모르다 보니 일본에 가서도 차이점과 공통점을 발견하기 어렵고, 중국의 등을 보고 우리 것과 같다고 그대로 수입하는 경우도 있다. 이러한 상황에서도 한국의 전통등은 그 아름다운 빛을 널리 퍼트리고 있다. 동양의 각 나라에 비해 모든 조건에서 열악하지만 우리의 전통문화에 대한 관심과 지원에 힘입어 꾸준히 그 자리를 넓혀가는 중이다. 전통등의 아름다움을 세계에 알린 '연등축제'는 사라져 가는 전통등 문화에 대한 관심을 단시간에 끌어올렸으며 이러한 긍정적인 반응을 통해 전통등은 점차 우리민족의 품 안으로 되돌아오고 있다.

2003년도 서울시의 〈2003 서울 베스트 관광상품〉 조사에 따르면, 미주권에서 온 외국인들은 연등축제를 "외국인이 뽑은 서울 최고의 볼거리"로 지목하며 가장 선호하였다. 연등회·연등축제는 해마다 참가인원이 증가하고 있는데 2010년도에는 약 30만 명의 인원이 참가하였고, 그 중 10%가 외국인 참가자와 외국인 관광객이었다. 또한 디지털시대에 우리의 전통등을 촬영하려는 젊은이들로 북적대는 축제이기도 하다.

전통·문화·예술·교육 등 다방면에서 훌륭한 가치를 지닌 전통등은 많은 이의 관심을 받으며 서서히 자리를 잡아가고 있다. 어떤 문화도 그 배경과 역사가 있기 마련이며 숱한 이야기로 살이 붙어 풍성하게 갖추어질 때 그 힘을 발휘한다. 따라서 우리의 전통등은 무수히 많은 연구와 창의적 결과물을 흡수하여야 한다.

현대화의 도도한 흐름 속에서도 자신의 색깔을 분명하게 지닌 전통등은 문화적인 차원에서뿐만 아니라 예술적으로도 높은 가치가 있어 근래 많은 관심을 모으고 있다. 다소 늦은 감이 없지 않으나 '우리 것이 세계적인 것이다.'라는 말처럼 한지로 밝히는 우리 민족의 소망 등인 전통등이 꾸준히 계승·발전될 것이다.

최근에는 연등축제를 위한 전통등 경연대회가 '전통한지등 공모전'으로 이름을 달리하고 보다 대중적이며 예술적인 접근을 시작했다. 연등축제에 사용되는 등을 만들거나 전통등의 매력에 빠진 예술가 등이 참여할 수 있는 뜻 깊은 자리가 마련되어진 것이며 그 결과물도 매우 좋은 평가를 받았다. 이로써 우리의 전통등은 문화예술영역에서 확고한 지위를 인정받게 되었고 전통적 계승과 함께 현대적 발전을 도모할 수 있는 발판을 마련하였다고 할 수 있다.

2) 한국적인 등축제를 위해

우리나라의 전통적인 등축제는 유희의 차원을 넘어 공동체의 풍요로움과 안녕을 기원하는 생산적인 축제였다. 특히 전통적인 연등놀이에서 마지막을 장식하는 대미에서는 등을 소각하는 행위가 이뤄졌는데 등불을 하늘과 닿는 소중한 것으로 생각했던 선조의 마음을 읽을 수 있다.

등축제는 동양의 전유물이 아니며 서양에도 있다. 그러나 각국의 등축제는 각기 자기 민족의 전통적인 특징을 지니고 있으며 현대화의 과정을 거치면서 또 다른 변화를 모색하고 있다. 형식과 내용이 나라마다 지역마다 다르기도 하지만 전통이 어떻게 이어지고 발전하느냐에 따라서 그 영향이 달라진다.

대보름 연등놀이는 초파일 연등놀이로 변화하고, 대보름의 민속놀이가 초파일 민속과 결합하여 새로운 민속을 낳았다. 불교를 국시로 삼은 고려의 국가적 행사였던 연등회가 숭유억불의 조선시대에서는 민중 중심의 지역축제로 광범위하게 변하였고 다시 일제강점기와 산업화 과정을 거치며 쇄락의 길을 걸었다. 겨우 명맥만 유지할 정도로 급속하게 퇴락한 연등놀이는 불교계의 끊임없는 노력에 힘입어 '연등축제'로 다시 태어났다. 긴 역사이지만 성공과 실패를 거듭한 연등축제는 양적으로 커지긴 하였지만 아쉬운 부분도 있다. 민속적인 부분의 쇠퇴와 불교적 색채의 강화는 연등놀이의 대중화를 가로막는 또 다른 질곡으로 다가오고 있다. 불교가 토착신앙과 결부된 전통종교로서 종교적 이견이 대두되지 않던 시대의 축제를 내용적으로 견인했다면 현대에 들어서는 전통적인 의식의 약화가 있었고, 다종교 다문화의 흐름 속에서 불교가 전통문화를 내포한 전통종교로서의 절대적 지위를 상실해 가고 있기 때문이다. 더 나아가 종교평등을 논하며 불교가 전통문화를 계승하는 전통종교가 아닌 일부의 종교로 보는 시각까지 생겼다.

불교가 민중의 삶과 밀접하게 연결되어 있었던 조선시대 말까지는 불교적 소재의 등이 많이 등장하지 않은 것으로 보인다. 대신 민중의 생사와 소망에 관련한 구체적인 등이 보이는데 이는 불교가 유교에 눌리거나 사라진 것이 아니라 민중의 삶과 더욱 밀접하게 연결되어 토착화되었다고 보는 것이 옳을 것이다. 현재의 '연등축제'는 불교적 색채가 강한 축제이지만 불교와 삶이 한 덩어리였던 우리 선조의 생활을 볼 때 우리가 꽃피우고 계승해야 할 민족적인 전통축제라는 사실을 인정해야 할 것이다. 따라서 연등축제를 일부 종교의 행사로 편협하게 바라보는 태도도 옳지 않다.

전통적인 연등놀이는 숭유억불 정책이 힘을 잃어가던 조선시대 후기에 와서 지방의 중심 축제로 다양하게 발전하고 그 거대한 민족적 축제는 일제강점기 중반기까지 이어졌다. 그 힘은 바로 축제를 만들고 즐기던 민중에게 있었다.

민족문화 자체를 말살하려던 일제강점기 중에도 지속되었던 초파일 연등놀이를 통해 우리 민중의 연등놀이에 대한 입장을 잘 알 수 있다. 당시의 보도에 의하면 개성, 원산, 평양 등 지방의 도시에서는 일제의 개량화 정책에도 불구하고 수만의 인파가 모여 전통적인 초파일 연등놀이를 했음을 알 수 있다. 이때는 그야말로 일본의 문화를 강제로 이식시키는 시기였기 때문에 서울의 연등놀이는 관제화의 길을 걷고 있었다. 민중의 연등놀이에 대한 문화적 태도를 간접적으로 볼 수 있는 대목이다.

현대의 등불은 날로 발전하여 전기를 이용하는 최첨단의 다양한 기구와 시스템으로 어둠을 밝히고 있지만 그것과 달리 우리의 전통적인 등불을 즐기려는 사람들은 너무나 많다. 초파일 '연등축제'가 그 욕구를 다 채워줄 수도 없는 일이다.

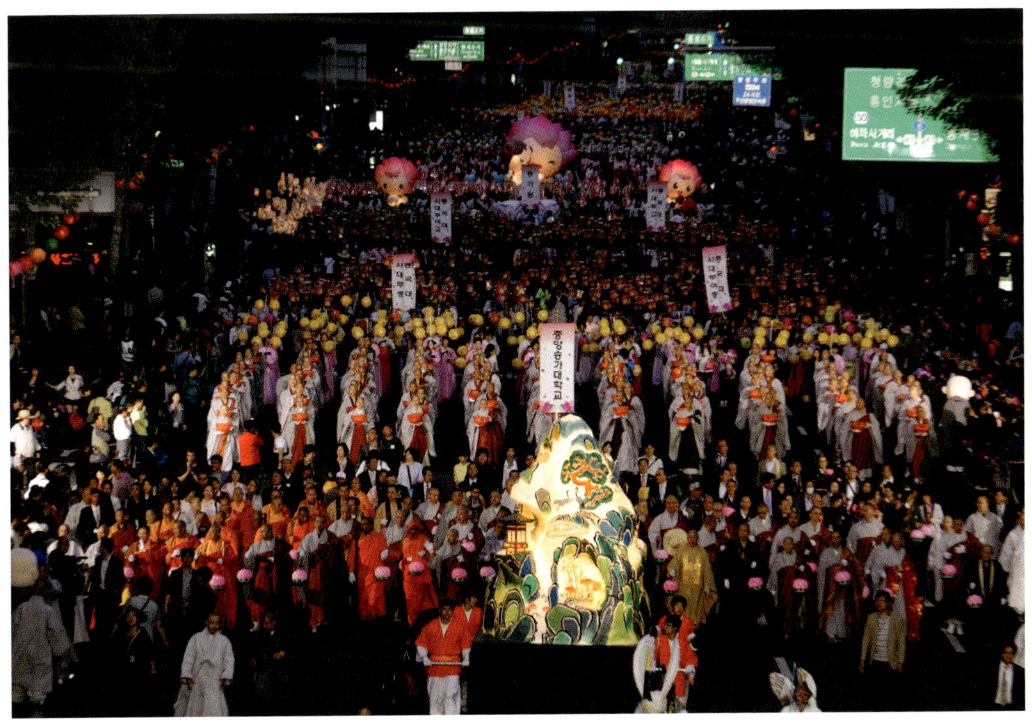

│ 한국적인 축제, 연등축제 모습

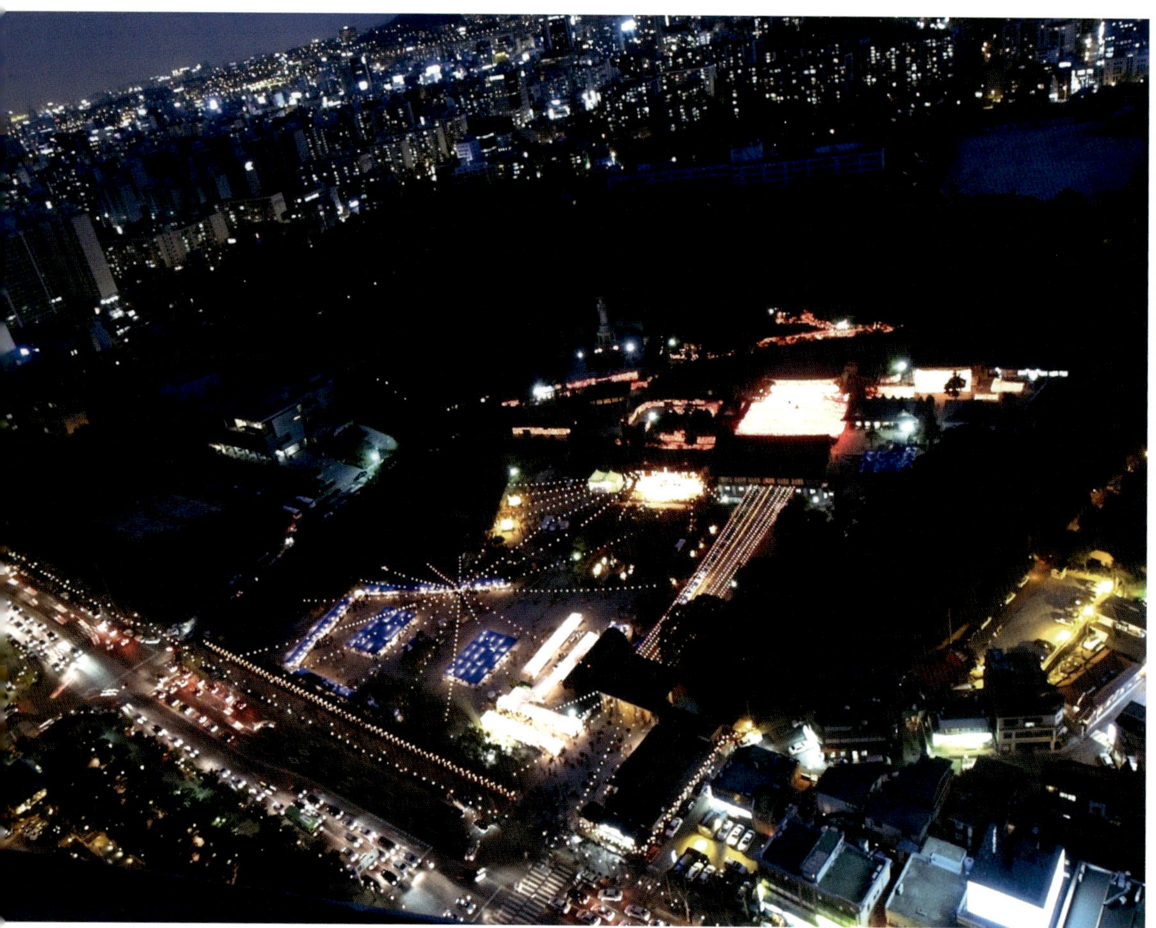

이러한 실정에서 중국인의 기술과 재료에 의지한 등축제가 매년 정부의 지원을 받아 휘황찬란하게 벌어지고 이를 한국의 전통등인 양 착각하는 사람들마저 생기고 있는 사실은 안타깝기까지 하다. 10여 년 전부터 전국을 돌며 중국등 축제를 열었던 잔재가 또아리를 틀고 남은 것이다. 인사동에서 우리의 전통문화로 둔갑해 팔리는 수많은 중국산 제품을 보고 이러다가는 우리의 정체성까지 수입하는 것이 아닐까 걱정되는 마음에 더더욱 안타깝다.

각 나라의 전통문화가 다르듯, 등이나 등축제도 차별성이 존재할 수밖에 없다. 등의 화려한 결과물도 중요하지만 그것을 담은 그릇인, 민족문화의 정체성이 더 중요하다. 중국의 등이 들어오고 일본의 등축제에 수많은 우리의 관광객이 찾아간다. 밤의 화려함을 즐기려는 현대에는 등불이 축제의 중요한 소재로 사용되고 등을 주제로 한 축제가 수없이 개발되고 있다. 이러한 때에 우리의 연등놀이에 대한 이해와 현대적인 계승은 무척이나 중요하다고 할 수 있다.

한국의 전통문화를 고스란히 재현하고 현대화까지 이뤄낸 연등회·연등축제가 유명세를 타고 있는 것은 주지의 사실이다. 이것은 문화가 중요한 무역원천이 된 시대의 요구에 잘 부합하는 것이다. 뿐만 아니라 수많은 외국인이 연등축제를 보러 단체로 관광을 오고 있으며 서울에서는 가장 유명한 축제가 되었다. 연등축제는 역사적인 왜곡과 시대의 질곡을 넘어서 새롭고 다양하게 발전되는 모습을 제시하고 있으며 아직도 발전 중이다. 서울의 연등축제가 성공적으로 자리를 잡고난 후 요즘은 지방으로 확대되어 옛 명성을 회복하는 중이다.

화려한 우리 민족의 등불은 초파일에만 국한되지 않고 가을이나 겨울에도 만날 수 있다. 서울의 청계천에서는 늦가을에 그 화려한 빛을 뿜어내고 있으며, 강원도 화천에서는 한겨울에 전통등을 즐길 수 있게 하였으며 여름에도 각지에서 전통등을 사용하여 축제를 하기 시작하였다.

2

한지의 이해

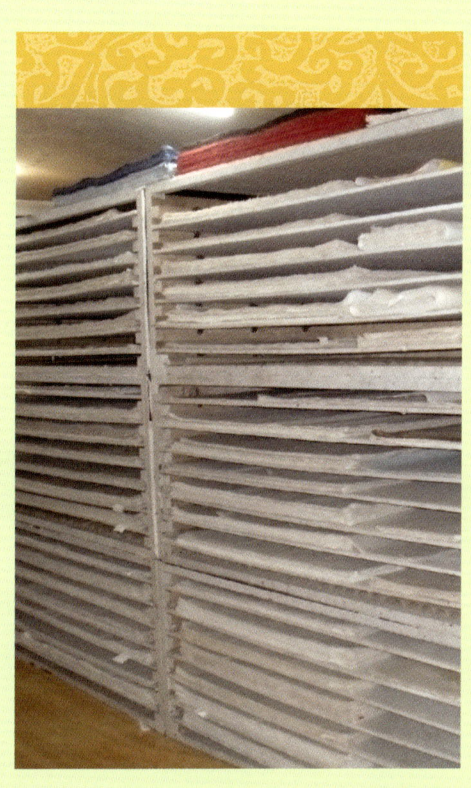

1 · 한지(韓紙)의 기원과 역사

　8세기 무렵 고구려 유민 출신이었던, 당나라의 고선지 장군은 서역을 정벌한 것으로 유명한데, 그 과정에서 중국의 종이 제조 기술이 서양에 전파되었다. 서기 751년 여름 고선지 장군이 지휘하는 티베트와 당나라의 연합군이 중앙아시아의 탈라스 강 유역에서 이슬람 연합군과 중앙아시아의 패권을 두고 벌인 전투가 탈라스 전투이다. 15만 명의 이슬람 연합군에 맞선 3만 명의 당나라 연합군은 수적인 열세에도 불구하고 치열한 전투를 벌였지만 결국 상당수의 병사가 포로로 잡히고 고선지 장군을 비롯한 소수의 병사만 살아남았다. 그 당시 포로로 잡힌 병사 가운데 종이를 만드는 기술이 있는 병사가 있었기 때문에 제지술이 이슬람 세계에 퍼지는 직접적인 계기가 되었다. 이후 이슬람의 뛰어난 과학과 수학, 의술 등이 서양에 전파된 것은 주지의 사실이다. 이 역사적인 전투가 없었다면 서양의 역사는 지금과 달라졌을 것이다.

　일반적으로 고대 이집트에서 사용한 파피루스(papyrus)를 종이의 기원이라고 하는데, 실제로 종이를 뜻하는 페이퍼(paper)의 어원이기도 하다. 고대 이집트를 가로질러 흐르는 나일 강 유역에 파피루스 풀이 무성하게 자라고 있었다. 당시의 이집트인들은 이 파피루스 풀을 이용하여 그물, 상자, 샌들을 만들기도 하였고, 한 데 묶어서 건축용 기둥으로까지 사용하였다. 파피루스의 줄기를 얇게 갈라서 앞면은 가로로 뒷면은 세로로 늘어놓고, 전체를 강하게 두들겨 건조시키면 파피루스 종이가 만들어진다. 그러나 엄밀하게 말하자면, 파피루스에 기록을 할 수는 있지만, 갈대 잎을 가공한 것이 아니라 자연 상태를 그대로 유지한 것이므로, 종이라는 전혀 새로운 물질로 보기는 어렵다. 동양에서 전해진 제지술은 식물에서 섬유질을 뽑아내어 새로운 형태의 종이를 만드는 것이었으며, 이를 바탕으로 서양의 문화는 급속하게 발전할 수 있었다.

그렇다면 중국의 종이, 즉 한지(漢紙)는 어디에서 기원하였을까? 세계 최초로 종이를 발명한 사람이 중국 한나라 시대의 채륜(蔡倫)이라고 알려져 있다. 채륜은 국가에 필요한 여러 가지 물품을 관리하는 관원이었다. 당시에 풀솜이나 마를 펴서 만든 종이를 사용하고 있었는데, 채륜은 이를 더욱 발전시켜서 나무껍질과 베옷, 고기잡이 그물 등을 함께 섞어서 분쇄하여 개량된 종이인 '채후지(蔡侯紙)'를 만들어 서기 105년 황제에게 바쳤다고 『후한서』「채륜전」에 기록되어 있다. 엄밀히 말하면 채륜은 제지법을 발명했다기보다 기존의 제지법을 개량시킨 것이다.

1980년대 말 중국 간쑤성(甘肅城) 팡마탄(放馬灘)에서 기원전 2세기의 것으로 추정되는 종이가 발굴되었다. 발굴 장소의 이름을 따서 팡마탄지(放馬灘紙)라고 불리는 이 종이는 채륜의 채후지보다 무려 200~300년 정도 앞선 것이다. 이로 인해 종이의 발명이나 기원에 관한 문제에서 더 나아가 그 재료가 의미하는 바에 관심을 가질 만하다.

채륜의 종이와 팡마탄지의 공통적인 원료는 우리가 흔히 말하는 닥나무, 즉 뽕나뭇과에 속하는 나무껍질의 성분과 같았다. 동양에서 가장 뛰어난 품질의 종이를 생산한 나라는 신라와 고려, 조선이었다. 다시 말해, 우리나라인 것이다. 재료는 닥나무였는데, 닥나무의 섬유를 자르지 않고 그대로 사용하는 것이 특징이었다. 적어도 채륜이 종이를 발명한 시기보다 앞선 시대에 종이의 재료로 생각되는 뭉치가 평안남도 대동군 남정리의 채협총에서 발견되었다. 물론 그 원료도 뽕나뭇과의 나무껍질 성분임이 밝혀졌다. 종이라는 말도 닥나무껍질, 즉 저피(楮皮)가 변해서 된 말이다.

이러한 여러 가지 사실에서 유추할 수 있는 것은 적어도 채륜의 종이가 발명되기 전에 종이를 만드는 제지술(製紙術)이 한국과 중국에 존재했다는 점이다. 종이라는 결과적인 증거로써의 문서가 남아 있지는 않지만 동일한 원료가 널리 퍼져 있었다는 것은 우연이 아니다. 그것도 후세에 훌륭한 종이의 원료로 사용된 재료인 특정 나무의 껍질을 벗겨서 가공한 것이기에 말이다. 많은 학자들이 한지 제조기술이 중국에서 왔다고 추정하는 것은 어디까지나 불교의 전래를 통해서 경전이 보급되었다는 것과 관계가 깊다. 그리고 고구려의 담징처럼 기술과 문화를 일본에 전파했다는 자료도 많아서 자연스럽게 중국에서 한국을 거쳐 일본으로 흘러들어가는 문화지도가 완성되는 것이다. 그런데 역사적으로 우리의 종이를 최고의 종이로 극찬하고 비싼 가격에 거래한 나라는 대부분 중국이었다. 또한 중국에서 말하는 자국의 전통종이는 대나무를 삭혀서 만드는 방법으로 제조한다.

이를 통해 우리가 한지를 최초로 만들어 사용했다는 것을 주장하고자 함은 아니다. 다만 고대의 훌륭한 문화적 자산을 잘 지키고 계승해 온 우리 민족의 한지 제조기술에 대해서 자긍심을 가지고 한지를 이해하고자 하는 것이다. 최초와 최고의 수식이 붙어 다니는 문화유산이라 한들 제대로 계승·발전시키지 못하면 아무 의미가 없다. 우리는 그러한 현실을 어느 나라 사람보다도 주변에서 쉽게 발견하지 않는가.

닥나무의 껍질을 찌고 말리는 과정을 통해 섬유질을 자르지 않고 그대로 풀어서 종이로 만드는 기술은 지금 생각해도 참으로 대단하다고 할 수 있다. 종이의 기원이 어디인지는 분명치 않지만 이와 같은 기술을 사용한 종이는 우리나라에서 만들어졌다.

한지는 원료의 품질, 원료 가공에서의 우수성, 제조기술을 통해 그야말로 최고의 작품이 된다. 우리나라에서는 종이를 만들기에 좋은 닥나무가 많이 생산되었다. 사계절이 뚜렷하여 적당히 잘 마르고 좋은 품질의 닥나무 껍질을 구할 수 있었다. 늦가을에서 겨울 동안 만들어지는 한지는 알칼리성의 잿물에서 섬유질이 풀어지고 햇빛으로 탈색하는 산성화 과정을 거치며 중성의 종이로 완성된다. 요즘 만들어지는 고급의 기능성 종이가 중성지로 만들어진다는 사실을 떠올리면 한지가 얼마나 과학적으로 만들어졌는가를 이해하고도 남음이 있다. 뿐만 아니라 종이를 뜨는 과정에서 섬유질을 교차시켰기 때문에 원래 장섬유였던 재료를 열십자(+)로 결합시켜 가죽처럼 질기게 만든다.

이 과정에 사용되는 닥풀은 아주 중요한 역할을 한다. 섬유질이 물속에서 서로 엉키지 않게 할 뿐만 아니라 뜨는 과정에서는 한지의 두께를 쉽게 조절할 수 있도록 도와주고 마르기 전에는 겹쳐진 종이를 잘 떨어지게 하다가도 일단 마르게 되면 섬유질을 단단히 잡아주는 접착제 역할을 한다. 한지와 완벽하게 어울리는 1인 4역의 재료인 것이다. 닥풀은 황촉규의 뿌리에서 나온 액을 말한다. 황촉규는 아욱과의 1년생 식물인데 그 뿌리에서 나오는 액을 한지의 제조과정에서 사용하기 때문에 닥풀이라고 불린다.

한지가 다 마르기 전에 도침(搗砧)하는 과정을 거쳐 한지가 완성된다. 도침은 설마른 종이를 여러 겹으로 겹쳐 쌓고 홍두깨나 디딜방아로 두드려 찧는 것을 말하는데, 이 과정을 통해 한지가 더욱 질기고 부드러워진다. 도침을 잘 할수록 고급한지가 된다.

이렇게 만들어진 한지는 말 그대로 천 년을 가는 명품 한지가 되며 책과 서류는 물론 옷이나 갑옷, 지갑 등 여러 가지 공예품의 재료가 되었고 심지어 신발로도 만들어졌다.

닥나무의 껍질은 봄과 여름을 거쳐 살이 오르게 되는데 가을에 접어들면 더욱 단단하게 여물기 시작한다. 그렇게 한 해를 보낸 닥나무의 껍질을 추운 계절에 베어다가 섬유질을 추출하는 것이다. 우리나라의 닥나무는 섬유질이 길고 강한데 그 강하고 긴 섬유질을 으깨거나 잘게 잘라서 쉽게 종이 만드는 방법도 있었으나 더욱 좋은 종이를 만들기 위해 잘라온 닥나무를 통째로 쪄서 온전한 껍질을 벗겨내고 다시 삶는 과정을 거쳤다.

길고 단단한 섬유질은 반투명한 속성으로 말미암아 두꺼운 한지도 반투명한 성질을 갖게 된다. 게다가 섬유질이 겹쳐지며 빛을 엉키게 하므로 한지를 통해서 나오는 빛은 조도를 크게 줄이지 않으면서도 은은하고 포근한 느낌을 준다.

우리 민족이 만들었던 전통적인 등은 한지를 많이 이용하였는데 이처럼 과학적으로 우수한 조명재료를 지금껏 사용한다는 것은 참으로 뿌듯함을 느끼게 한다. 한지는 현대에 와서도 흉내내기 어려운 우수한 조명재료이며 이러한 근거는 한지를 만드는 재료의 우수성과 제작과정의 과학성에 있다.

3 · 한지(韓紙)의 제작 과정

1) 닥무지 작업

봄과 여름을 지내는 동안 살이 오르고 가을에 단단해진 1년생 닥나무를 11~12월경에 베어서 덩어리로 묶어 삶는다. 적당한 길이로 잘라 덩어리로 묶어서 솥에 넣어 거적을 덮고 삶으면 닥나무가 골고루 잘 쪄진다. 거적을 덮으면 수분의 증발이 어려워져 열 효율이 높아지는 효과가 있다. 초기에는 김이 많이 오르면서 고약한 냄새가 나지만, 완전히 쪄질 때면 김도 적게 나고 향긋한 냄새까지 난다. 흐물흐물해질 정도로 충분히 삶아야 닥나무의 껍질이 잘 벗겨진다. 좋은 한지를 만들기 위해서는 이 과정이 가정 중요하다. 닥무지는 닥나무의 품종에 따라 찌는 정도가 약간 차이가 있다. 커다란 가마솥에 물을 붓고 닥나무를 가득 쌓아 불을 지펴 수증기로 닥을 찌는 데 보통 7~8시간 정도 걸린다.

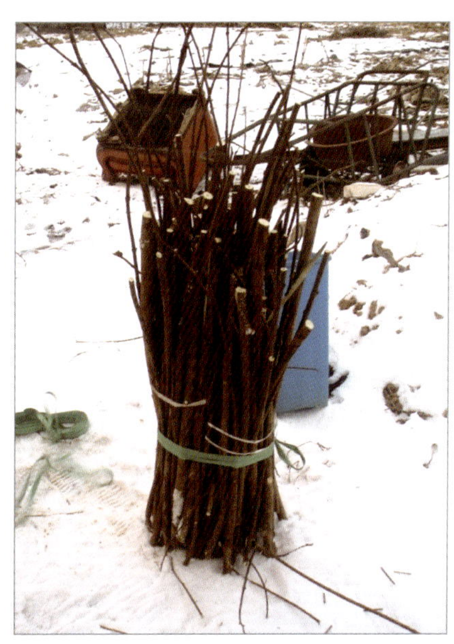

적당한 크기로 잘라서 묶은 1년생 닥나무

2) 백피 추출

잘 쪄낸 닥나무에서 껍질을 벗겨내어 햇빛에 말린 것을 흑피 또는 피닥이라고 한다. 말린 껍질을 흐르는 냇물에 다시 불려서 겉껍질을 벗기는 것을 청리라고 한다. 겉껍질이 벗겨지고 남은 하얀 내피를 백피라고 한다.

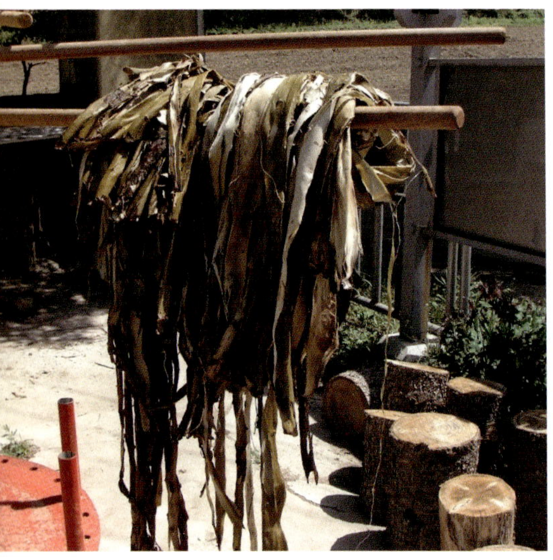

| 닥나무를 잘 삶아 벗겨낸 껍질

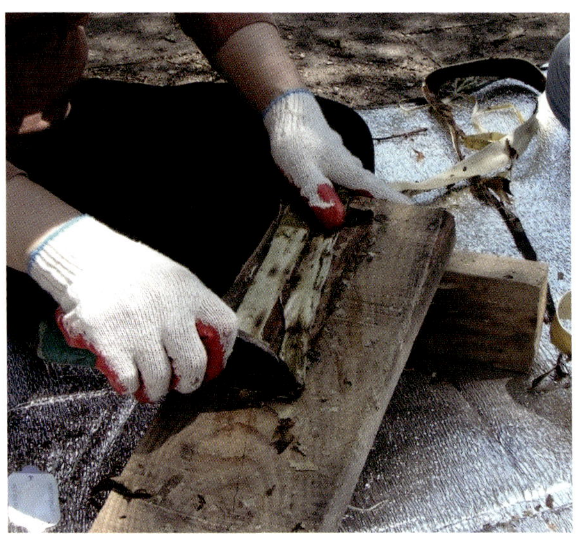

| 순수한 닥피만 얻는다

3) 저불 작업

충분히 물에 불린 백피를 알칼리성 잿물에 넣어 4~5시간 정도 삶는다. 이 과정에서 섬유질이 아닌 물질은 녹아서 제거되고, 섬유질은 부드러워진다. 먼저 가마솥에 물을 부어 끓으면 여기에 잿물을 부어 섞고 그 속에 백피를 넣어 삶는다. 삶은 백피는 수증기가 가시기 전에 냇물에 며칠 동안 담근다. 잿물에 삶으면 광택이 좋아지고 섬유 분산도 좋아진다. 잿물 대신 탄산나트륨으로 삶으면 광택이 떨어진다. 잿물에 삶는 전통적인 표백 방법은 섬유가 가진 자연스러운 아름다움이 그대로 나타나게 한다. 그런 다음 불순물이나 티를 제거하면 순백의 닥섬유가 만들어진다.

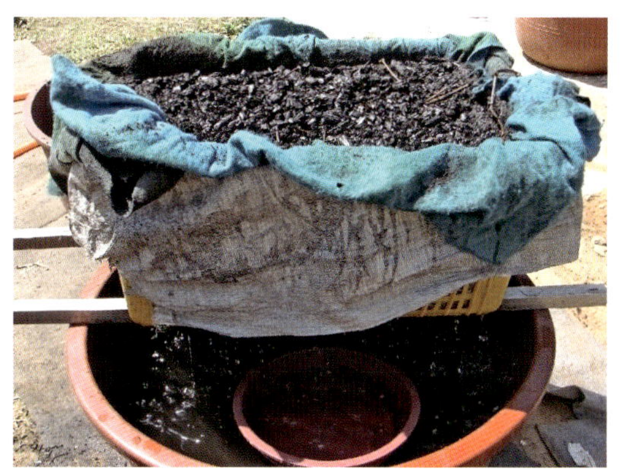
| 숯을 이용하여 잿물을 내린다

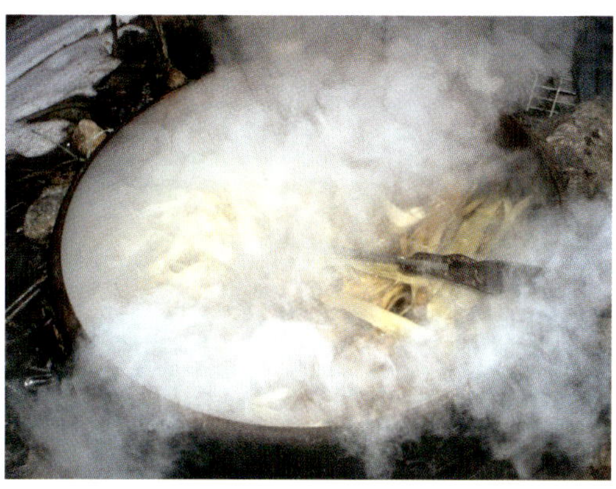
| 끓는 잿물에 닥피를 삶는다

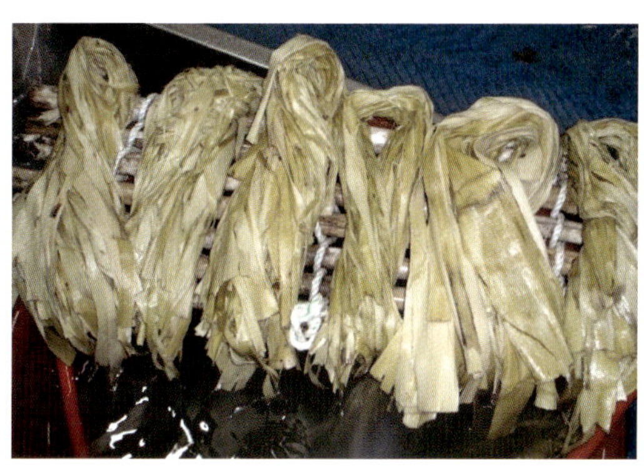
| 삶은 닥피를 물에 씻는다

4) 고해 작업

　잿물에 삶아 물에 씻는 과정을 되풀이하여 백피가 새하얗게 되면, 작돌 위에 올려놓고 닥 방망이인 곰배로 두들겨 백피의 섬유를 분리시킨다. 대략 1시간 정도 두들기면 된다. 두들기는 시간은 종이의 종류에 따라 다소 차이가 있으나 대개 부피가 처음 백피의 부피보다 2배 정도로 늘어나고 튀어나갈 정도가 되면 된다. 이것은 질기고 부드러운 종이를 만드는 공정이다. 요즘은 기계 고해를 사용하는 곳이 많다.

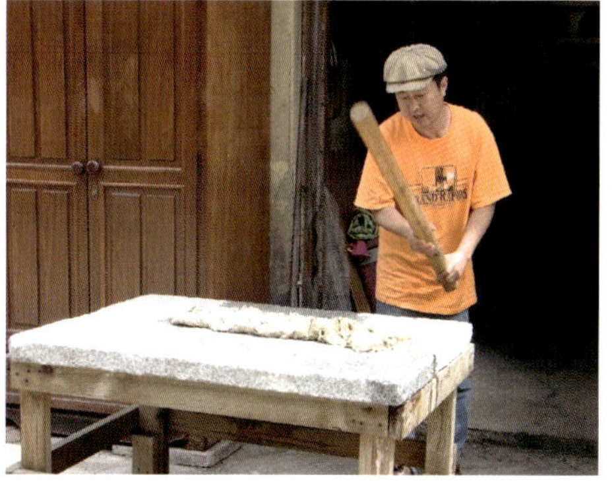
| 질 좋은 인피섬유를 얻기 위해 방망이로 두들긴다

5) 초지 작업

통에 찬물을 담고 황촉규 풀의 뿌리를 넣고 이겨서 점액을 얻는데 이것이 닥풀이다. 닥풀은 산성(酸性)이 아니라 중성(中性)이기 때문에 한지가 산화되지 않고 오래 보존될 수 있도록 도와주고, 끈끈하기 때문에 닥의 섬유질을 단단히 잡아주는 역할을 한다. 지통에 고해 작업을 거친 닥섬유와 닥풀을 물과 함께 넣고 혼합하여 저어준다. 균등하게 잘 분산되도록 저어야 좋은 종이를 얻을 수 있다. 그런 다음 지통에 발을 담궈 앞뒤, 좌우로 흔들어 닥섬유를 건져내는 것이 초지 작업이다. 발로 건져낸 습지는 한 장씩 옮겨서 쌓는다.

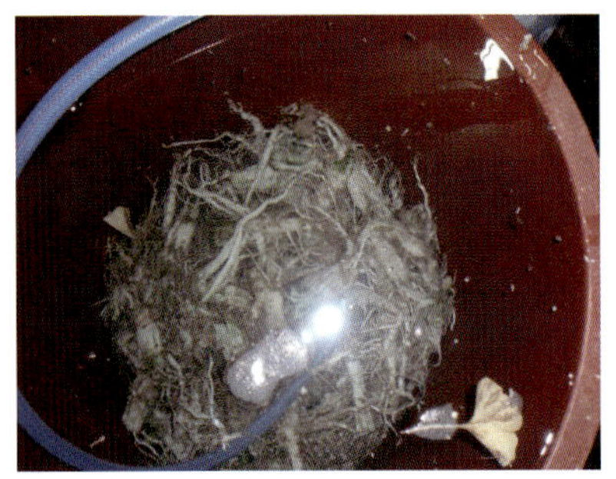

| 황촉규 뿌리에서 끈끈한 액(닥풀)을 얻는다.

| 물에 닥풀과 닥죽을 넣고 혼합한다

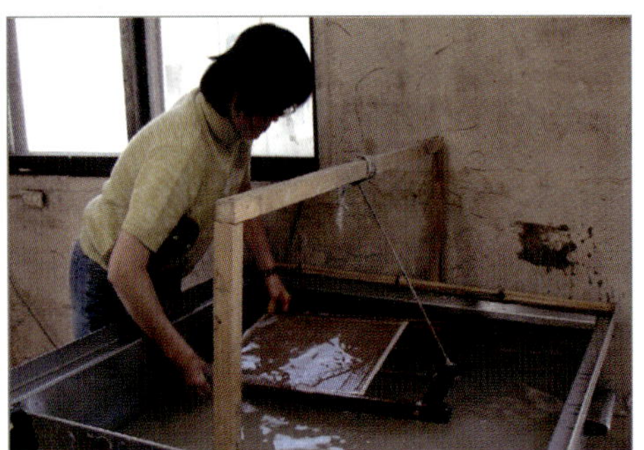

| 지통에서 외발뜨기를 한다

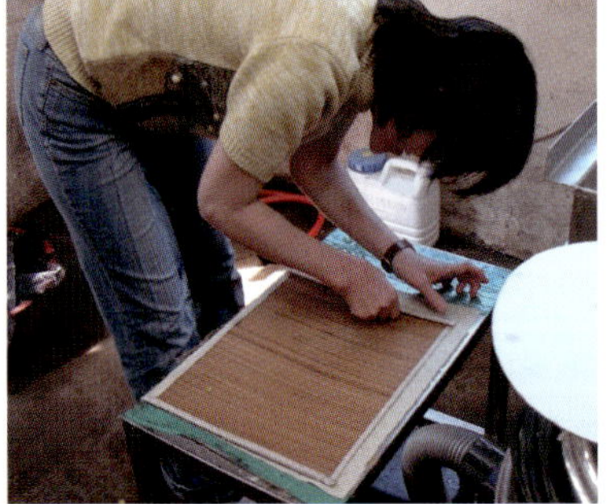

| 습지를 한 장씩 쌓는다

6) 물질 작업

물을 먹은 섬유질, 즉 습지를 여러 장 겹쳐 쌓은 다음 무거운 물건을 올려서 눌러 탈수를 한다. 습지를 쌓을 때는 어느 정도 두께가 되도록 쌓고, 각 장이 달라붙지 않도록 왕골로 된 벼개를 끼운다. 벼개는 겹쳐진 종이를 쉽게 떼기 위해 사용한다. 탈수가 완료되면 벼개를 들어 올려 젖은 종이를 이릿대에 말아 건조판으로 옮긴다.

7) 건조 작업

온돌방 방바닥에 건조판 놓고 종이를 올린 다음 비로 쓸어 말거나, 벽에 붙여 말리기도 한다. 이런 방법은 말리는 시간이 오래 걸리기 때문에 현재는 잘 사용하지 않는다. 요즘은 열판 건조법을 사용하는데, 철판으로 된 건조면에 습지를 붙여서 건조한다. 건조판은 증기로 달구어지도록 만들어졌다. 습지가 건조판에서 완전히 마르면 완성된 종이를 떼어낸다.

8) 도침 작업

조금 설마른 종이를 디딜방아나 홍두깨로 두드려서 판판하고 광택이 나도록 하는 과정을 도침(搗砧)이라고 한다. 쌀가루를 끓여 만든 묽은 쌀풀을 겉에 바르고 종이를 여러 겹으로 겹치게 한 다음 여러 번 두드리면 된다. 이렇게 하면 종이에서 윤기가 나고 섬유질이 치밀해져서 종이의 품질이 향상된다. 요즘은 고급한지가 아니면 대부분 이 공정을 생략한다. 이때 마른 종이 세 장에 젖은 종이를 한 장씩 섞어서 종이의 주름이 펴지게 쌓아놓고 두

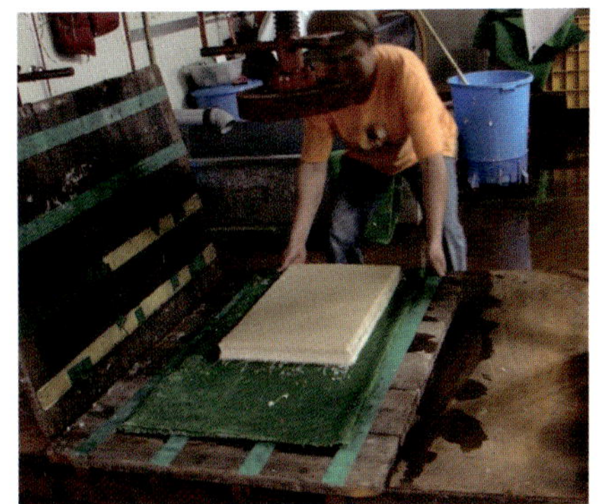

습지를 어느 정도 쌓아 지층을 만든다

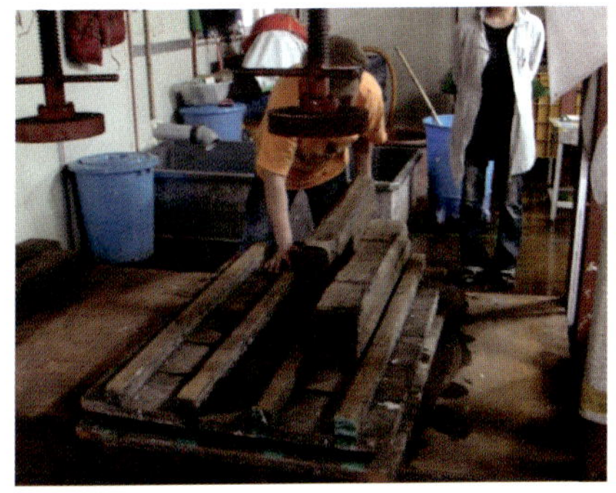

무거운 것으로 눌러 물을 뺀다

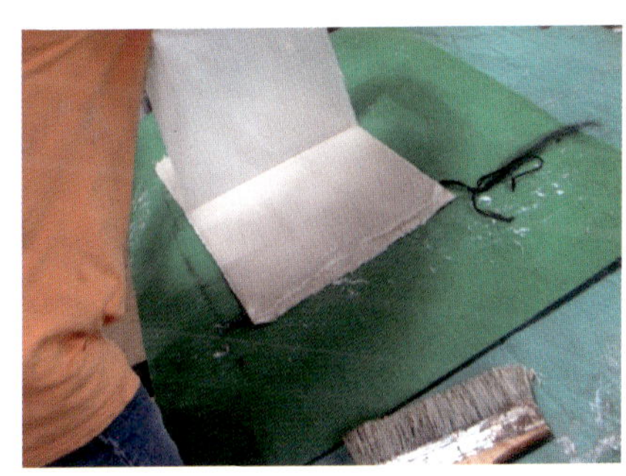

탈수된 종이를 한 장씩 떼어낸다

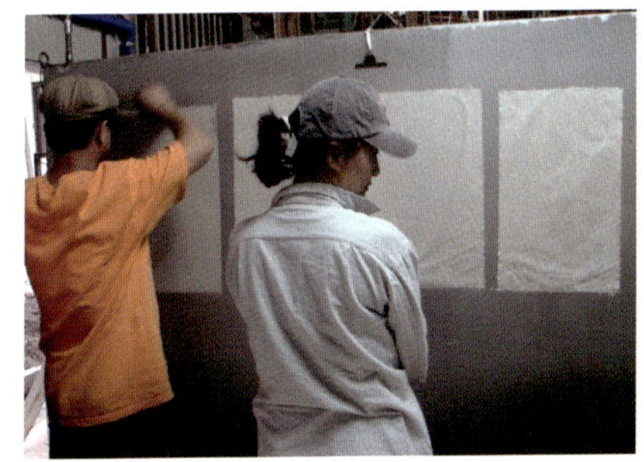

열판에 붙여 건조시킨다

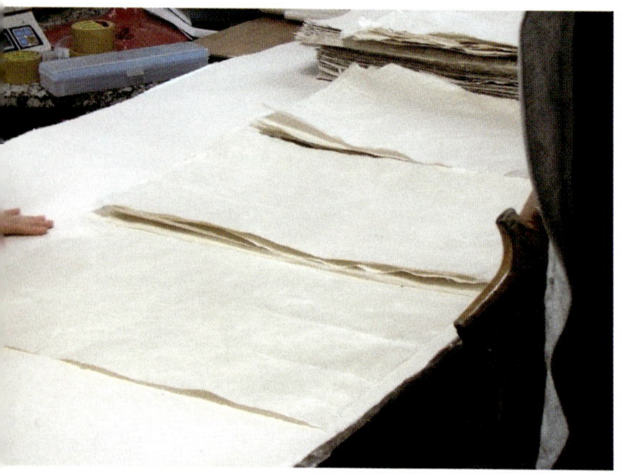

한지가 완성되었다

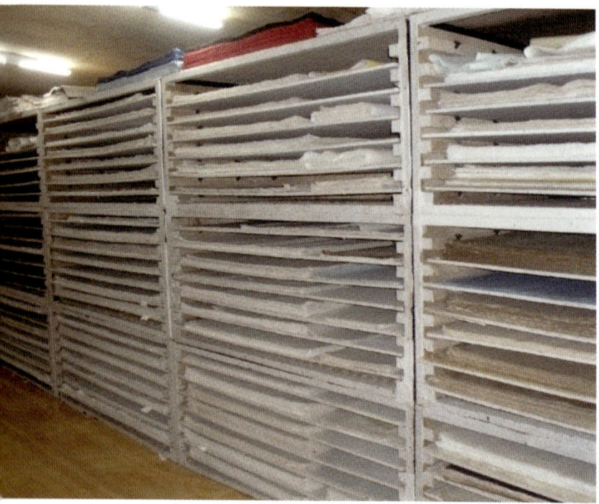

지업사에 놓은 한지들

드린다. 찢은 종이는 건조시켰다가 다시 같은 방법으로 찢는다. 대부분 다섯 차례 정도 이 과정을 되풀이하여 종이를 반드름하게 만든다. 종이가 반드름한 정도에 따라 급수별로 나누어 한 번 더 찢는다. 그 후 뜨거운 온돌방에서 하루 정도 말리면 훌륭한 한지가 된다.

전통적인 한지 제조 방법은 노동력이 많이 투여되고 복잡한 과정을 거쳐야 했다. 그보다 저렴한 가격에 대량생산을 하는 서양식 제지법의 양지가 한지를 밀어내고 주류의 종이가 되었다. 한국전쟁과 산업화 과정은 한지산업 자체를 더욱 위축시켰으며 건축과 예술, 생활 등 우리의 일상으로부터 한지는 점차 멀어져 갔다. 그러나 서적이나 서류를 주로 만들었던 양지에 비해, 우리 다양한 전통문화를 고스란히 담고 있던 한지는 쉽게 사라지지 않고 명맥을 유지하고 있다. 최근 들어 한지공예가 다시 관심을 받고 있으며, 한지를 이용한 각종 기능성 상품이 등장하게 되었다. 산업화 과정에서 배제되었던 우리의 전통문화에 대한 반성의 결과라고 할 수 있다. 아직도 한지의 우수성을 우리의 생활로 가져오는 데에는 많은 장애물이 있다.

4 · 다양한 한지 고르기

   2합 장지의 두께는 일반적인 인쇄종이 150g 정도를 주로 쓰는데 연등놀이에 쓰일 커다란 등에는 3합 장지 150g 이상의 두께를 사용하기도 한다. 150g이라 할지라도 인쇄종이와 한지의 시각적인 두께를 같다고 보면 안된다. 한지가 섬유질도 거칠고 공간이 많기 때문에 체감하는 두께는 한지가 두 배 가까이 두껍게 느껴진다. 한지의 두께는 아직 계량화되지 않아서 그 수치를 숫자나 기호로 알아볼 수 없으며 150g이라는 인쇄종이의 단위는 경험에 의한 것임을 밝힌다. 한지의 합이 많고 두께가 두꺼우면 그만큼 등의 제작도 어렵다.

   2합지, 3합지라는 것은 한지의 질긴 장점을 더욱 살리기 위해 한지를 겹겹이 붙인 것을 말한다. 이때 별도의 풀을 이용하여 붙이지 않고 지통에서 한지를 떠낸 다음 두 겹으로 포개거나 세 겹으로 포개서 말리면 섬유질이 서로 엉키고 닥풀의 점도가 수축되면서 자연접착이 된 것이다.

   한지는 표백이 되어 있는 것과 그렇지 않은 것, 그리고 표백이 적당히 된 것 등이 있는데 닥의 원래 색깔은 진한 미색이다. 햇볕으로 자연표백을 하여 밝은 미색을 띠는 종이가 좋은 종이이고, 광택이 적게 나는 밝은 색의 한지는 화학표백을 한 것이다.

   햇빛을 이용해 한지를 표백하는 과정이 현대에 와서는 비용절감을 위해 약품을 사용하는 것으로 바뀌었는데, 저가의 한지일수록 순수한 닥피의 양이 줄어들고 그 자리를 펄프가 채운다. 저가의 한지는 표백제를 많이 쓴다. 표백제를 많이 쓰면 불순물을 고르는 과정이 줄

질긴 한지는 표면질감이 뛰어난 줌치지로 만들어 쓴다

2합 장지의 색감 비교 – 진한 미색일수록 고급한지이다

어들기 때문에 비용이 절감되나 표백제의 영향으로 한지 고유의 성질이 줄고 광택이 사라진다.

최근에는 한지에 염색을 하여 고급스러워 보이는 진한 미색의 느낌을 주는 한지도 나왔으나, 한지 고유의 성질이 없으므로 소비자를 기만하는 행위가 될 수도 있다. 화학적인 표백을 하지 않고 햇빛으로 표백을 하면 중성지의 성질을 갖게 됨과 동시에 탁한 색감이 줄어들게 되며 이러한 과정을 되풀이하여 보다 흰색에 가깝도록 한다. 그래서 고급종이의 색이 대체적으로 미색이다.

한지(韓紙)라는 말은 우리 민족이 사용하던 종이의 의미이며 조금 더 나아가자면 우리 민족이 만들던 종이는 대부분 닥나무의 껍질을 원료로 사용했으므로 조선의 닥나무로 만들어진 종이를 한지라고 한다. 닥나무로 만든 한지 외에도 다양한 원료로 종이를 만들었는데 갈대를 원료로 만든 종이는 노화지, 등나무 껍질을 섞어 만든 종이는 등지, 짚을 잘게 부수어 섞어 만든 종이는 마분지, 소나무 껍질을 원료로 만들면 송피지, 대나무 줄기안의 얇은 막으로 만든 종이는 죽지, 물이끼를 섞어 만든 종이는 태지, 목화를 섞어 만든 종이는 백면지 등 종이의 종류는 매우 많다.

우리의 한지는 만드는 방법과 쓰임새, 만드는 지역, 종이의 특징에 따라 그 명칭을 달리했으며 100여 종은 족히 넘는다. 지금은 사라져서 더 이상 쓰이지 않는 종이가 많지만 지금도 새로운 한지가 속속 개발되고 있다.

5 · 등의 재료로서 한지 이해하기

한지의 주요 특성 중에서 등의 제작과 관련한 부분을 살펴보자. 한지의 주재료인 우리나라의 닥나무가 가진 특징이 있다. 중국이나 일본에도 우리의 닥나무와 비슷한 종류의 나무가 있지만, 우리의 닥나무와 성질이 다르다. 우리 땅에서 자라는 닥나무는 사계절이 뚜렷한 지역적 특성의 영향으로 중국이나 일본보다 훨씬 더 우수한 품질의 인피섬유를 지니고 있다.

우리나라는 참닥나무를 한지의 주재료로 삼는다. 삼지닥나무류는 일본이나 따뜻한 지역에서 잘 자라고 그 지역의 종이를 만드는 데 쓰이지만 우리나라의 남쪽 지방에도 많이 있다. 같은 종류이지만 우리나라의 참닥나무는 기후의 영향으로 여름에 많이 자라고 가을에 수축하여 식물성 기름의 잔존이 적다. 게다가 한겨울에 한지를 만들면 인피섬유의 장점이 최대한 살아난다. 그래서 섬유질이 길고 얇으며 반투명적인 성질이 살아 있다. 이러한 닥나무의 특징으로 말미암아 우리의 한지는 빛의 투과율과 퍼짐이 훌륭하고 좋은 빛깔이 나타난다.

한지의 가격 차이는 원재료와 가공법에 의해 결정된다. 좋은 한지는 색이 미색에 가깝고 윤기가 흐르며 물을 잘 흡수한다. 그래서 한지의 질에 따라 아교포수의 농도를 다르게 하여야 한다. 물의 흡수가 잘되면 잘될수록 아교포수의 농도를 진하게 하여야 번짐을 잘 제어할 수 있다.

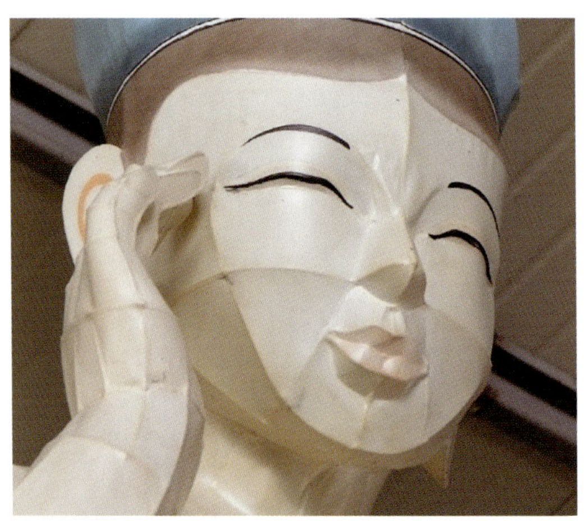

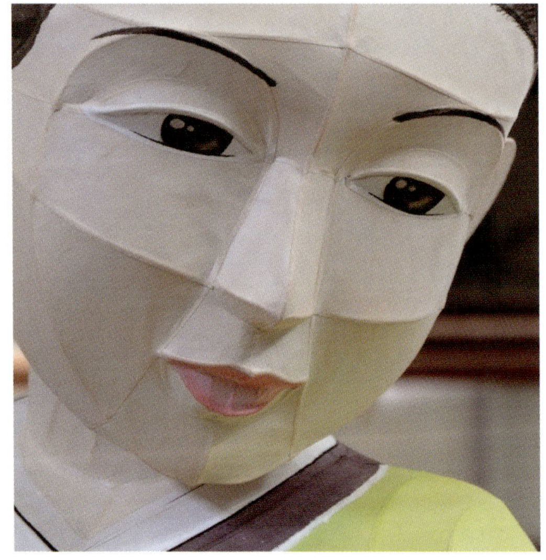

등롱으로 만들어져 닫힌 구조로 인해 발생하는 취약점은 한지가 가진 높은 환기성으로 막아내는데 한마디로 숨을 쉰다고 할 정도다. 옛날에 쓰였던 문풍지를 떠올리면 될 것이다. 종이 한 겹으로 문을 만든 배경에는 한지의 방풍과 방한, 환기성에 대한 경험과 무한한 신뢰가 있었기 때문이다.

한지로 만든 등은 방수코팅을 하여 한지의 환기성을 완전히 망가뜨리지 않는 한 곰팡이가 잘 생기지 않는다. 따라서 방수코팅을 하는 이유를 정확하게 파악하여, 실외에 설치하는 경우가 아니라면 방수코팅을 하지 않는 것이 좋다.

산업화 과정에서 철저하게 소외된 한지 제조업은 쇠퇴와 쇠퇴를 거듭한 끝에 오늘날에 이르고 있다. 최근에는 한지전통등을 비롯해 다양한 한지공예작업에서 한지를 소비하지만 대부분 저렴한 수입한지를 사용하기 때문에 제대로 된 한지를 만드는 일은 관심을 얻지 못하고 있다. 그나마 좋은 한지를 구입하는 곳은 우리나라가 아닌 외국이 많다고 알려져 있다. 한지가 가지고 있는 최대 단점은 한지의 장점을 살리기 위해 들여야 하는 수많은 과정에 있다. 즉, 만들기가 복잡하고 어려워 값이 비싸고 수작업에 의존하다보니 장인이 많이 없다는 것이다.

한지야말로 한국의 등을 만들기 위한 가장 중요한 재료이자 가장 과학적인 선택이다. 한지에서 나오는 빛깔은 다른 나라의 그 어디에서도 볼 수 없는 독특하고 깊이 있는 운치를 주며 아름답고 온화하다. 일본의 아오모리 지역에서 한여름 칠석 축제에 등장하는 네부타 마쯔리의 등롱은 이제 일본 고유의 화지를 사용하지 않는다. 여러 가지 이유가 있겠지만 우리의 한지처럼 반드시 사용해야 하는 근거보다는 비싼 가격과 수급에 많은 영향을 받았을 것이다.

적어도 등을 만드는 데 있어서 이러한 장점을 지닌, 현대의 기술로도 따라 잡을 수 없는 우리의 한지는 사람의 열정과 이 땅의 기운으로 만들어지는 민족의 혼과 같다. 한국에서 등을 만든다는 사실은 이렇게 훌륭한 종이를 재료로 쓴다는 자부심을 갖게 한다.

등으로 표현할 수 있는 작업은 전통적인 이미지에 국한되지 않는다. 현대적인 미술언어와 교류하고 적극적으로 창작하는 행위야말로 전통을 과거의 유물로 전락시키지 않고 다가올 미래와 연결하는 작업이며 진정한 '전통성의 회복'인 것이다.

3

전통등 만들기의 과정과 기법

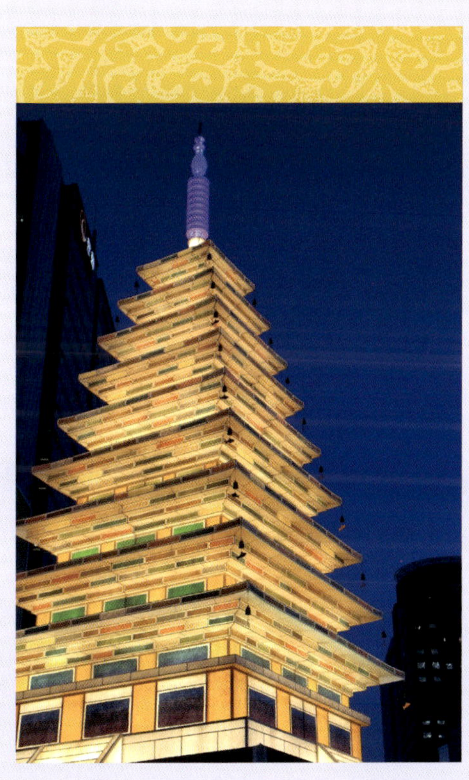

1 • 등의 구조에 대한 이해

등은 어떤 구조로 되어 있을까? 등을 만들고자 하는 사람이라면 반드시 해야 하는 질문이다. 전체를 제대로 볼 줄 알면 실제 제작할 때 과정에 대한 이해도 빠르고 응용도 쉽기 때문이다.

등은 입체적인 조형물이다. 전통적으로 등은 등롱(燈籠)이라고 불렸는데, 등롱의 등(燈)은 등불이라는 뜻이고 농(籠)은 무엇을 담는 그릇을 뜻한다. 이불이나 옷가지를 넣어서 보관하는 것을 장롱(欌籠)이라고 하는데, 이때의 농(籠)도 같은 의미이다. 다시 말해서, 등불을 담고 있는 그릇이 등롱이다. 즉 우리의 전통등은 입체적인 아름다운 조형물 안에 조명장치를 넣어 둔 것이다.

전통등은 등의 외곽을 둘러싼 한지를 뼈대가 지탱하는 구조물 내부에 조명이 있는 형태이다. 어떤 등을 만들지를 결정했다면, 먼저 한지를 붙일 수 있는 뼈대 구조물을 만들고, 내부에 조명장치를 설치한다. 뼈대에 한지를 붙이고 나서 그 위에 원하는 문양을 그리고 채색하면 된다. 간단히 말하면 이렇게 쉬운 과정을 거치면 된다.

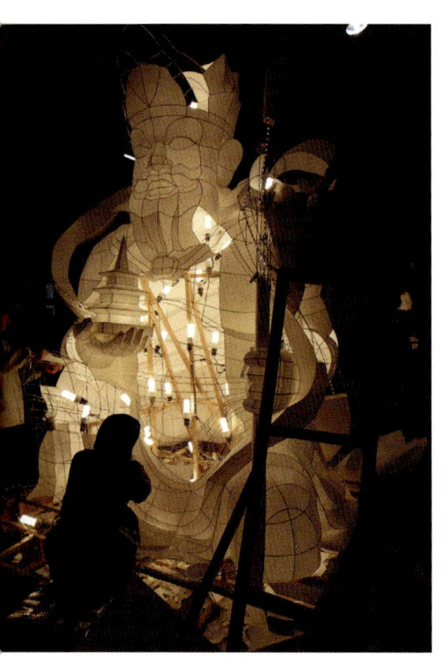

등구조의 내부

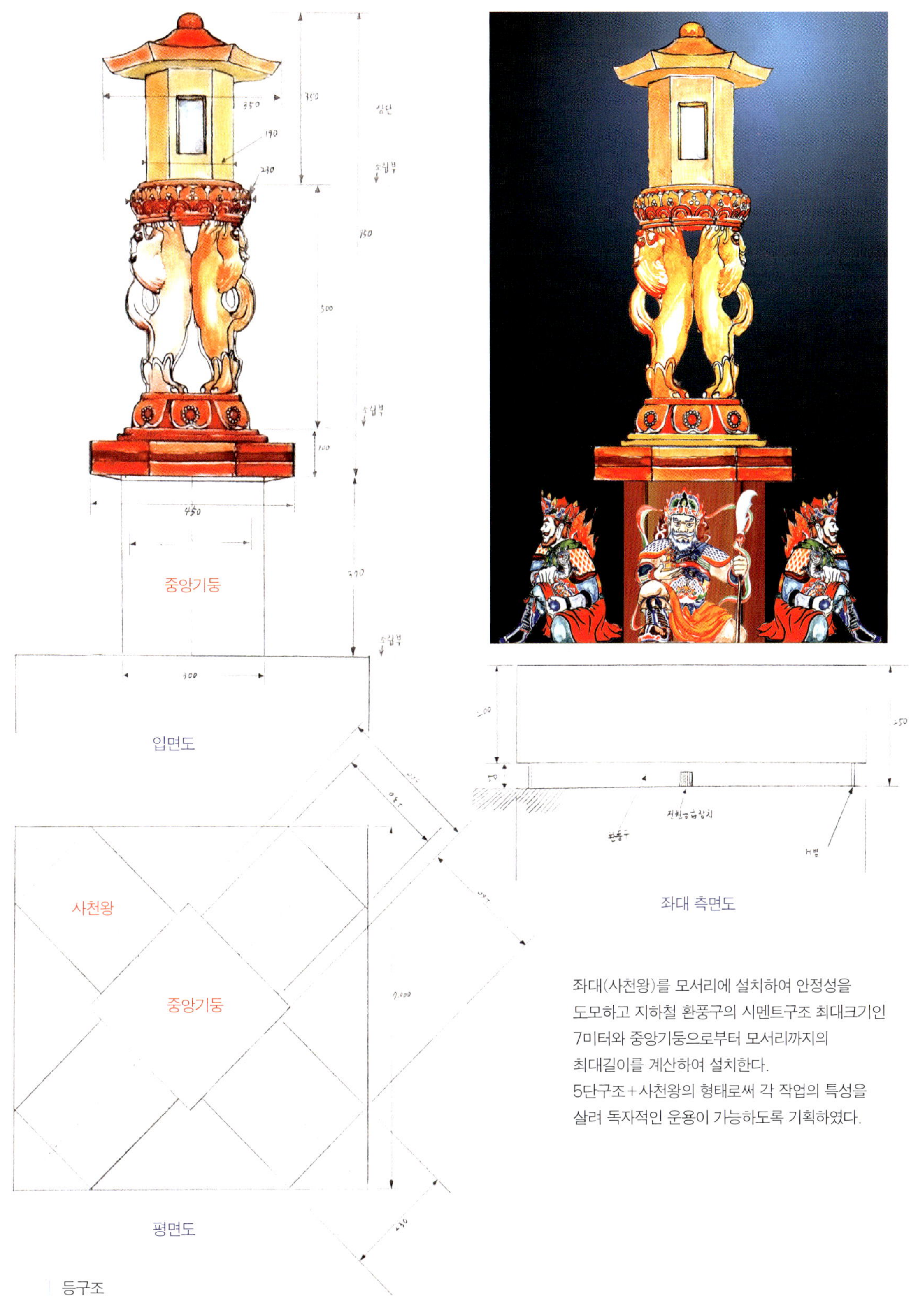

좌대(사천왕)를 모서리에 설치하여 안정성을
도모하고 지하철 환풍구의 시멘트구조 최대크기인
7미터와 중앙기둥으로부터 모서리까지의
최대길이를 계산하여 설치한다.
5단구조＋사천왕의 형태로써 각 작업의 특성을
살려 독자적인 운용이 가능하도록 기획하였다.

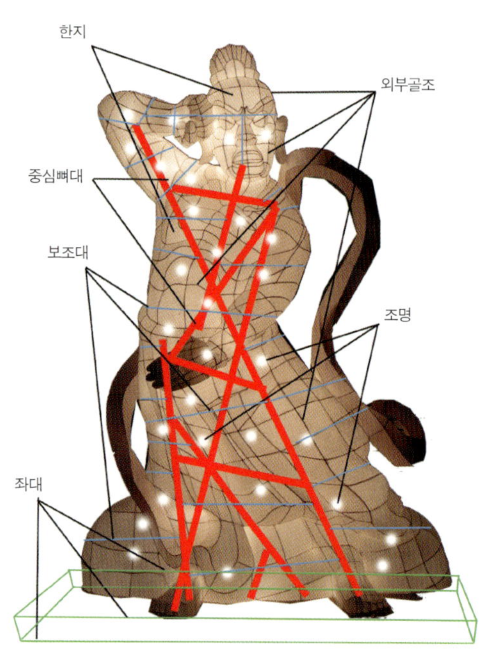

| 명칭설명

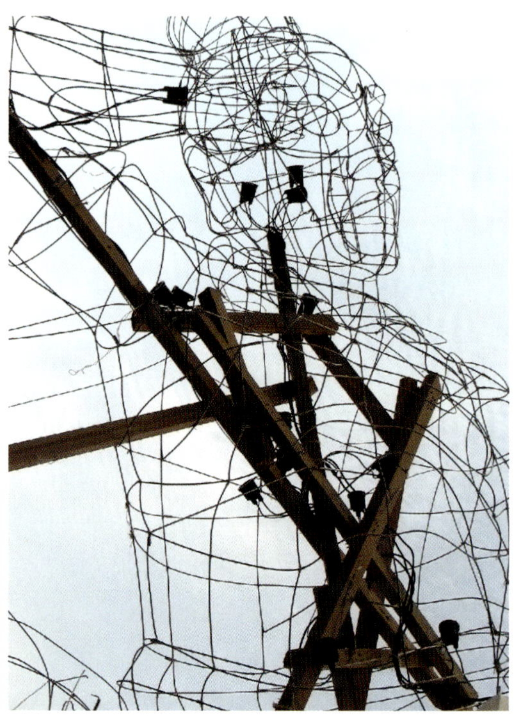

| 외부골조

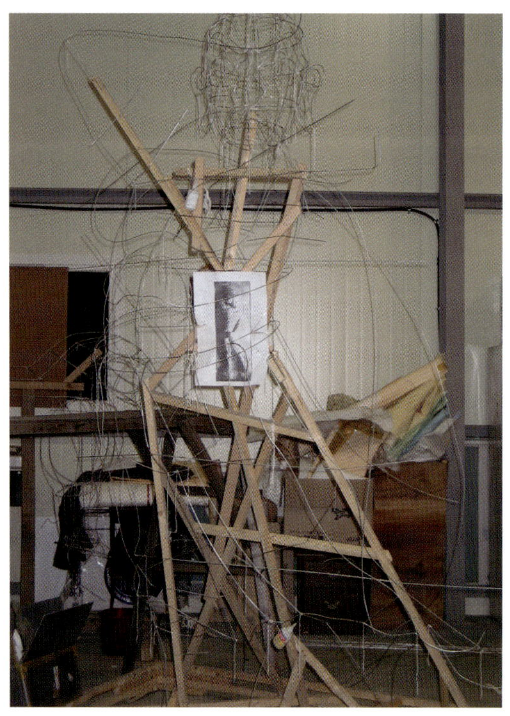

| 중심뼈대

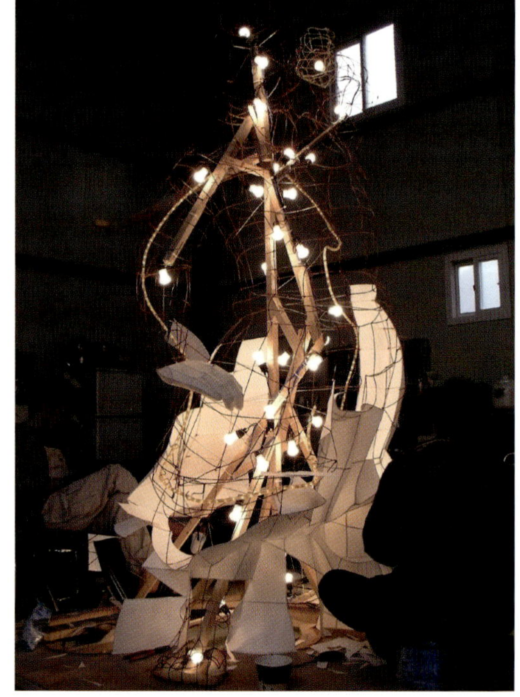

| 중심뼈대와 조명

1) 뼈대

　외부 골조, 즉 뼈대는 한지를 붙이기 위해서 아주 중요한 부분이다. 내부에 설치한 조명 장치에서 빛을 내게 되면, 자연스레 뼈대의 모습이 드러나 보이게 된다. 그렇기 때문에 인물이나 동물을 만들 때는 뼈대의 형태가 최소한 해부학적인 흐름을 탈 수 있도록 작업하여야 한다. 비구상적이거나 기하학적인 구조물의 작업이라고 할지라도 각각의 면이 자연스럽게 연결되도록 흐름을 잡아야 하는 것이 포인트이다.

　외부 골조는 한지를 붙이는 기본적인 것이지만, 등의 힘을 지탱하고 유지하는 역할도 한다. 그렇기 때문에 외부 골조의 힘만으로는 부족한 작업, 즉 대형 장엄등을 작업할 경우에는 내부의 중심 뼈대와 잘 연결되어야 한다. 내부에 중심 뼈대를 설치할 때에 주의할 점은 등이 완성된 후 조명을 켰을 때 내부 뼈대가 표면의 한지에 그림자가 지지 않도록 해야 한다.

2) 조명장치

　옛날에는 초나 기름을 원료로 불을 켜서 그 빛으로 조명을 했지만 지금은 전기를 이용하여 빛을 낸다. 조명은 흔들리지 않게 외부 골조에서 중심뼈대를 연결하는 부분과 중심뼈대에 직접 고정하여 안정적인 구조물이 되도록 한다.

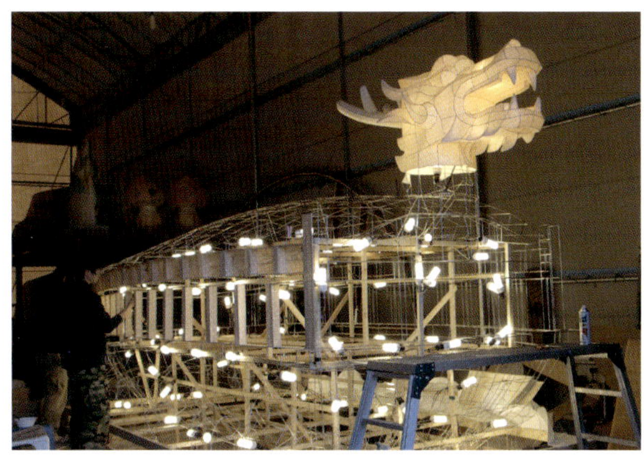

조명이 켜진 모습

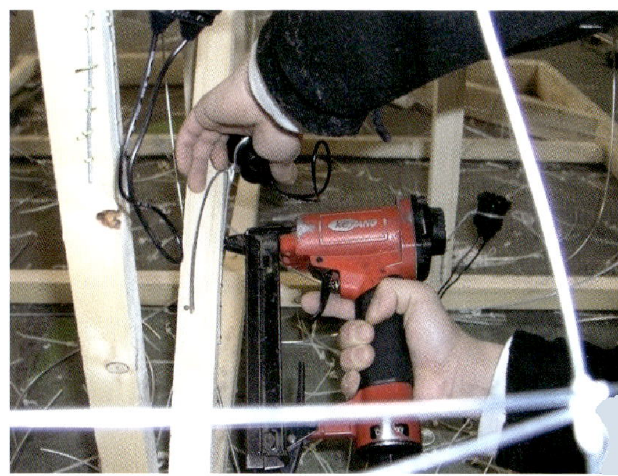

조명을 고정시키는 모습

3) 한지

외부 골조의 표면을 한지로 붙이는 배접 작업을 하면, 등은 이제 전후좌우가 면으로 연결된 입체적인 구조물의 외형을 갖추게 된다. 여기에 원하는 문양을 그려 넣고 채색을 하거나, 여러 가지 장식을 붙이는 등 다양한 방법으로 한지가 가진 우수한 조명성을 살리도록 한다.

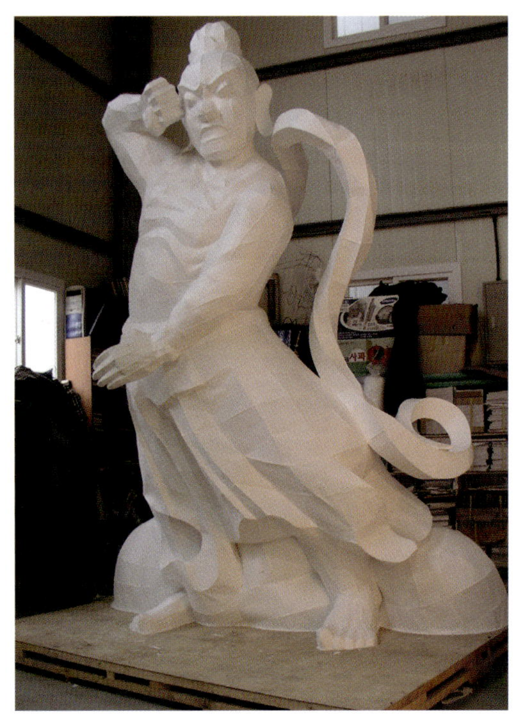

한지배접완성

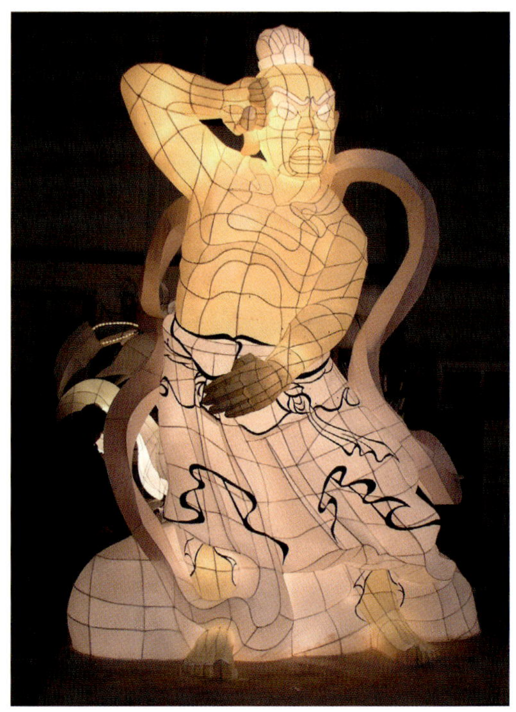

한지채색

2 · 기획과 구상

만들고자 하는 것에 대한 구체적인 그림이 필요하다. 그림은 다시 설계도 역할을 하는 도면으로 만들어져야 한다. 그러니까 북등을 만들고 싶다면 북등의 정면과 측면 후면, 평면의 그림을 그려야 하는 것이다. 이렇게 하지 않으면 모든 것을 자신의 능력에 의지해서 제작할 수밖에 없을 뿐만 아니라 자신이 의도한 작품을 정확하게 반영한다는 보장이 없다.

도면을 만들면서 유념해야 할 여러 가지 사항이 있다.

- 내부에 조명을 할 전구는 어떻게 넣을 것인가, 전구를 갈아 끼울 공간은 확보가 되었는지, 전구 대신 LED를 사용하여 조명을 한다면 안정기를 달 것인지 등에 대해 충분히 고민해야 한다.

- 작품을 건물 외부에 설치한다면 강력한 코팅을 실시해야 한다. 코팅을 하게 되면 한지 특유의 통기성이 사라지므로 곰팡이가 필 수 있다. 그러므로 방균 대책으로 환기문제를 해결하면서 작업해야 한다.

- 어디에 보관할 것인지, 어느 곳에 설치할 것인지, 대형 등인 경우에는 어떻게 운반할 것인지 등의 문제도 해결해야 한다.

- 재료의 구입이 쉬운지, 재료는 어느 정도의 양을 준비할 것인지, 필요한 예산의 범위는 어디까지인지, 제작에 필요한 도구는 모두 준비되었는지도 점검해야 한다.

- 도면이 마무리되면 스캔을 받아서 원본은 컴퓨터에 저장하고 그것을 프린터로 출력해

서 복사본을 사용한다. 또는 원본 자체를 복사기에 넣고 복사해도 좋다. 어쨌든 원본과 복사본 두 가지를 만들어서 사용한다. 설계에 변동이 있을 경우 효과적인 수정방법은 원본을 수정하는 것이다.

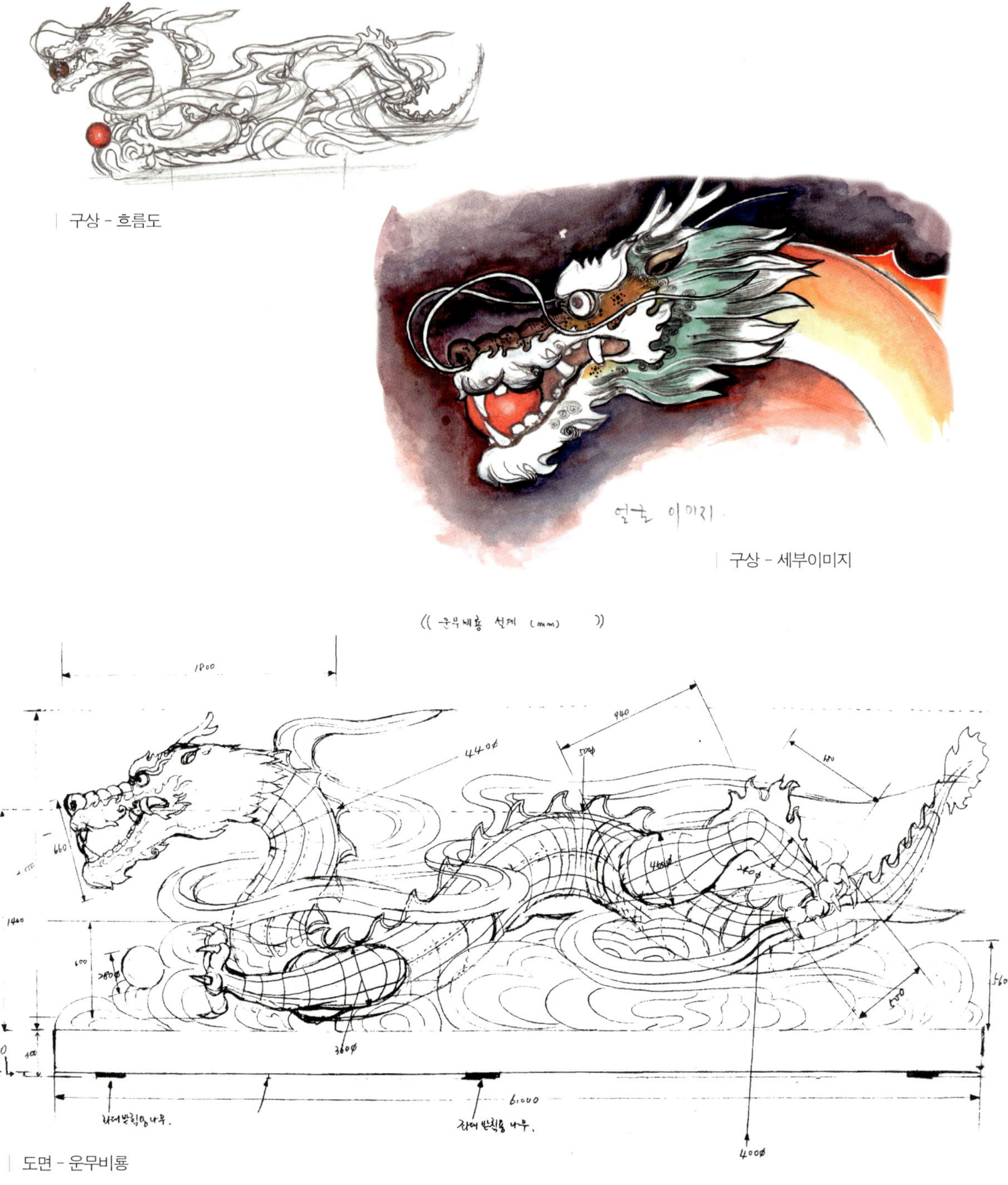

| 구상 - 흐름도

| 구상 - 세부이미지

| 도면 - 운무비룡

1) 뼈대 재료의 이해

(1) 철사

가장 구입하기 쉬운 재료이다. 사람의 손으로 다루기 쉽고 적당한 힘과 강도가 발현되는 적당한 재료는 굵기가 2.6㎜이며 연선(또는 백선)인 철사이다. 간혹 강선이나 스테인리스 스틸을 쓰는 경우가 있으나 장단점이 있다. 강선은 강하기는 하지만 그로 인해 작업이 어렵고 녹슬기 쉬우며 스테인리스 스틸은 강선과 비슷한 강도에 녹이 슬지 않는 점이 다르다. 따라서 강한 힘을 필요할 경우에는 두꺼운 연선을 쓰는 것이 좋다.

서울 을지로의 철사를 파는 상점에 가면 철사를 플라스틱으로 감싼 제품이 있다. 이 재료는 힘이 있고 잘 휘는 등 여러 가지 장점이 있지만 가격이 비싸고 철사를 감싼 플라스틱의 두께도 고려해야 한다. 일반적으로 2㎜의 연선에 플라스틱이 씌워져 있으면 3.2㎜ 정도의 두께가 된다. 또한 이러한 플라스틱 연선의 경우 가공하여 직선으로 나온 제품이 없다. 필요한 경우에는 주문제작을 해야 하는데 가격이 비싸다.

플라스틱 철사의 장점은 피복이 없는 철사보다 절단면이 덜 날카롭고, 피복 소재인 플라스틱의 재질이 순간접착제와 잘 어울리기 때문에 무명실로 감고 순간접착제로 서로 연결할 때 효과가 뛰어나다. 다시 말해서, 두 개의 뼈대를 연결할 때 철사와 철사 사이에 플라스틱

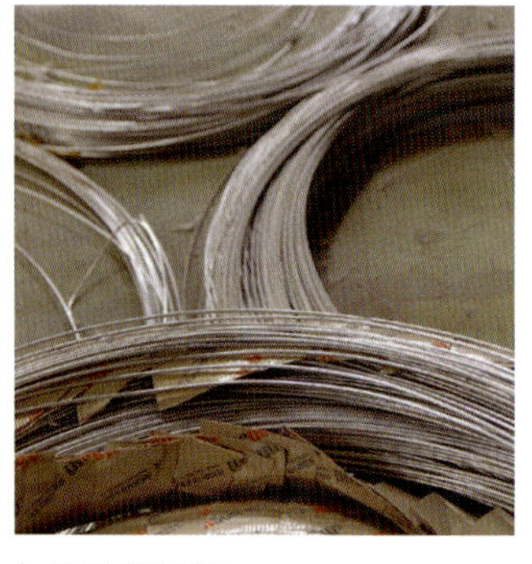
| 롤 형태의 철사

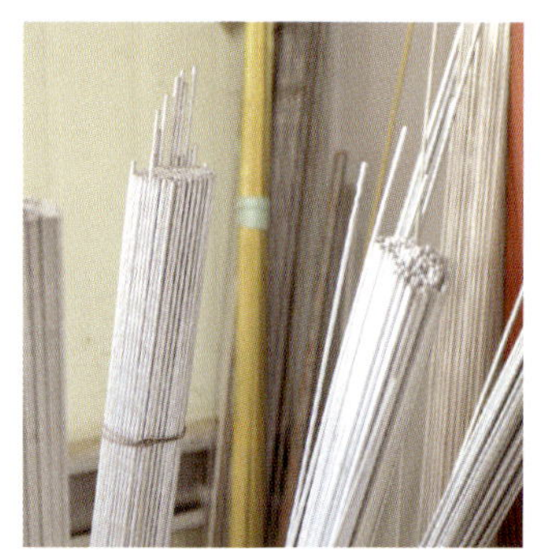
| 직선 철사

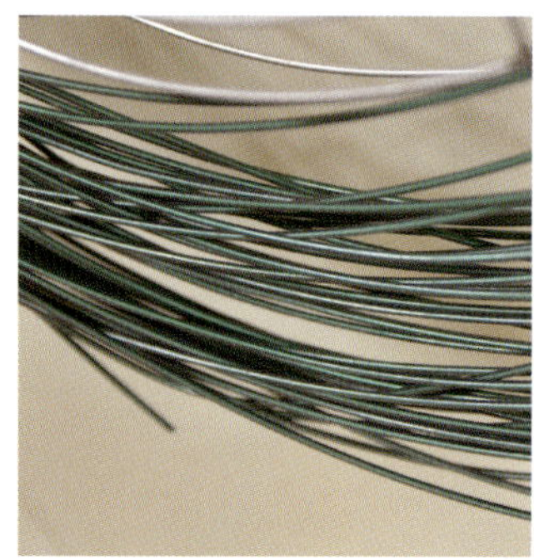
| 플라스틱 철사

이 있어서 순간접착제가 더욱 잘 붙는다.

와이어 전문 상점에서 철사를 구입할 경우 무게로 값을 매겨서 판매한다. 소매로 구입할 때는 1kg 당 5,000원 내외의 가격이면 가능하다. 직선 철사는 이보다 1.5배 비싸며, 2m내외의 길이로 절단되어 있다. 대형 장엄등 작업을 할 경우, 50kg짜리 한 롤을 구입하면 10만 원 안쪽에서 구입이 가능한데 물가와 원자재 가격의 오르내림에 민감하다. 특히 원자재 값의 상승이 안타까울 정도로 빨리 반영되는 특징이 있다.

(2) 대나무

대나무는 겨울에도 잎이 푸르고, 속이 비었으나 곧게 자라기 때문에 옛날부터 지조와 절개의 상징이 되었다. '대쪽 같다'라는 말은 부정과 불의에 타협하지 않고 지조를 굳게 지킨다는 것을 뜻한다.

우리나라의 대나무는 매우 곧게 자라나는 특징이 있어서, 대나무를 세로로 켜서 공예품으로 많이 만들었다. 많이 켜서 사용할 수 있는 두껍고 키가 큰 대나무를 왕대라고 하는데, 주로 충청남도 이남 지역에서 자란다.

등을 만드는 데 필요한 뼈대 재료로 대나무를 사용할 때는 작업의 노하우가 많이 필요하지만 재료의 특성상 가볍고 힘이 좋은 장점이 있다. 단점으로는 곰팡이에 약하고 재료를 고르고 가공하는 일이 쉽지 않다는 것이다.

작은 크기의 등을 만들 때는 마디가 살아 있고 비규칙적으로 약간 휘어 있는 맛을 살리면 손 정성이 가득한 표현이 가능하다.

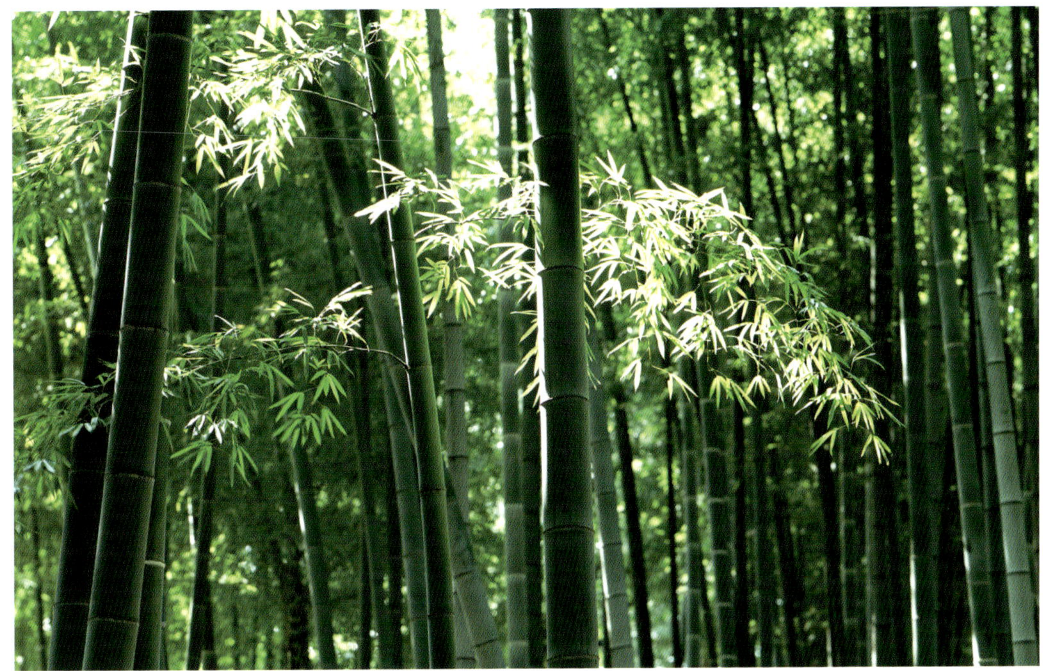

| 대나무 숲

　곰팡이를 막기 위해서는 대나무 가공 작업을 마무리한 후 락스를 발라 그늘에서 말리는 방법을 사용하기도 한다.

　대나무는 안(속대)과 밖(겉대)의 밀도가 다른데 등을 만들 때는 힘이 좋은 겉대를 사용해야 한다. 등을 만드는 도중에는 거친 대나무 섬유질이 손가락에 박히기 부지기수다. 그러므로 항상 장갑을 착용하고 작업을 하는 것이 좋고 섬유질을 잘 다듬어야 한다.

　필요한 대나무는 담양의 대나무 조합에서 주문하여 구할 수 있는데, 주문할 때 두께나 길이를 어느 정도로 할 것인지 미리 정해서 알려야 한다. 겉대만 사용하기 때문에 대나무를 받을 때 속대를 켜내서 제거하고 받는 것이 좋다. 조합에서는 기계를 사용해서 속대를 거칠게 정리해서 보내기 때문에 은데 대나무를 받은 다음 어차피 수작업으로 두께를 다시 조정해야 한다.

　혹시라도 저렴한 외국 제품을 생각한다면 국산 대나무의 품질이 훨씬 더 우수하다는 것을 잊지 말기 바란다. 우리나라의 대나무는 중국이나 다른 나라의 대나무보다 두께가 얇지만 힘이 좋고 탄력이 넘친다. 뼈대로 사용하기 위해 대나무를 가공해야 한다면 국산 대나무를 구입하여야 한다.

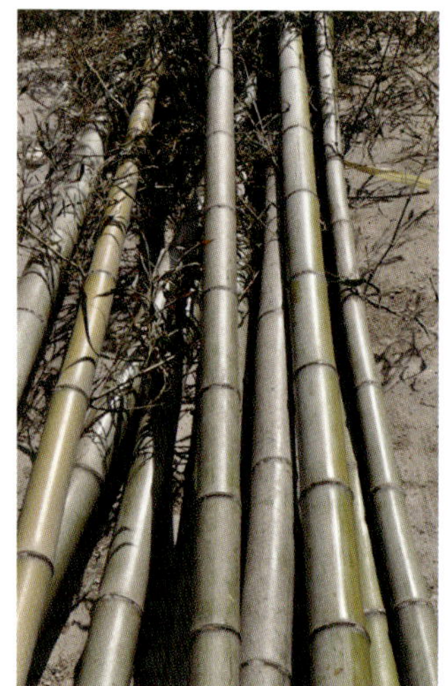

| 대나무

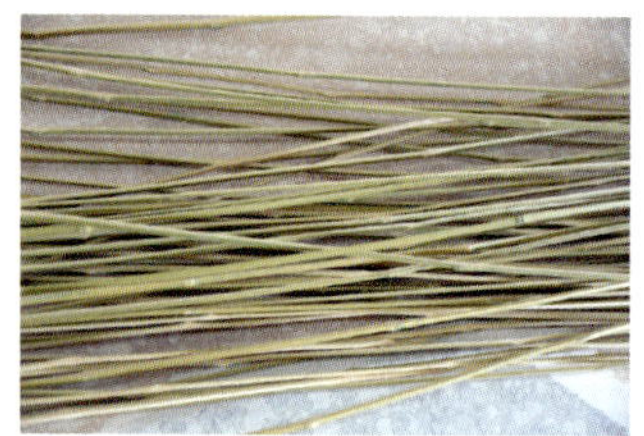

| 1차 가공된 대나무

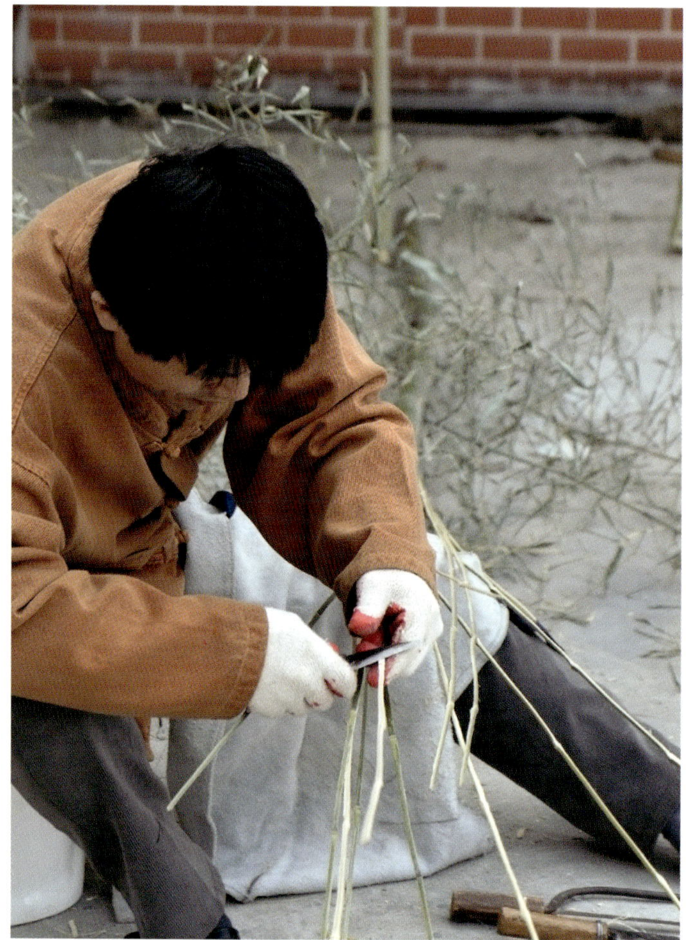

| 작업에 맞게 가공하는 모습

(3) 기타 뼈대 재료

뼈대 재료로서 인테리어 등에 많이 쓰이는 구리(황동)는 토치 용접(산소 용접)이 가능할 정도로 용융점이 낮아서 비교적 손쉽게 용접이 가능하지만 많은 종류의 구리선이 있으므로 적합한 재료를 찾아야 한다. 구리 용접은 촉매제가 필요하기 때문에 구리를 구입할 때 그것에 맞는 촉매제를 잘 골라 구입하여야 한다.

알루미늄은 가벼운 것이 장점이지만 일반인이 용접하는 것은 무리한 일이다. 알루미늄은 용융점이 매우 낮기 때문에 값비싼 정밀한 기계와 숙련된 전문가의 세밀한 작업이 요구된다. 반드시 알루미늄을 사용해야 하는 경우가 아니면 뼈대로 사용하는 것은 피하는 것이 좋다.

왜냐하면 알루미늄으로 뼈대를 만들면 그것으로 일이 끝나지 않고, 알루미늄 뼈대와 연결하는 재료들(전구나 중심 뼈대, 하부 좌대)도 알루미늄과 용융점을 맞추거나 이음새 부분에 대한 특수한 작업이 뒤따르기 때문이다.

싸리나무와 외국에서 수입되는 마르고 가늘며 대가 긴 1년생 나뭇가지가 있는데, 작품의 내용에 따라 사용할 수도 있다. 이 나무들은 가볍고 자연스러운 느낌을 줄 뿐만 아니라 다른 작업과는 달리 접착제가 잘 먹으며 한지와 작업할 때 대단히 잘 어울리는 조형성이 있다.

(4) 작업도구

8inch 또는 10inch인 사이드 커팅플라이어(길이가 21㎝ 또는 25㎝인 펜치), 8inch 또는 6inch 니퍼, 망치, 톱, 에어컴프레셔, 422J ㄷ자와 60㎜ 1자 타카건(사용에 주의를 요구함), 케이블타이, 무명실, 순간접착제, 줄자, 그 외 작업자가 편리에 의해 사용할 수 있는 도구와 안전상에 필요하다고 생각되는 물품들

케이블타이

길이 100㎜의 전선고정용 케이블타이를 사용하여 뼈대를 임시로 고정한다.

컴퓨터처럼 정확하게 치수를 맞추는 것은 불가능하므로 대략의 형태를 잡기 위해서 뼈대를 서로 연결하여 모양을 확인한다. 이때 유용하게 사용하는 것이 케이블타이이다. 케이블타이는 한 쪽을 조여 주기 때문에 정확하게 고정하려면 열십자(+)로 양방향에서 힘을 주어야 하는데, 필요에 따라 조정할 수 있으므로 작업자의 습관에 따라 사용한다.

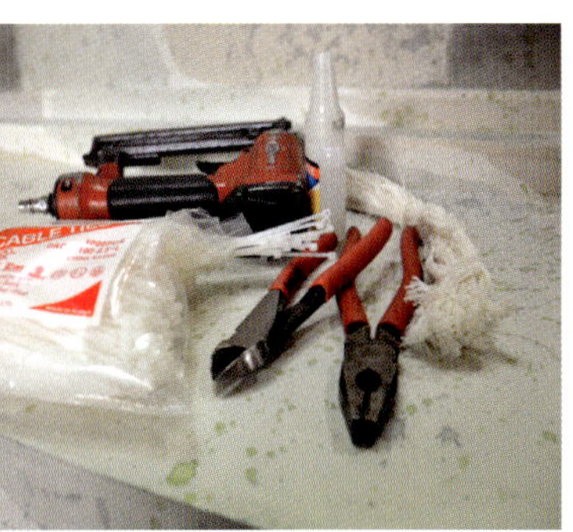

작업도구들

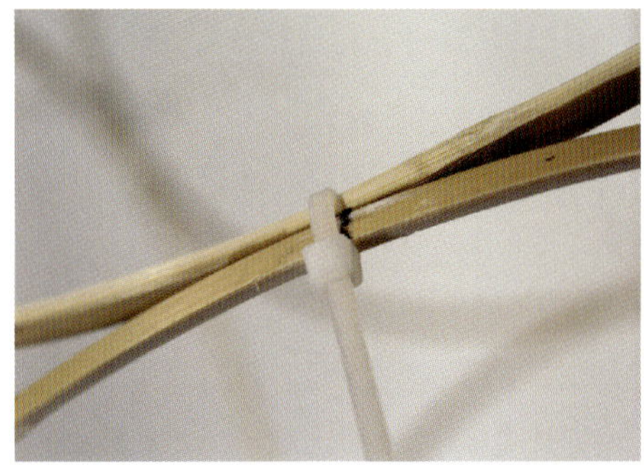

케이블타이로 뼈대를 고정한 모습

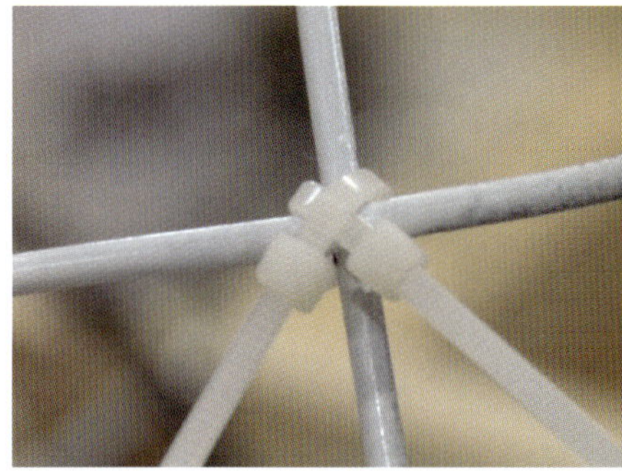

양방향으로 치우침을 예방하기 위해 케이블타이를 열십자로 고정한다.

무명실과 순간접착제, 줄자

전통적으로 뼈대를 연결하는 방법은 무명실로 튼튼히
감은 다음 접착제를 붙여 고정하는 것이다. 요즘에는 대나
무 대신 철사를 주로 쓰고 접착은 순간접착제를 많이 쓰
지만 철사를 감아 묶는 재료는 여전히 무명실을 사용한
다. 작업성이 좋은 무명실은 튼튼하기도 하지만 한지와
잘 어울리는 재료이다. 무명실은 한 타래에 1,000원에서
2,000~3,000원 정도의 가격이며 재래시장이나 포목점에
가면 쉽게 구할 수 있다.

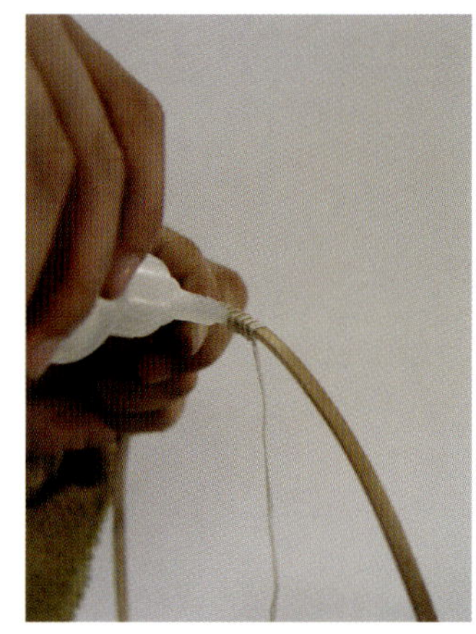

무명실에 순간접착제를 바른다

우리가 사용하는 순간접착제는(록타이드401. 50㎖ 용기)
6,000원 정도의 가격에 구할 수 있는데, 여러 가지 주의할
사항이 있다.

순간접착제는 외부골조작업을 하는 데 무척 용이한 재
료이다. '시아노아크릴레이트'라는 화학물질을 주원료로
사용하는 순간접착제는 몸에 해롭다는 것을 알아야 한다.
독하고 코를 쏘는 듯한 냄새가 나는데 그 이유는 기화된
시아노아크릴레이트가 호흡기관을 자극하기 때문이다.

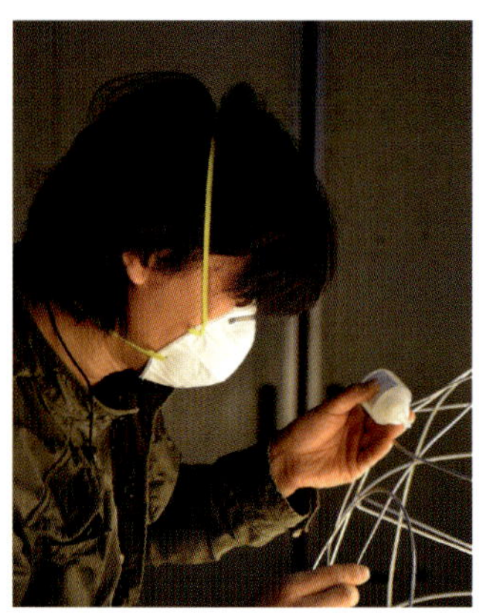

보호 장비 착용 후 순간접착제 사용

순간접착제는 손으로 만지는 작업을 하거나 어떤 물건
과 접착되었을 때에도 알레르기 반응을 일으키지는 않는다고 알려져 있다. 흔히 알려진 바
로는 인체에 무해하다는 것인데 사용자의 입장에서는 그렇지 않은 것 같다. 무명실에 순간
접착제를 바르면 접착제는 순간적으로 무명실의 섬유질 곳곳에 침투되므로 순간적이지만
접촉면이 폭발적으로 확대된다. 따라서 무명실에 접착제를 바른 순간 습기와 작용하는 모
습을 볼 수 있으며 그것이 인체의 호흡기로 들어가면 기침이나 껄끄러움을 느끼게 되고 이
것이 반복적으로 지속되면 알레르기 반응을 일으킬 수도 있다. 건조한 공기 중에서는 기체
가 눈을 자극하여 몹시 맵고 눈물이 나게 할 수도 있다.

순간접착제가 유독물질이 아니라는 것은 확인된 것이라고 판단된다. 다만 호흡기에 들어
가지 않도록 마스크와 보안경을 사용하고 몸에 묻었을 때는 당황하지 말고 즉시 물을 사용
하여 천천히 떼어내거나 지워야 한다. 이미 굳기 시작하였다면 옷을 벗고, 피부에 물을 묻

혀가며 조금씩 간격을 벌려 뒤트는 방법으로 떼어야 한다.

순간접착제를 대할 때는 항상 주의해야 하겠지만 손에 순간접착제가 묻는 것은 다반사이므로 웬만한 상황에서는 침착하게 작업에 집중하는 것이 필요하다. 손에 묻은 접착제는 시간이 지나면 경화되는 과정에서 부서지고 떼어지기 마련이고, 목욕을 하고 난 뒤 긁듯이 떼어내면 다 떨어진다. 다만 옷은 재생하기가 어렵다. 옷에 묻은 순간 물로써 희석시키기에는 너무 빠른 속도로 경화되기 때문이다. 작업할 때에는 버려도 좋은 옷을 작업복으로 입는 것이 좋다.

골조작업의 치수를 재기 위해 의상 작업에 쓰이는 줄자와 기타 치수를 잴 여러 가지 자도 준비한다. 의상 작업에 쓰이는 줄자는 줄로 되어 있어서 작업을 진행하는 과정에서나 치수를 옮기거나 복사할 때에도 유용하게 쓰이는데 문구점에서 1,000~2,000원이면 구입할 수 있다.

2) 전기 재료

전선과 전구, 소켓, 절연테이프 등을 구입한다.

전선은 소비전력을 상회하는 두께가 필요하다. 전선의 두께는 스케어(SQ)라는 단위를 사용해서 말하는데, 1SQ는 1㎜² 의 전선 두께를 말한다.

전구는 전력공급 상태와 밝기 등을 고려하여 삼파장 전구나 백열 전구 또는 형광등을 설치할 수 있다.삼파장 전구는 전구식 형광램프, 즉 형광등을 전구식으로 바꾼 전구를 의미한다. 전구식으로 바꾸기 위해서는 안정기를 내장해야 하기 때문에 '안정기내장형 전구식 형광램프'라고도 불린다. 삼파장 전구는 백열 전구에 비해서 4배 이상의 빛 효율과 에너지 절감효과가 있으나 그만큼 비싸다.

형광등은 삼파장 전구와 같은 원리지만 안정기가 외부에 장착되기 때문에 전통등처럼 조형물의 내부공간에 설치하기는 쉽지 않을 뿐만 아니라 이동하는 과정에서 발생하는 충격을 이겨낼 정도로 튼튼하지 않다.

가격이 낮아진 삼파장 전구는 대부분 중국에서 만들어진다. 그럼에도 불구하고 국내의 기술에 의해 중국에서 만들어진 제품을 고르는 것이 요령이다. 국산제품이 에러도 적고 안정적이다.

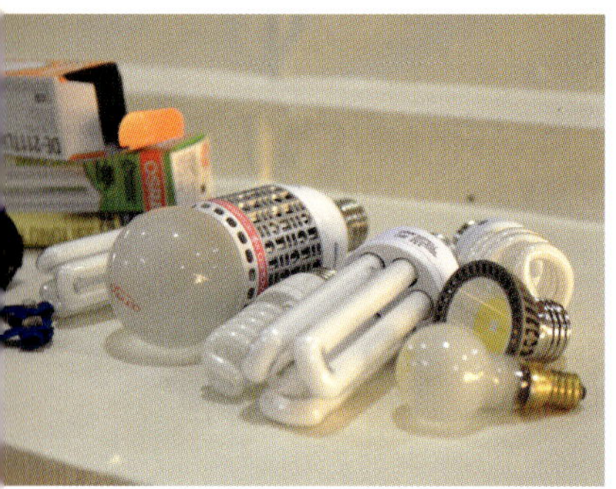

| 여러 가지 전구

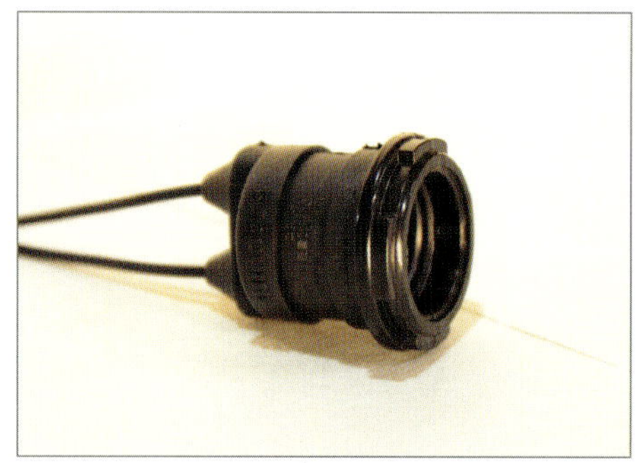

| 방수소켓

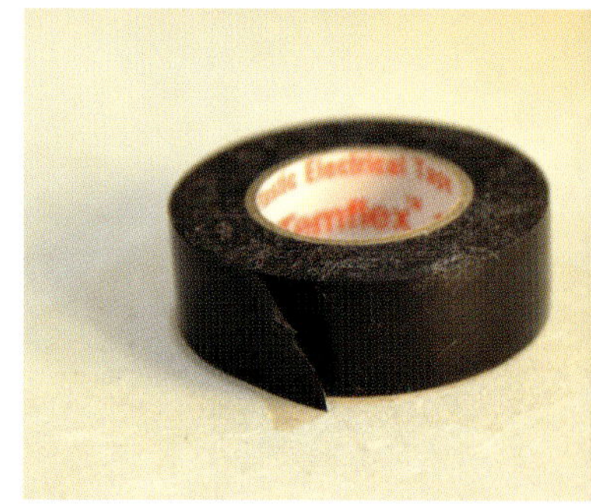

| 절연테이프

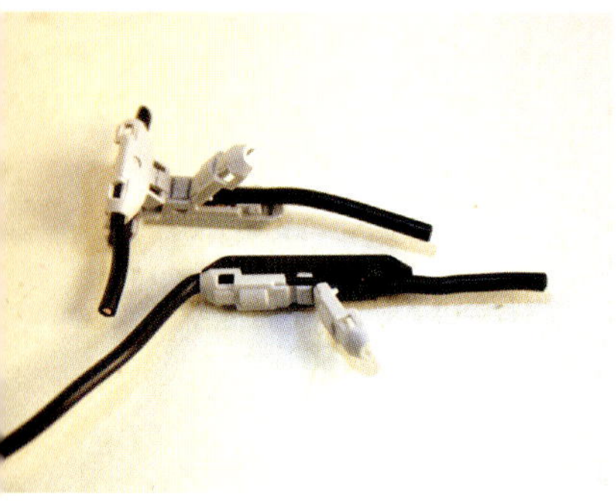

| 스카치락 커넥터

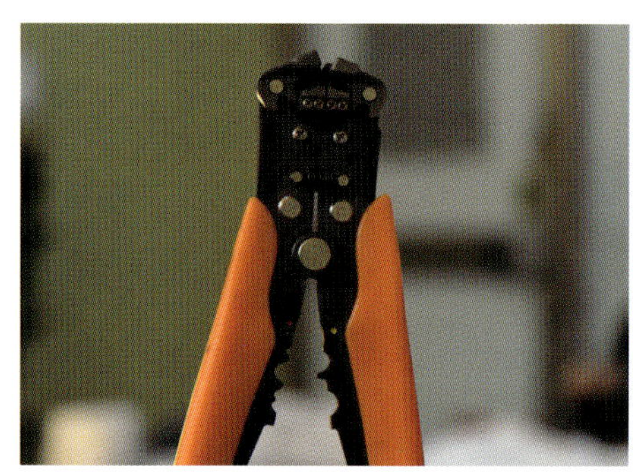

| 자동스트리퍼

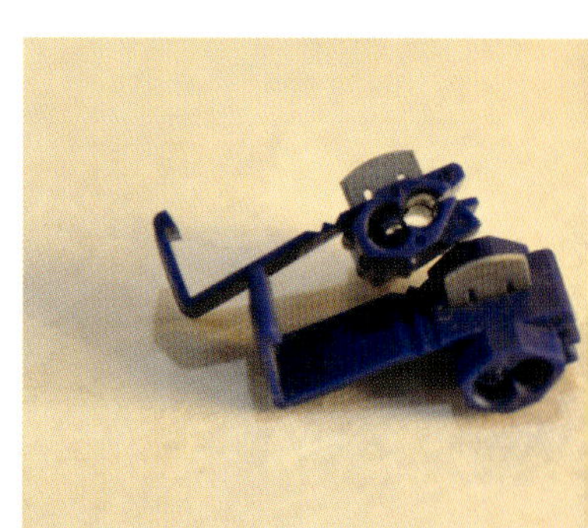

| 스카치락

전기 작업을 쉽게 하기 위해서는 전선 이음매 작업을 쉽게 해주는 커넥터나 자동스트리퍼(피복 벗기는 공구), 전선을 간편하게 연결하는 스카치락(소켓과 전선 연결) 등을 구입하면 좋다. 스카치락을 사용하면 쉽게 전선을 연결할 수 있지만, 전기적 안정성이 떨어지는 단점이 있다.

3) 배접 재료

(1) 한지

등의 크기와 두께, 색감 등을 고려하여 사용 목적에 따라 구입해야 한다.

대개의 한지전통등은 닥피로 만든 2합 장지가 좋다. 색다른 효과를 내기 위해서 운용지나 순지 등 여러 가지 한지가 필요할 수 있으므로 한지 매장에 가서 여러 가지 종류를 직접 보고 구입한다.

2합 장지의 경우 섬유질이 잘 살아있으며 두께도 적당히 있기 때문에 자연스러운 투광과 반사가 이뤄지며 빛의 질감도 우수하다.

가격대는 2합 장지 120호 크기 기준으로 중저가가 1만 2천 원 내외, 고가가 2만 5천 원 내외인데 낮은 가격대의 한지는 주로 중국이나 태국의 닥 재료를 원료로 사용해서 만든 한지이며 제일 비싼 것은 국산 닥으로 만든 한지이다. 국산 닥으로 만든 한지라 할지라도 그 품질은 천차만별이다. 만드는 공정과 기법에 따라 다르며 한지가 어떤 목적으로 쓰이는가에 따라 질을 달리하게 된다. 따라서 등에 가장 적합한 것을 고르는 것은 등을 만드는 사람의 능력이다.

(2) 한지배접용 접착제

오공본드 201, 205 혹은 505를 사용한다. 물을 약간 타서 종이에 바른다. 본드에 물을 타는 이유는 본드의 양을 늘리기 위한 것이 아니다. 본드의 점도가 지나치게 높기 때문에 작업을 쉽게 하려면 물을 타서 점도를 낮추어야 하기 때문이다. 작업자는 종이의 성질이나 작업의 특성에 따라 점도를 조절한다. 이 접착제는 수성으로 인체에 해롭지 않으며 손에 묻으면 본드가 마르고 난 뒤에 자연스럽게 떼면 된다. 또한 옷에 묻었을 경우에는 너무 늦지 않게 물로 세탁하는 것이 현명하다.

전통한지의 멋을 살리기 위해 전통적인 풀

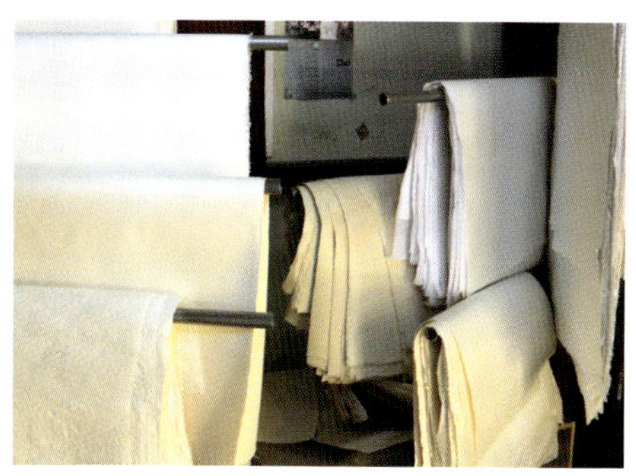
한지

조명에 대고 확인하는 한지

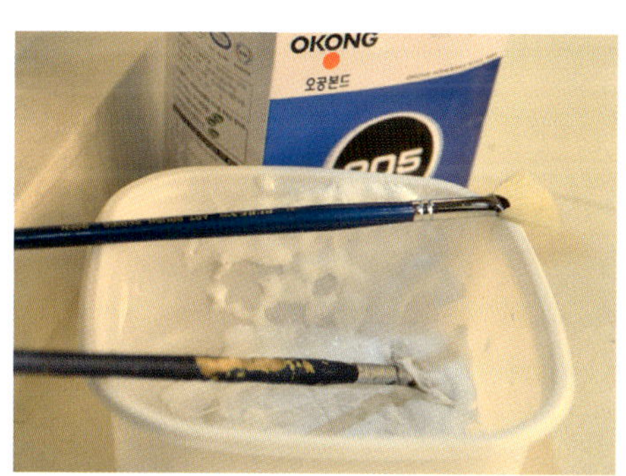
오공본드와 풀붓

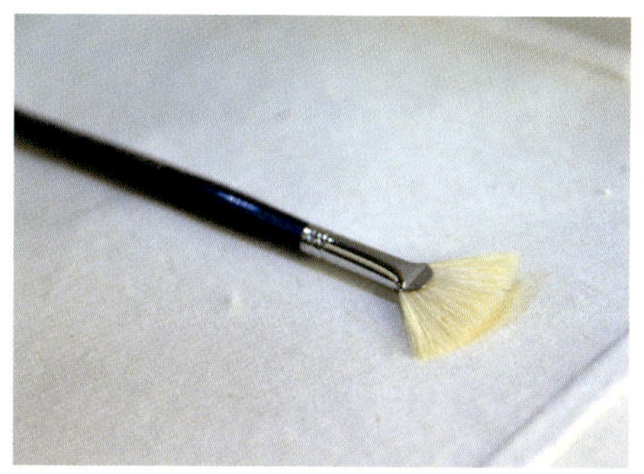
풀붓

을 사용하기도 한다. 그러나 접착력과 작업시간 등을 고려하여야 한다.

(3) 가위

작업자의 작업습관이나 편리성에 중심을 두어 적당한 재료를 구입한다. 자신의 손 크기와 작업 방법에 따라 적당한 것으로 고르고 작업에 사용하는 한지의 두께와 넓이 등도 고려한다.

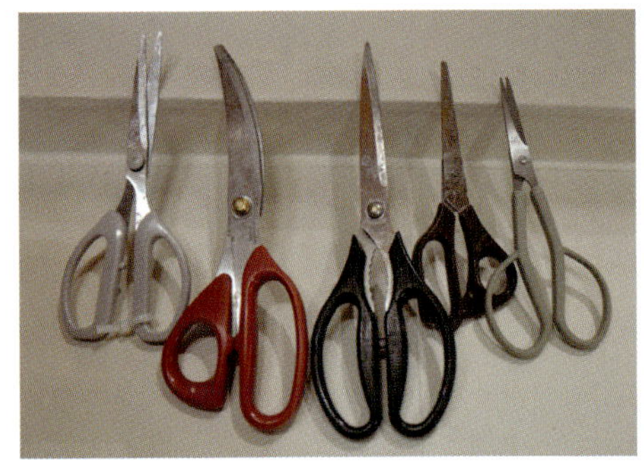

여러 가지 가위

4) 채색 재료

(1) 물감

물감은 한국화 물감을 사용한다. 물감은 자연재료를 주원료로 하여 만드는데, 그 종류로는 분채(粉彩)나 석채(石彩)가 있고, 사용하는 방법에 따라 접시채, 봉채, 튜브채 등으로 나뉘는데 요즘은 튜브채를 많이 쓴다.

한국화 물감 중에서 광석을 분쇄하여 만든 석채가 가장 오래 간다고 한다. 전통등에 사용하는 물감의 특성상 한지에 잘 흡수되어야 하므로 입자가 비교적 잘게 되어 있는 튜브채를 사용하지만 빛깔의 질을 고급 석채에 비견하기에는 무리가 있다.

검은 색을 표현하기 위해 먹이 필요하다. 먹은 갈아서 쓰기도 하고 먹물을 구입해서 쓰기도 한다. 등에 그림을 그리기 위해 사용하는 먹은 번지지 않는 것을 구입하는 것이 중요하다. 번지지 않는 성질은 판매가격과는 무관하므로 구입할 때 꼭 확인하여야 한다. 먹은 면과 면을 나누는 중요한 요소에 주로 쓰이기 때문에 번지지 않는 것이 필요하다.

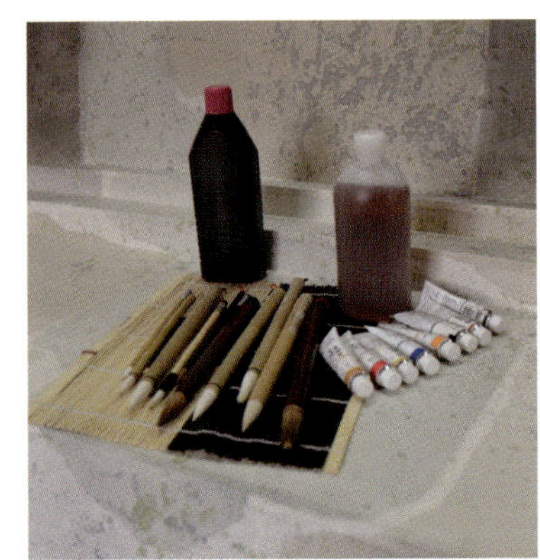

펼쳐 놓은 채색재료

(2) 붓

한국화 채색붓을 사용한다.

일반적으로 사군자를 그리거나 서예를 할 때 사용하

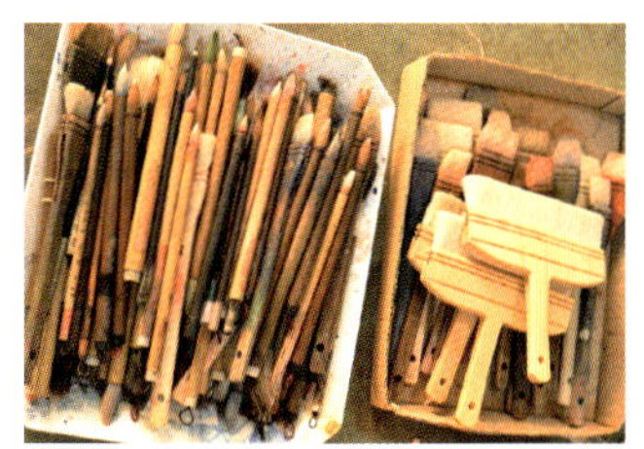

각종 붓 사진

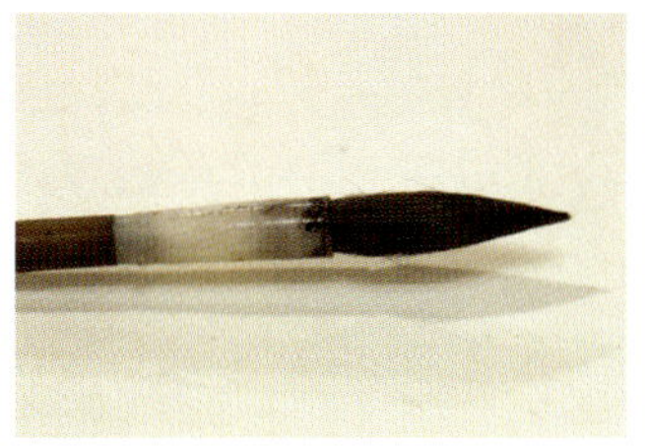

서예용 붓은 날렵하고 배가 나왔다

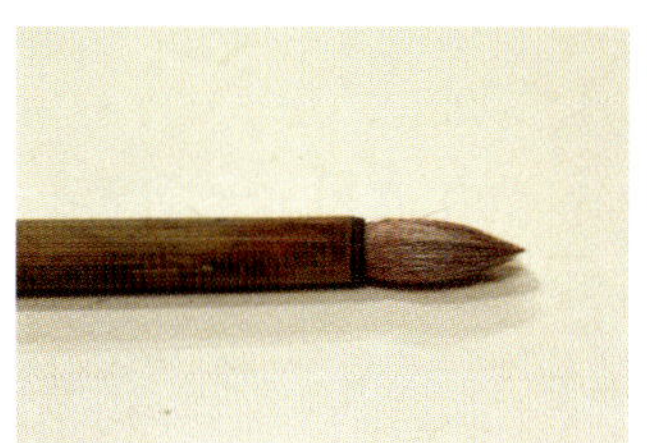

채색붓은 대개 짧고 배가 나오지 않았다

는 붓은 그림붓보다 좀 더 긴 편이고, 그림붓은 그보다 짧다. 그림붓을 사용하는 것이 좋다. 그림붓은 대, 중, 소 각각 필요한 수량을 구입하고 넓은 면적을 칠하기 위해서는 인치 단위로 만들어진 평붓을 구입할 필요가 있다. 작은 글씨를 쓸 때 사용하는 아주 작은 붓을 세필이라고 하는데, 세필도 선을 그릴 때 유용하게 사용되기 때문에 준비하도록 한다.

(3) 채색에 사용되는 문구류

전통적인 이미지를 뽑기 위해서 전통문양집과 민화집 등을 준비한다. 또한 문양을 수작업으로 복사할 때 쓰는 기름종이(일명 트레이싱 페이퍼), 연필(B~4B), 팔레트, 미술용 지우개, 칼 등을 준비한다. 또한 아교포수를 위해 알아교도 한 봉지 정도 준비한다.

팔레트는 다양한 크기로 준비해야 한다. 두꺼운 한지에 물감이 스며들도록 채색하려면 작은 접시보다는 다양한 크기의 팔레트를 여러 개 준비하는 것이 필수적이다.

이 밖에 물에 의한 다양한 채색방법 구현과 자연스러운 번짐을 위해 스프레이 도구가 필요하고 물에 의한 번짐을 차단할 목적으로 오일이나 구타, 양초와 같은 재료도 필요에 따라

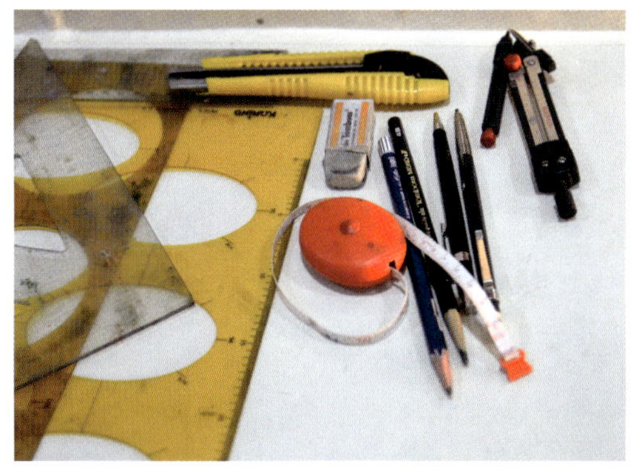

문구류

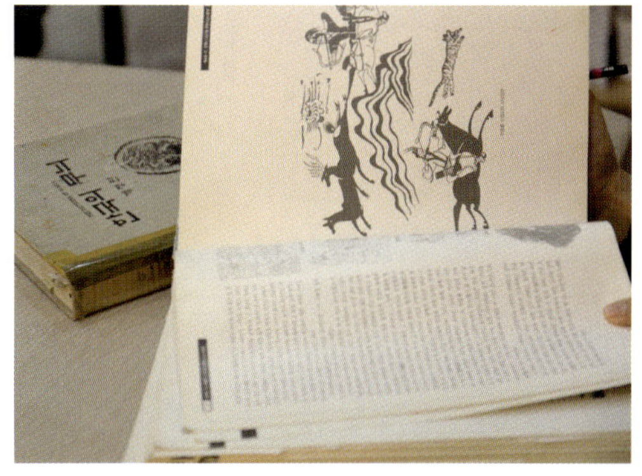

채색에 필요한 문양집

사용할 수 있다.

구타는 천의 부분염색을 쉽게 하기 위해 사용하는 재료로 묽은 양초와 같은 역할을 한다. 구타를 사용한 곳은 염색이 되지 않는데, 염색을 한 후에는 구타를 제거해야 한다.

5) 코팅제

코팅제의 역할은 외부환경의 영향을 차단하여 등의 내구성을 확보하는 일이다. 주로 방수코팅을 일컬으며 실내에 설치할 경우 세균증식을 억제하는 방균작업, 화재 위험에 대비한 방염작업 등을 할 수 있으며 먼지의 원활한 제거를 위해 농도가 묽은 방수코팅을 할 수 있다.

(1) 방수코팅

외부에 설치되는 등은 불을 켜지 않았을 때의 상태도 중요하므로 색감을 잘 살려주는 재료인 실리콘 코팅제를 사용할 수 있다.

실리콘 코팅제는 탁월한 발수와 방수가 가능한 장점이 있다. 그 대신 마찰계수로 인해 먼지가 잘 끼고 가격이 매우 비싸다는 흠이 있다. 다우코닝 사(社)의 제품과 해룡실리콘 사(社) 등의 제품이 있는데 유성이다. 대개 2액형으로 되어 있고 솔벤트로 희석시키는데 10배 이상으로 희석시켜야 사용이 가능한 점도가 된다. 제품의 사용을 위해서는 만드는 회사에 자세한 설명을 요구할 필요가 있으며 사용할 때에도 매우 주의해야 한다. 왜냐하면 희석제로 사용하는 것이 인체에 유해한 재료인 솔벤트이기 때문이다. 솔벤트는 발암 물질을 함유하고 있으며 화재의 위험이 있고, 장시간 작업할 경우 정신이 혼미해지고 건강에 치명적인 해를 끼칠 수 있다.

인체에 유해한 유성재료를 피해 수성재료로, 아크릴을 원료로 쓰는 국산 코팅제가 여럿 있다. 가격이 저렴하면서도 작업성이 우수할 뿐만 아니라 두께가 잘 올라와서 방수역할을 잘한다. 주로 하얀 성상을 띠고 마르면 투명해진다. 이 재료는 온도에 민감하므로 전구를 점등한 상태에서 작업을 하면 색이 바랠 수 있고 영상 10도 이하의 온도에서는 작업이 불가하다. 겨울철에 야외에 등을 설치하고 2주 이상 경과할 경우 낮과 밤의 온도 차이에 의해 코팅제가 갈라지고 부서지는 상황에 처할 수도 있다.

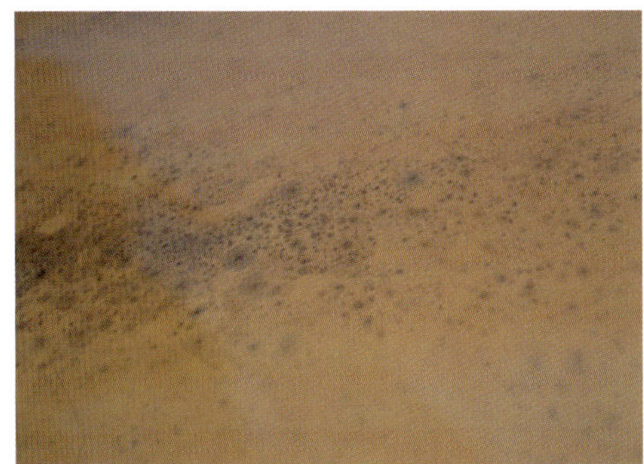

| 등에 곰팡이가 크게 자란 모습

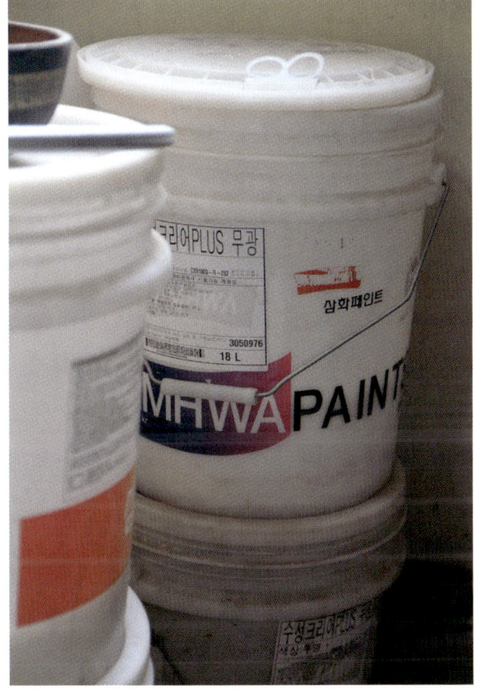

| 수성방수제의 사진

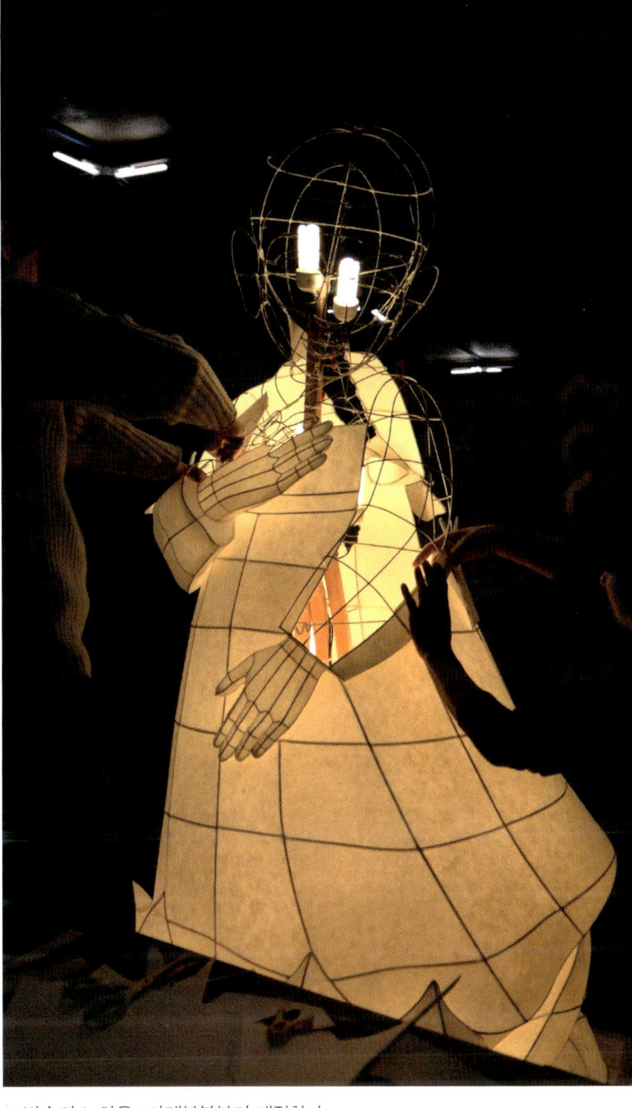

| 방수의 노하우: 아랫부분부터 배접한다.

　방수코팅제는 시중에 많이 나와 있으나 니스류처럼 지나친 경도를 가진 재료는 한지의 성질을 지나치게 왜곡하고 색감을 변색시키므로 사용을 자제하는 것이 좋다. 코팅을 실시한 뒤 플라스틱처럼 딱딱해지는 재료는 경도가 강한 만큼 변색이나 부서짐이 강하다.

　방수가 잘되게 하는 노하우는 방수코팅을 얼마나 잘 하느냐도 중요하지만 그보다 더 중요한 것이 있다. 한지배접을 하는 순서가 방수에도 매우 중요하다. 한지배접은 기본적으로 작은 부분, 작업하기 힘든 곡면을 먼저 한다고 앞에서 말했다. 그것도 중요하지만, 큰 면을 배접할 때 반드시 등의 아랫부분부터 시작해야 한다. 위에서부터 배접을 하면 윗면 한지 위에 아랫면 한지가 위로 올라가면서 밖으로 노출된다. 이때 틈이 생길 수 있고, 그 틈으로 물이 스며들 수 있다. 그러나 아랫면부터 배접을 하면, 아랫면 한지 위에 윗면이 차곡차곡 쌓여 올라간다. 이렇게 배접이 되면 중력의 법칙에 따라 위에서 아래로 흐르는 물이 배접이 겹쳐지는 아랫면 속으로 스며들지 못한다.

(2) 발수코팅

발수기능을 하는 코팅제를 사용하는 것도 좋은 방법이다. 발수는 표면을 빈틈없이 도포하여 물이 안으로 들어가지 않게 하는 방수코팅과는 다르게 물방울이 맺히게 하는 기능을 하도록 코팅을 하는 것이다.

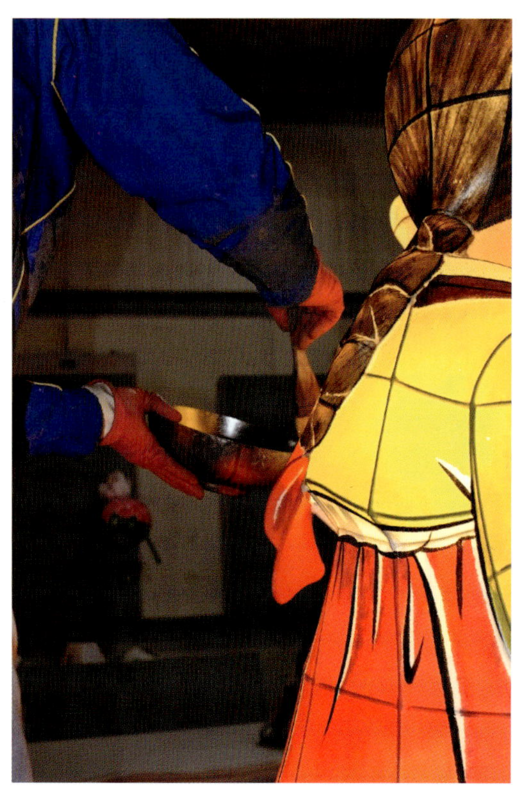

| 코팅하는 모습

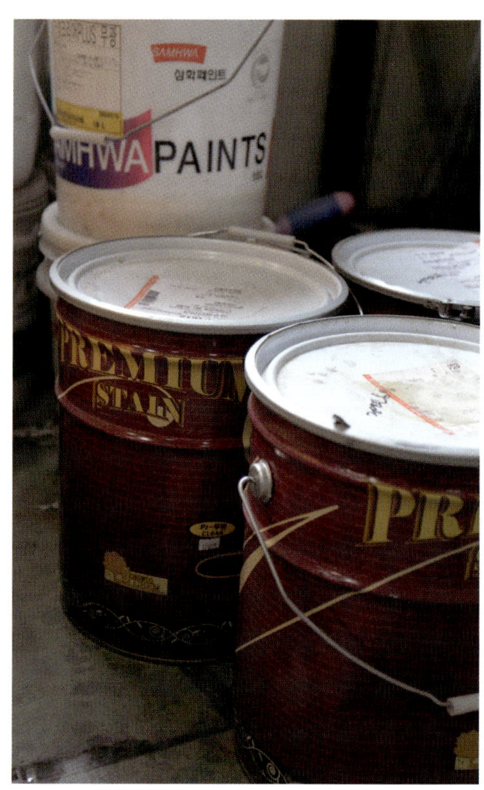

| 발수제의 사진

발수제는 수성과 유성 발수제가 있는데 두 재료 모두 실리콘 계열의 화학물질을 원료로 하고 있다. 물을 막는 것이 아니라 물 입자가 스며들기 전에 뭉쳐서 흘러내리게 하는 기능이 있다. 따라서 장시간 비에 노출될 경우 한지의 내부에 수분이 축적되어 젖게 되므로 한두 시간의 퍼레이드나 외부노출을 대비한다면 발수코팅이 좋다.

발수코팅을 하게 되면 한지의 섬유질 사이로 안과 밖의 공기가 통하기 때문에 세균 번식을 줄일 수 있다. 또한 표면에서 느끼는 한지의 질감이나 불을 켰을 때의 조명질감도 원래의 상태를 유지할 수 있는 장점이 있다.

간단한 작업일 경우 투명 락카 스프레이로 마감하는 것도 좋다. 실내에 설치하는 등에 고급스런 코팅마감재를 쓰려고 한다면 소형의 수입 유화코팅제(수성 또는 아크릴 베이스)나 바니쉬류를 화방에서 구입하여 사용하는 것도 좋다.

어떤 코팅을 사용하든 한지에 코팅하는 목적을 잘 고려하여 그에 맞는 재료를 고르는 것이 중요하다.

● 곰팡이와 같은 각종 세균은 따뜻하고 습기가 많은 상태에서 증식을 잘한다. 따뜻한 곳이라도 환기가 잘되는 곳이거나, 습기제거가 잘되어 건조한 곳에서는 곰팡이가 생기지 않는다. 그러므로 곰팡이가 자라는 근본적인 원인을 제거하면 자연상태에서도 천 년 동안 변함없이 등을 보관할 수 있다. 덥고 습한 여름이라도 제습기를 사용하여 습기를 제거하고 지속적으로 환기를 시켜준다면 곰팡이로부터 등을 안전하게 보호할 수 있다.
이러저러한 이유로 보관이 잘되지 못하여 곰팡이가 생겼을 경우에는 락스를 사용하여 제거할 수 있다. 락스는 인체에 좋지 않으므로 장시간 작업하지 않도록 한다. 곰팡이가 어느 정도 제거가 되면 즉시 물로 그 부분에 남아 있는 락스를 제거해야 한다. 락스가 묻은 채 굳으면 섬유질을 파괴하기 때문이다.

4 • 뼈대 작업

1) 작업 개요

만들고자 하는 등의 특성을 살려 대나무나 철사 등으로 뼈대를 만드는 작업이다. 사람으로 치자면 골격을 세우는 일과 같은 것으로 그 어떤 작업보다 중요한 작업이다.

먼저 구상한 것을 도면으로 옮겨서 구체적인 크기를 계산하면서 설계하고 작업순서를 짠다. 뼈대 작업은 얇은 뼈대 위에 한지가 잘 붙도록 해야 하고 빛의 분산과 집중, 전력량 계산까지 모든 사항을 고려하여 신중하게 하도록 한다.

작업의 일머리도 중요하겠으나 작업에 대한 설계에서 벗어나지 않게 도면에 충실하도록

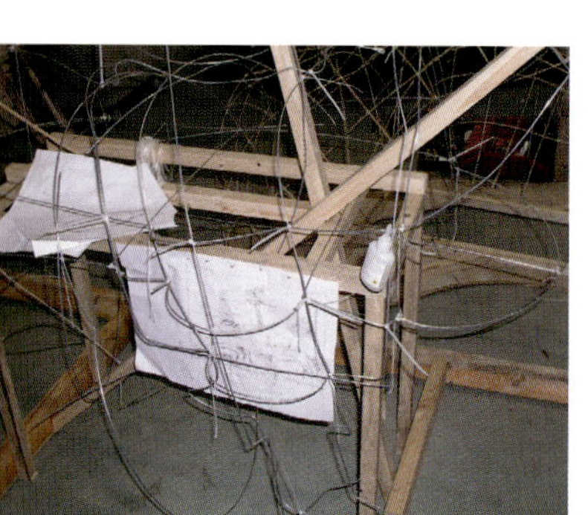

설계도면을 보고 뼈대작업을 한다.

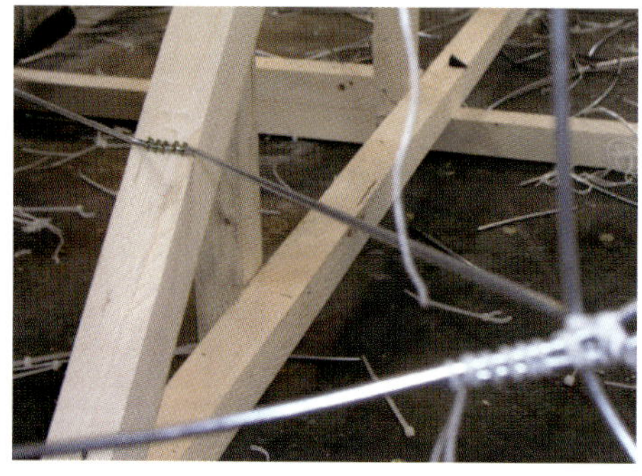

좌대와 연결된 중심 뼈대 작업

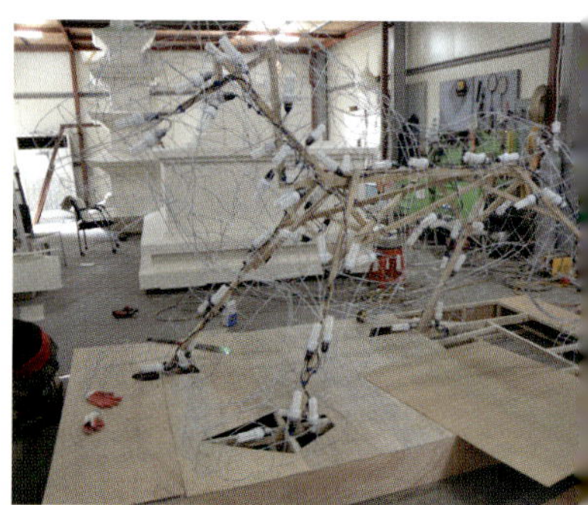

전기작업

한다. 도면에 대한 점검이 필요하다면 꼼꼼하게 치수 하나하나까지 확인하여 작업을 시작하는 것이 좋다.

큰 작업의 경우, 중심 뼈대는 등의 중심부에 서 있는 설계에 따라 정확하게 설치되어야 하며, 힘을 전달받는 보조대는 외부 골조의 형상과 중심 뼈대의 힘을 흐트러지지 않게 잘 연결함과 동시에 조명을 켰을 때 보조대에 의한 그림자가 생기지 않도록 위치시켜야 한다.

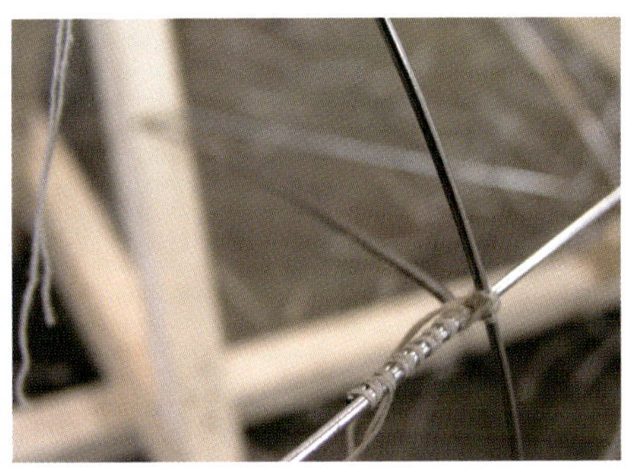

| 중심 뼈대와 외부 골조가 연결된 모습

작은 작업이라면 중심에 중심 뼈대가 필요하지 않다. 그 대신 중심 골조로 기준점을 잡고 외부 골조의 사면 내부를 서로 잡아주는 기능으로 작업을 보조할 수 있다.

결과적으로 뼈대가 완성되어 그 자체의 힘만으로 안정적인 조형물이 될 수 있으므로 중심을 잡고 작업을 했던 부분과 보조대 등은 배접을 하기 전에 제거할 수 있다. 이렇게 되면 불필요한 무게를 줄이며 보조대에 의한 그림자를 사전에 없애는 일도 된다.

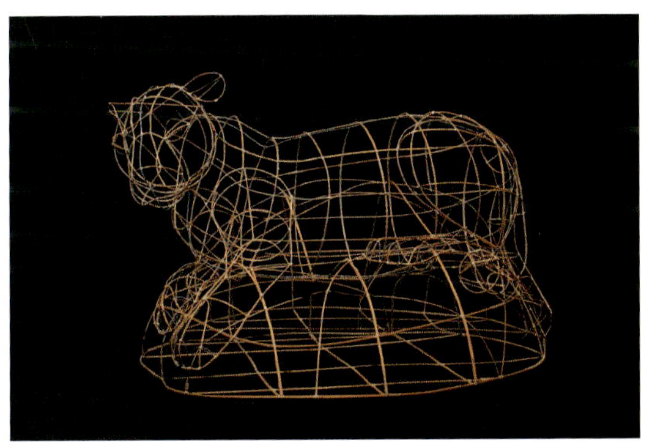

| 내부에 보조대가 없는 작은 등의 골조

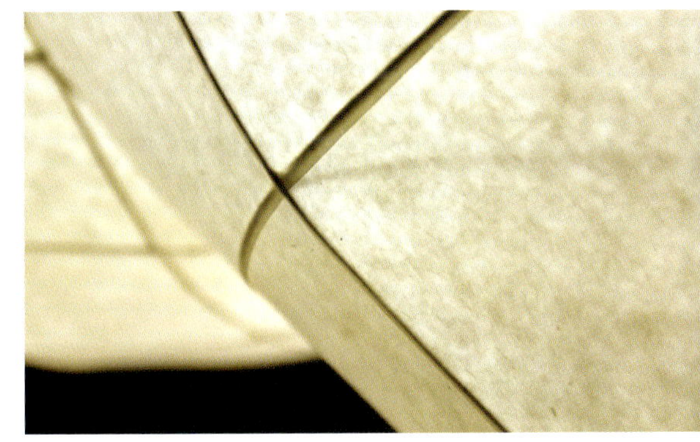

| 보조대에 의해 그림자가 발생한 모습

● 중심 뼈대는 작업의 맨 아래에 속하는 좌대에서부터 등의 끄트머리에 이르는 뼈대의 중심부를 말한다. 중심 뼈대는 작업 전체를 판가름하는 중요한 작업이며 모든 힘을 받기 때문에 대개 좌대와 함께 만든다.

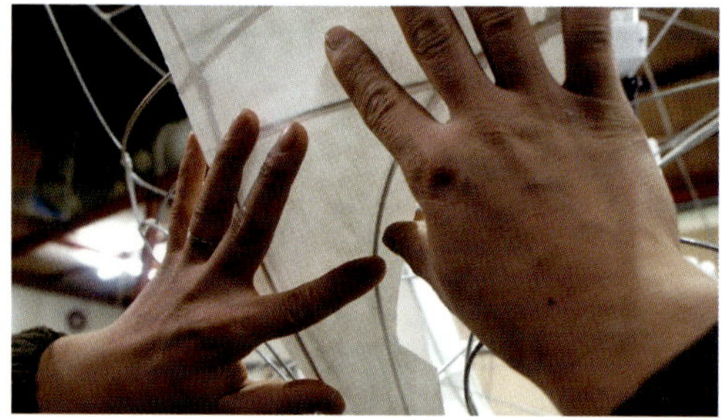

한지를 미리 대본다

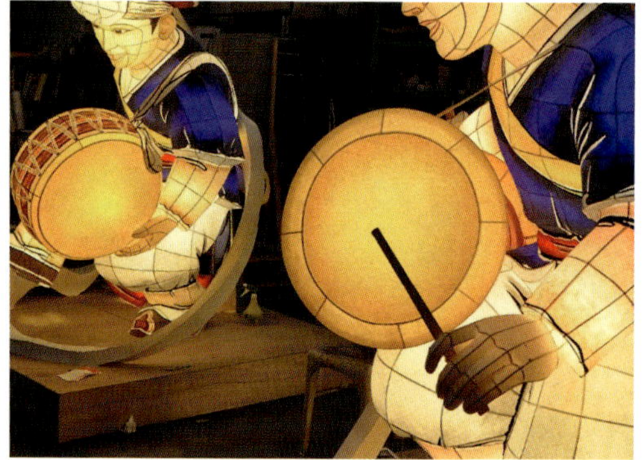

지나치게 큰 면은 강도가 떨어지기 마련이다.

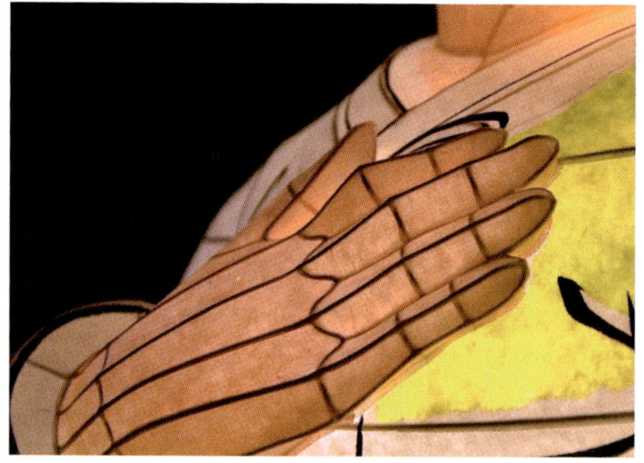

굴곡진면에 대해 지나치게 디테일한 작업을 하다보면
군더더기가 된다.

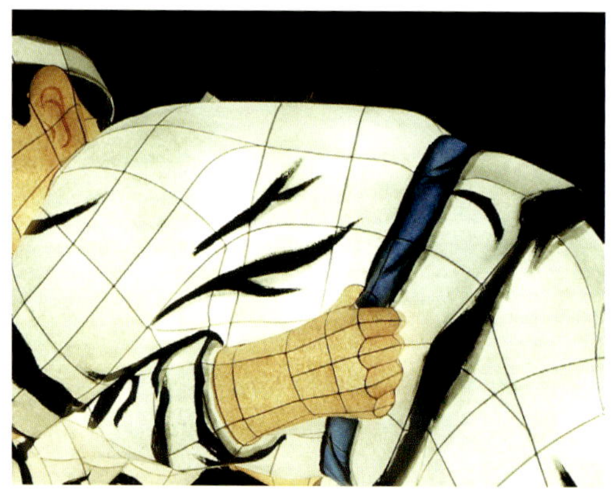

움직임과 다르게 모자이크처럼 기계적으로 면을
나누면 생동감을 잃어버린다.

　뼈대의 외형인 외부 골조 작업은 철사를 이용하여 형체의 표면을 여러 개의 평면이 서로 연결된 것처럼 나누는 작업이다. 한지를 붙일 면은 철사의 강도와 철사가 엮여서 만든 면의 크기에 따라 결정된다. 그러므로 종이가 잘 붙을 수 있다고 하여 지나치게 넓은 면을 한 면으로 잡거나 굴곡진 부분에 지나치게 많은 면을 만들어 군더더기 같은 결과를 내서는 안 된다.

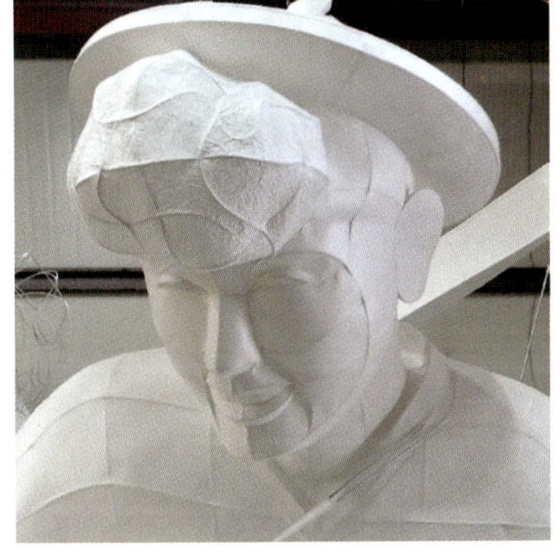

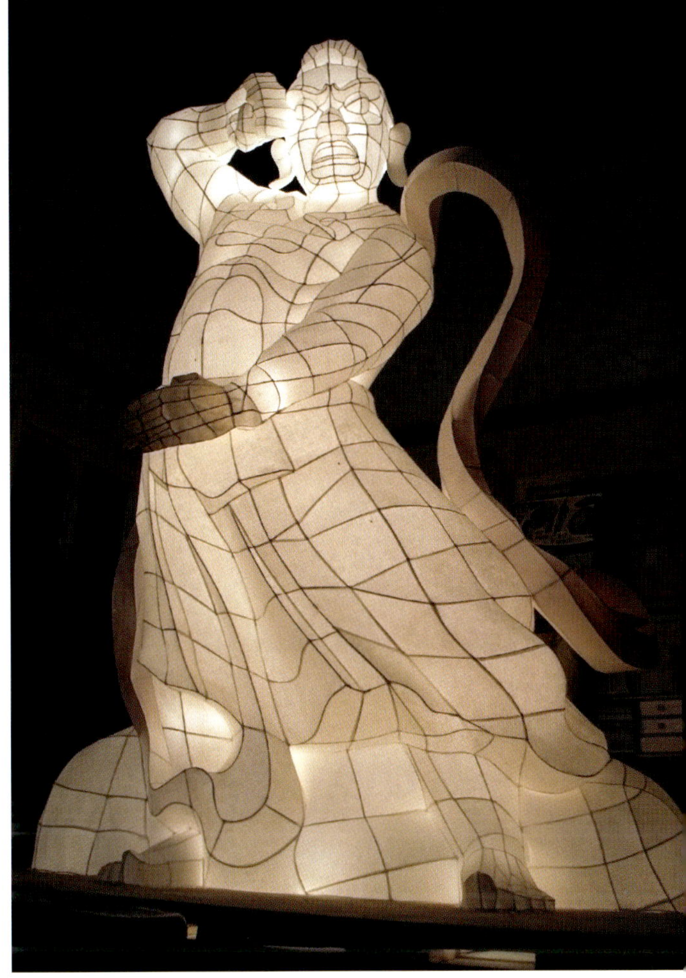

중심선을 잘 잡아내는 게 골조 작업 전체를 판가름하는 중요한 요령이다. 조형물의 중심을 잡고, 다시 나뉜 부분의 중심선을 잡아내는 형식으로 작업과정을 세분화하면 덩어리를 잡기가 편해진다.

또한 각 작품의 설계도면에 맞게 움직임과 모양새에 맞추어 뼈대를 만들어야 한다.

외부 골조 작업은 조명이 설치되면서 마무리된다. 아무리 외형이 뛰어나다고 하여도 조명이 들어가지 못할 정도의 좁거나 복잡한 공간이라면 재차 수정을 해야 한다. 조명 작업을 하면서 복잡하게 얽힌 내부 공간에 쓸데없는 그림자가 생기거나 조명의 사각지대가 발생하지 않도록 조명의 투사 각도를 고려하여야 한다.

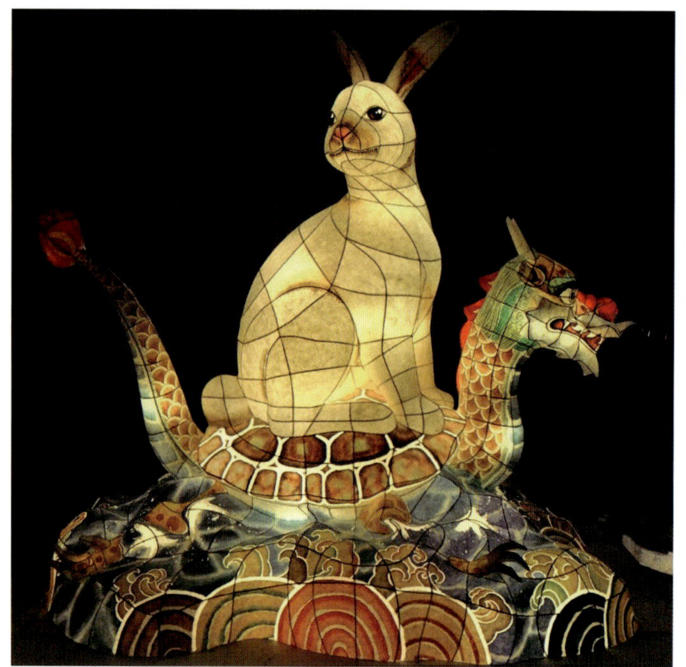
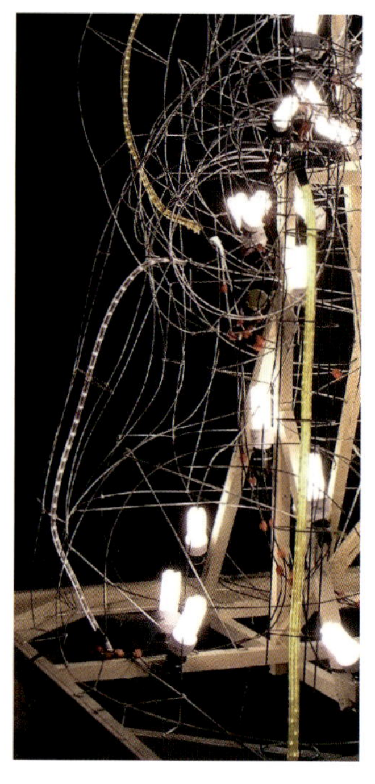

| 조명의 위치가 잘못 되어 나타난 결과

| 논네온(rope light)을 이용하여
좁은 공간에 조명을 설치한 장면

위의 왼쪽 사진의 작품이 잘못된 대표적인 사례이다. 내부가 전체적으로 고르게 빛을 내지 않고, 부분부분 더 밝게 보이는 곳이 많다. 지나치게 밝은 부분은 전구와 배접된 한지 사이의 간격이 너무 가까워서 생기는 현상이다. 이렇게 조명이 균일하지 않으면 등의 전체 모습이 조화롭게 보이지 않는다. 이것은 조명의 위치를 잘못 잡은 결과로 생긴 현상이다.

2) 세 가지 제작 방법

입체조형물로서 등의 구조는 내부와 외부로 나뉜다. 즉 빛을 담을 수 있는 내부의 공간과 그 빛을 투사하여 외부형상을 갖는 한지로 이루어진다. 이러한 공간을 만드는 방법은 크게 세 가지로 나누어 볼 수 있다. 이러한 방법들은 작업할 등의 크기에 상관없이 일정하게 적용된다.

① 첫 번째

외곽선에서 가장 중요한 축을 잡은 다음, 그 축을 중심에 놓고 작업하는 방법이다.

모양이 복잡할수록 이 방법을 사용하는 것이 좋다. 그 이유는 도면의 치수대로 옮기기 수월하고, 정면, 측면, 평면을 작업 진행과정에서 중심선으로 하기 때문에 작업이 예측 가능해지는 이점이 있다.

작업 방법은 큰 덩어리의 외곽 뼈대선(측면)을 중심선으로 먼저 잡고 그 부피에 상응하는 뼈대선을 두른 다음, 정면의 외곽 뼈대선을 중심으로 덩어리를 잡는 것이다. 각각의 뼈대선은 위치가 확실해지기 전까지 케이블타이로 임시 고정하다가, 수정과정을 거쳐 확실한 위치가 결정되면 그때 무명실로 고정한다. 이러한 방법으로 큰 덩어리에서 작은 덩어리로 그리고 세세한 부분까지 순서대로 하면 된다.

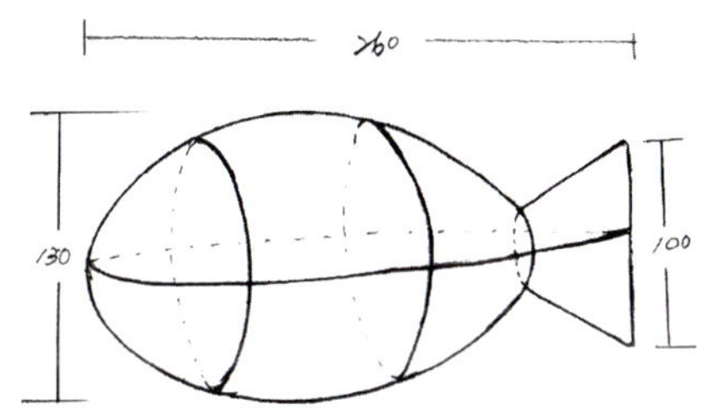

| 외곽라인을 먼저 만들기 위한 도면

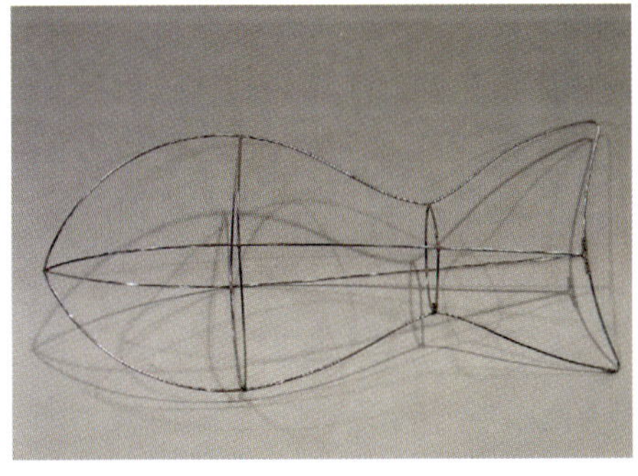

| 가장 중요한 것은 외곽선이다

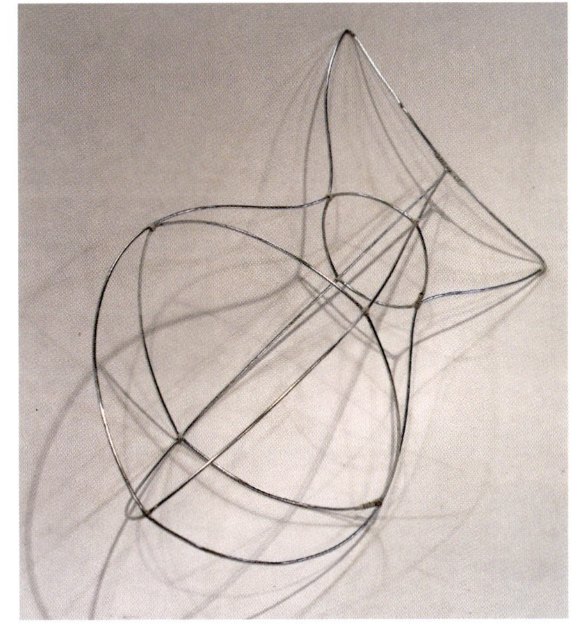

| 정면에서 보이는 외곽선은 타원이다

② 두 번째

똑같은 프레임 두 개를 일정한 간격으로 떼어 놓은 다음, 그것과 수직이 되게 보조대를 연결하여 내부에 공간을 창출하는 방법이다.

입체가 갖는 사실적인 묘사보다는 평면적인 모양을 두께만 준 것으로, 표현하려는 것을 분명하게 드러내는 장점이 있다. 이러한 방법은 현재 북한 지역의 전통적인 등 제작 방식으로 많이 쓰였다. 휘기도 좋고 튼튼해서 등 만들기에 적합한 대나무를 구하기 어려운 지역이기 때문에 곡선이 적으면서 두께를 주는 방식이 선호되었을 것으로 생각된다. 이 방법은 구조를 이해하면 쉽게 만들 수 있기 때문에 매우 유용하다.

사각등이나 팔모등과 같이 기하학적 구조의 등은 이러한 방식이 편리하다. 모양은 단순하지만 그림이나 꾸밈을 통해 한결 완성도 높은 작품이 될 수 있다.

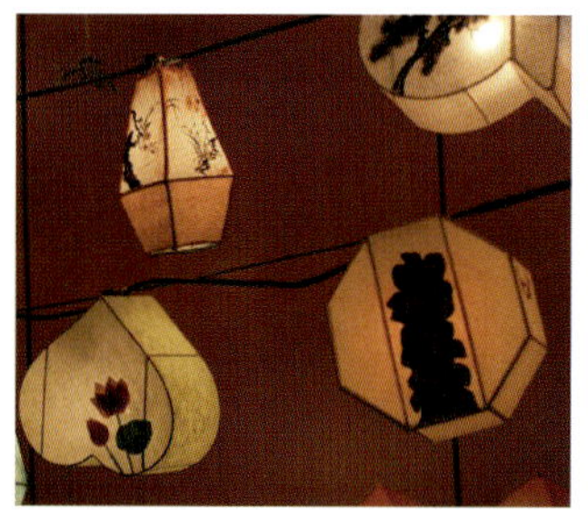
｜ 똑같은 프레임 2개를 수직으로 연결하여 만든 등

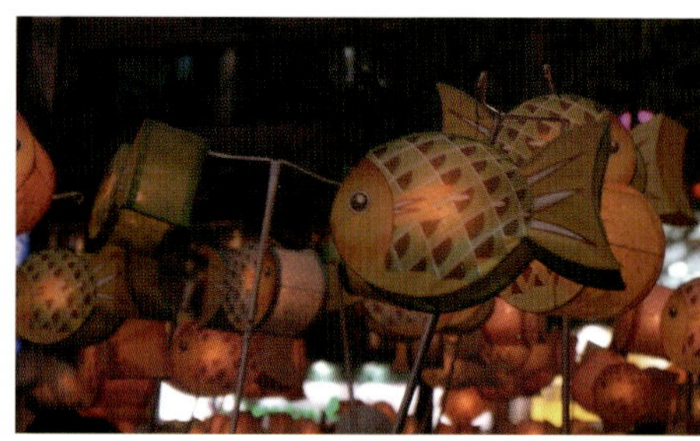
｜ 연등축제에 나온 봉은사의 행렬등 목어등

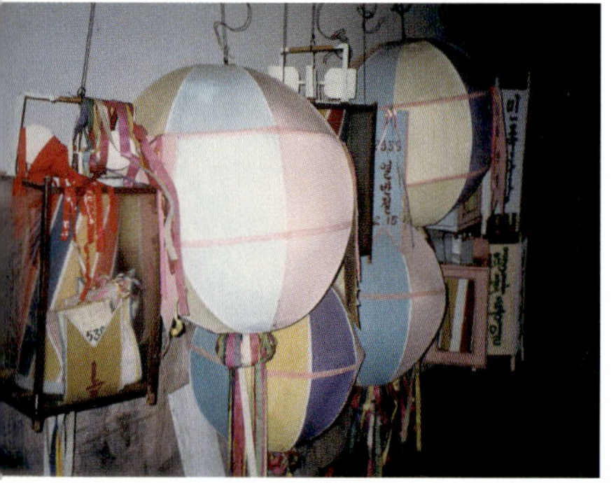
｜ 북한의 등, 단순하고 각진 모양이 많다

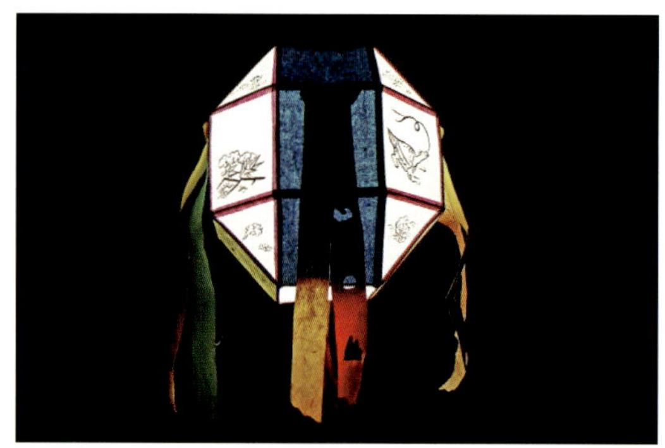
｜ 그림이 곱게 그려진 팔모등

③ 세 번째

똑같은 모양의 뼈대선을 두 개 이상 ＋ 자로 겹치게 연결하고 그 반대편에도 똑같이 작업하면 사방으로 동일한 형태의 공간이 만들어진다. 전체 형태가 크거나 길면 그 사이에 뼈대를 추가하여 힘을 보강한다.

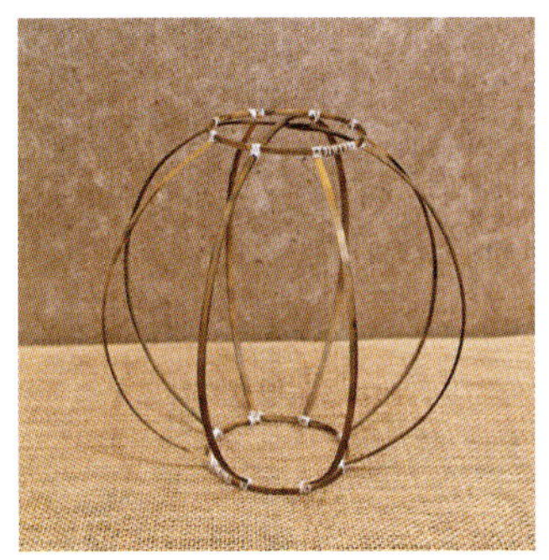

| 호박등 뼈대의 사진

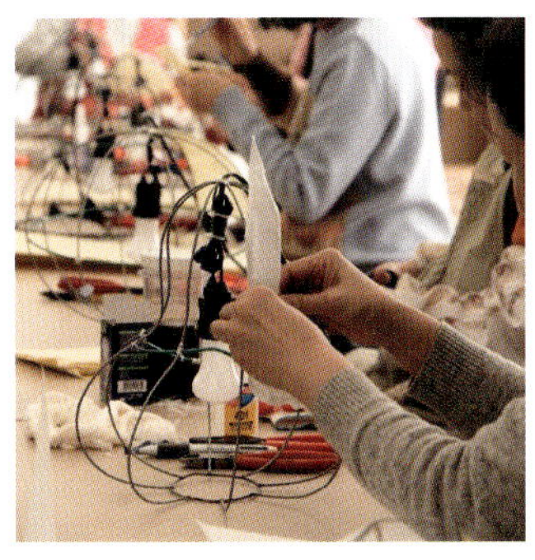

| 호박등을 응용하여 조롱박의 뼈대를
만드는 과정

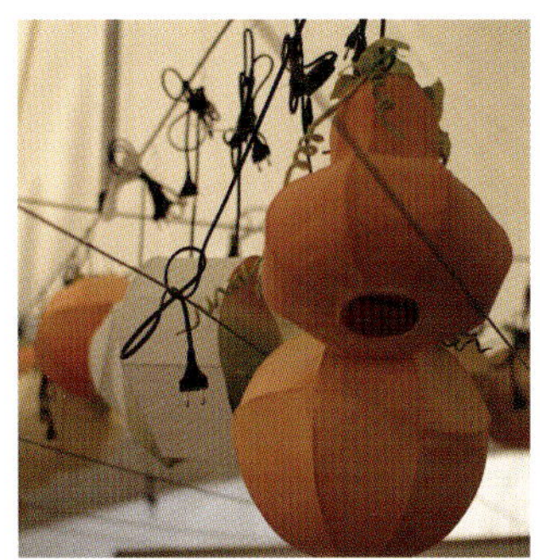

| 호박등 뼈대의 응용, 조롱박

호박등이나 공등은 이러한 방법으로 만들면 된다. 기본적인 방법을 응용하면 다양한 모양의 등을 만들 수 있다. 이러한 형태의 등은 꼭지점이 있으므로 매달아 놓기에 안성맞춤이다.

3) 철사 다루는 법

철사는 잘 구부러지고 강도도 뛰어난 장점이 있지만 잘 다루지 않으면 위험한 재료가 될 수 있다.

철사를 자를 때에는 사이드커팅플라이어(일명 펜치. 이후 커팅플라이어)를 사용한다. 이때 힘껏 누르지 않고 적당히 눌러 반쯤 패이게 한 뒤 그 부분에 순간적인 힘을 아래위로 가하면 쉽게 끊어진다. 커팅플라이어로 눌러서 자르면 단면이 날카로워 작업자에게 위험하지만 위와 같은 방법으로 철사를 끊으면 끝이 날카롭지 않게 된다.

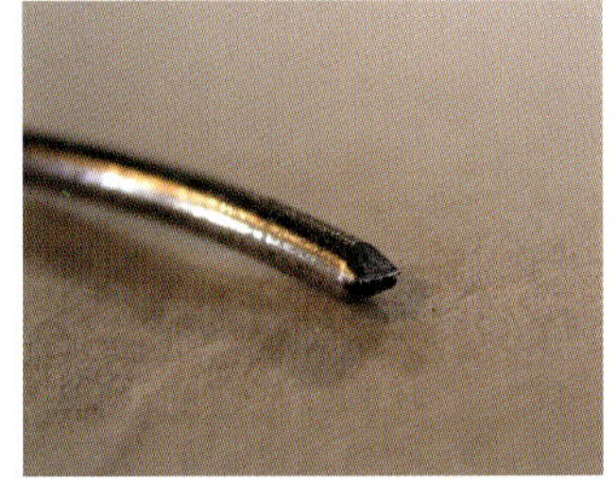

| 철사를 그냥 자르면 끝이 날카로워서
매우 위험하다

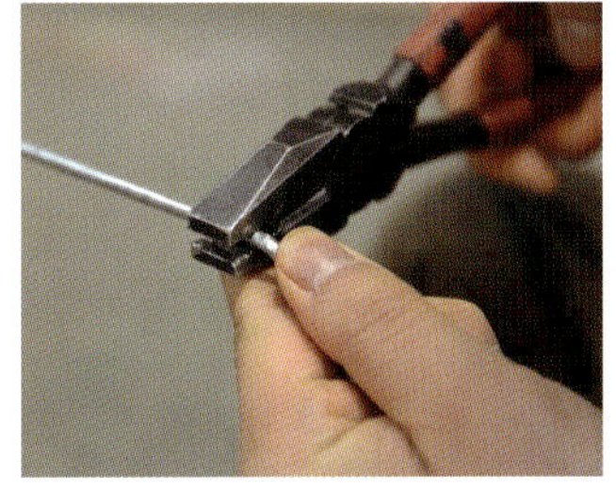

| 철사를 적당히 눌러 패이게 한다

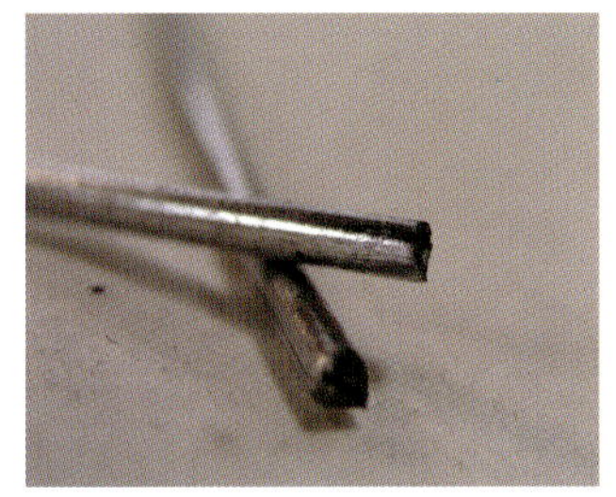

| 패인 자국에 순간적인 힘을 가해
자른 단면 비교

4) 대나무 가공법

담양 대나무가 국내산 대나무의 대명사인데 실제로도 많이 생산된다. 통대를 구입하여 직접 가공하는 것이 좋다. 대나무의 특성을 잘 이해할 수 있을 뿐만 아니라 대나무를 다루는 과정에서 손맛도 좋아진다.

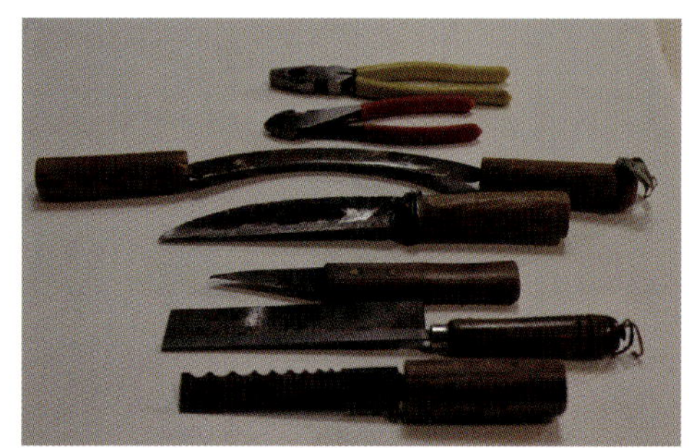
대나무 가공 도구

대나무를 다루는 전통적인 도구인 톱과 여러 가지의 칼이 있다. 을지로에 가서 마디를 힘 있게 쳐 줄 무게 있는 칼과 대를 세로로 켜낼 수 있는 손에 딱 맞는 칼을 구입하여야 하는데 수작업으로 두들겨서 만든 단조(鍛造) 제품이어야 적당한 무게감도 있고 갈아서 쓰기도 편하다. 당연히 숫돌도 하나쯤 있어야 한다. 톱은 대나무 톱을 구해야 하는데 구하기가 어렵다면 쇠톱을 사용해도 무방하다.

대나무는 결을 따라서 세로 방향으로 일정하게 켜야 한다. 최종적으로 3㎜ 정도의 폭으로 만들어 사용을 해야 하므로 그것을 염두에 두고 작업을 한다.

지름 4~6㎝, 길이 2m의 통대를 무거운 칼을 이용해 반을 가른 다음, 그 반을 다시 반으로 가르고, 그 반을 또다시 반으로 가르는 방법을 사용한다. 세로로 켤 때 대나무의 양과 칼의

| 대나무 자르기 |

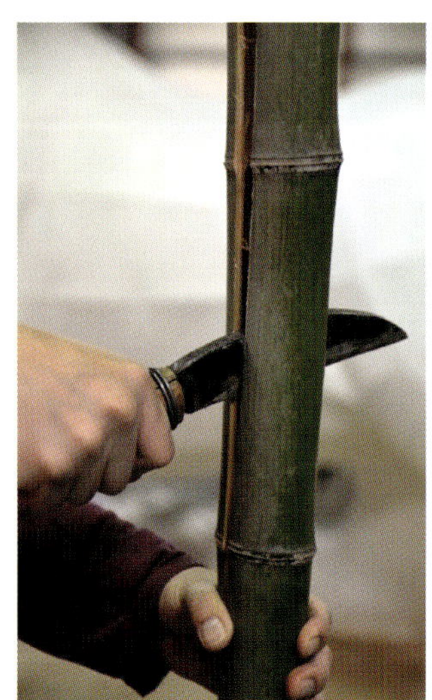
대나무를 반으로 켠다

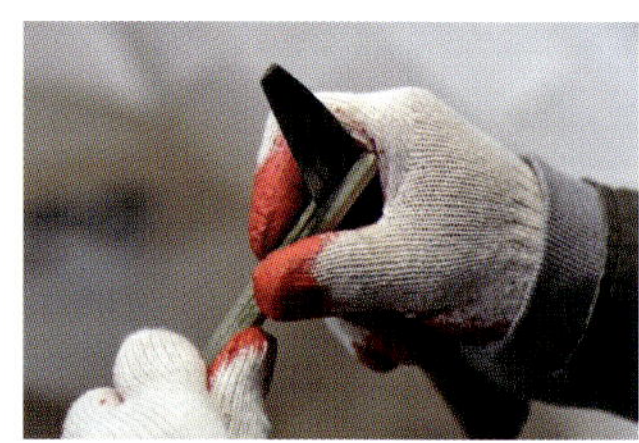

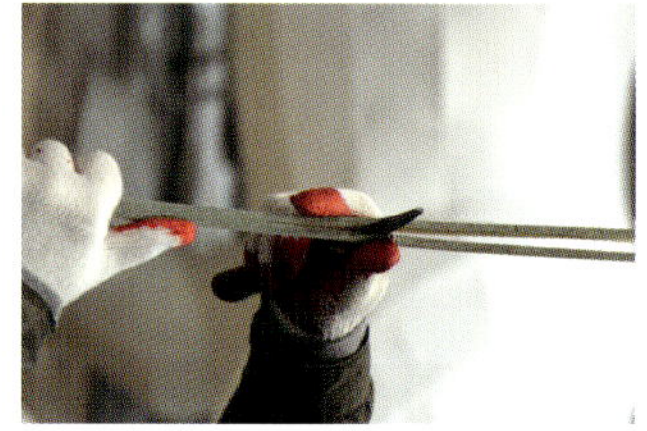
대나무를 계속 반으로 잘라 잘게 켠다

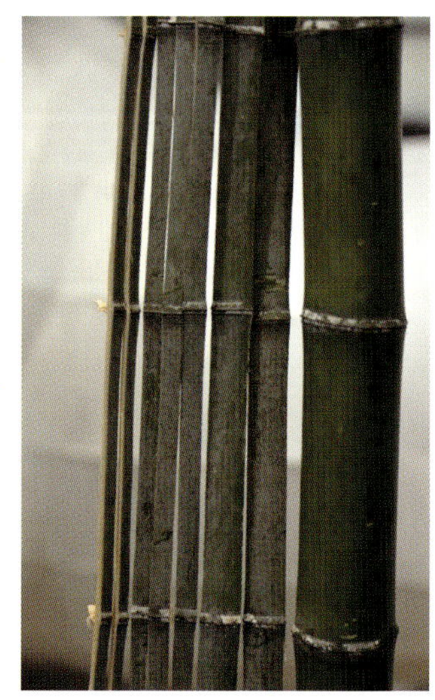
대나무를 계속 반으로 켜서 필요한 두께에 맞춘다

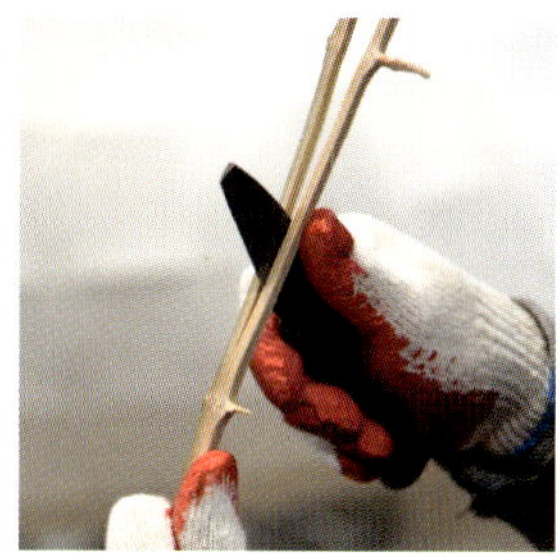

속대를 켜는 모습

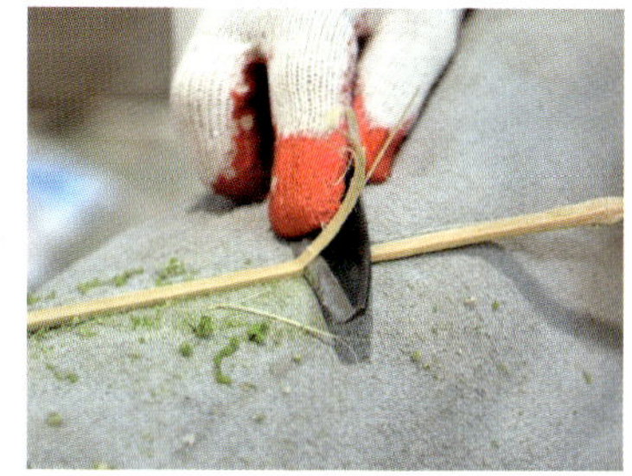

속대를 제거한 후 다듬는다

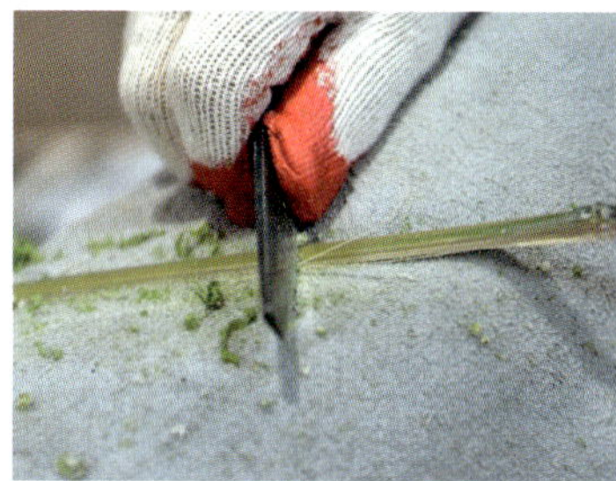

표피를 칼로 긁는다

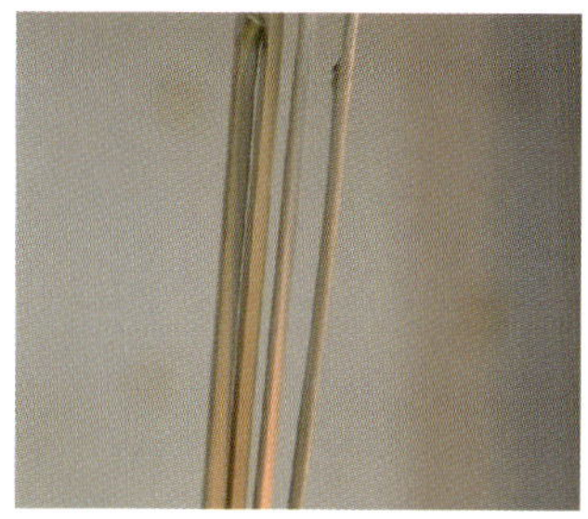

대살을 말끔히 정리한 모습

방향에 따라 대나무 살의 양이 달라지기 때문에 대나무의 결을 따라 대략 반을 맞추어 켜는 것이다.

　대를 켤 때 한 쪽 방향으로 크기가 쏠리게 되었을 때, 작은 쪽의 대를 기준으로 큰 쪽의 대에 힘을 가하게 되면 큰 쪽의 대가 섬유질이 끊기면서 양이 작아지게 된다. 이러한 원리로 칼을 쥔 손과 대를 쥔 손 사이의 박자를 맞추어 좌우로 제치듯 대를 켠다.

　반으로 켜서 3㎜ 내외의 폭이 형성되었으면 그것의 두께를 조절하는데 튼튼한 겉대를 사용하기 위해 속대와 겉대를 분리하는 방법을 쓴다. 속대는 힘이 없기 때문에 겉대와 속대로 나누어 반으로 켜는 것이 쉬운 일이 아니다. 대나무 살의 폭이 3㎜ 정도인 상태가 사용하기에 좋다. 속대를 제거하여 얻은 두께는 3㎜ 이하 정도가 적당하므로 여기에 맞추어 대나무의 속대를 켜야 한다. 속대는 물러서 잘 드는 칼로 제거할 수 있지만, 안전을 고려하여 항상 장갑을 착용하여야 한다.

　속대를 켜내면 온전한 살이 되는데 대나무의 섬유질이 거칠어 작업 중에 피부를 파고 들 수 있으므로 거친 표면을 깔끔하게 정리해 주는 작업을 한다. 이때 한지와 접착제가 잘 안 붙는 원인이 되는 겉대의 표면에 붙은 하얀 표피를 칼로 긁어서 제거한다.

5) 철사와 대나무 연결방법

철사와 철사를 연결하는 방법 중에서 가장 튼튼한 것은 알곤 용접으로 붙이는 것이다. 알곤 용접은 수정이 어려울 뿐만 아니라, 3㎜ 이하의 연선은 열에 의해서 선이 변형되므로 고도의 수련을 통해 철사의 표면과 표면을 순간적으로 녹이는 방법을 사용해야 한다. 그래서 대부분의 얇은 선을 이용하는 작업은 무명실을 감아서 접착제로 고정하는 방법을 사용한다.

무명실로 철사를 감기 전에 커팅플라이어나 니퍼로 가볍게 흠집을 내면 철사와 철사가 서로 밀리지 않고 견고하게 고정된다.

대나무는 별도의 흠집을 내지 않아도 되고, 대나무

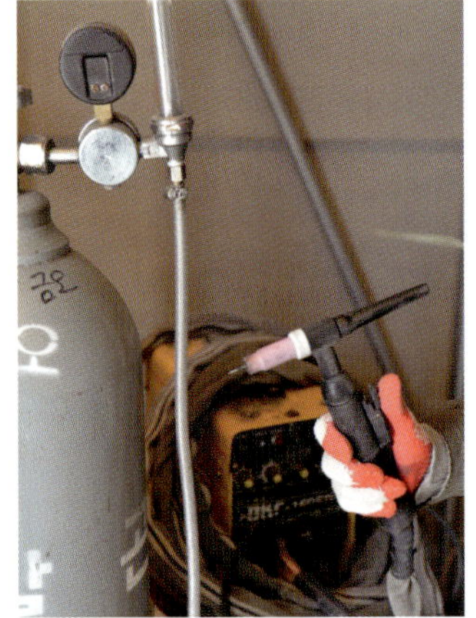

| 알곤용접기와 그 재료들

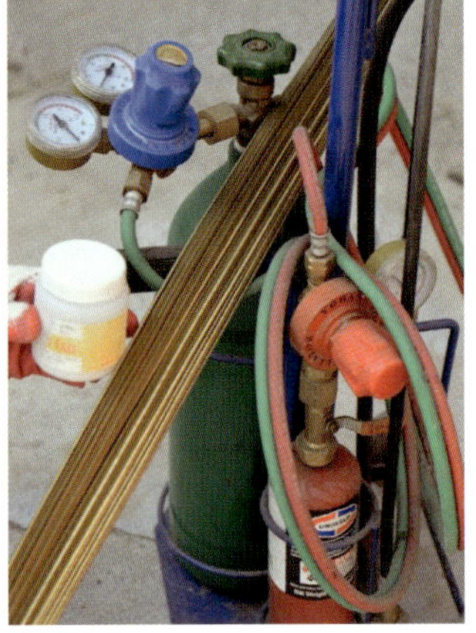

| 구리를 용접하는 데 쓰이는 산소용접기와 그 재료들

| **철사를 +자로 연결하는 방법** |

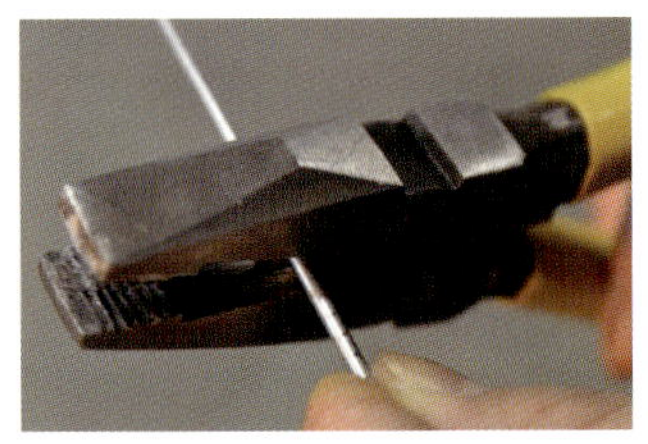

| 철사에 흠집을 낸다

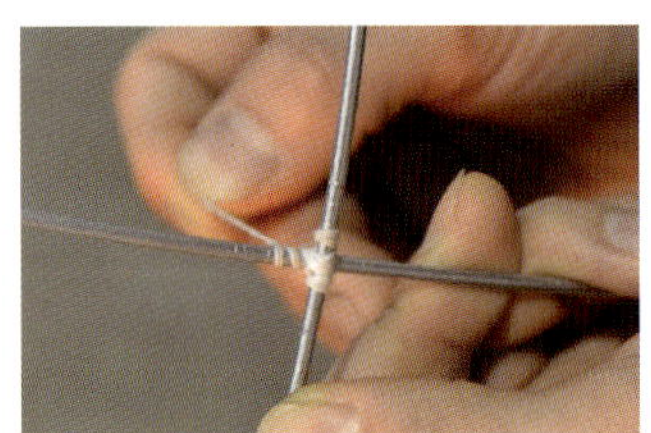

| 흠집을 낸 뒤 실로 매듭짓듯 묶는다

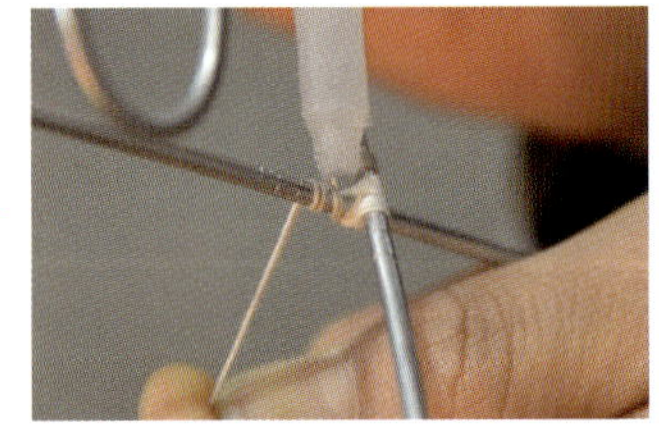

| 흠집을 낸 뒤 실로 매듭짓듯 묶고 접착제를 바른다

| **대나무를 +자로 연결하는 방법** |

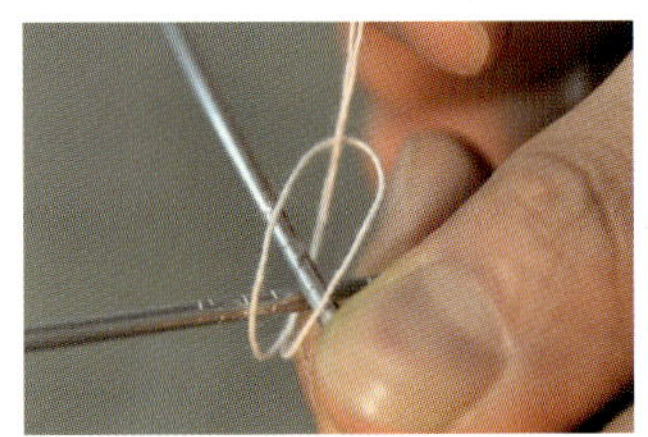

| 대나무를 +자로 연결하는 모습

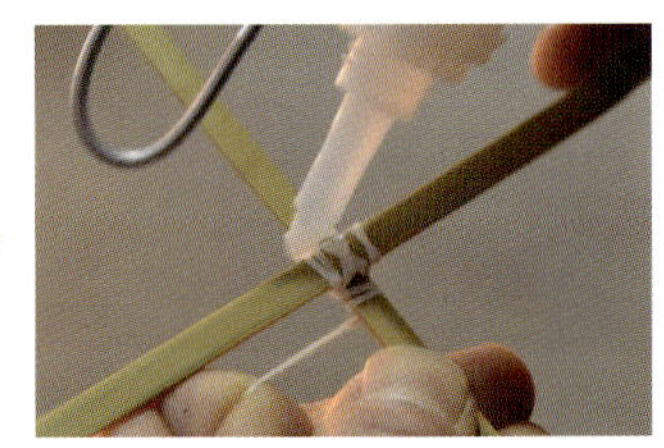

| 대나무를 +자로 연결하는 모습 (접착제바르기)

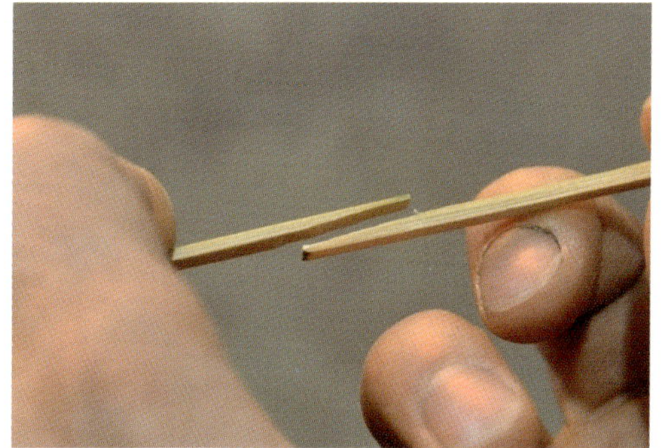

대끝을 깎아서 붙이고 있다 -1

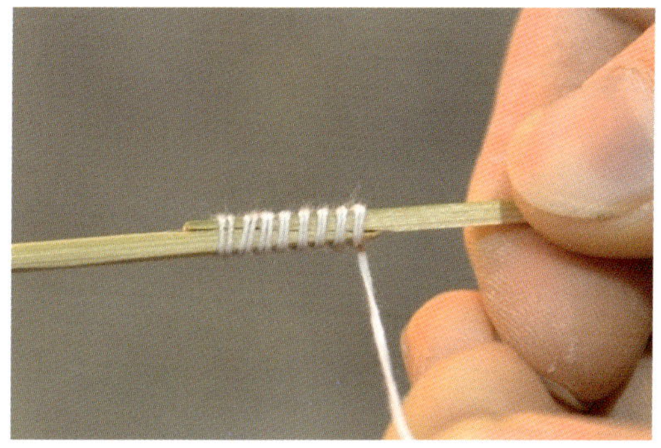

대끝을 연결한 모습

를 길게 연장하거나 부드럽게 이어 붙일 때에는 다음과 같이 끝을 깎아서 사용한다.

　무명실을 지나치게 촘촘하게 감으면 접착제와 하나가 되어 부서지거나 뼈대선에서 이탈할 수 있다. 이렇게 되면 철사를 붙잡는 힘이 작아지게 되므로 무명실을 감는 밀도를 적당히 하여야 한다. 또한 무명실을 감는 그 끝에서는 반드시 무명실과 무명실이 연결되어야 실

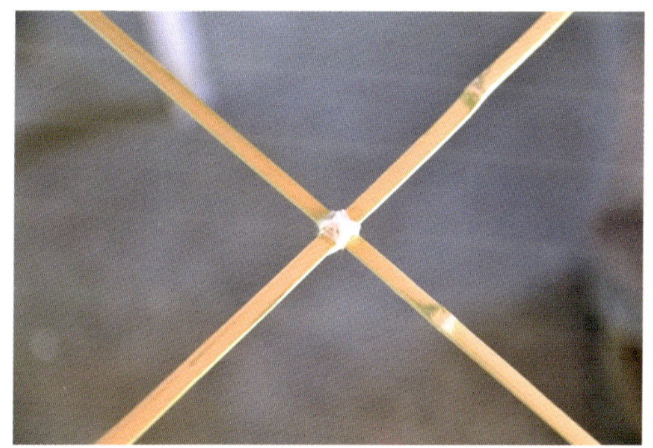

대나무에 무명실을 지나치게 촘촘히 감아 뭉쳐진 모습

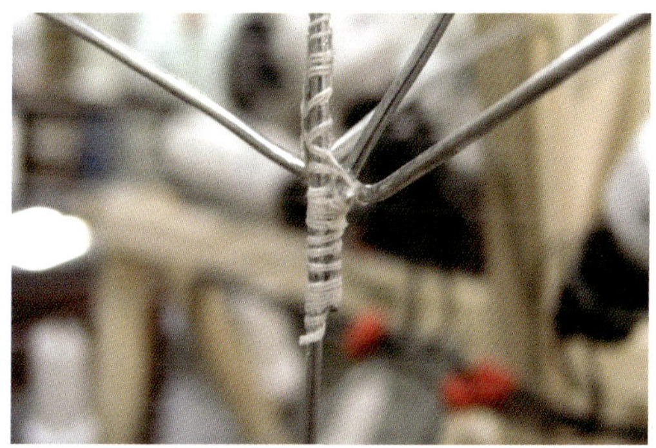

ㄴ자로 중심뼈대와 외부골조가 힘있게 연결되었다

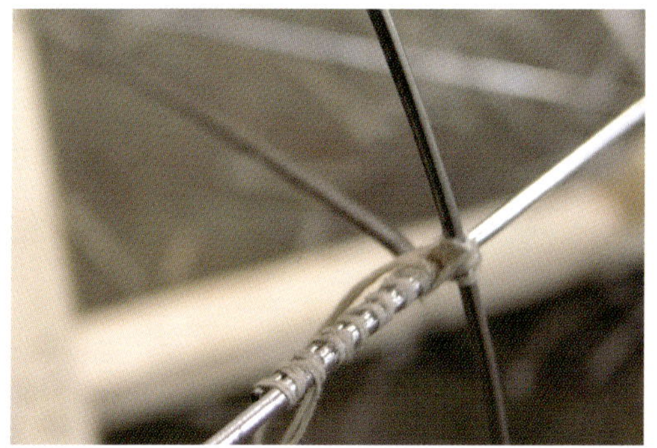

복잡한 면을 연결할 때에도 실이 뭉치지 않도록 한다

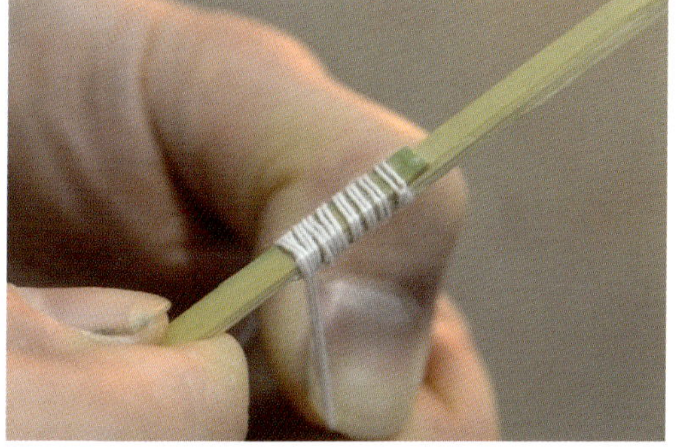

대나무에 무명실과 무명실이 연결된 모습

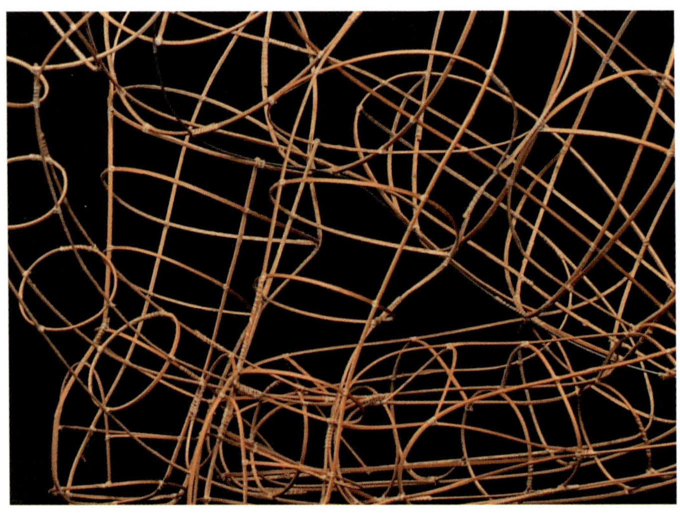

이 풀리지 않는다.

　용접과는 다르게 실을 이용하여 고정하는 방법은 약간의 흔들림이 있게 마련이다. 따라서 실을 이용한 연결은 뼈대선을 붙들어 매어 놓는 역할을 한다. 이러한 방법이 반복적으로 연결되어 커다란 작업으로 되면 뼈대선 전체가 흔들리지 않게 된다.

　철사와 대나무는 성질이 다르지만 연결하는 방법은 비슷한데, 여러 가지 연결방법이 있다. 외부 골조를 연결하는 방법과 내부의 중심 뼈대에 연결하는 방법이 다른 것은 붙이는 재료가 다르기 때문에 당연하겠지만 외부 골조는 최대한 깔끔하게 연결하여야 불을 켰을 때 지저분하게 보이지 않는다.

　연결 부위보다 긴 면적에 ㄱ모양이나 ＋ 모양으로 무명실을 연결하는 것은 밀리지 않게 하기 위함이다. 용접은 두 개를 완전히 하나로 만드는 작업이지만 무명실을 이용하는 작업은 두 개가 튼튼하게 연결되어 이탈하지 않도록 하는 방법이므로 이러한 요령을 통해 그 효과를 크게 한다.

5 · 전기 작업

전기 작업의 핵심은 등에 필요한 밝기를 안정적으로 뒷받침하는 것이다. 그러므로 전력량에 맞는 전선을 사용하고 뼈대 그림자가 생기지 않도록 치밀하게 계산하여 적당량의 전구를 설치하는 것이다.

예를 들어 2009년에 서울 시청 앞에 세운 높이 20m의 미륵사지석탑 모양의 대형 장엄등은 전통등 방식의 한지등인데 적당한 밝기를 위하여 50W전구 200개와 LED전구 1000여 개, 안정기와 LED컨트롤러를 사용하였다. 이에 따라 안정적인 용량의 전선을 사용하였고 전력소모량을 계산하여 그보다 150%에 이르는 전력공급을 요청하였으며 각각의 라인에 독립적인 누전차단기를 설치하는 것으로 전기배선을 완료하였다.

소켓은 고무구조로 되어 있는 방수소켓을 사용하고 전구가 들어설 위치에 먼저 고정하여야 한다. 소켓의 가장자리에 흔들리지 않도록 철사를 감고 조인 다음, 흔들리지 않고 힘을 잘 받을 수 있도록 구부리는 것을 잊지 말아야 한다. 고정하는 방법은 나사를 조이거나 에어건을 사용하여 ㄷ자 피스로 고정하는 방법, 철사를 중심뼈대에 그대로 박는 방법 등 다양하게 있다.

전구를 한 개 이상 연결하는 작업은 전력을 공급하는 두 가닥의 전선으로 조명위치에 자리를 잡은 소켓을 연결한다.

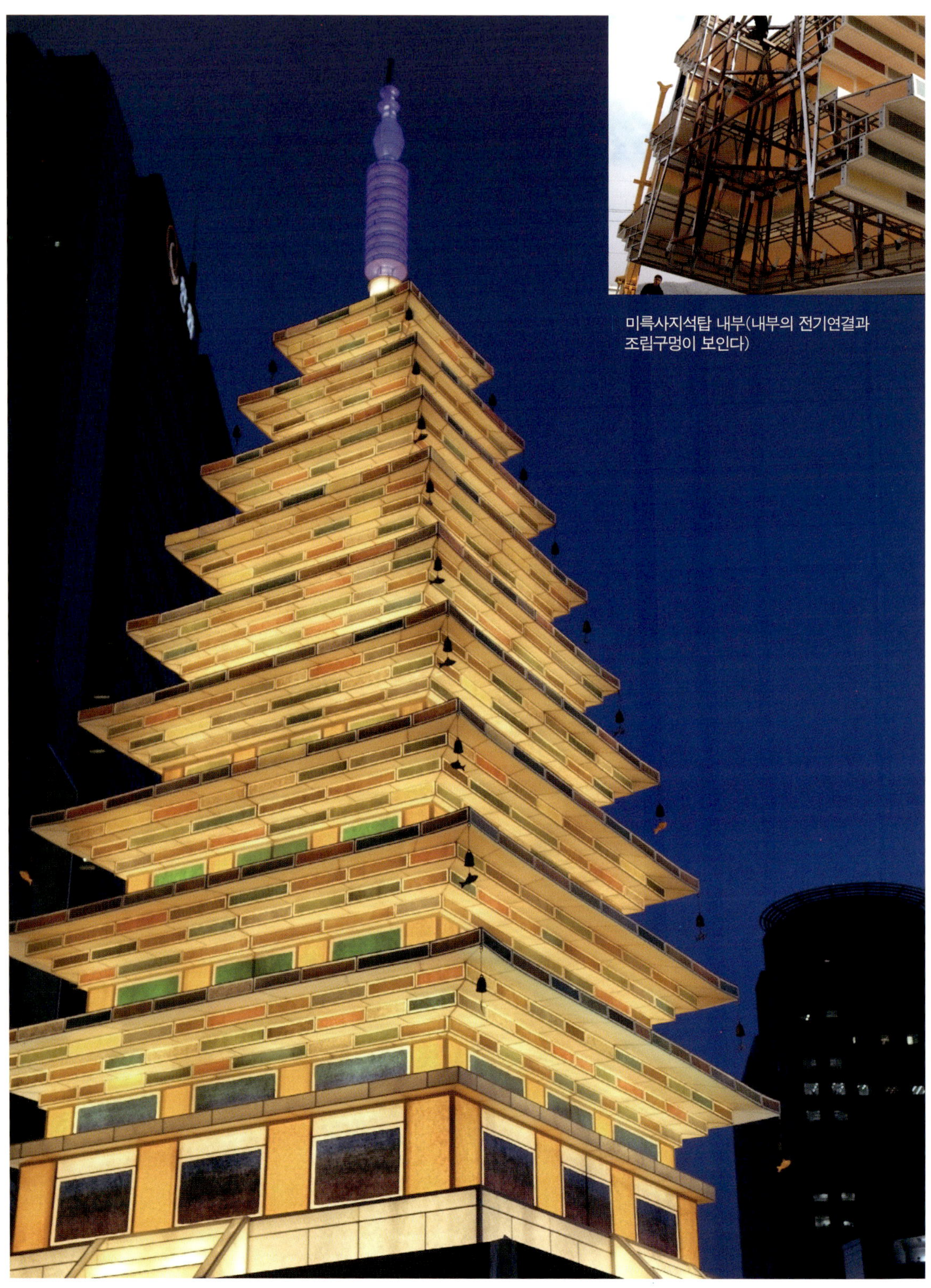

2009년 서울 시청앞 전통 장엄등 '미륵사지석탑'(높이 20m)

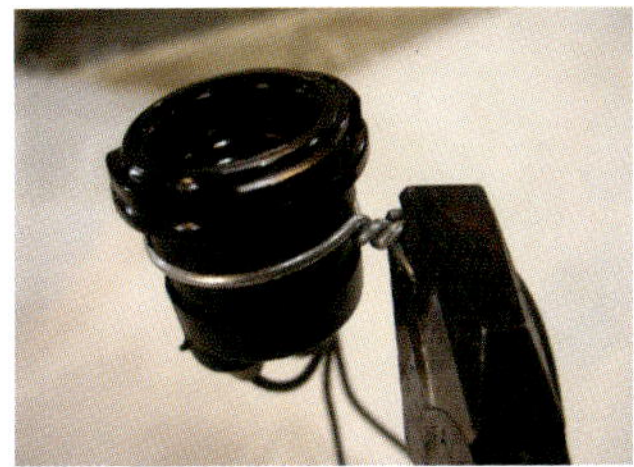

먼저 방수 소켓에 철사 연결한다

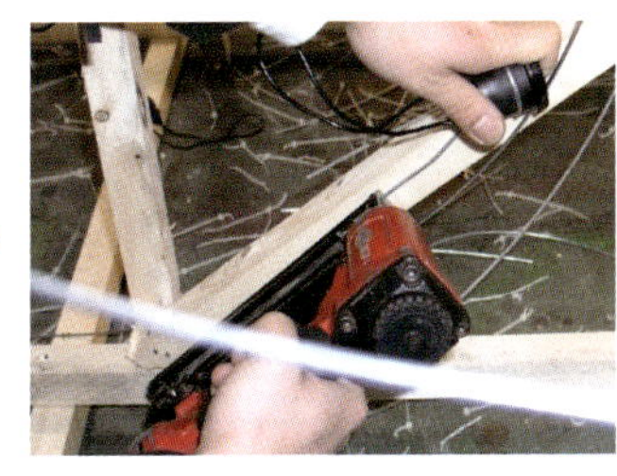

방수 소켓을 중심뼈대에 설치하는
방법-1

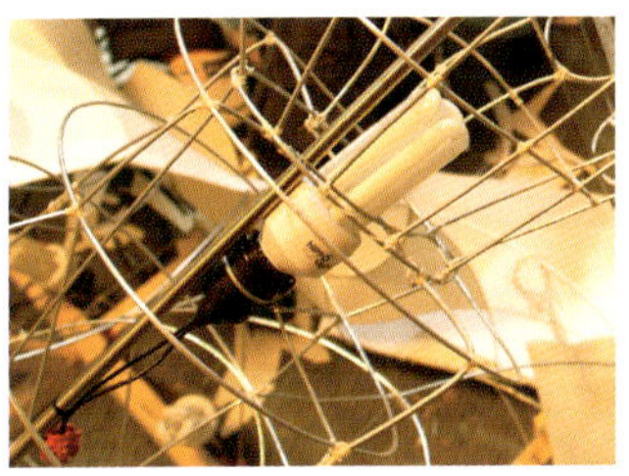

방수 소켓을 중심뼈대에 설치하는
방법 -3

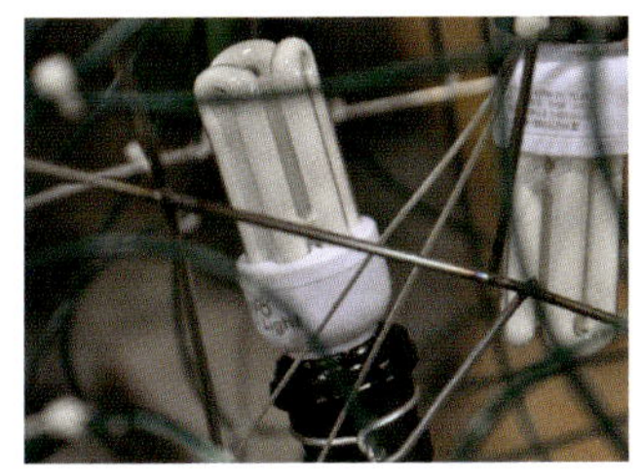

방수 소켓을 중심뼈대에 설치하는
방법(실로 연결)-2

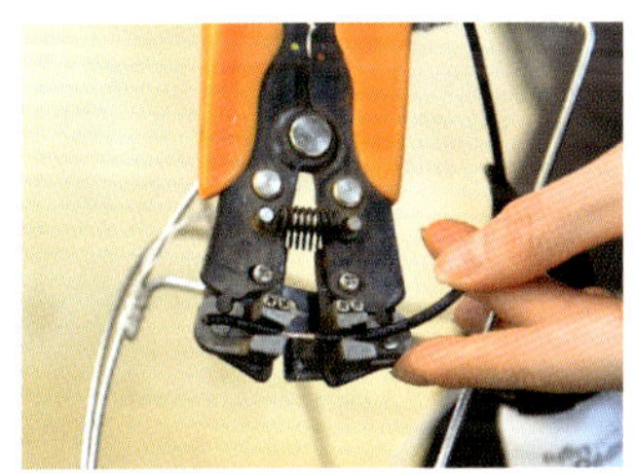

자동스트리퍼로 전선까기

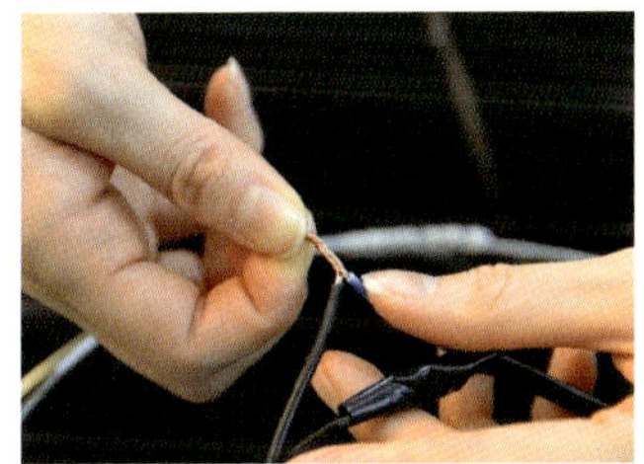

전선을 연결

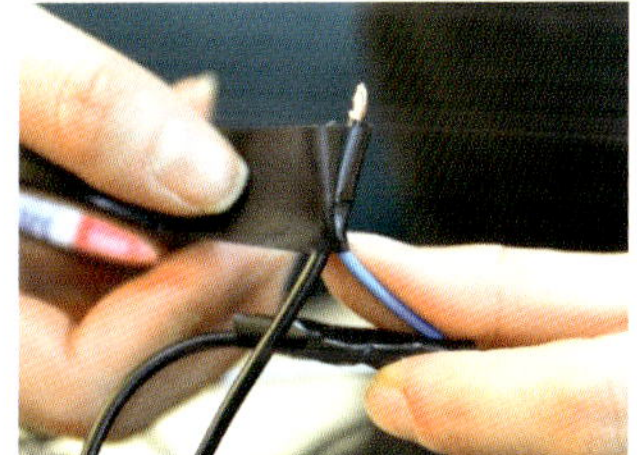

절연테이프 감기

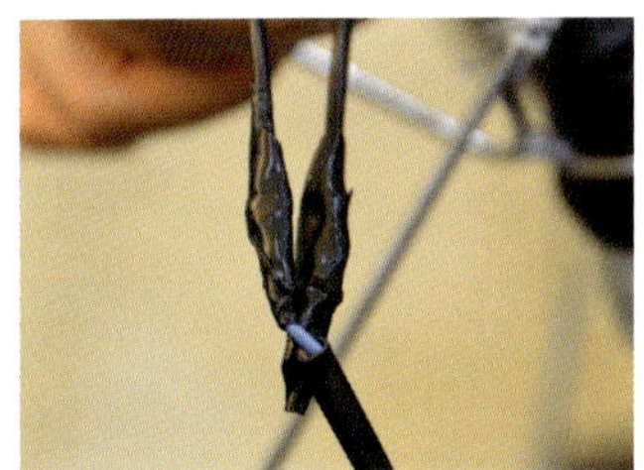

메인선과 소켓의 선을 연결한 모습

● 큰 장엄등을 제작하는 작업에서는 전기적 안정성과 전력량이 중요한 문제가 된다. 등이 어디에 설치되고 얼마의 전력을 소비하는지 정확하게 할 필요가 있으며, 대개의 경우에는 자격증을 소지한 전기전문가와 함께 작업하여야 한다.

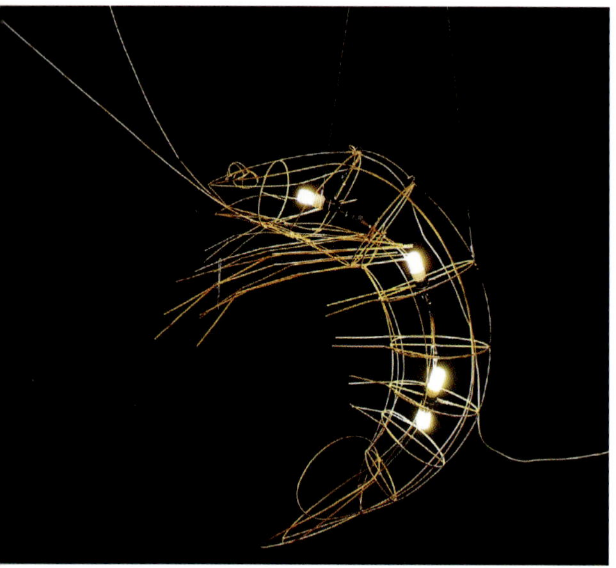

전기 작업을 마치고 불을 켜서 최종 확인한다

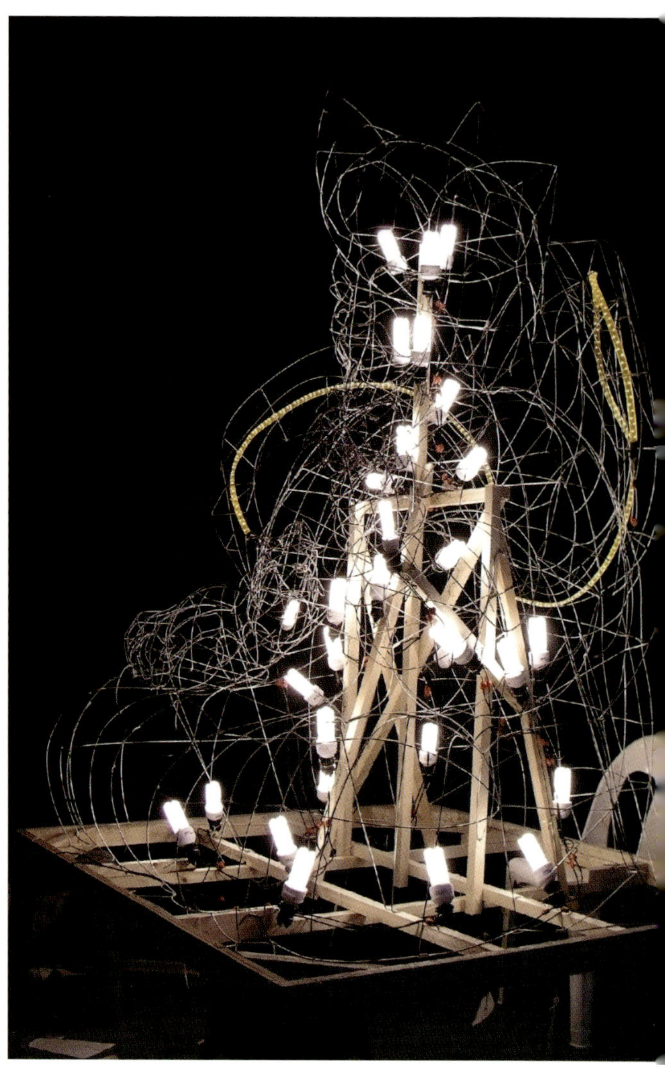

전기 작업을 마치고 불을 켜서 최종 확인한다

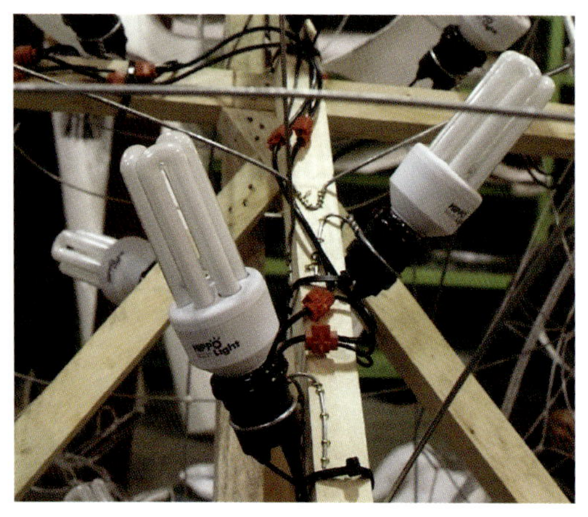

메인선과 소켓의 선을 간단하게 스카치락으로 연결하는 방법

　스카치락이라는 도구는 전선과 전선을 연결할 때 전선의 피복을 벗겨서 꼬아 연결한 다음 절연 테이프로 감는 다소 복잡한 과정을 편리하고 단순하게 만들어주는 제품이다. 연결하고자 하는 전선의 양 끝을 스카치락에 연결한 다음 두 전선의 가운데에 반쯤 끼워져 있는 금속 핀을 도구를 이용해 누르면 금속 핀이 피복을 관통하여 두 개의 전선을 전기적으로 연결시키는 것이다.

　스카치락은 전선을 간편하게 연결하는 기능을 하지만 전기적 안정성이 떨어지는 단점이 있다. 사진에서 보는 것처럼 이음매의 공간에 손이 닿지는 않지만 연결부위가 노출되어 있으므로 방수효과가 없다.

　최근에 출시된 안정된 형태의 커넥터는 전선의 이음매를 겹치지 않고 연결하는데 그 과정이 단순하지 않다. 이 제품은 전선연결공간이 많이 노출되지는 않지만 완전히 밀봉되지는 않는다. 따라서 방수에 취약하기도 하다. 전기를 다루는 일은 생명과 결부되어 있으므로 항상 세심한 작업과 점검이 필요하다.

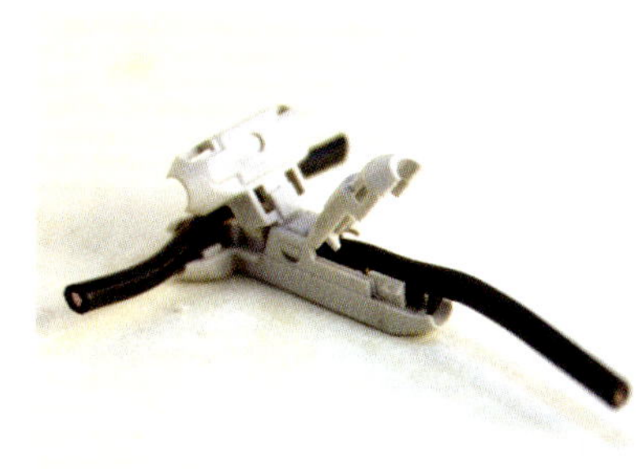

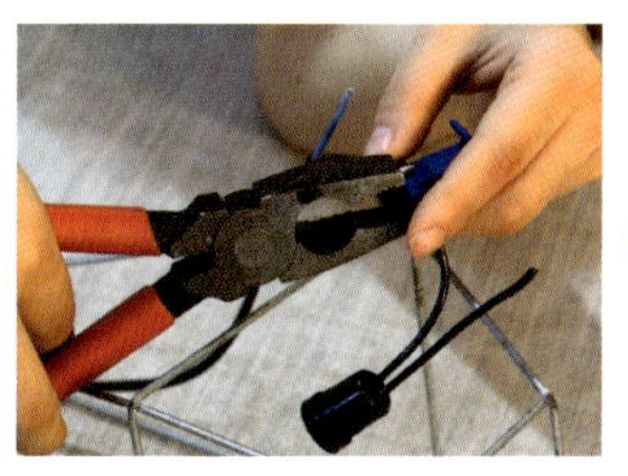 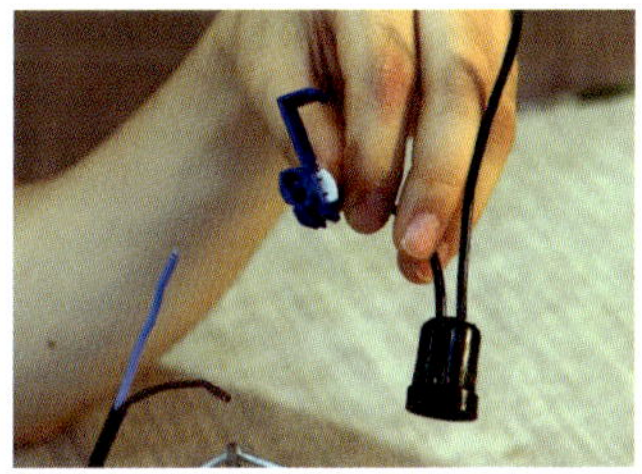 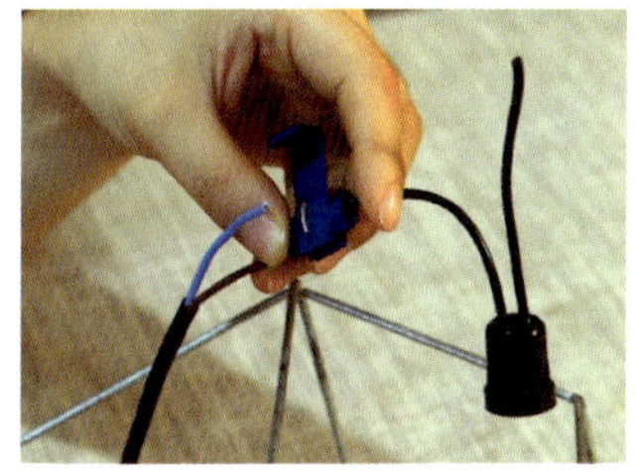

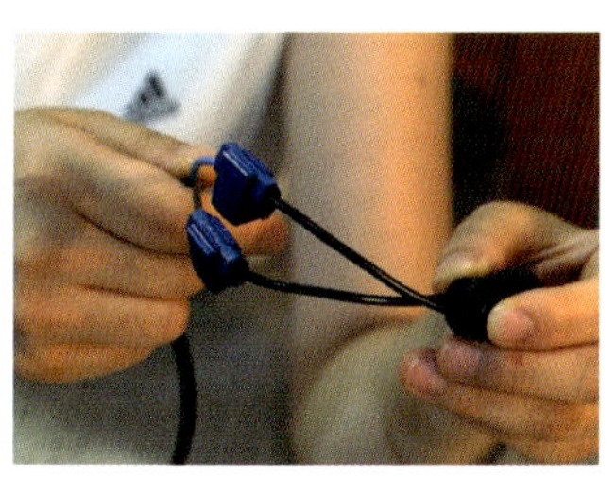 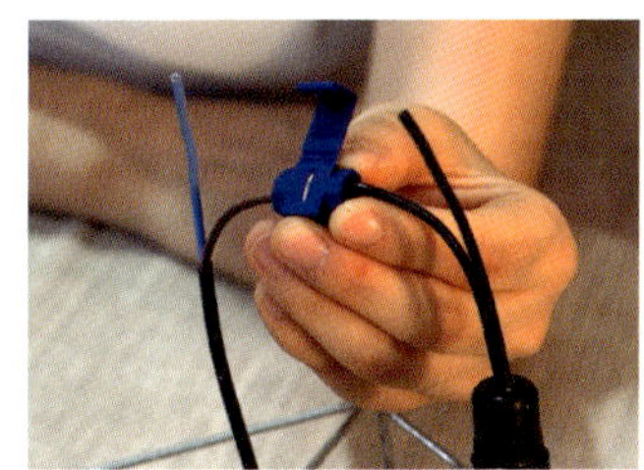

한지를 뼈대면에 대고 손으로 누르면 종이에 뼈대의 자국이 약하게 생긴다. 그 자국을 가위로 오려서 눌린 부분에 풀을 발라 뼈대면에 정확하게 붙이는 작업니다.

한지는 앞면과 뒷면이 있는데 일반적으로 앞면에 채색을 하기 때문에 앞면이 밖으로 향하도록 붙여야 한다.

한지를 자세히 들여다 보면 뒷면에는 붓자국이 남아 있는데 일종의 스크래치이다. 이런 스크래치는 두꺼운 한지인 장지에서 쉽게 볼 수 있는데 한지를 말리기 위해 열에 달궈진 고운 면에 대고 뒤에서 누르듯 붓질을 하기 때문에 생긴 것이다. 따라서 뒷면은 섬유질이 쓸려 있기 마련이고 작은 알갱이들이 튀어 나와 있다. 앞면은 고운 상태로 말려진다.

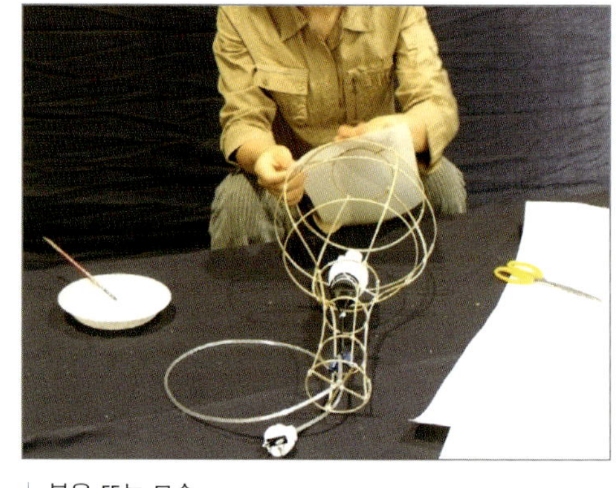

| 본을 뜨는 모습

● 그림이나 글씨를 쓰는 부분을 앞면이라고 한다. TV 드라마에서 사극을 보면 글이 적힌 두루마리를 펼쳐 읽는 장면이 종종 등장한다. 이때 두루마리의 안쪽에 글이 쓰인 것을 볼 수 있다. 한지 판매점에서 한지를 구입하면 두루마리 형태로 포장을 해서 주는데, 사극에 나오는 것처럼 두루마리의 안쪽 면이 종이 앞면이다.

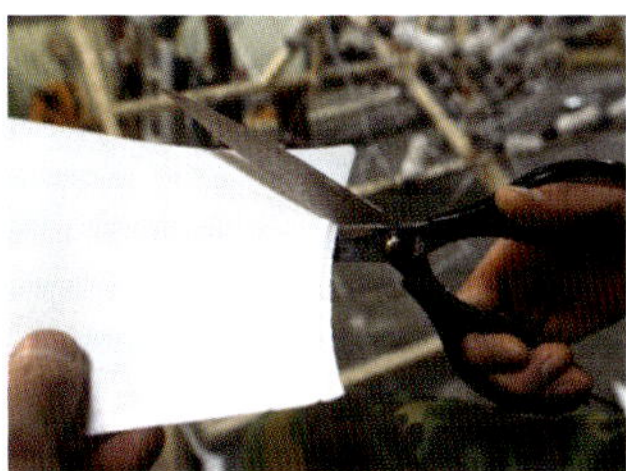

| 배접면에 맞춰 자른 종이에 가위집을 낸다

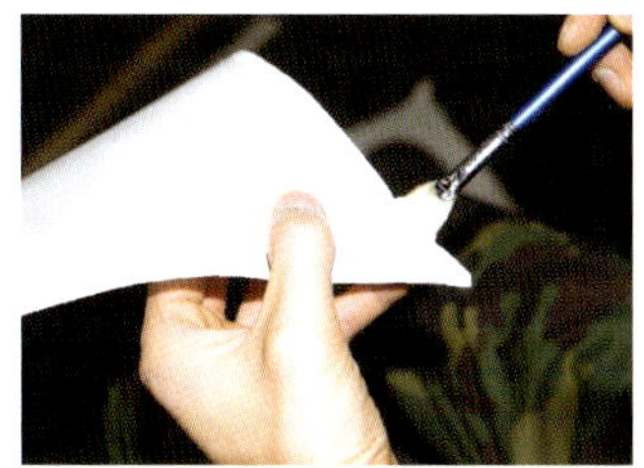

| 가위집을 낸 곳만 풀을 바른다

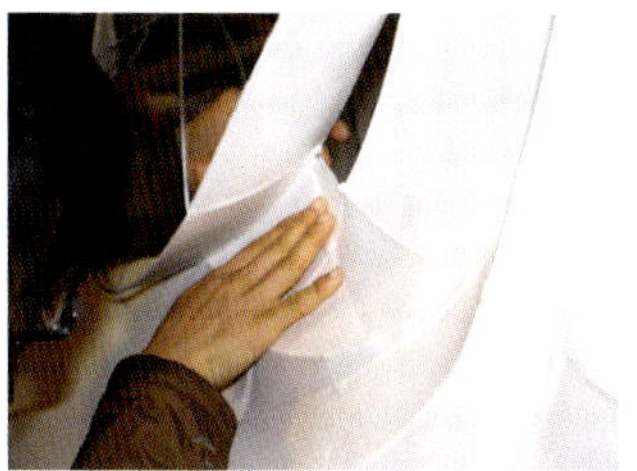

| 배접면과 종이를 잘 연결한다

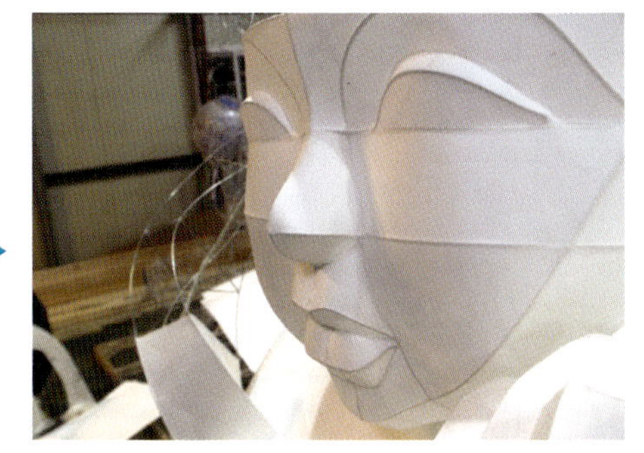

| 곡면에 한지를 붙일 때 형태를 잘 살려 배접한다

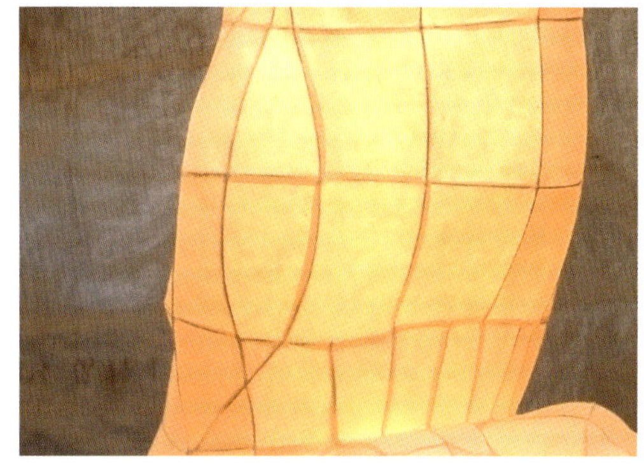

| 한지를 잘못 붙인 모습

　　한지 배접을 보다 쉽게 하려면 작고 어려운 부분부터 시작해서 점차 크고 쉬운 부분으로 진행하는 것이 좋다. 또한 마무리 코팅이나 먼지제거를 쉽게 하기 위해서 등의 밑부분부터 시작하여 윗부분으로 진행하는 것이 좋다.

　　즉, 등의 형태로 말하면, 굴곡이 심한 안쪽 부분부터 시작하고, 평면적이고 쉬운 부분은 나중에 배접해야 한다. 뼈대면에 한지가 붙으면 그 공간으로는 손이나 기타 기구가 들어갈 수 없게 된다. 그렇게 되면 뼈대면에 대고 본을 뜰 수 없게 되므로 자칫 잘못하면 한지 배접을 할 수 없게 된다.

　　가위로 오린 부분에 오공본드와 같은 풀이 묻을 경우 골조의 프레임에 정확하게 맞도록 해야 한다. 풀의 양이 많아서 뼈대와 닿는 부분 외에 다른 부분에 풀이 남게 되면 그 부분에는 채색이 되지 않는다. 또한 풀이 한지에 스며들면 한지의 섬유질과 함께 굳어서 하얗게 떠 보이기도 한다.

　　본을 뜰 때는 정확히 떠서, 풀을 묻히고 난 후 수정한다고 다시 가위질을 하는 일이 없어야 한다. 그렇게 되면 풀은 시간이 경과된 만큼 굳게 되고 잘 붙지 않아서 다시 풀칠을 하게 된다. 배접을 잘하는 요령은 여기에 있다. 즉, 본을 뜰 때에 정확하게 하고 풀은 빠르게 묻히는 것이다.

곡면 또는 곡면이 연결되는 부분에서 한지를 강제로 당기거나 밀어서 억지로 붙여서는 안 되며 오려둔 상태 그대로 한지를 붙여야 한다. 한지는 공기를 통과시키고 스스로 호흡하는 기능이 있으므로 습기나 온도에 따라 팽팽해지기도 하고 늘어지기도 한다. 인위적으로 힘을 가해 고정하면 표면이 울게 되고, 시간이 지남에 따라 뼈대에서 한지가 분리될 수도 있으니 유의하여야 한다.

| 접근이 어려운 부분 배접하기 |

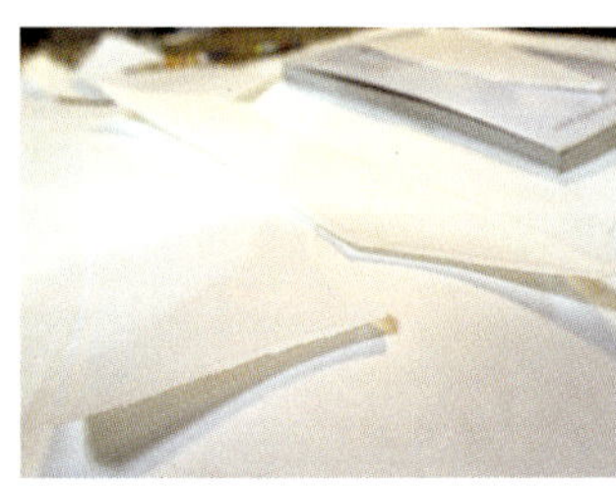

배접면에 맞춰 종이를 잘라 가위집을 낸다

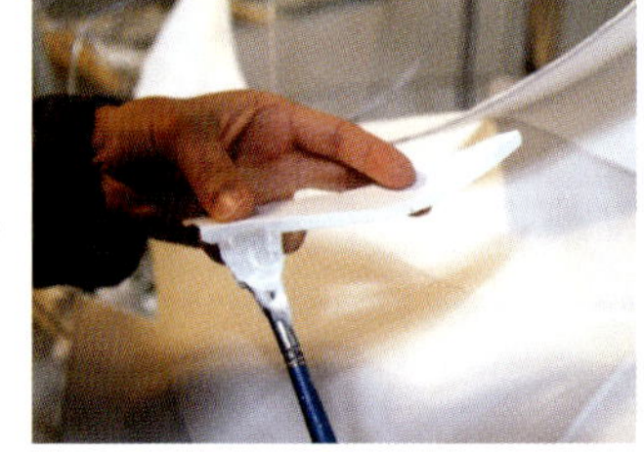

가위집을 낸 곳만 풀을 바른다

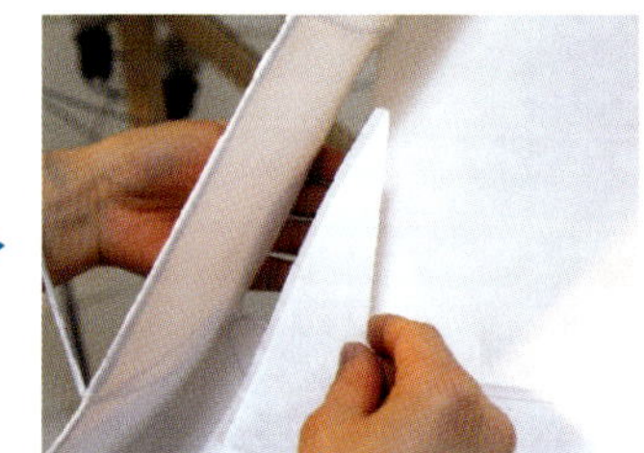

잘 눌러 붙인다

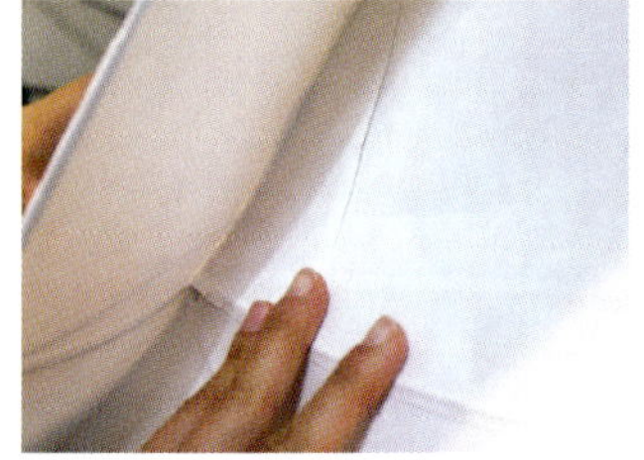

배접면과 종이를 잘 연결한다

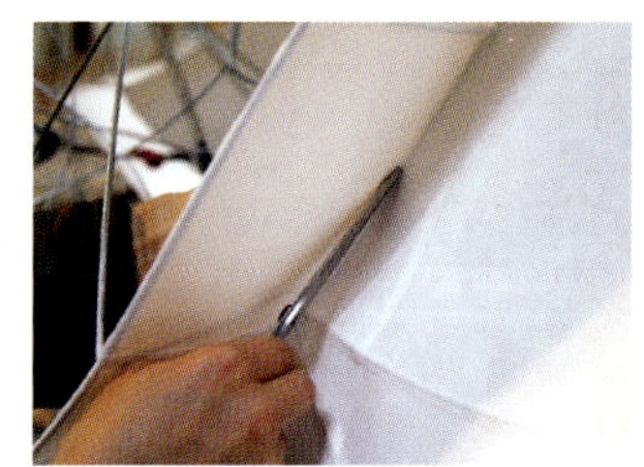

손이 닿지 않는 곳은 도구를 이용해서 눌러준다

7 · 아교 작업

아교는 한지에 한국화 물감을 사용할 때 번짐을 효과적으로 제어하고, 한지 표면의 미세 섬유를 가라앉혀 붓의 놀림을 원활하게 하는 역할을 한다. 따라서 한지의 상태도 무척 중요한데 국산 닥나무로 만든 한지가 질감과 흡수가 좋고 번짐도 우수하므로 채색의 비중이 높은 작업에는 질 좋은 국산 한지를 사용하여야 한다.

아교는 알 아교를 구입한다. 보통 작은 봉투 하나에 1만 원 정도로 가격이 저렴하며 보관하기 좋고 작업하기에도 편리하다. 가루 아교도 물에 잘 풀리며 사용이 쉽다. 작은 알처럼 생겨서 알 아교라고 불리는데, 물처럼 되어 있는 물 아교, 막대 형태의 막대 아교 등 다양한 종류의 아교가 있다. 아교는 동물의 뼈나 기타 부위를 고아서 만드는 것으로 알려져 있으며 물에 녹아 있는 상태로 오래 두면 냄새가 나고 질이 떨어지게 되니 필요한 만큼 녹여서 즉시 사용하여야 한다.

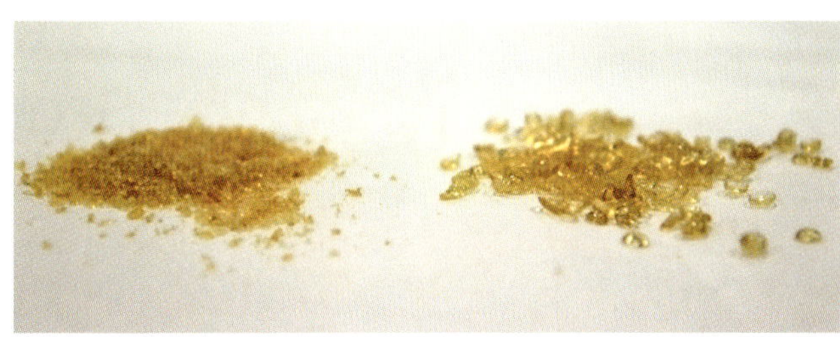

가루 아교와 알 아교

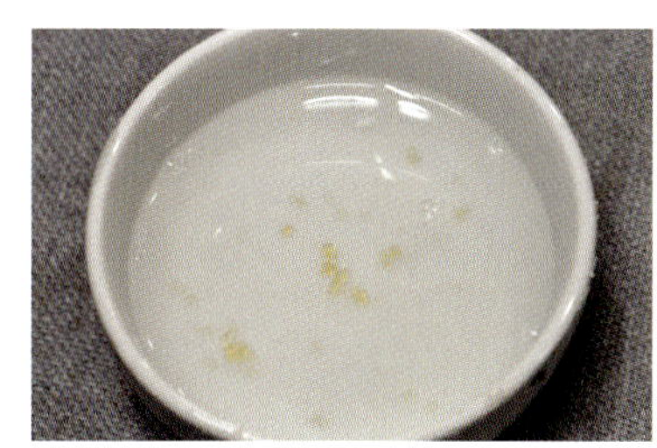

물 아교

아교는 중탕으로 천천히 녹인다. 중탕이 번거롭다면, 미지근한 물에 아교를 불린 다음 뜨거운 물을 부어 녹여서 사용한다. 물 아교는 제품마다 성질이 많이 다르기 때문에 손에 익숙한 제품을 사용하는 편이 좋다.

작업에서 필요한 정도로 아교의 농도를 맞추는 일은 결코 쉽지 않다. 한지에 염색을 하듯 등에 채색을 하는 데는 다음과 같은 두 가지 이유가 있다.

채색은 두 가지 이유로 한지에 염색을 한다.

첫째, 등은 내부의 조명이 한지를 통하여 빛을 발하므로 투과하는 과정에서 자연재료인 한지의 깊은 맛을 내려면 한지의 두께에 맞게 염료가 잘 스며들어야 하기 때문이다.

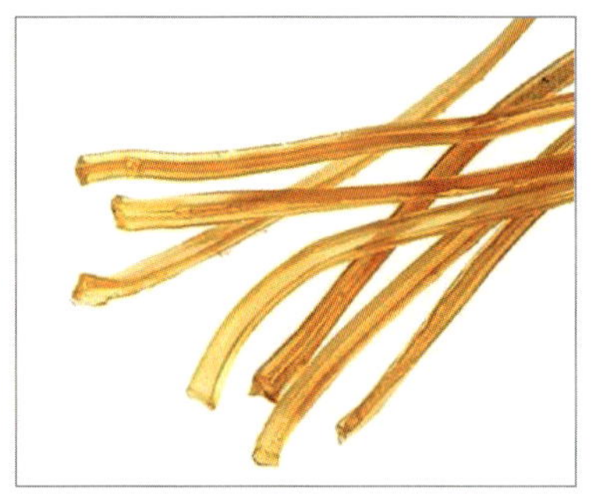

막대 아교

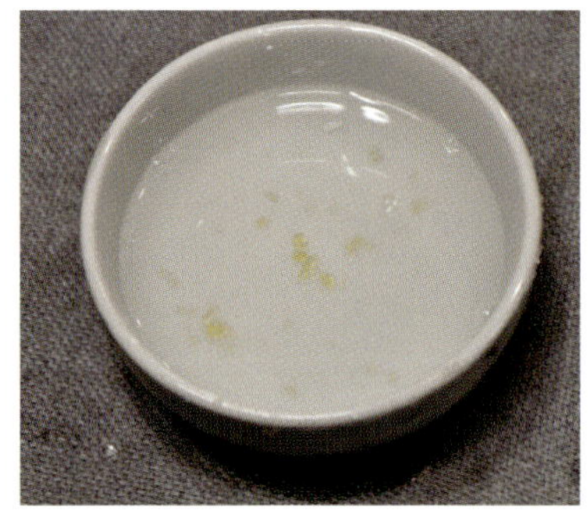

알 아교가 미지근한 물에 불려 있다

두 번째, 물과 채색재를 사용하여 묘사를 하는 과정에서 필연적으로 붓의 자국이 남게 되므로 그것을 방지하는 차원에서 묽게 반복적으로 칠하여 한지 자체에 곱게 염색된 그림을 그리기 위함이다.

염색 기법을 사용하지 않는 경우도 있는데 이 경우에는 물감이 한지에 많이 배이지 않도록 아교를 진하게 포수하여야 한다. 묘사할 부분이 아주 많거나, 채색할 부분이 협소하여 물감이 정해진 묘사 범위를 넘어갈 우려가 크다면 한지의 표면을 매끄럽게 할 필요가 있다. 이 경우에는 내부에 조명을 켠 상태에서 색을 칠해야 한다. 한지의 두께나 색감에 의해 물감의 채도나 색감이 달라지기 때문이다.

물감이 적당히 번지지 않으면서 염색도 가능한 정도의 아교포수는 아교의 점도를 손으로 확인하는 방법으로 제어할 수 있다. 이렇게 점도를 잘 맞추면 작업자가 기량을 온전히 발휘하게 된다. 한지에서 투과되는 깊은 색감을 표현할 수 있으며 정밀한 묘사를 통해 전통의 문양을 섬세하게 보여줄 수 있다.

저렴한 한지에 아교포수를 하려면 한 양동이의 물에 작은 알 아교 20~30개를 쓴다. 국산 닥으로 만든 고급 한지에는 이것보다 두 배는 많이 넣어야 한다.

적당한 점도를 확인하기 위해서는 엄지와 검지로 확인해 보는 수밖에 없는데 무척 까다

롭기 그지없는 일이다. 아교 물을 손에 묻힌 다음 그것이 마를 즈음 엄지와 검지를 떼었다 붙였다 하면서 점도가 가장 강하게 느껴지는 시점에서 점도를 테스트하는 것이다. 가장 강하게 느껴지는 시점은 엄지와 검지에 묻은 아교 물이 마를 때쯤에 오는데 그 느낌이 약간 끈적끈적한 상태이다.

아교포수를 하는 시점도 중요하다. 골조에 완벽하게 한지배접이 되었다면 접착제가 마르기를 기다려 아교포수를 시작하는데, 대략 한두 시간 정도면 된다. 그 후에 종이가 완전히 젖을 때까지 아교를 칠해야 한다. 완전히 젖지 않은 부분이 생기면 그림을 그릴 때 얼룩이 생긴다. 아교물이 줄줄 흐르도록 방치하면 그 부분의 아교농도가 높아지고 주변에 아교가 굳은 자국이 남아서 채색을 제대로 할 수 없다. 따라서 젖지 않은 부분과 흐르는 부분을 주의 깊게 보아야 하며 때로는 면으로 된 옷감이나 큰 평붓으로 닦아줄 필요가 있다.

밑그림은 아교포수 전에 하거나 아교포수 후에 해도 상관이 없다. 다만 아교포수 전에 밑그림을 그리면 아교포수 후에 밑그림의 선이 잘 보이지 않을 수도 있다.

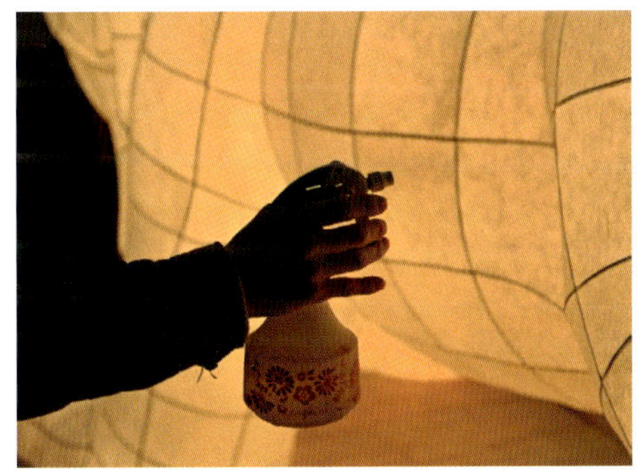

아교포수를 하는 모습

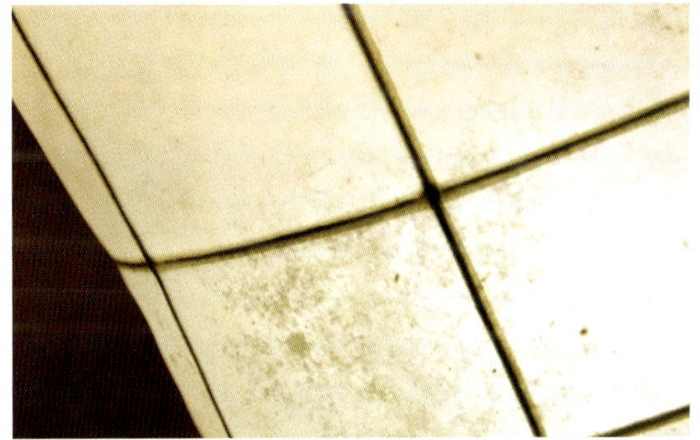

아교물에 젖지 않은 부분

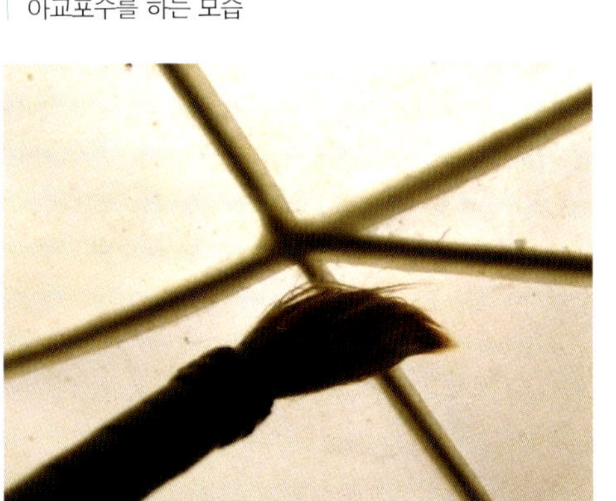

흘러내리는 아교물을 붓으로 닦는다

8 · 밑그림

준비물

- 기름종이, 연필, 지우개, 칼, 기타 문구용품과 자, 작업에 도움이 되는 도안집, 전통문양집, 기타자료들

종(鐘)이나 법고(法鼓) 등 익히 알려진 모양을 본떠서 등을 만들었다면 그에 맞는 문양이나 도안을 그려야 하므로 최초의 구상에 의해 만들어진 도면에 충실하여야 한다.

인물이나 기타 운동감이 중요한 작업이라면 그에 맞게 채색하여야 한다. 이것도 또한 정확하게 의도된 방향대로 하는 것이 좋다.

채색을 할 때에는 등에 바로 칠하지 않고 등에 배접된 것과 똑같은 재질의 연습용 한지에 색을 입혀 시험해 보아야 한다. 시험하는 방법은 채색을 말린 뒤 색감을 확인하는 것이다. 이렇게 시험하면 실수를 사전에 방지할 수 있다. 등에 채색을 하면 덧칠이나 수정이 어렵기 때문에 미리 시험하는 것이 좋다.

채색하는 과정에서 가장 중요한 것은 한지의 두께와 그 두께에 맞는 물의 사용이다. 한지가 두꺼우면 두꺼울수록 물감의 양이 늘어나므로 한지의 두께에 비례해서 물의 양을 늘리고 번지지 않게 칠해야 한다.

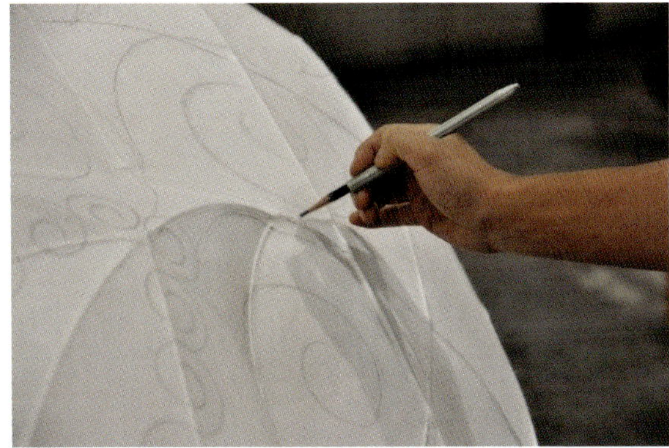

밑그림 그리기

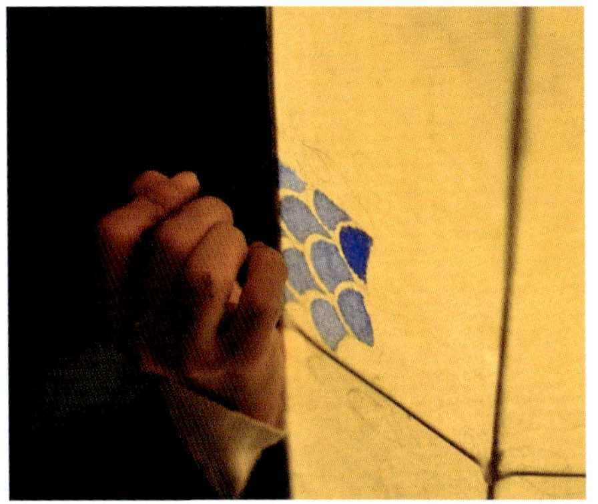

채색하기

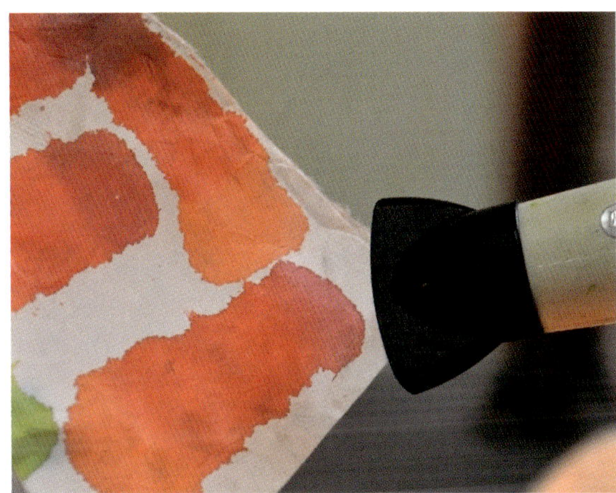

작은 한지에 색을 칠한 후 헤어드라이어로 말린다

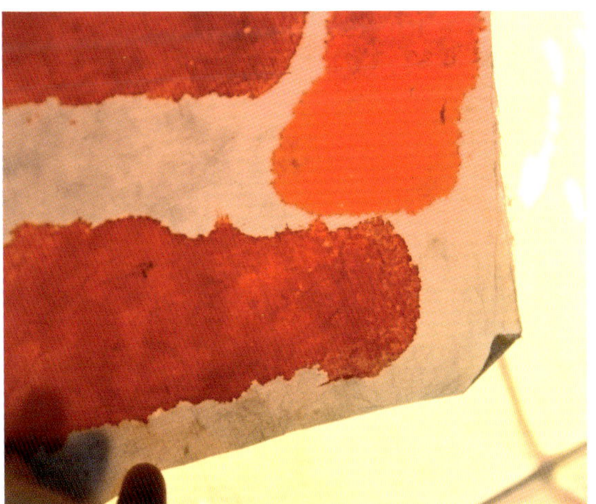

말린 사진을 조명에 대어보고 확인한다

채색에서 중요한 몇 가지 점을 다시 정리해 보자.

- 물감은 한국화 물감을 사용한다. 가급적이면 전문가용 튜브채를 사용하면 좋다.
- 붓은 한국화 붓 중에서 그림붓을 사용한다. 글씨를 쓰는 서예용 붓은 대개 날렵하고 배가 나왔으며 그림붓보다 조금 길다. 그림붓은 대, 중, 소 각각 필요한 수량을 준비하고 세필도 준비한다. 중요한 것은 자신에게 가장 적절한 붓을 사용하는 것이다.
- 채색기법에서 염색은 한지의 두께가 수용할 수 있는 만큼의 물감을 한지에 머금도록 하는 것이다. 이 기법을 쓰게 되면 한지의 깊은 조명 질감을 색감에 투영시킬 수 있다.
- 검은색은 가급적 물감을 사용하지 말고 먹을 사용하여 표현한다. 저가의 먹을 사용되고 좋은데, 번짐의 미세한 부분까지 통제하려면 한국화에 사용하는 고급 먹을 구입해야 한다. 일반적으로 제조 판매되는 먹물에는 아교성분이나 그에 준하는 성분이 많이 들어 있어서 주로 경계선이나 먹선(외각선)을 그릴 때 사용한다. 먹은 마르고 나면, 생각과는 다르게 잘 번지지 않는다.

● 붓은 가격이 천차만별인데, 자신의 형편에 맞게 사면 된다. 작업에 반드시 필요한 붓만 구입해서 사용하고, 작업할 때는 작업자의 손에 익숙한 붓이 가장 좋다.

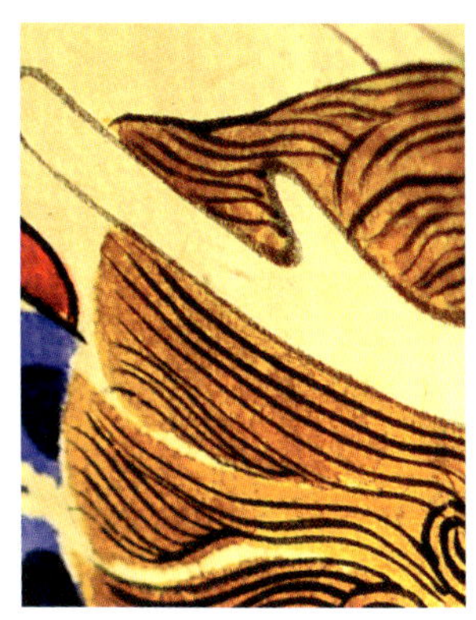

두꺼운 한지에 물감이 제대로
스며들지 않아 표면에만
채색이 되면 한지의 미색이
보이고 색이 가볍게 된다

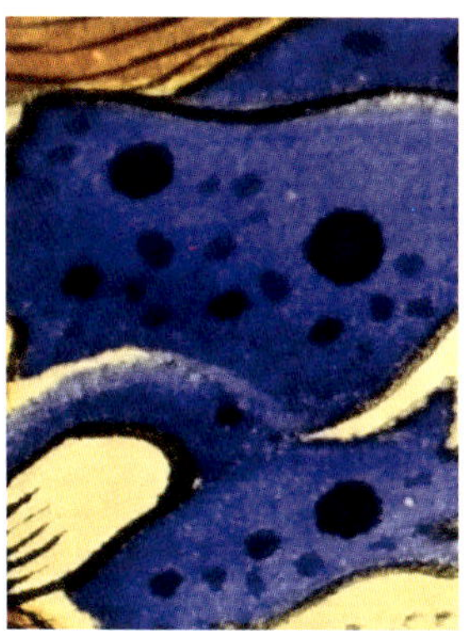

염색하여 한지의 두께만큼
물감이 다 스며든 부분은 색이
묵직하고 밀도가 있다

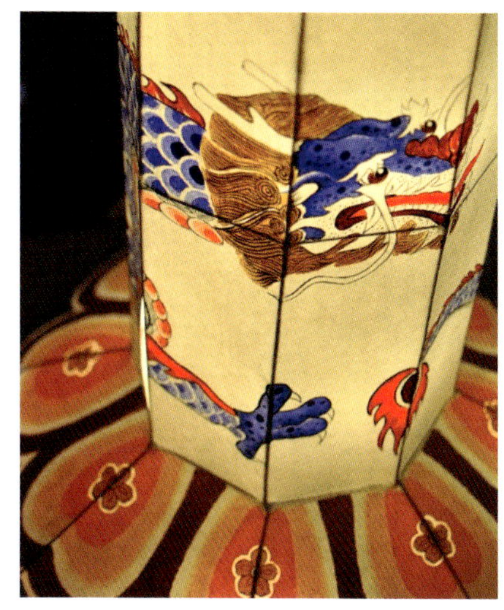

채색과 염색 기법의 비교

흰색(호분)은 가급적 사용하지 않는다. 다만 색깔에 따라 적은 분량은 사용하도록 하는데
흰색은 빛이 투과되면 회색의 그림자 역할을 하기 때문이다. 흰색이 섞인 밝은 느낌을 뽑아
내기가 쉽지 않다.

흰색이 포함되어 있는 물감인 황토색이나 옥색, 지분 등도 사용을 절제해야 한다. 효과적
으로 채색하려면 흰색이 다른 색과 잘 섞이도록 항상 저어서 사용해야 한다. 색을 맞출 때
흰색을 섞어서 쓰기보다는 가급적 물의 양으로 색을 맞추는 습관을 길러야 한다.

물감을 종이에 칠할 때의 색감보다 물감이 마르고 난 뒤의 색감이 훨씬 어둡게 보인다.
원하는 색을 확인하기 위해서는 미리 다른 종이에 칠해서 말린 다음 어떤 색으로 나타나는
지 확인하는 것이 중요하다.

아교포수를 하였다고 해도 물감이 번지는 것을 근본적으로 막는 것은 아니므로, 채색할
때 물감이 번지지 않도록 계속 주의하여야 한다.

채색을 하면서, 오일이나 아교, 소금, 물, 파라핀과 같이 물과 잘 섞이지 않는 성질을 이
용하여 특수한 효과를 낼 수도 있다. 그러나 가급적 소금은 사용하지 않는 것이 좋다.

물감으로 채색하는 방법 외에도 여러 가지로 색을 표현할 수 있다. 고운 색지로 문양을
오려서 붙여도 좋고, 등의 종류에 따라 화려한 술을 달거나 섬세한 장식을 달 수도 있다. 이
렇게 여러 가지 장식으로 등을 화려하게 표현할 수 있고, 다른 등과 달리 색다르게 표현할
수도 있다.

회색은 불을 켜지 않으면 흰색으로 보인다

흰색을 칠한 뒤 등에 조명을 켰을 때 투영되는 색은 회색이다

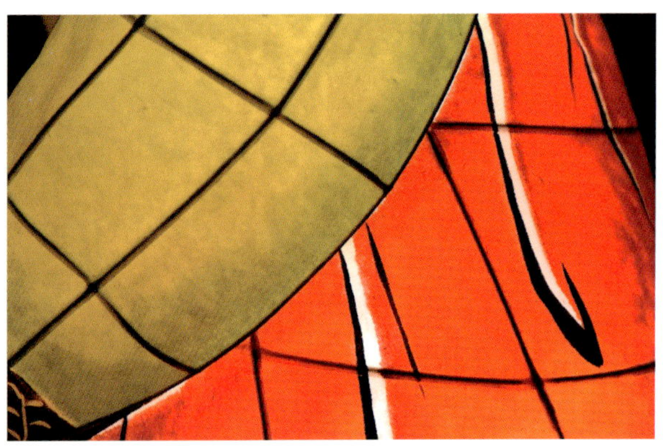
마르기전의 색감

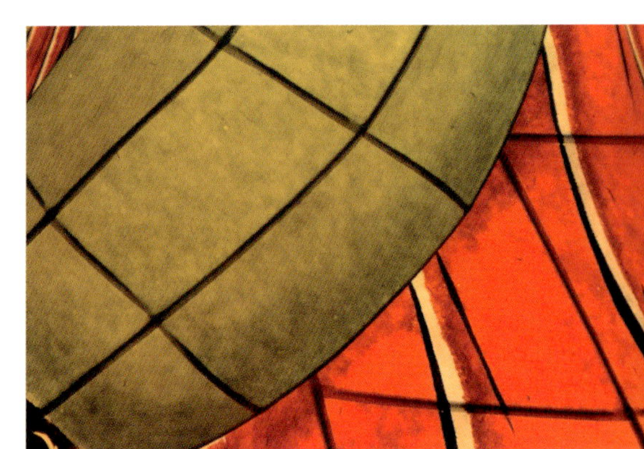
마르고 난 후의 색감

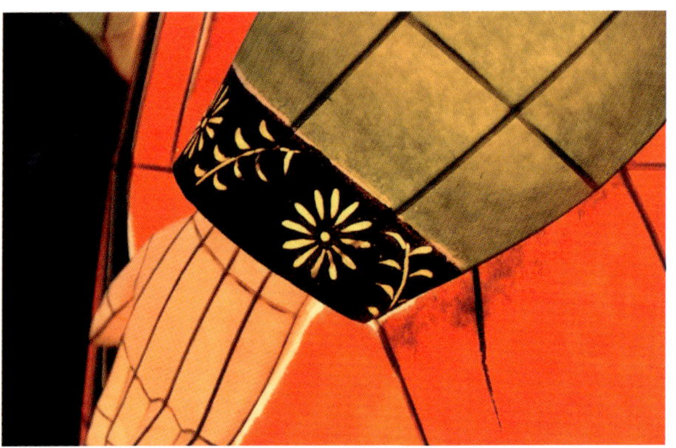
양초를 이용한 효과

10 · 마무리

곱게 채색까지 모두 마쳤다면 이제 남은 일은 등을 잘 보관하기 위해 마무리를 하는 것이다. 보통 마무리로 가볍게 코팅을 하는 경우가 많다. 코팅을 하면 외부환경의 영향을 차단하기 때문에 내구성이 증가된다. 일반적으로는 물에 젖는 것을 막는 방수코팅을 주로 한다. 이밖에 곰팡이와 같은 세균의 증식을 막는 방균작업을 할 수도 있고, 화재의 위험에 대비해서 방염 작업을 할 수도 있다.

먼저, 등을 실내에 달고 보거나 계속 실내에서 보관하는 경우에는 먼지를 쉽게 제거하기 위해 코팅을 하기도 한다. 코팅을 하지 않고, 아교포수를 조금 진하게 해도 좋다. 굳이 코팅을 한다면, 투명 락카 스프레이로 간단하게 마감해도 좋다. 이보다 고급스러운 재료를 사용하고 싶다면, 유화코팅제를 사용하여도 좋다. 유화코팅제는 수입제품인데 수성 베이스와 아크릴 베이스의 두 가지 종류가 있다.

실외에 설치하는 등인 경우에는 방수코팅이 필수적이다. 그러나 실외에 계속 설치하는 등이 아니라, 한두 시간 정도 잠시 외부에 노출시키는 경우라면 방수코팅보다는 발수코팅을 권하고 싶다. 발수코팅을 하면 한지가 가진 우수한 환기성을 유지할 수 있기 때문에 세균 번식을 막을 수 있다. 또한 한지의 질감이나 조명을 켰을 때 표현되는 색감도 원래의 상태로 유지할 수 있는 장점이 있다.

　실내에 설치되는 등을 코팅하는 목적은 먼지가 쌓였을 때 쉽게 청소하거나, 사람의 손에 파손되는 것을 방지하기 위함이다. 이럴 경우에는 사람의 손이 쉽게 닿지 않는 곳에 등을 설치하고 나서 등을 청소할 쉬운 방법을 찾는 것이 좋다. 그러면 굳이 코팅을 할 필요가 없다. 그래도 걱정된다면, 한지배접을 한 뒤에 아교를 약간 진하게 포수하면 된다.

　실외에 등을 설치한다면 코팅을 얇게 반복적으로 칠하여 코팅제가 견고하게 건조되도록 해야 한다. 이러한 작업에 우선하는 것은 한지배접을 할 시점부터 정교하게 준비하여야 하는데, 한지를 붙이는 면과 면 사이에 틈이 있거나 기타 여러 과정에서 틈이 벌어진 상태라면 코팅을 하여도 물이 내부로 흐르게 된다. 따라서 내부에는 물이 고이지 않도록 공간에 대한 초기설계를 잘해야 하고 틈이 생기지 않도록 철저하게 준비하여야 한다.

　전통적인 방식으로 등을 만드는 것은 조금은 복잡하고 많은 과정을 거쳐야 하는 것으로 일종의 종합예술에 가깝다. 그러나 제작의 각 부분의 전개과정은 톱니바퀴가 맞물려 돌아가는 것처럼 일목요연하다. 작업을 하기 전에 작업의 선후를 잘 생각하고 도면을 정확하게 이해하여야 한다. 그래야만 마무리 과정에 이르는 동안의 많은 내용을 꼼꼼하게 챙길 수 있다.

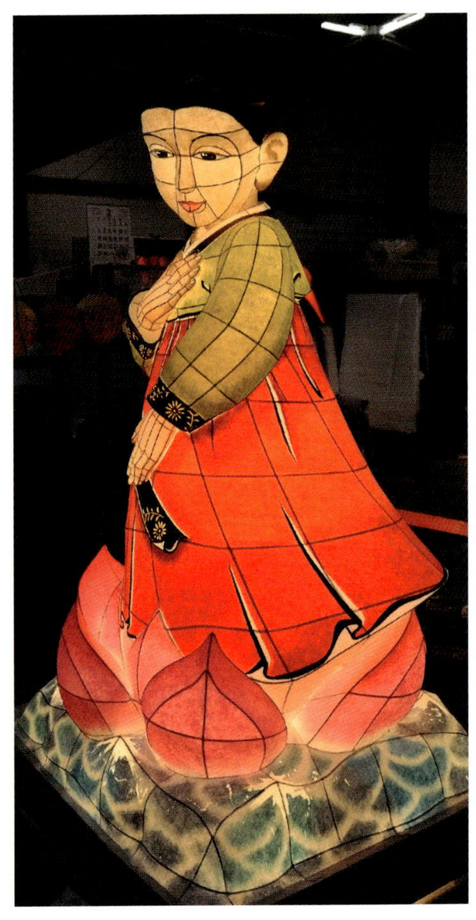

| 마무리 코팅 후 완성된 모습

빛깔 고운 한지등을 만들어서 집안에 달거나 스탠드 조명으로 사용할 수 있다. 또한 전통등의 가장 큰 매력인 야외에서의 활용은 무척이나 즐거운 일이다. 그러나 실생활에서 사용하는 것은 여러 가지의 제약에 부딪힌다.

● 가정에서 사용

전통등은 그 자체가 입체 조형물의 특징을 지닌다. 간단한 구조라면 밑과 위를 열어서 전구의 교체를 쉽게 할 수 있다. 그러나 물고기나 비행기처럼 복잡한 형태의 등일 경우에는 전구를 쉽게 교체할 수 있도록 하여야 한다. 또한 먼지나 여러 가지 더러움에 대한 대비책으로 등의 표면을 코팅할 필요도 있다. 스탠드 조명으로 사용하고자 한다면 전원을 켜고 끌 수 있는 똑딱이 스위치를 달면 좋다.

● 야외에서 사용

각종 야외 퍼레이드에 등을 가지고 참석한다면 무척 흥분되는 일에 틀림없다.

연등축제에 등장하는 거대한 크기의 장엄등은 내부에 설치한 발전기에서 전원을 공급받는다. 최근에는 무소음 발전기를 사용하는 것이 일반적인 추세다. 무소음 발전기는 가격이 비싼 대신 소음과 매연이 적다는 장점이 있다. 무소음 발전기는 구입하기 보다는 임대해서 쓰는 편이 좋은데, 국산보다는 일본제 제품이 주류를 이루고 있다.

　직류전원을 연결해서 쓰는 방법도 있다. 중대형 배터리를 승압기(인버터)에 연결하여 교류전류를 쓰는 방법인데, 소음이 없으며 매연도 당연히 없다. 다만 승압기와 배터리, 배터리 충전기를 구입하여야 하므로 비용이 적게 들지는 않는다. 또한 배터리는 수명이 제한되어 있고 1년에 몇 번 사용하지 않는다고 해서 수명이 늘어나지도 않기 때문에 신중하게 판단하여야 한다. 승압기(인버터)를 사용하지 않고 직류전원인 12V 또는 24V를 사용하는 것도 방법일 수 있겠으나 웬만한 전선으로는 저항을 이겨내지 못해 많은 열이 발생한다. 전구의 사용도 제한적일 수밖에 없으니 현명하게 판단하여야 한다.

● 수레의 제작

　커다란 크기의 장엄등은 무게가 대단히 무거울 뿐만 아니라 전기 용량에 맞는 설비까지 갖추어야 하므로 튼튼하게 제작하여야 한다.

　여러 명의 사람들이 좌우로 움직인다면 운행하는 앞바퀴는 자유롭게 움직일 수 있는, 일명 항공기바퀴를 사용한다. 뒷바퀴는 오토바이용 바퀴를 사용하되 하중보다 더 넉넉한 무게를 지탱할 수 있는 규격을 사용한다.

● 등의 보관

　한지로 만들어진 등은 통풍과 제습이 되는 별도의 시설에서 보관하여야 한다. 그렇지 않다면 곰팡이가 생길 수 있으며 금속 부위에 녹이 날 우려도 있다. 시중에서 판매되는 제습기를 구입하여 보관장소에 설치하는 것이 좋다. 우리나라의 날씨는 건조할 때가 많지 않은 편이다. 건조한 날씨가 아니면 제습기의 가동을 멈추지 말아야 한다. 수레도 역시 비를 맞지 않도록 보관하는 것이 좋다.

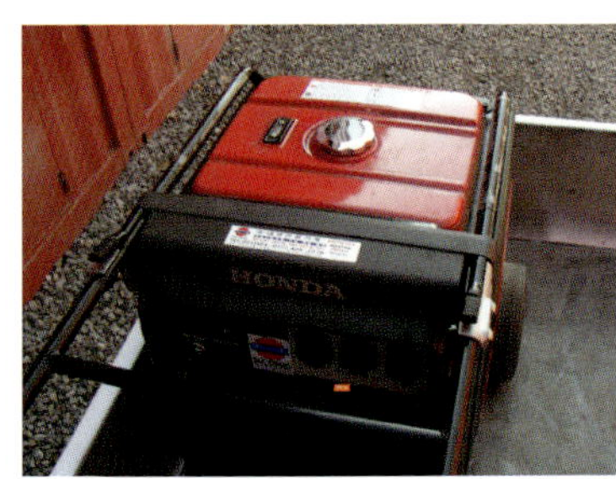

| 무소음 발전기

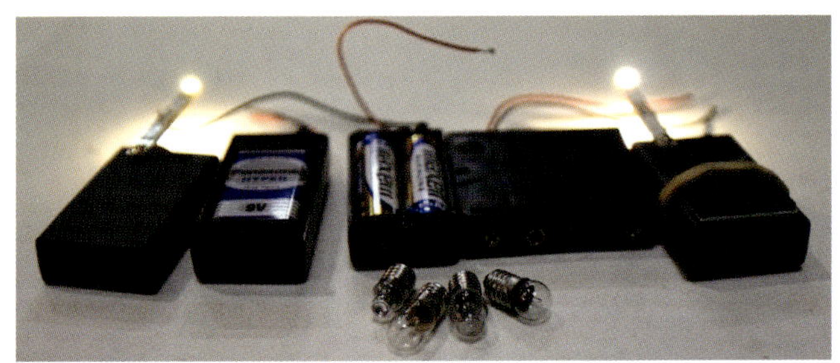

| 소형배터리를 이용한 전원장치

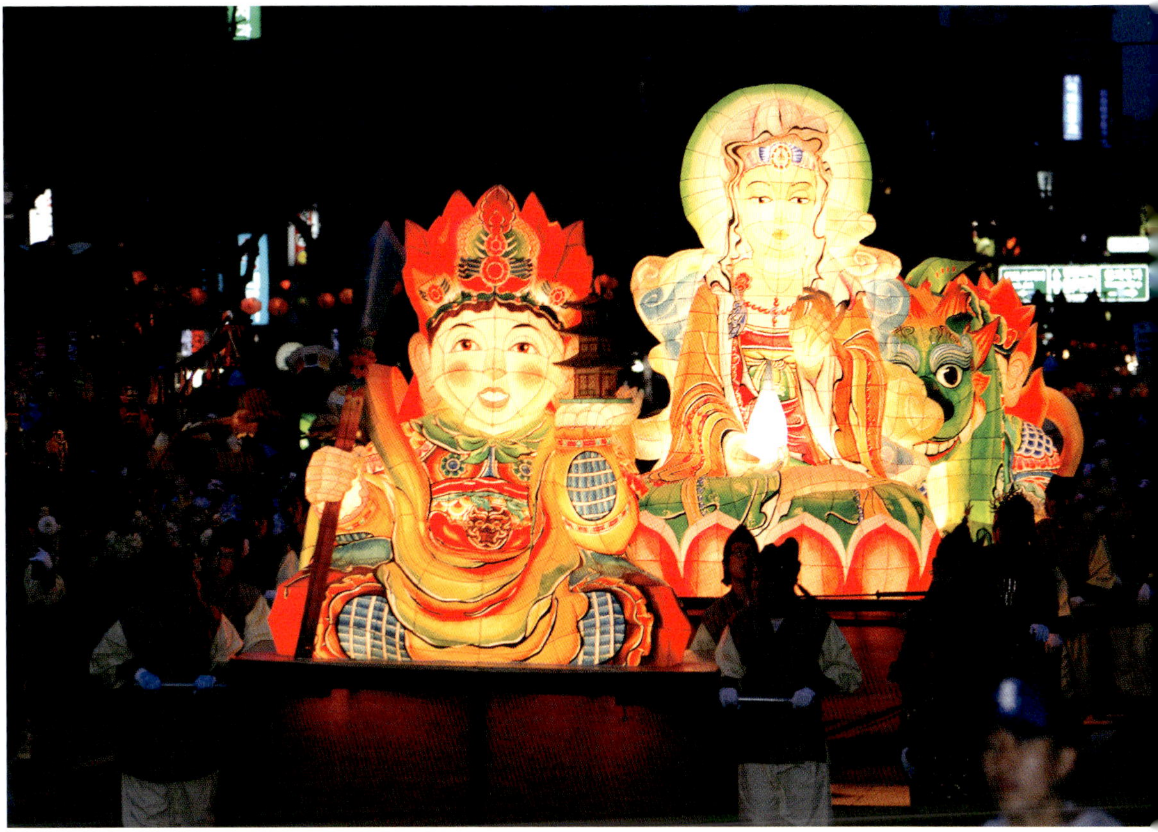

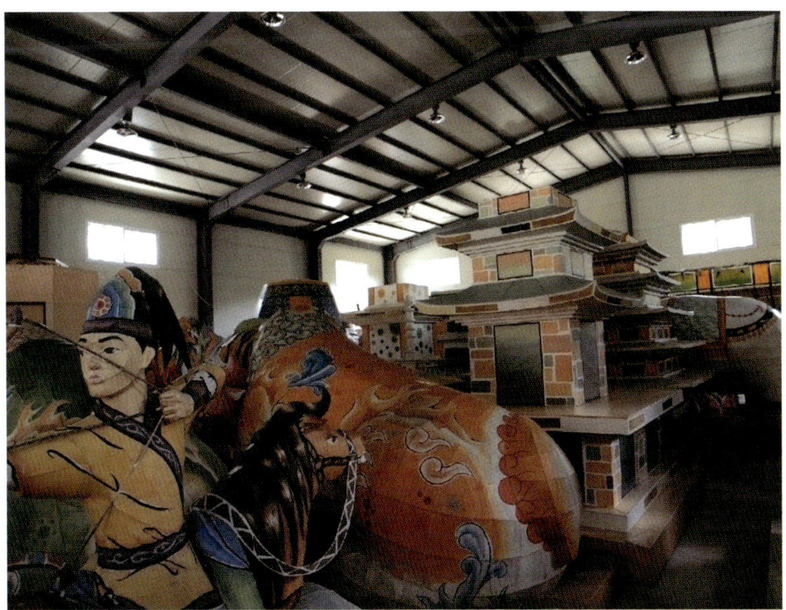

야간퍼레이드를 하는 전통등의 모습

등이 보관되어 있는 모습

4

전통등 만들기

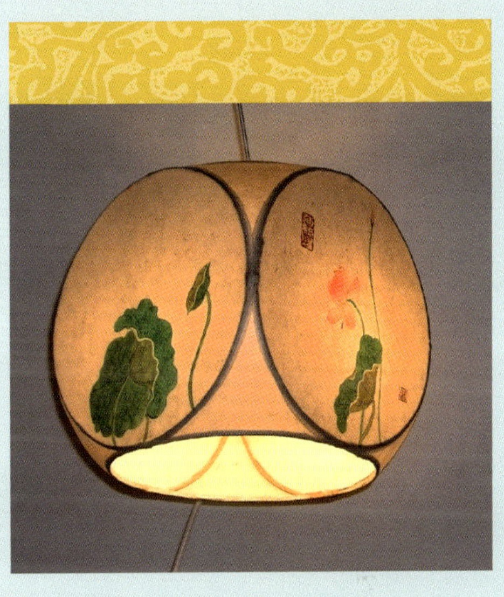

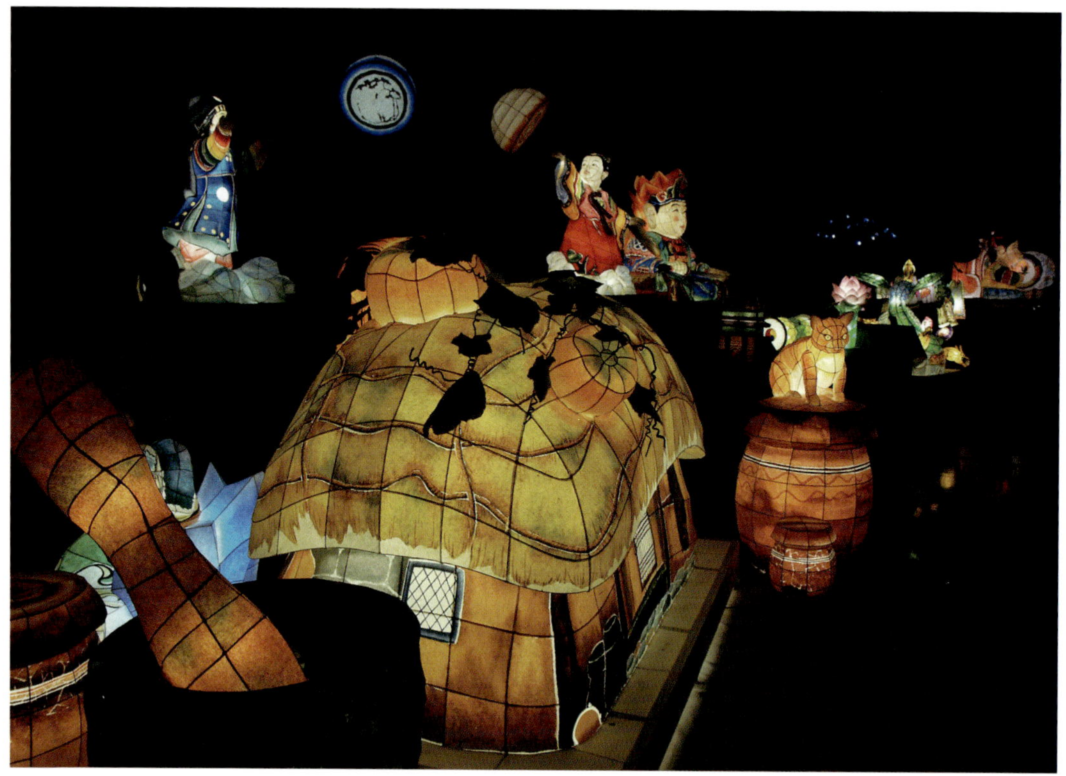

여러 가지 전통등

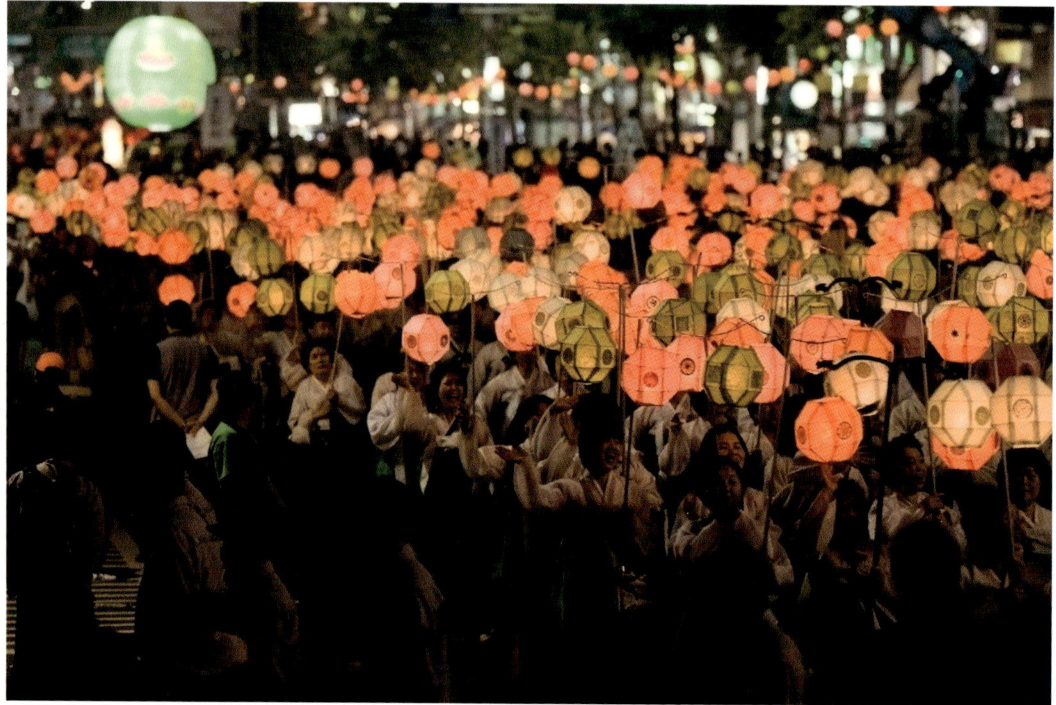

팔모등 제등행렬

1 · 수박등

전통 한지등 만드는 과정을 자세하게 설명하기 위해 대형 등을 만드는 방법을 살펴보았다. 이제부터는 간단히 만들 수 있는 등을 소개하고자 한다. 널리 알려져 있는 전통등 가운데 지금도 만들어지고 있는 등을 골라서 만들면서 그 과정을 이해해 보자.

1) 수박등의 특징과 구상하기

수박은 씨앗이 많고 단물이 많을 뿐만 아니라 크기도 커서 자연스레 풍요와 다산을 의미하는 대표적인 전통등으로 자리매김하여 왔다. 또한 덩굴식물의 특성인 긴 줄기 때문에 장수의 의미까지 함께 담아 기원하였다.

수박등은 똑같은 동그라미 여섯 개를 만들어 각각 4등분하여 그 위치를 표시한 다음 그 지점을 서로 이어붙이면 칼로 잘라낸 듯한 수박 모양이 완벽하게 나온다.

제작이 쉬울 뿐만 아니라 붉은 색감과 흑색, 녹색이 어우러져 실제 수박의 맛깔스러움이 잘 표현되는 등이다. 수박등은 단순한 듯하지만 자세히 살펴보면 매우 실제적인 형태의 등이다. 형태를 보면 볼수록 대단한 디자인이라고 생각된다.

수박등을 만들기 위해서는 수박등을 이루는 원 6개와 상단부에 전구를 설치할 직선 뼈대가 필요하다. 수박등에는 수박과 같은 채색을 하여 본래의 모습에 충실하게 만들 수도 있

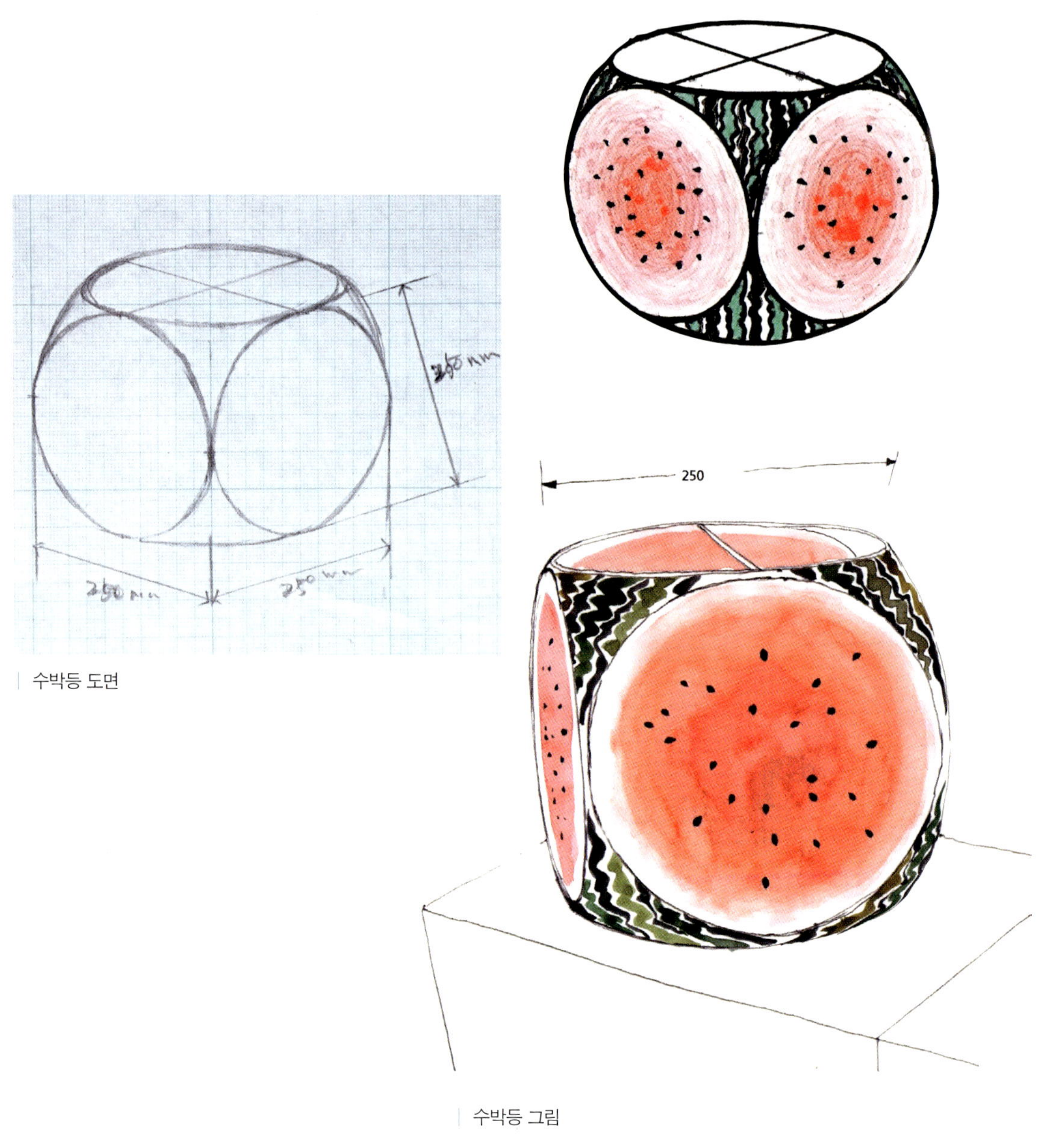

| 수박등 도면

| 수박등 그림

고, 4면에 다양한 그림을 그리거나 문양을 오려 붙여 색다른 등으로 만들 수도 있다.

　수박등을 만드는 방법은 간단하다. 우선 수박등의 크기를 정하고 스케치하여 도면을 만든다.

2) 뼈대 만들기

수박등은 복잡하게 휘거나 정교하지 않아도 되므로 대나무를 뼈대 재료로 선택한다. 철사를 사용하는 방법도 살짝 곁들였다.

(1) 필요한 도구

대나무와 철사 두 가지를 모두 사용해 보자.

- 속대가 정리된 두께 3㎜ 정도의 대나무 또는 2.3㎜ 두께의 철사
- 잘 꺾이지 않는 대나무를 휘게 하기 위해 열을 가할 양초
- 자르거나 이빨 자국을 낼 수 있는 니퍼나 사이드커팅플라이어(펜치)
- 휘어진 길이를 잴 수 있는 줄자
- 뼈대를 연결할 때 뼈대와 뼈대를 감을 무명실
- 뼈대를 임시로 고정할 케이블타이
- 무명실을 뼈대에 고정시킬 순간접착제

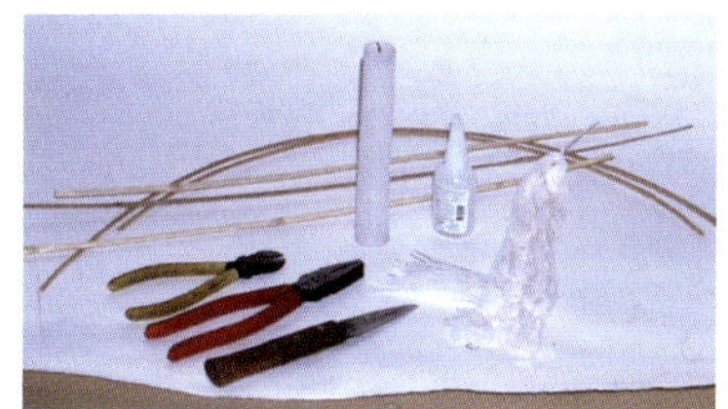

뼈대 만들기 재료와 도구

(2) 만들기

① 맨 처음, 치수에 맞게 재료를 준비한다.

예를 들어 지름 20㎝의 수박등을 만들고자 한다면, 지름(20㎝ × 3.14) + 2㎝(겹치는 뼈대의 길이) = 64.8㎝ 의 길이로 6개의 뼈대를 준비한다. 이 중 한 개의 뼈대에 겹치는 부분 2㎝를 뺀 62.8㎝를 4등분하여 표시하고 이것을 6개에 동일하게 표시한다. 그리고 길이 20㎝의 T자형 등걸이를 준비한다.

② 두 번째, 대나무를 둥글게 휘고 2㎝ 겹치는 부분에 실을 감은 뒤 순간접착제를 약간 발라 고정시킨다.

③ 세 번째, 원 6개를 4등분된 위치가 일치하도록 하나씩 하나씩 엮어 정육면체의 수박등 뼈대를 만든다. 이때 케이블타이를 이용하여 임시로 고정시킨다.

④ 네 번째, 만들어진 6개의 원에는 처음에 표시했던 4등분된 지점이 보인다. 이 지점을 한 부분씩 무명실과 접착제로 연결하여 수박등의 뼈대를 완성한다.

⑤ 마지막으로 전구를 설치할 수 있는 T자형 등걸이를 맨 윗면에 가로질러 연결한다.

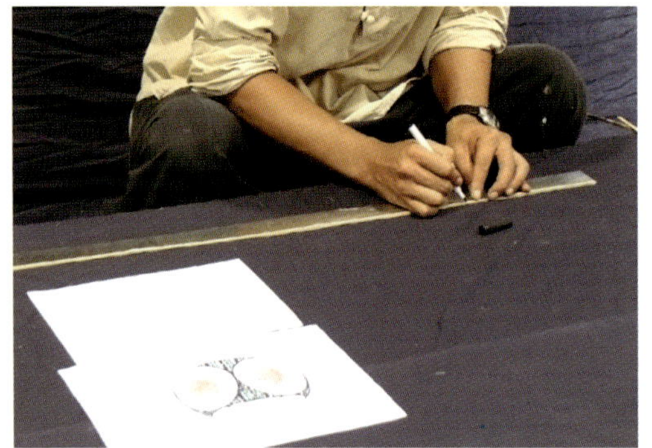

수박등 뼈대에 치수를 기입한다

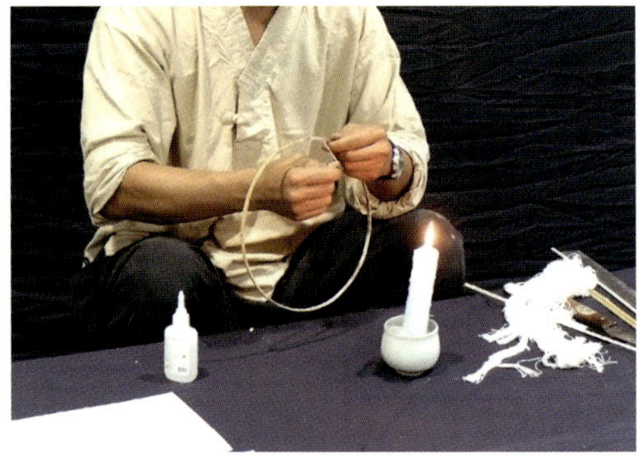

양초로 열을 가해 대나무를 둥글게 휜다

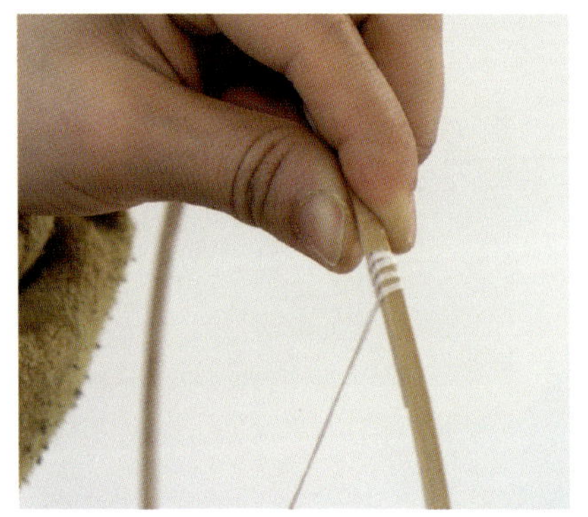

대나무를 무명실로 연결한다

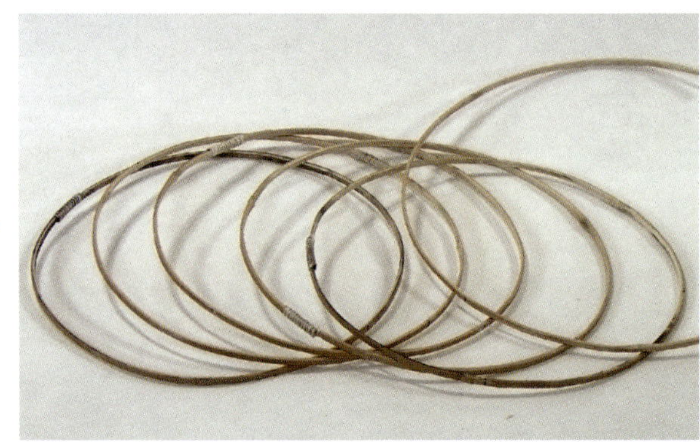

동일한 크기의 원 6개를 만든다

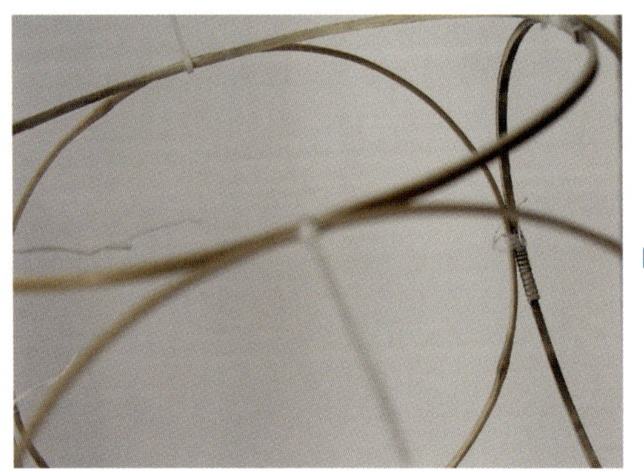

케이블타이를 이용하여 임시 고정한다

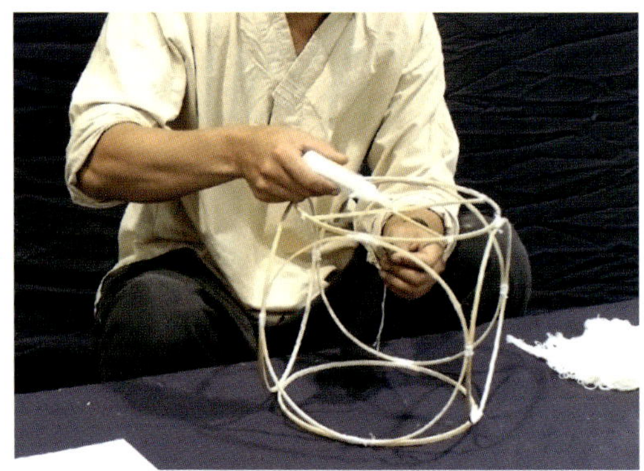

원 6개를 전부 연결한다

(3) 원을 만드는 방법

원을 잘 만들기 위해서는 우선 재료의 성질을 잘 알아야 한다. 대나무는 두께가 균일하게 잘 다듬지 않으면 원을 만들 때 모양이 일그러지기 쉽다. 대나무는 세로로 잘 켜지기 때문에 예로부터 등의 뼈대재료로 많이 쓰였다. 철사와 같은 재료가 있었다고는 하나 너무나 비쌌을 터이고 또 구하기도 어려웠을 것이다. 따라서 주변에서 쉽게 구할 수 있고 등의 재료로 이용 가능한 것이 대나무였을 것이다. 물론 싸리나무나 긴 나뭇가지도 쓰였다.

대나무는 열에 약하여 열을 가하면 쉽게 변형되는데 이러한 특징을 이용하여 원을 만든다. 라이터나 촛불로 휘어지는 부분에 적당히 열을 가하여 동그란 모양이 나오도록 한다. 주의할 점은 힘이 강하여 잘 꺾이지 않는 대나무의 마디에 열을 가하여 적당히 휘게 하는 것이다.

철사는 강도가 있어 휘기가 힘들지만 동그랗게 말려 있기 때문에 양손으로 철사의 연성을 이용하여 원을 만든다. 어떤 부분에서 힘이 더 들어가게 되면 철사가 꺾이기 때문에 모양이 삐뚤어지게 된다. 양쪽 손의 힘에 균형을 가지고 자연스레 원이 나오도록 하는 것이 요령이다.

쉽게 할 수 있는 방법도 있다. 동그란 모양의 물건, 즉 만들고자 하는 뼈대와 같은 크기의 원주를 가진 물체에 철사를 감는 방식이다. 원을 대량으로 만들 때 사용하면 편리한 방법이기도 하다.

그러나 이러한 방법으로 계속 원을 만들면 원의 길이가 조금씩 달라지기도 한다. 그러므로 철사를 자를 때, 한 개의 원을 기준으로 삼아서 다른 다섯 개 원의 길이를 똑같이 맞추는 것이 필요하다.

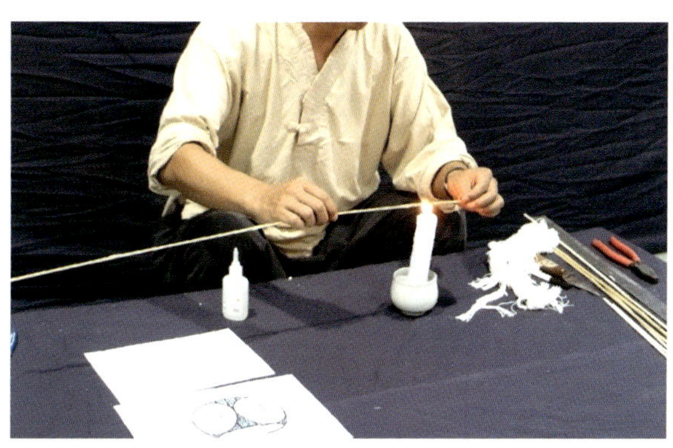

| 대나무를 불의 열로 휘는 모습

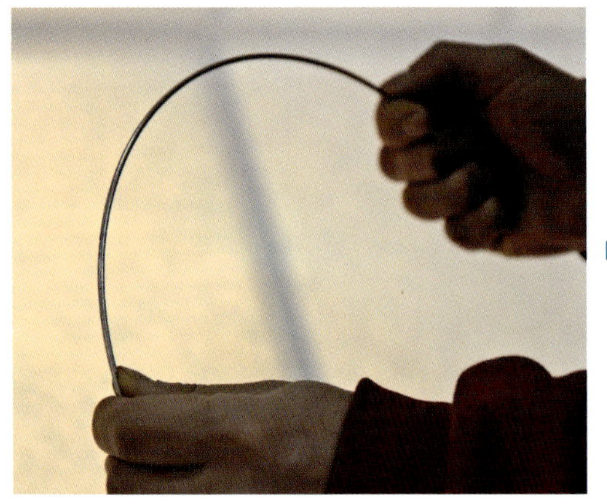

| 철사를 양손으로 잡고 일정한 힘을 가하여 서서히 휜다

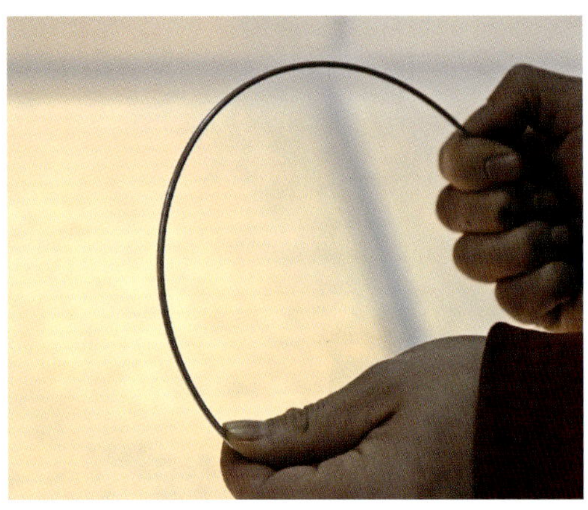

| 양손의 힘을 조절하여 적당한 크기가 될 때까지 휜다

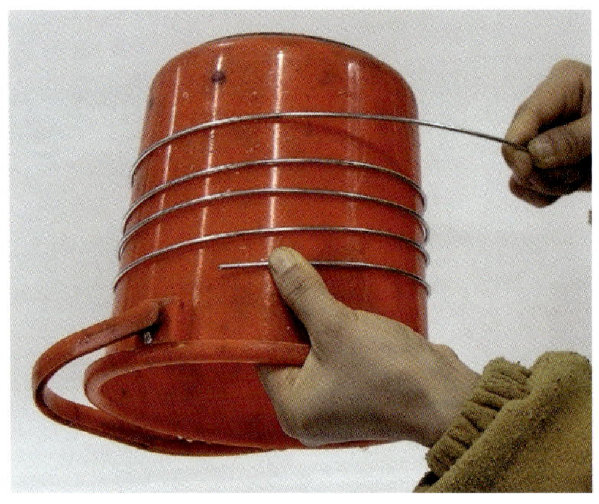

| 둥그런 모양의 물체(원통형 물건)에 철사를 감는 모습

● 동양에서 원(圓)의 의미

무속과 민간 신앙에서 원은 하늘, 태양 등을 상징적으로 표현한다. 하늘과 해와 달은 원의 도형으로서 종교적 의미를 지니고, 해와 달이 종교적 신앙의 대상으로서 가진 속성을 원이 부분적으로 나누어 가졌다고 생각하기 때문이다.

원(圓)은 시작과 끝이 동일하여 돌다 보면 어느새 처음으로 되돌아오는 것인데 불교에서는 깨달음을 의미한다. 동양에서 원은 매우 긍정적인 의미이다. 서양에서 싫어하는 보름달이 한국에서는 복덩이라고 표현되는 것처럼 각별한 의미가 있다.

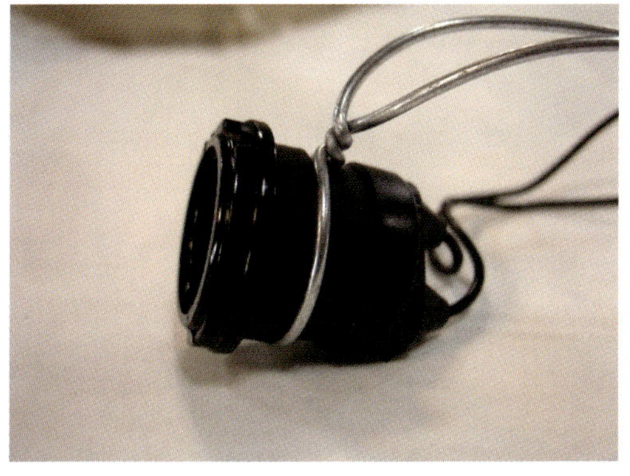

| 소켓을 튼튼하게 설치하기 위해 소켓을 철사로 감는다

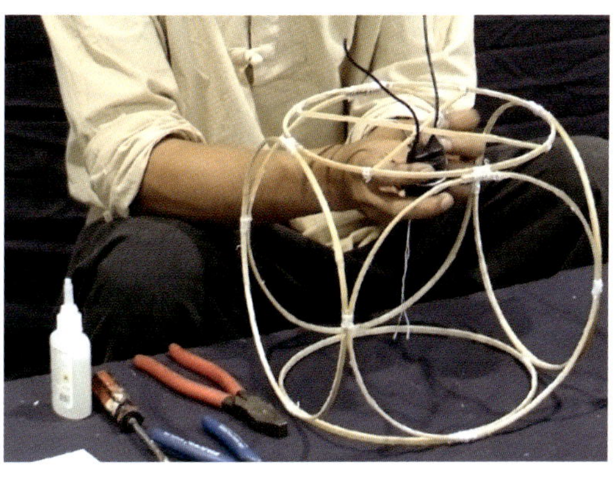

| 소켓을 +형 보조대에 엇갈린 형태로 설치한다

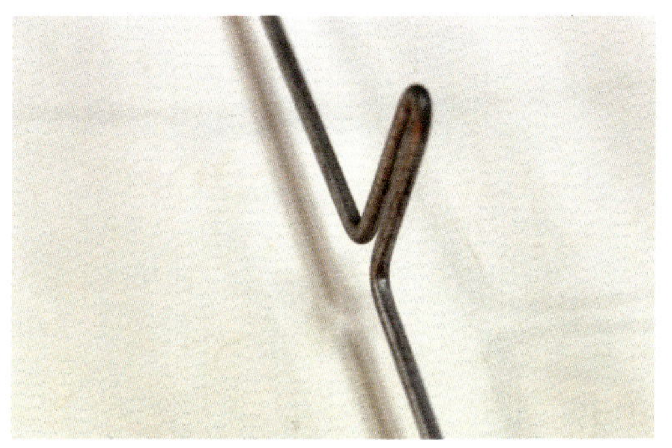

| 초를 달 경우에는 밑면에 ㄴ 자 모양의 초꽂이를 설치한다

3) 전구 설치하기

전기가 없었던 시절에는 기름에 심지를 넣어 불을 밝혔고, 초가 나오면서 초를 사용하였다. 초나 기름을 사용했을 때는 수박등의 밑면에 + 형 보조대를 대고 초꽂이나 등잔받침대로 사용하였으나 전기를 사용하게 된 후부터는 수박등의 윗면에 전구 설치용 + 형 보조대를 만들어 전선과 소켓을 고정시키고 전구를 달았다.

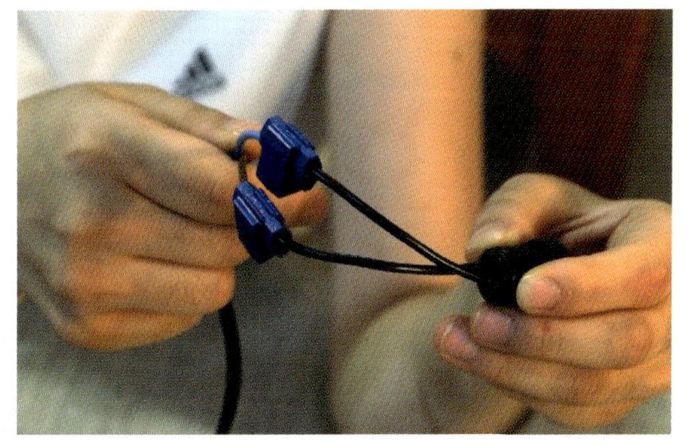

| 스카치락을 연결하는 과정
(자세한 내용은 제2장을 참조하시오)

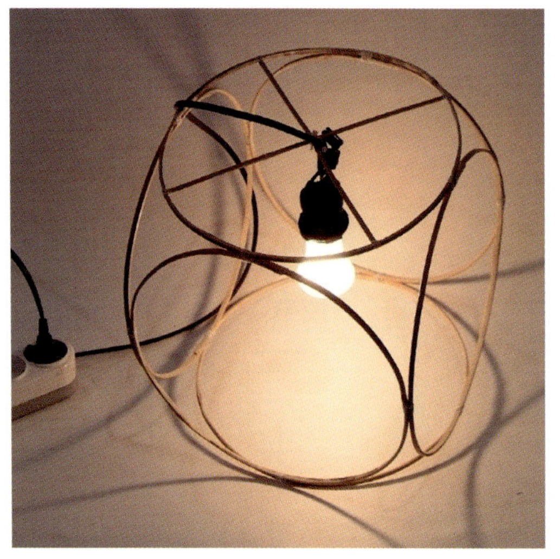

전기를 넣은 수박등 골조의 완성모습

우선 완성된 뼈대 윗면의 가로대에 케이블타이를 이용하여 소켓을 고정시키고 소켓과 코드전선을 연결시킨다. 이때 전선의 플라스틱 피복을 벗겨 내고 절연테이프를 감는 방식을 생각해서는 안 된다. 전기전문점에서 구입할 수 있는 스카치락이라는 간단한 도구를 이용하여 소켓의 전선과 코드전선을 연결한다. 전선이 서로 잘 맞물렸는지 확인하고 사이드커팅플라이어(펜치)로 눌러주면 간단히 해결된다.

그런 다음 전구를 결합하여, 그림자가 지지 않도록 적당한 위치에 고정하면 전기작업은 마무리된다. 이때 혹시 전구가 많이 흔들리지 않는지 확인하는 것이 중요하다.

대개의 전기제품은 콘센트에 플러그가 제대로 꼽혀 있지 않아서 접촉불량으로 제 수명을 발휘하지 못하는 경우가 흔하다. 또한 이로 인해 불의의 전기사고가 나는 경우가 많다. 쉽게 설명하자면, 플러그와 콘센트가 제대로 연결되어 있지 않은 것은 좁고 불안한 다리에 꼭 건너야만 하는 많은 차가 불안하게 지나는 꼴이다. 전기기구의 사용은 원칙대로만 하면 안전하고 효율적으로 사용할 수 있다.

이 과정이 끝나면 등의 크기나 색감에 따른 전구의 종류와 전력을 봐서 몇 와트(W)의 전구를 다는 것이 좋은지 결정한다. 이 작업이 끝난 후에 반드시 등을 켜서 확인하는 과정을 거친다.

4) 배접하기

한지를 붙일 때는 겹쳐지는 면이 일정해야 깔끔해 보인다. 한지끼리 겹쳐지는 면은 불을 밝혔을 때 어두운 띠로 남기 때문에 필요한 부분에만

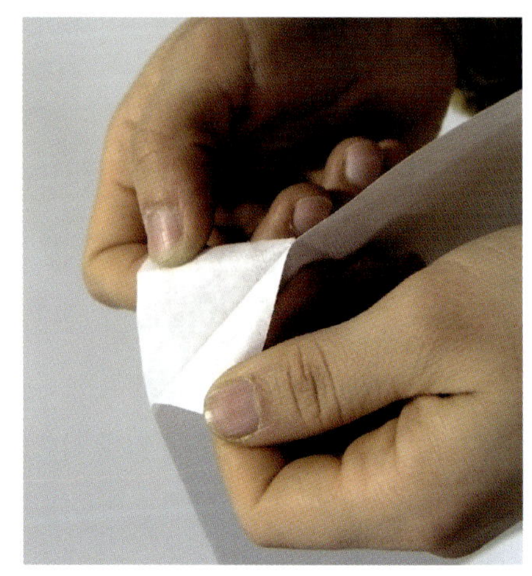

2합 장지를 분리하는 장면

풀칠이 될 수 있도록 주의하여야 한다. 뼈대에 붙는 한지도 꼭 필요한 양만큼만 붙여서 불필요한 그림자를 남기지 않아야 한다.

2합 장지는 종이의 섬유조직이 완전한 #형태를 이루면서 합지가 되는 방식으로 종이의 인장 강도가 무척 강하며 빛에 투영되는 자연스러운 느낌도 좋다.

일반적으로 합지를 만들면 종이가 두껍게 되는데 2합 장지도 만드는 과정에서 얇은 것과 두꺼운 것이 있으므로 작은 등인 수박등을 만들 때에는 그 중에서도 얇은 것을 고르는 것이 좋다.

합지는 한지를 뜰 때, 두 번을 겹쳐서 한 장으로 만드는 것이다. 중간에 풀을 바르거나 강제로 결합하는 방식이 아니므로 종이에 손이 많이 가면 합이 떨어질 경우도 있다.

(1) 준비물

- 한지(2합장지)
- 풀(오공본드)
- 가위(자기 손에 익숙한 가위)
- 끝이 약간 네모난 배접용 붓(화방에서 파는 팬 붓)

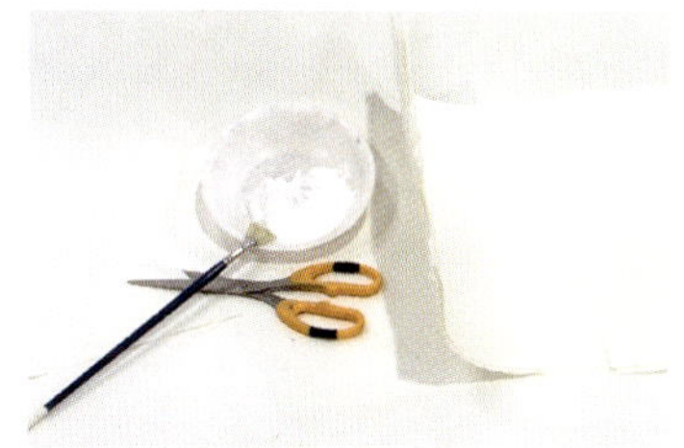

| 배접 준비물

(2) 배접하는 순서

수박등은 6개의 둥근 면과 그 둥근 면이 맞닿는 면 8개로 이루어지는데 수박등의 둥근 면 중 아랫면과 윗면은 한지를 붙이지 않으므로 총 면의 개수는 12개이다. 이 중에서 먼저 붙이는 면은 둥근 면이 맞닿은 8개의 삼각 면이다. 그 이유는 둥근 면을 나중에 붙여야 수박의 속(둥근 면)이 깨끗하게 나오기 때문이다.

우선, 붙이고자 하는 삼각 면에 한지를 대고 눌러 뼈대(골조)의 본을 뜬다. 이것이 어려우면 붙이고자 하는 삼각 면에 살짝 풀칠을 한 다음 한지를 대면 한지에 풀이 붙으면서 자국이 생긴다. 이 자국을 따라 가위로 오리면 조금 쉽게 작업을 할 수 있다. 이렇게 본을 뜨는 작업에서 중요한 것은 정확하게 본을 뜨는 것인데 3면을 동시에 손으로 잡은 상태에서, 즉 왼손으로는 위의 두 면을 잡고 오른손으로 아랫면을 누르는 방식으로 눌러야 한다. 한 면씩 돌아가며 자국을 낼 경우 삼각형 모양의 자국이 제대로 떠지지 않을 우려가 있다.

그 다음에는 가위로 종이를 오리는데 통상 뼈대가 눌린 자국보다 1~2배 정도 큰 크기를

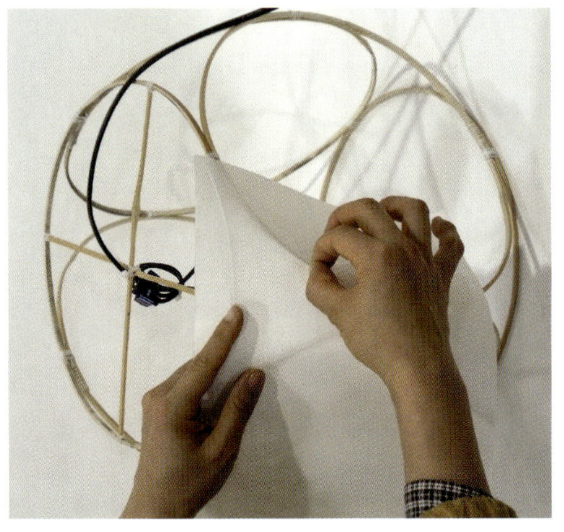

수박등 삼각 면에 본을 뜨는 모습, 손가락으로 전체가 움직이지
않게 잡고 본을 뜬다

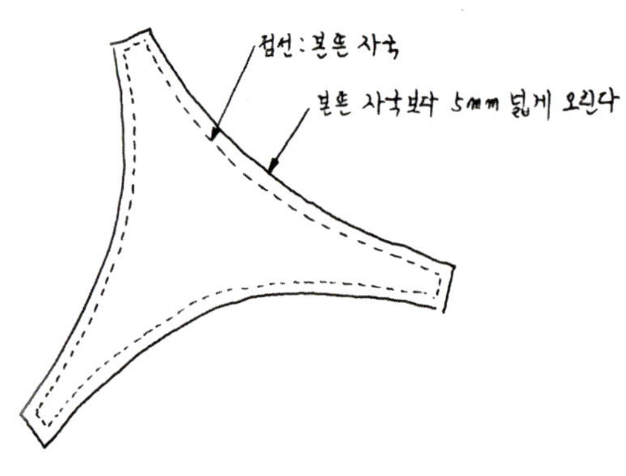

| 그림

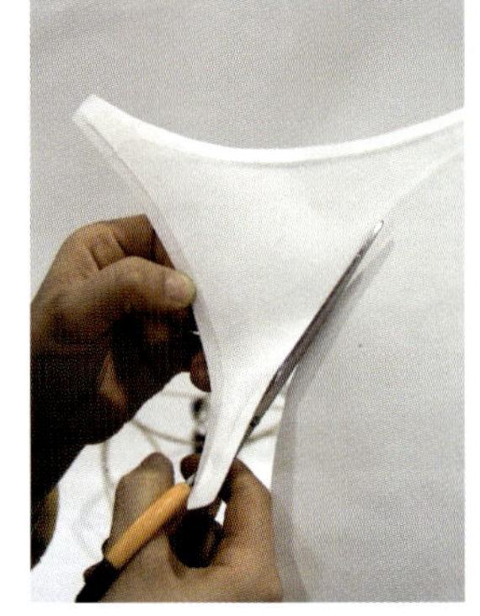

수박등 삼각 면에
본을 뜨고 뼈대두께
보다 1~1.5배 크게
오린다

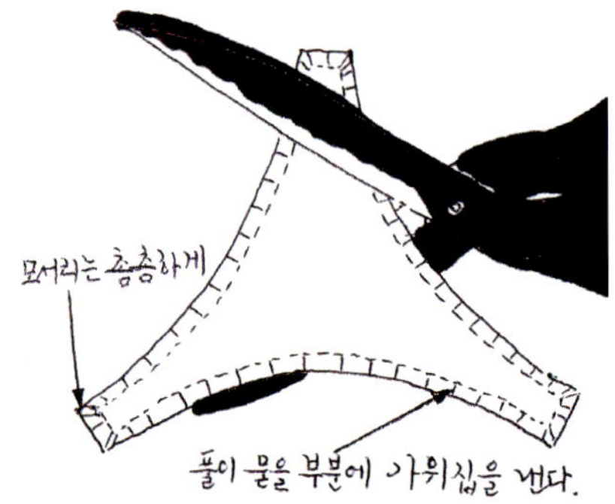

| 그림

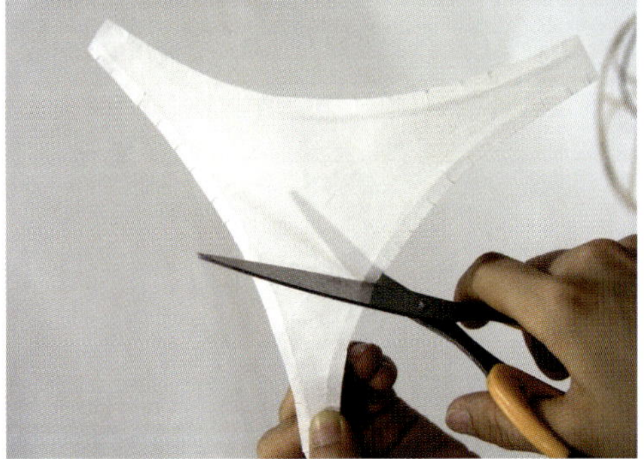

오린 한지에 가위집을 낸다

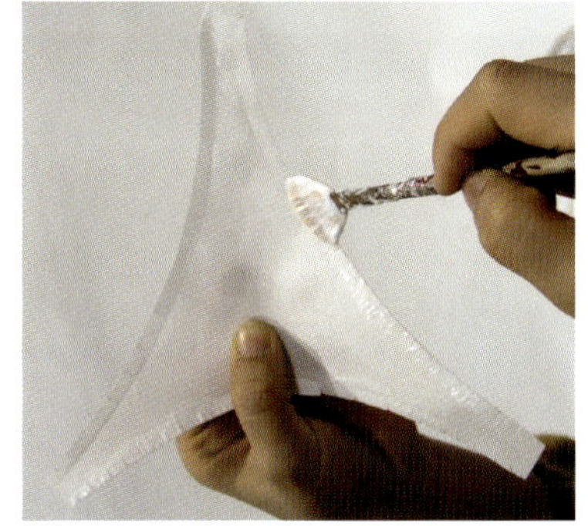

풀을 바른다

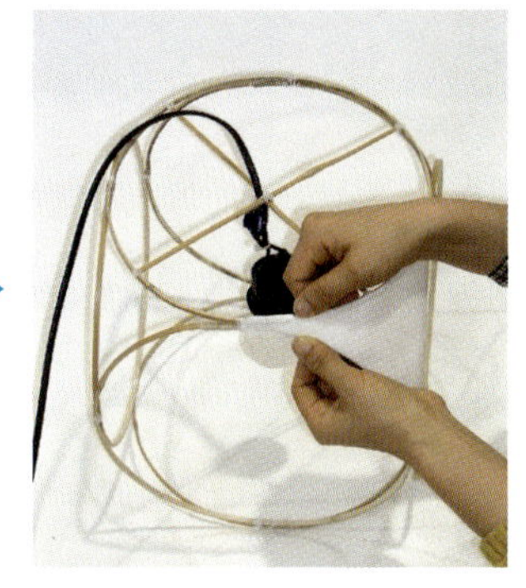

수박등의 삼각면을 먼저 배접한다

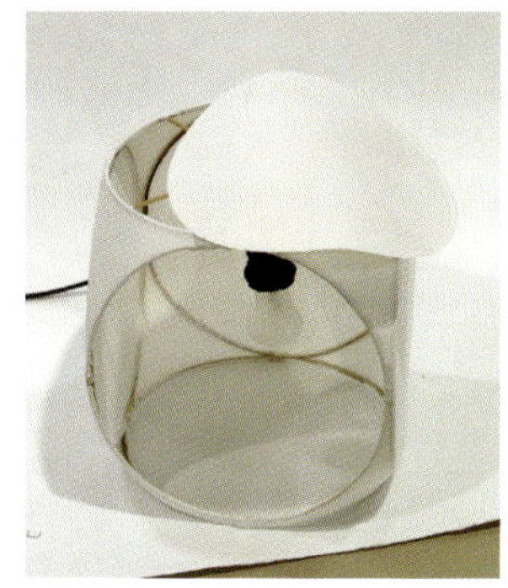

둥근 원은 나중에 배접한다

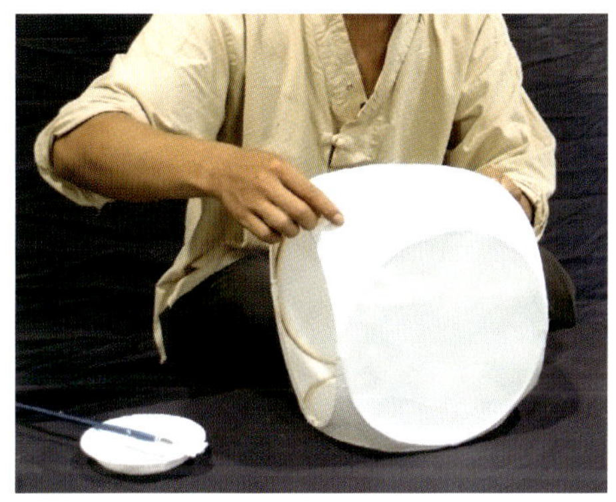

위아래를 제외한 원 4개를 모두 배접하였다

가위질해야 한다. 뼈대의 두께만큼 한지를 말아 붙이기 때문에 그 너비를 고려해야 하는 것이다. 가위질이 끝났다면 오린 한지를 붙일 면에 대고 확인을 한다. 정확하게 오려졌는지 확인하지 않고 풀칠을 하면 초보자의 경우 실수하기 쉽다.

이렇게 확인까지 하게 되면 풀을 붙일 부분에 2㎝ 간격으로 가위집을 내준다. 오린 한지에 풀을 칠하기 전에 가위로 가위집을 내는 것이다. 이는 한지가 뼈대(골조)에 더 잘 붙도록 하는 것이며, 모서리나 굴곡 면에도 한지가 떨어지지 않고 잘 붙게 하기 위함이다.

삼각 면에 배접을 모두 한 후에는 4개의 원에 배접을 한다. 윗면에는 전기장치가 되어 있어서 배접을 하지 않아야 하며, 밑면도 배접을 하지 않는 게 좋다.

● 갓으로 마감된 조명장치는 아래와 위가 트여 있는데 열기가 고이는 것을 막고 조명되는 부분을 밝게 하기 위함이다. 이렇게 하면 전구를 바꾸기도 수월해진다.

⑶ 한지를 붙일 때 유의할 점

한지에 풀을 바를 때에는 가급적 빠르게 하여야 한
다. 면이 클 경우에는 더욱 그렇다. 왜냐하면 풀이 금
세 마를 수 있기 때문이다. 그래서 종이를 정확하게 오
리는 것이 중요하다. 몇 번이고 확인해서 풀을 붙여도
된다고 판단되면 지체하지 말고 풀을 묻혀서 곧바로
뼈대에 붙여야 한다.

배접은 어려운 부분부터 쉬운 부분의 순서로 하는
것이 편리하다. 굴곡이 심한 안쪽 부분부터 시작해야

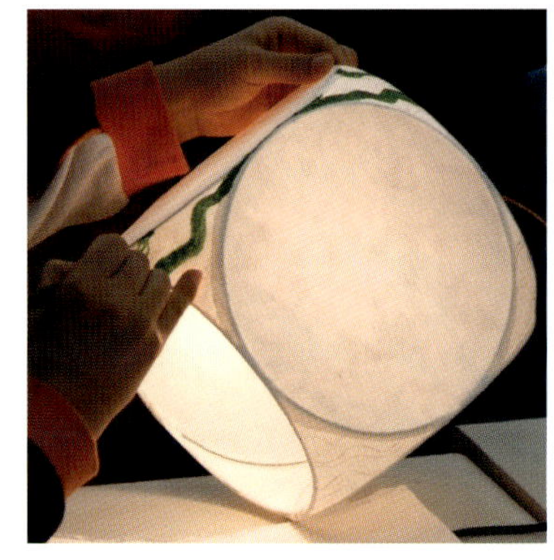

원을 너무 크게 오려 붙이면 예쁘지 않다

하며 평면적이고 쉬운 부분은 나중에 해야 한다. 손가락이 움직일 수 없는 좁고 불편한 면
을 나중에 한다면 상당히 난감한 상황에 놓일 수 있기 때문이다. 수박등에서는 어려운 부분
이 없으므로 삼각 면을 먼저하고 둥근 면을 나중에 하는 것이 순서가 된다.

풀을 바를 때는 적당한 양을 발라야 한다. 풀의 양이 많아지면 포함된 수분도 많아져서
풀이 한지의 섬유질 속에 침투하여 그대로 굳게 되는데 이렇게 되면 그 부분은 물의 침투가
어려워 채색이 힘들게 된다. 즉 물감이 잘 먹지 않을 수 있다는 말이다.

원을 배접할 때에는 어디가 위인지 아래인지 구분이 안 된다. 그래서 가위집을 낼 때 중
심이 되는 부분에 표시를 하여 위치를 잊지 않도록 한다. 둥근 면이 정확하게 원이 되는 경
우는 거의 없기 때문에 잘못 붙이면 풀을 붙이는 면이 틀어져서 부족하거나 남게 된다.

5) 채색하기

수박의 특성을 살린 예쁜 수박등을 그리거나 배접된 한지에 다양한 그림을 그려 넣어 각
자의 개성을 살린 등을 만들 수 있다.

대개의 경우 밑그림을 그리기 전에 아교포수 작업을 하고, 한지가 마른 다음 그리고자 하
는 바를 한지에 스케치(밑그림 그리기)하고 나서 색을 칠한다.

단 검은 색은 물감을 사용하지 않고 먹을 사용한다. 일반적으로 먹물에는 아교 성분이 있
어 주로 색선이나 먹선(외각선)을 뜰 때 사용한다. 다만 검은 색을 다른 색깔과 섞어 쓸 경우
에는 먹물이 너무 진하므로 다른 색을 잘 수용하지 못한다. 따라서 검은 물감을 사용하는

것이 좋다. 먹과 한지는 무척이나 잘 어울리는 조합이다.

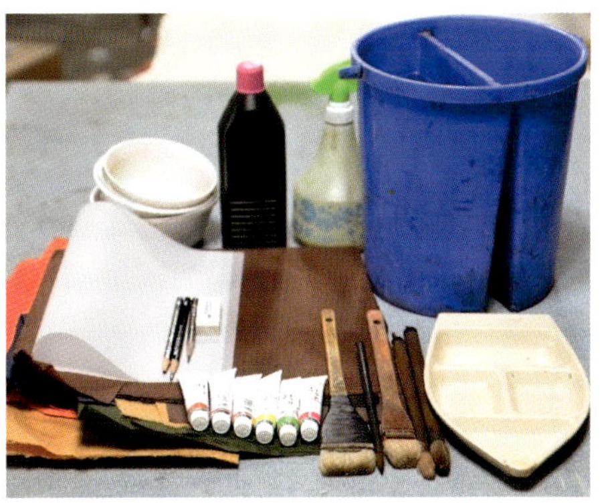

수박등 채색재료

(1) 채색재료

- 연필, 지우개 등 문구용품
- 한국화 물감, 먹
- 채색용 붓, 물통

(2) 아교포수

아교포수는 한지에 그림을 그릴 때 나타나는 번짐을 효과적으로 제어하도록 도움을 주며, 한지의 표면 보푸라기를 가라앉혀 붓의 놀림을 원활하게 하는 역할을 한다.

아교포수를 하기 위해 아교를 물에 불린 다음 뜨거운 물에 녹여내고 찬물을 부어 적당한 점도로 희석시킨다.

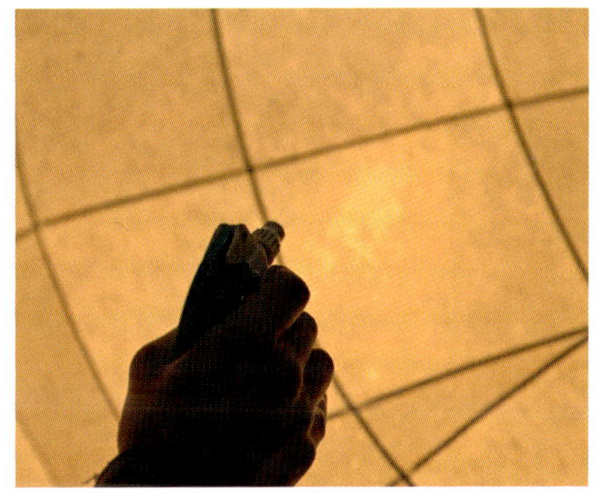

스프레이로 조심스럽게 뿌려주면 한지가 아교 물을 흡수하는 게 눈으로 보인다

(3) 밑그림 그리기

밑그림이나 채색을 하기 전에 배접을 한 부분이 다 마른 것을 확인한다. 밑그림은 기름종이에 먼저 본을 만들어 옮기거나 등에 직접 그리는 방법이 있다. 이때 한지가 상하지 않도록 조심하여야 한다.

수박등은 수박의 모양과 특징을 잘 그려야 하므로 기름종이에 대고 복사할 필요는 없으나 수박의 겉을 표현하는 구불구불한 녹색과 검은색의 띠를 미리 그려보고 표현하는 것이 좋다. 먹음직스런 수박의 내용물은 밑그림을 그리지

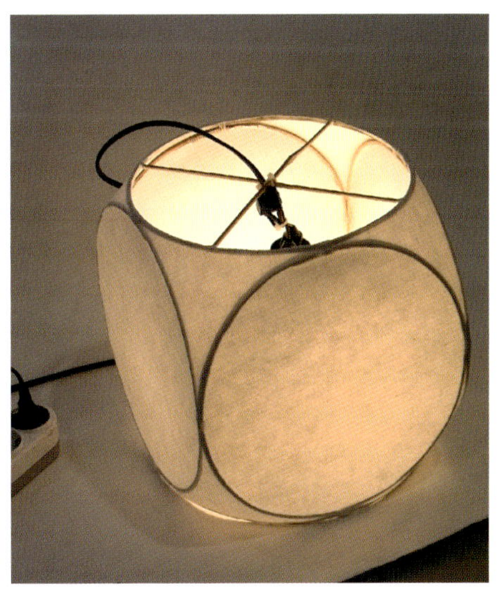

수박등이 다 말라서 한지가 팽팽해지면 아교포수 작업이 잘 된 것이다

않아도 된다.

한지는 표면에 닥 섬유질이 잘 일어나서 지우개 사용이 용이하지 않으므로 연필선을 한 번에 정확하게 그려줄 필요가 있다.

⑷ 채색하기

흰색(호분胡粉)을 사용해서 그림을 그리면 불을 켰을 때 회색으로 투영된다. 즉 의도하는 색이 표현되지 않고 그림자 역할만 하기 때문이다. 흰색을 잘 쓰려면 많은 경험이 필요하며 가급적이면 흰색의 사용을 자제하고 물을 잘 이용해야 한다.

채색에서 가장 중요한 것은 물감이 얼룩지지 않게 곱게 채색하는 것이다. 두꺼운 한지는 물감을 바르면 바를수록 수분을 흡수하므로 쉽게 번진다. 따라서 붓에 묻는 물감의 양을 잘 조절해야 한다. 또한 등에 불을 켰을 때와 켜지 않았을 때의 색의 변화를 고려하며 작업을 진행하여야 한다. 대개 초보자들은 물감의 색만 생각하여 불을 켜보지도 않거나 마른 다음 의 색을 보지 못하므로 불을 켜보면서 작업을 한다.

흰색은 채색 재료 중에서 가장 무겁다. 채색을 위해 흰색과 섞어 묽은 상태로 접시에 담 아 놓으면 금방 흰색이 가라앉아 섞어 놓았을 때의 색이 보이지 않게 된다. 단 1분이 지나더 라도 물감은 잘 저어서 써야 한다.

한지에 채색한 물감이 마르면 칠할 때보다 색이 탁하게 나오므로 조합한 색을 미리 한지 에 칠해서 말린 다음 빛에 비추어 색을 확인하고 사용하는 것이 바람직하다.

⑸ 채색하는 순서

삼각 면인 수박의 껍데기를 먼저 그린다. 붉은 수박의 속을 먼저 그리면 둥근 면이 모두 물에 젖게 되므로 다음 채색을 하기가 쉽지 않다. 따라서 수박 껍데기의 녹색, 검은색 띠를 먼저 칠하고 난 다음 밝고 경쾌해서 먹음직스럽게 보이는 수박의 빨간 속을 칠한다. 어두운 색인 씨는 등이 다 마르고 난 다음에 재미있게 찍어 바르면 된다.

● 한국화 물감 중에서 지분, 백분, 호분이 있는데 조개껍질 같은 자연 재료의 가루(분粉)라고 보면 된다. 또한 군백, 백록의 백은 흰색을 의미하므로 분과 백은 같이 보아야 한다.

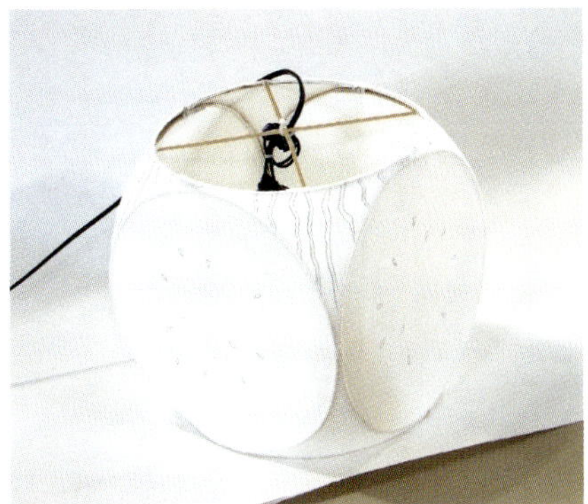

수박등에 밑그림을 그린다

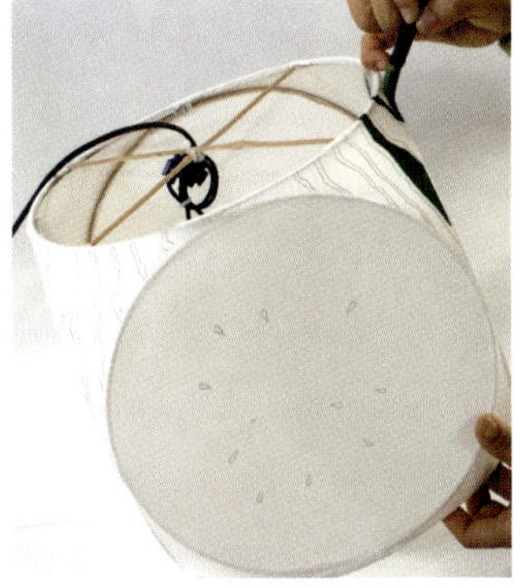

수박등 삼각면에 껍질형태를 먼저
그린다

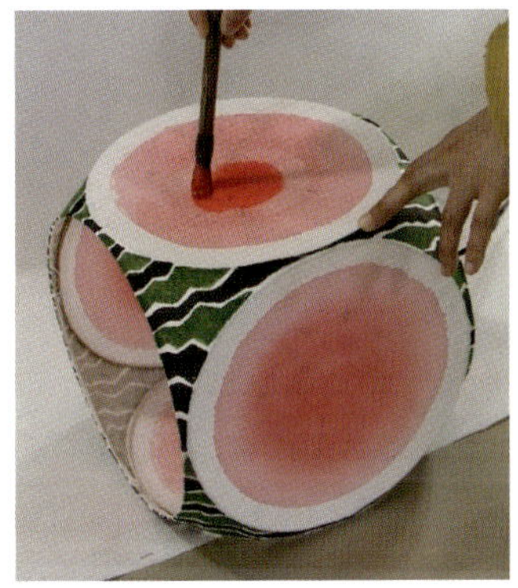

수박등 원에 수박 속을 그린다

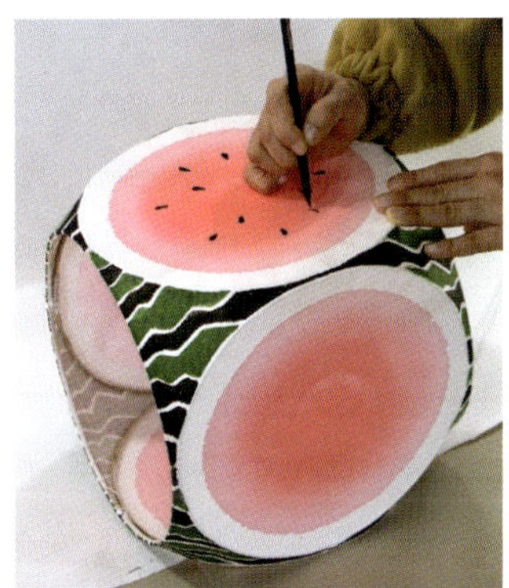

마지막으로 수박의 씨를 그린다

| 여러 가지 수박등 |

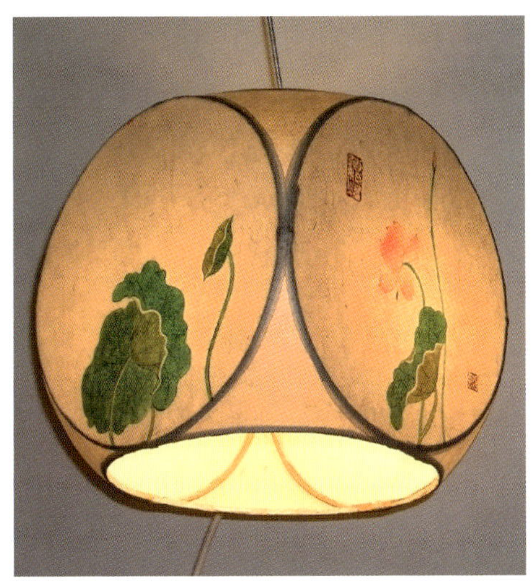

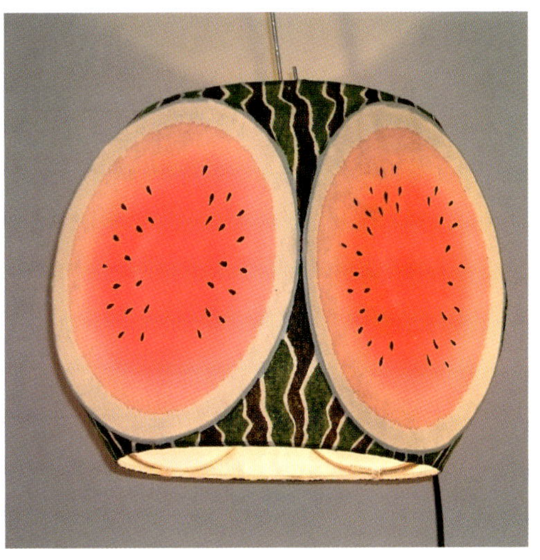

2 · 마늘등

1) 마늘등의 특징과 구상하기

마늘은 수박처럼 씨앗이 많은 것은 아니지
만, 여러 쪽으로 나누어지기 때문에 다산과
풍요를 상징한다. 또한 약재로도 사용되었던
마늘의 특성 때문에 장수의 의미도 담겨 있
다. 다산이나 풍년을 기원하는 등의 소재는
씨앗이 많거나 알이 많은 특징이 있다. 숭어
는 어민들이 풍어(豊漁)를 기원하기 위한 등
으로 만들어지기도 했다.

수박등이 주로 원을 이용해서 만드는 반면,
마늘등은 크기가 다른 사각형을 아래위로 배
치하여 만든다. 마늘등은 아랫배가 불룩 나온
비대칭의 기하학적인 모양새를 갖추고 있다.
따라서 수박등의 둥근 원과 같은 넓은 면도
있고, 팔모등의 깔끔하고 작은 사각형도 있으

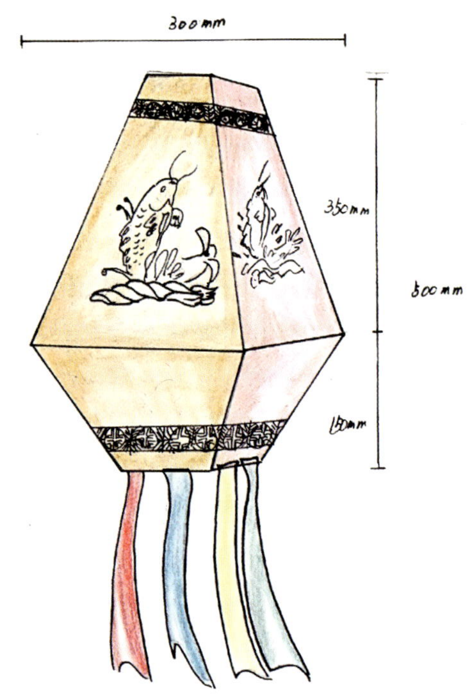

마늘등을 정확하게 설계를 한다

며, 술과 같은 장식을 달 수 있는 모서리도 함께 있는 것이 특징이다. 수박등을 만들었던 경험을 되살려 마늘등을 만들면 훨씬 재미있고 다양한 작품을 기대할 수 있다.

마늘등이 어느 정도 배가 나오는 형태로 할 것인지, 그리고 크기와 색감이나 꾸미기 방법 등도 미리 구상해 보고 그림으로 설계한다.

2) 뼈대 만들기

마늘등은 위와 아래의 크기가 다른 여덟 개의 한지배접면을 가지고 있으며 형태로 보자면 위와 아래를 합하여 10면체이다.

수박등처럼 대나무로 뼈대를 만들어 보자. 물론 철사로 만드는 방법도 비슷하므로 자신에게 맞는 재료를 고르면 된다.

우선 정사각형 세 개를 만든다. 윗면과 아랫면이 될 정사각형 두 개는 한 변의 길이를 12cm 정도로 둘 다 비슷하게 만드는 것이 좋다. 나머지 정사각형 한 개는 다른 두 개보다 훨씬 크게, 즉 한 변의 길이를 20cm 정도로 만든다.

사각형은 사이드커팅플라이어를 이용하여 90도를 돌려가며 꺾어 준다. 정확한 크기와 각도를 맞추기 위해서, 종이에 만들고자 하는 정사각형을 그린 뒤 그 그림에 대나무를 대고 꺾어 주면 된다.

중간에 들어가는 정사각형을 중심으로 120도 정도의

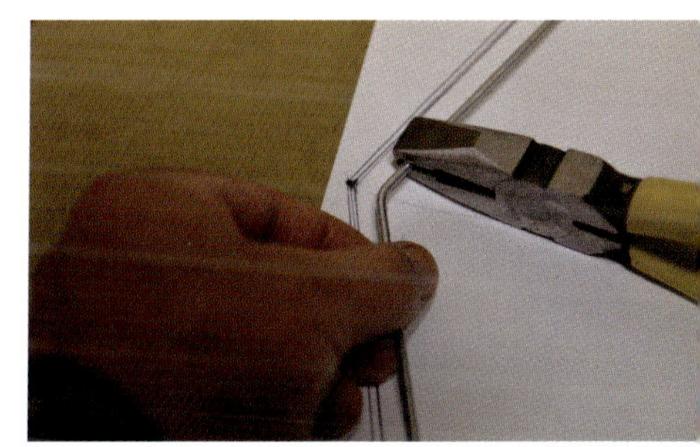

바닥에 그림을 그려놓고 철사를 구부린다

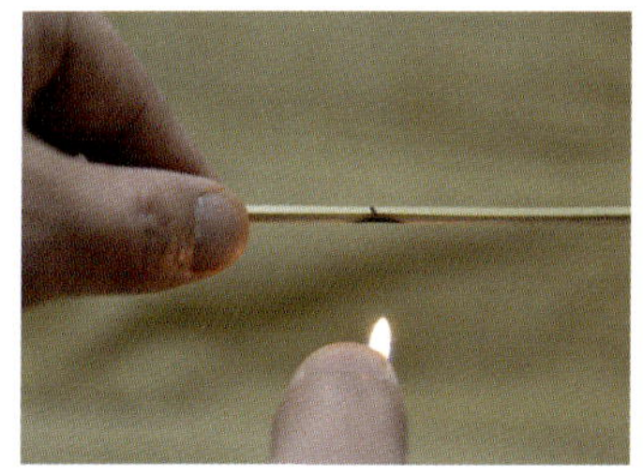

구부릴 지점을 표시하여 열을 가한다

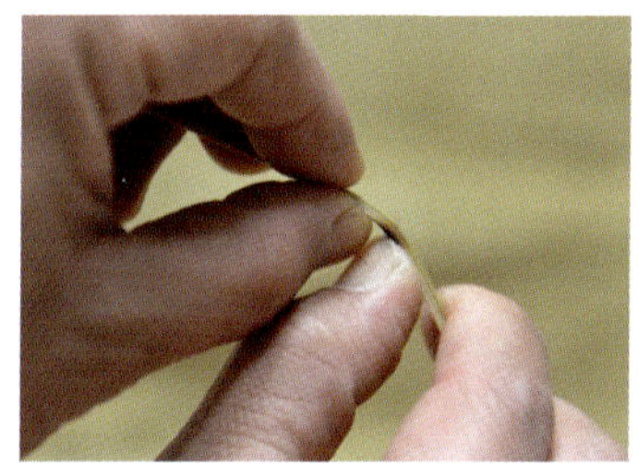

손톱을 이용하여 구부린다

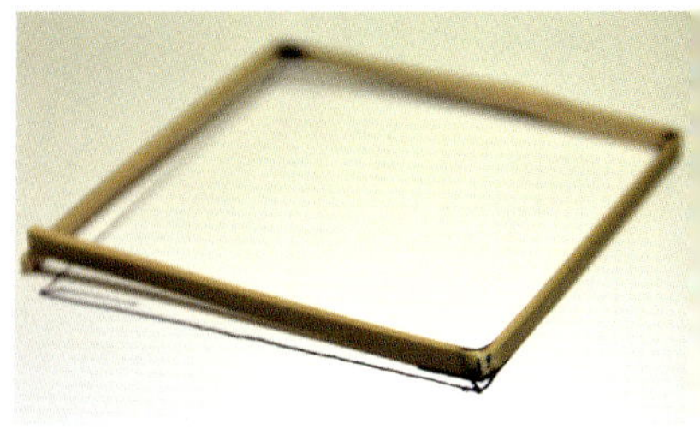

대나무로 만든 4각형을 종이의 그림에 대어본다

각도인 ⟨ 모양의 뼈대로 윗부분의 사각형과 아랫부분 사각형을 연결한다. 이때 가운데 사각형을 중간보다 약간 아래쪽으로 위치시킨다. 그래서 ⟨ 자의 윗부분 길이보다 아랫부분 길이를 조금 짧게 하면 마늘등의 가운데가 밑으로 처지면서 안정감 있고 예쁜 마늘등이 된다. 대체적으로 위가 아래보다 2배의 길이가 되는 것이 적당한데 조금 신경을 쓰자면 1.8:1정도의 비율을 가진 마늘등이 예뻐 보이고 풍만하다.

정사각형 3개를 만들고 ⟨ 자의 뼈대 4개를 연결하여 마늘등의 모양을 만든다. 이때 균형이 잘 잡히지 않아 고정하기가 힘들기 때문에 케이블타이를 활용하여 임시 고정하는 방법을 사용하는 것이 좋다.

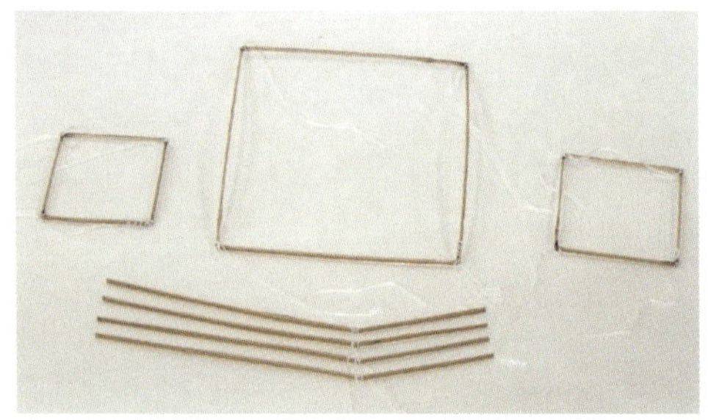
| 크기가 다른 사각형 3개(대나무)와 ⟨ 자 모양의 뼈대 4개

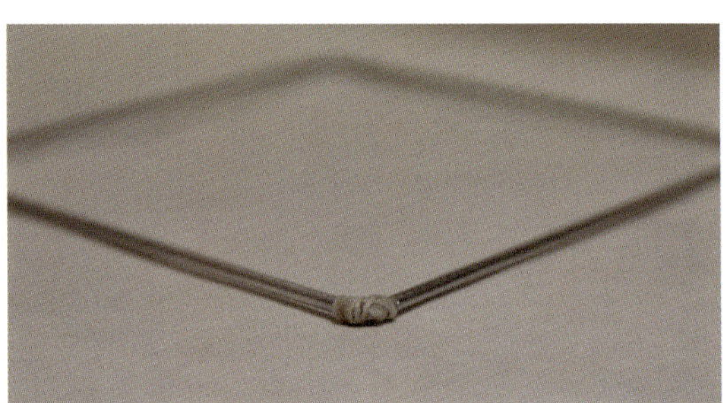
| 사각형 철사 뼈대 연결

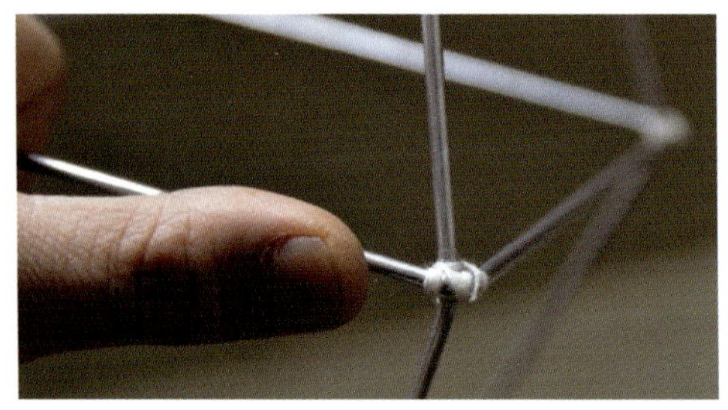
| 철사 뼈대 연결

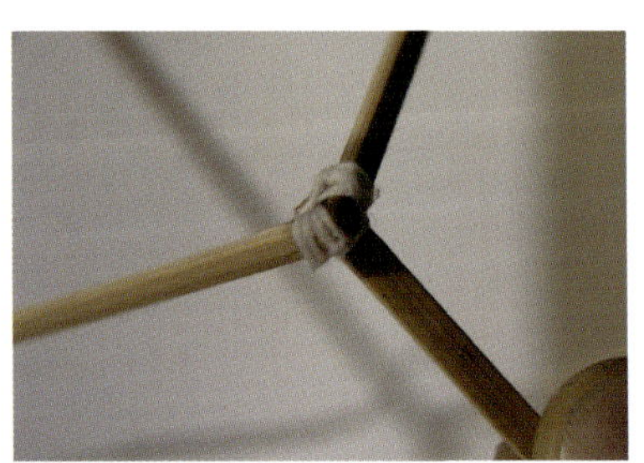
| 대나무 뼈대 연결

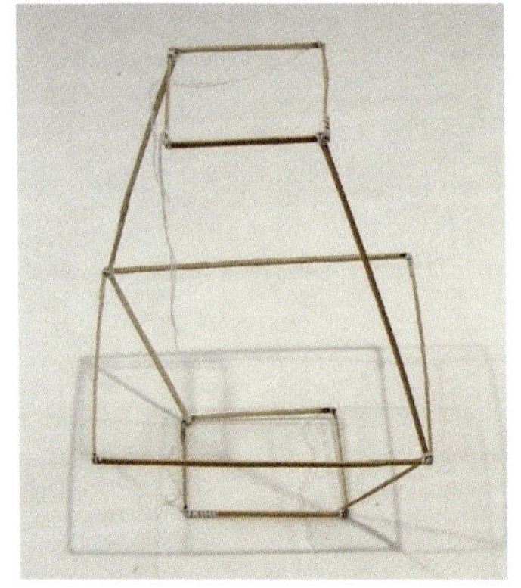
| 사각형을 팔면체 모양으로 엮는 모습

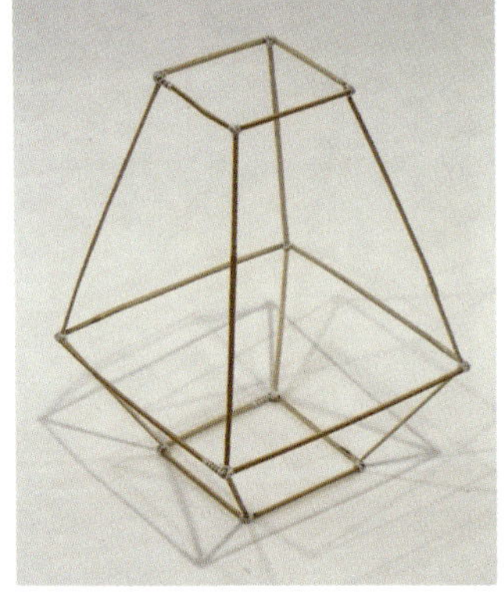
| 완성된 마늘등 뼈대

3) 전구 설치하기

소켓의 사이즈는 26베이스의 일반적으로 사용하는 것으로 하고 방수소켓을 사용하는 것이 좋다. 전구는 백열등의 경우 25W 크립톤전구를 사용하고 삼파장 전구를 사용한다면 11W 전구색을 사용한다. 소켓을 전선과 이을 때에는 스카치락을 사용하고 소켓의 위치보다는 전구가 빛을 발하는 광원의 위치가 중요하다. 마늘등은 배가 아래쪽에 처져 있으므로 그 부분에 전구를 설치하는 것이 좋다. 더 자세한 내용은 제2장을 참조하라.

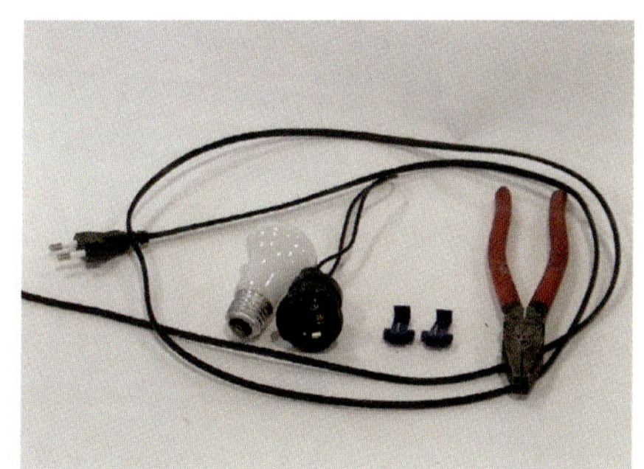

전기작업 재료

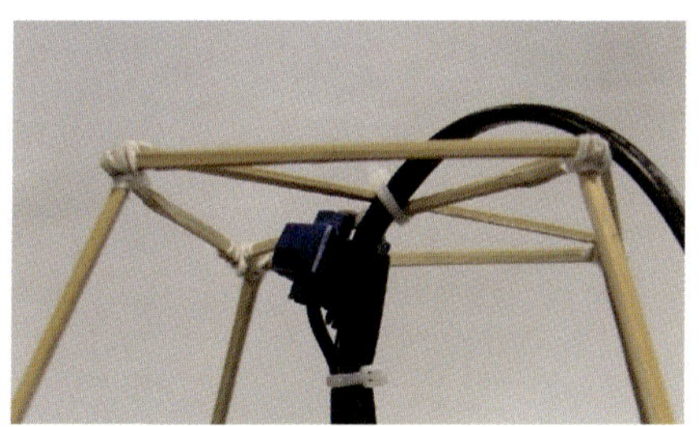

위쪽 뼈대에 전선 연결 부분

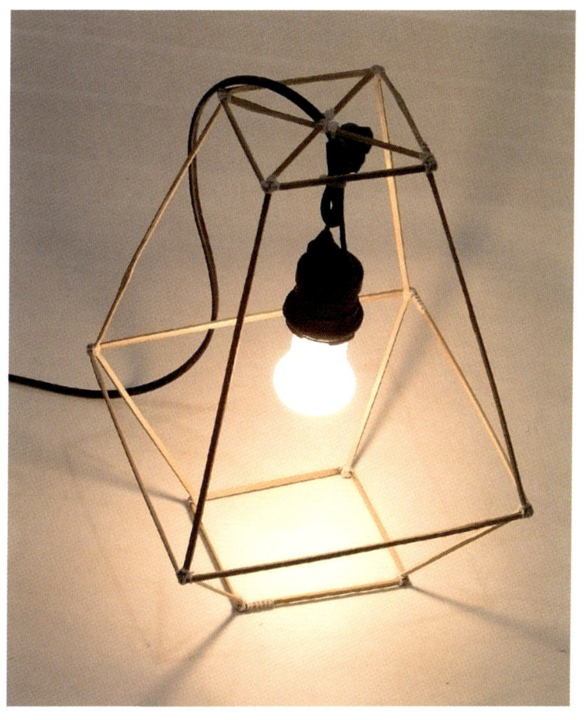

전구 설치 후 점등(전구를 배쪽에 위치시킴)

4) 배접하기

수박등에 설명했던 방식과 동일하게 배접하면 된다.

한 가지 생각해야 할 것은 마늘등의 사다리꼴 모양을 수박등처럼 대고 오리면 버리는 부분이 많아진다. 그러므로 마늘등의 골조 설계에 나온 크기보다 약간 크게 한지를 오려서 배접하는 것이 좋다. 배접을 하기 전에 큰 한지에 사다리꼴 모양을 지그재그로 배치하고 잘라놓으면 버려지는 종이의 양을 최소로 줄일 수가 있다.

한지를 붙일 때는 겹쳐지는 면이 일정해야 깔끔해 보인다. 한지끼리 겹쳐지는 면은 불을 밝혔을 때 어두운 띠로 남기 때문에 필요한 부분에만 풀칠이 될 수 있도록 주의하여야 한다. 뼈대에 붙는 한지도 꼭 필요한 양만큼만 붙여서 불필요한 그림자를 남기지 않아야 한다.

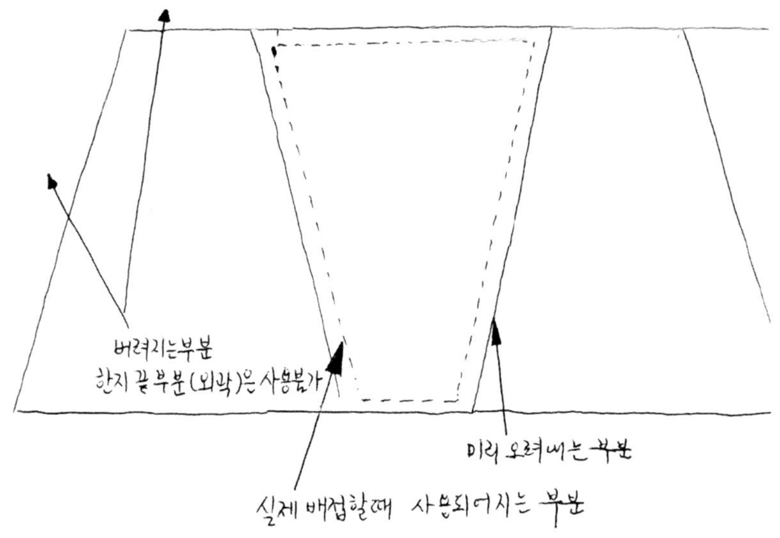

마름모꼴을 지그재그로 배치한다

(1) 준비물

- 한지(2합 장지)
- 풀(오공본드)
- 가위(자기 손에 익숙한 가위)
- 끝이 약간 네모난 배접용 붓(화방에서 파는 팬 붓)

(2) 배접하는 순서

마늘등은 위쪽의 네 개면이 동일하고 아래쪽의 면이 동일하다. 그러나 작업하는 과정에서 뼈대가 똑같게 되기 어려우므로 대략의 크기는 비슷하겠으나 막상 배접을 하기 위해서 한지를 대어 보면 크기가 다르다는 것을 알 수 있을 것이다. 따라서 번거롭더라도 각각의 면에 맞게 한지를 오려서 붙여야 한다.

배접의 순서는 없다. 수박등과 마찬가지로 한지를 대고 눌러서 뼈대의 본을 뜨되 맨 바깥의 자국보다 조금 넓게 오려낸다. 다음 2㎝ 정도의 간격으로 가위집을 넣고 풀을 바른다.

면이 편평하므로 붙이는 데 큰 어려움은 없겠으나 한지를 붙일 때 한 쪽에 힘을 주고 돌아가며 붙이지 말고 사각형의 양쪽에 힘을 주어 동시에 붙여 나가는 방법이 좋다. 이렇게 하면 한 쪽으로 당겨져서 한 쪽면이 부족해지는 일을 막을 수 있으며 더욱 편평하고 짱짱하게 배접을 할 수 있게 된다.

전선이 들어가는 맨위와 전구를 갈아넣기 좋은 맨 아랫부분은 배접을 하지 않는다.

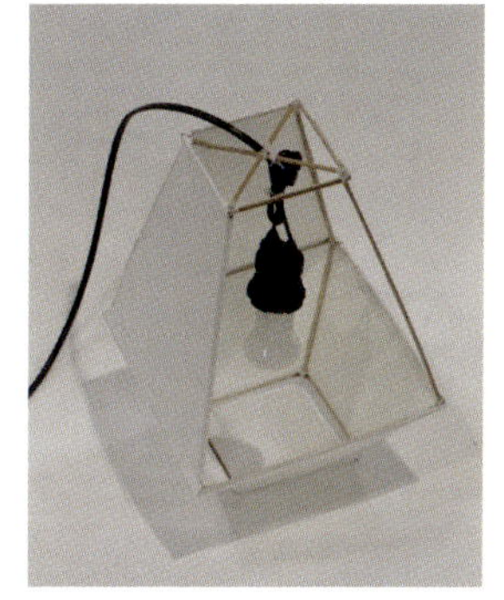
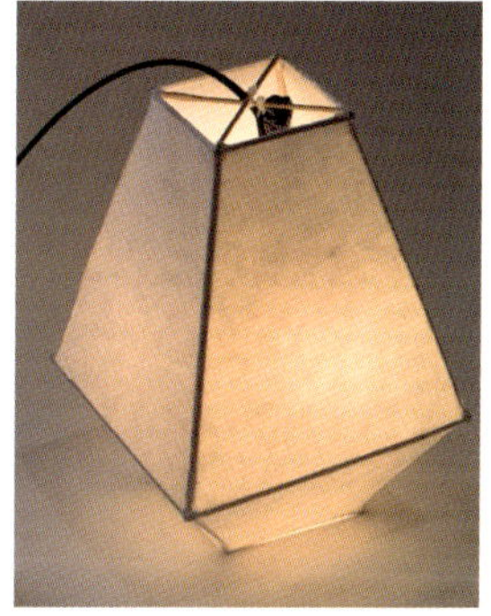

| 마늘등 배접 모습 | 마늘등 배접 완성 모습 2

(3) 한지를 붙일 때 유의할 점

수박등에서와 같이 배접할 때의 유의해야 하는 점이다.

한지에 풀을 바를 때에는 가급적 빠르게 하여야 한다. 면이 클 경우에는 더욱 그렇다. 왜냐하면 풀이 금세 마를 수 있기 때문이다. 그래서 종이를 정확하게 오리는 것이 중요하다. 몇 번이고 확인해서 풀을 붙여도 된다고 판단되면 지체하지 말고 풀을 묻혀서 곧바로 뼈대에 붙여야 한다.

풀을 바를 때는 적당한 양을 발라야 한다. 풀의 양이 많아지면 포함된 수분도 많아져서 풀이 한지의 섬유질 속에 침투하여 그대로 굳게 되는데 이렇게 되면 그 부분은 물의 침투가 어려워 채색이 힘들게 된다. 즉 물감이 잘 먹지 않을 수 있다는 말이다.

5) 채색하기

마늘등의 특성을 살린 예쁜 마늘 모양의 등에는 그림을 직접 그릴 수 있는 넓은 윗면이 4개 있고, 그보다 작은 밑면이 4개가 있다. 이 면에 각각 채색을 하거나 종이 오려붙이기 등 꾸미기를 해도 좋다. 한 가지 색으로 한 면 전체를 채워도 좋고, 민화를 옮겨 넣어도 좋다. 전통등의 성격에 맞는 민화를 골라서 옮겨 놓으면 맛깔스럽고 정겨운 마늘등이 된다.

(1) 채색재료

- 스프레이, 트레이싱 페이퍼(투사지透寫紙), 연필, 지우개 등 문구용품, 한국화 물감, 먹, 채색용 붓, 물통, 오색 한지, 물감 팔레트 또는 접시

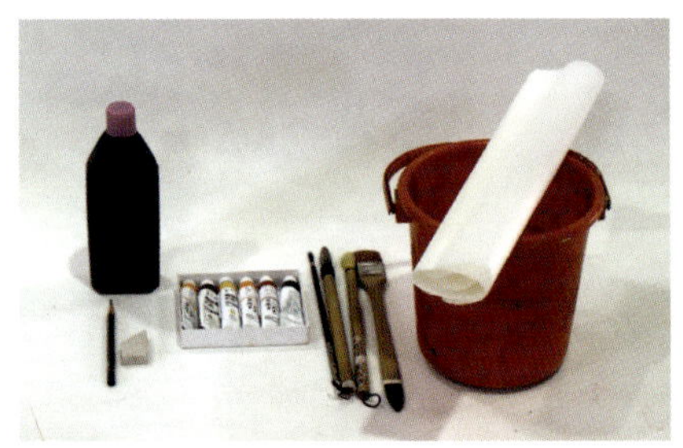

마늘등 채색준비물

(2) 아교포수

대개의 경우 밑그림을 그리기 전에 아교포수 작업을 하고, 한지가 마른 다음 채색을 한다. 밑그림을 그린 위에 아교포수를 하게 되면 연필 자국이 흘러내려 마르고 난 뒤 잘 보이지 않기 때문이다. 또한 아교포수를 하지 않은 채 지우개를 사용하면 보푸라기가 많이 일어나 지저분해지기 일쑤다.

(3) 밑그림 그리기

마늘등은 평면으로 이루어져 있고 형태가 기하학적이기 때문에 수박등처럼 정해진 색깔을 칠할 필요가 없다. 따라서 원하는 문양이나 색으로 그리기 좋고, 어떤 그림을 그려도 잘 어울리는 편이다.

먼저 원하는 민화를 선택해서 그 위에 트레이싱 페이퍼를 올리고 그림의 외곽선을 따라서 연필로 진하게 그린다. 이때는 일반적으로 사용하는 필기용 HB 연필을 사용하지 말고, 4B나 6B와 같이 연필심이 연하고 진하게 써지는 미술용 연필을 사용하면 좋다. 그림을 그린 트레이싱 페이퍼를 한지 위에 뒤집어 올린 다음 연필로 눌러주면 연필자국이 한지에 묻는다. 이렇게 하면 밑그림이 완성되는 것이다.

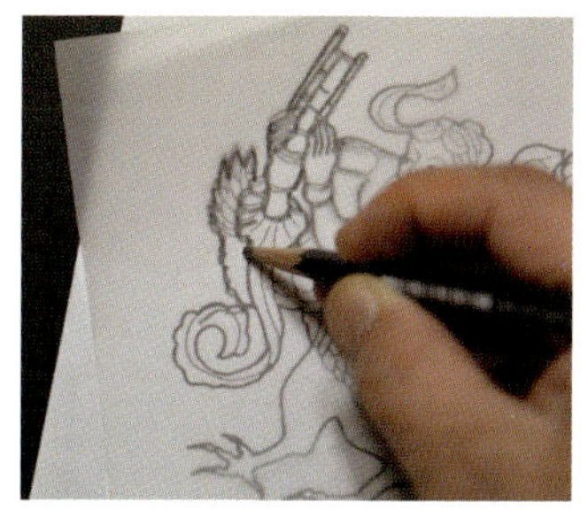

트레이싱 페이퍼를 올리고 연필로
따라 그린다.

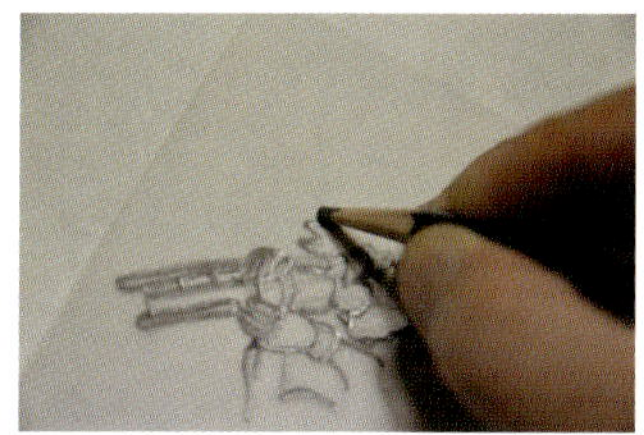

트레이싱 페이퍼를 한지 위에 뒤집어
올린 다음 연필로 눌러 연필자국을
묻힌다.

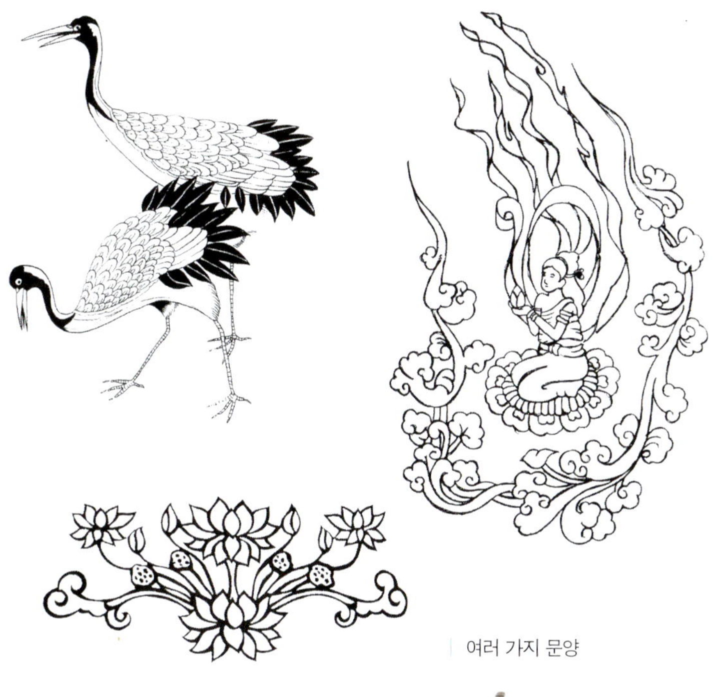

여러 가지 문양

한지에 베낀 선을 수정하고 싶을 때에는 지우개를 사용하면 된다. 이때 지우개로 문지르면 한지에 묻은 흑연가루가 한지에 배이게 되므로 지저분해진다. 따라서 부드러운 지우개로 눌러서 흑연가루를 떼어내는 방식으로 지우는 것이 현명한 방법이다.

(4) 채색하기

바탕색을 칠할 때에는 원하는 색감을 얻기 위해 마늘등을 만든 똑같은 한지에 미리 색을 칠해보아야 한다. 앞서 설명한 바와 같이 미리 말려서 불빛에 비추어 본다.

붓자국이 남지 않도록 세심하게 칠해야 하며 반드시 불을

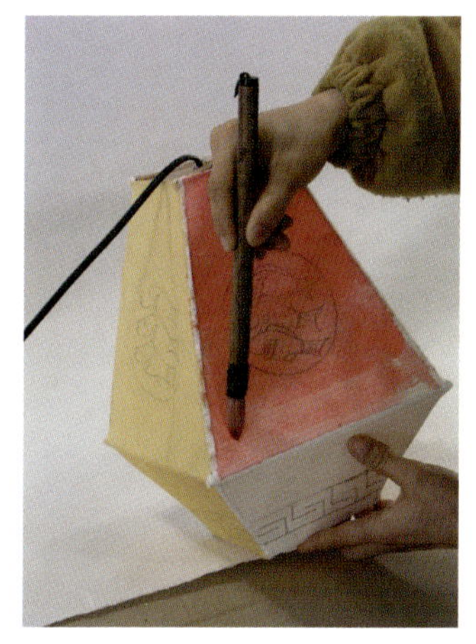

마늘등 바탕색을 칠한 모습

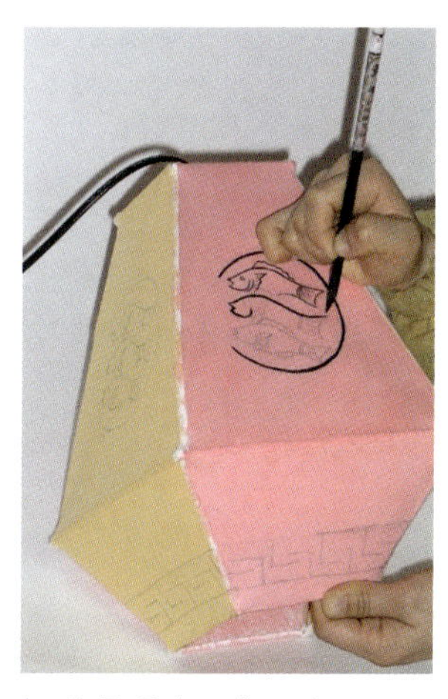

마늘등 문양 그리는 모습

커놓고 하는 것이 좋다. 바탕색을 칠하는 모습을 찍은 사진에서 염색이 되지 않은 밑부분의 색이 연한 것을 볼 수 있다. 이 부분은 물감이 한지에 완전히 배이지 않은 것이므로 한지가 물감에 푹 젖는 듯한 느낌으로 붓질을 해야 한다. 그러나 물의 양이 많아서 다른 면에 번지지 않아야 하므로 붓에 묻은 물감의 양을 적게 하여 조금씩 그리고 속도감 있게 하는 것이 요령이다.

6) 종이 오려 붙이기

전통등을 꾸미는 방법으로 널리 쓰였던 것은 술을 다는 것이었다. 등을 매달았을 때 바람에 날리는 모습이 매우 고풍스러우며 어른보다는 아이들 취향의 재미있는 작업도 가능하다.

문양을 그려 넣는 방법도 있지만, 색종이로 문양을 오려서 붙이는 방법도 좋고, 고운 색깔의 한지를 잘라서 한 면 전체를 풀로 바르는 것도 아름다운 마늘등을 만들 수 있다.

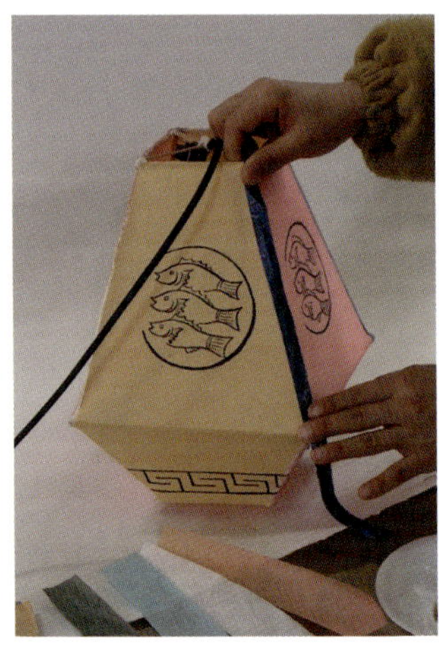

| 마늘등 채색 후 색띠를 두르고 있다

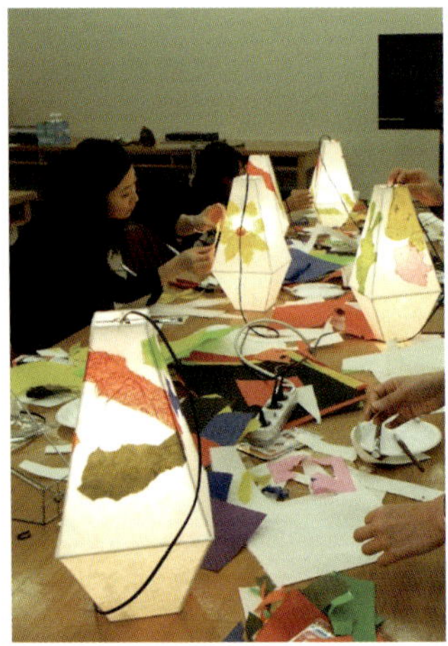

| 색한지로 문양을 오려 넣은 마늘등

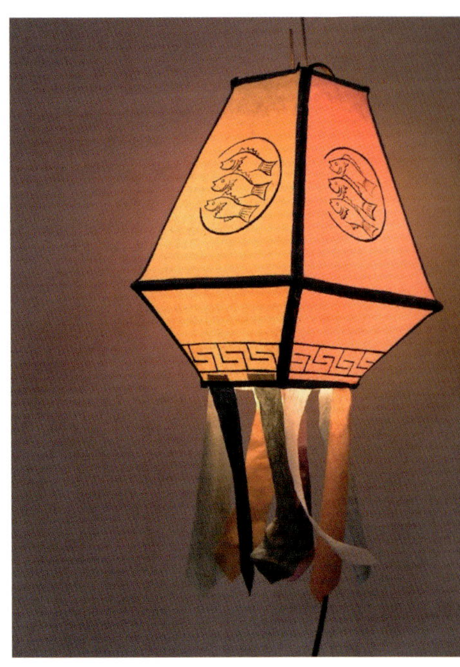

| 완성된 모습

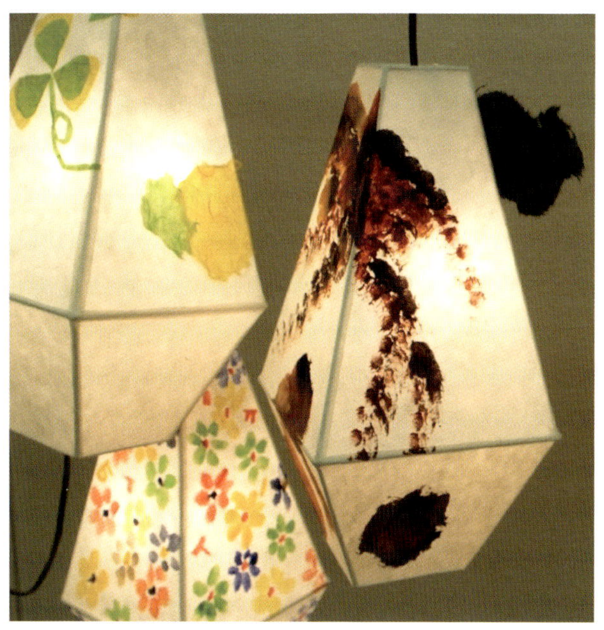

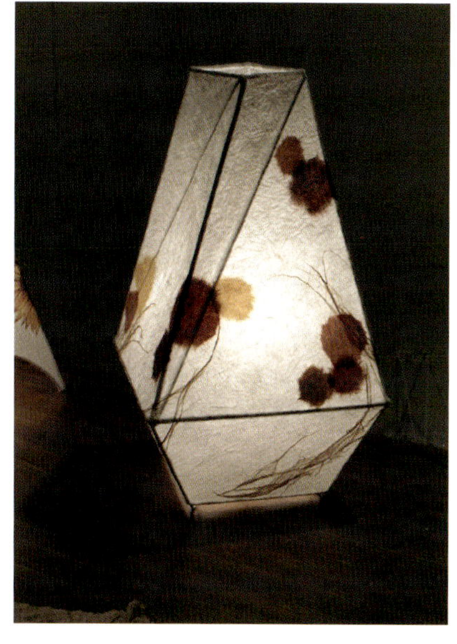

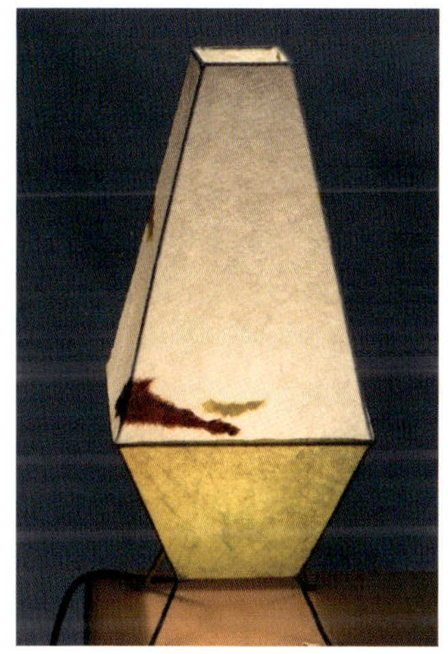

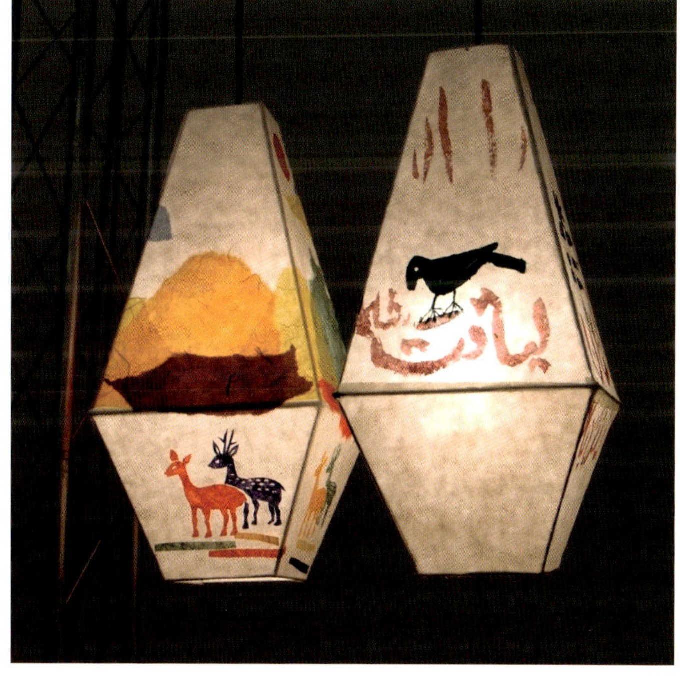

3 · 팔모등

1) 팔모등의 의미와 특징

현재 상용되는 대부분의 등은 100년 미만의 짧은 시기에 도입된 것이 많다. 일제 강점기 이후 외국에서 유입되어 대량생산되었는데 팔모등은 일제 강점기 훨씬 이전부터 사용되었다. 정확한 기록은 남아있지 않지만, 많이 소비되었으므로 대량생산된 것은 사실인 것 같다.

팔모등 제작 방법이 분명하여 많이 사용되었고, 아름다운 채색과 여러 가지 술 등 화려한 장식을 더하여 변형하기 쉬운 장점으로 현재까지도 많이 사용되고 있다. 팔모등의 표면에 연꽃잎 모양의 종이를 잇달아 붙여 만든 연등은 초파일 등의 대표격으로 주류를 이루었으나, 공단등이라고 불리는 값싼 등에게 자리를 내주었다.

19세기 초엽인 조선 순조 때 홍석모가 저술한 『동국세시기(東國歲時記)』는 우리나라 전통의 연중행사와 풍습을 기록한 책이다. 민속을 기록한 책 가운데 가장 상세하고, 이미 사라져 자취를 찾기 어려운 민속까지 광범위하게 다루고 있다. 『동국세시기』에서 팔모등의 모습에 대한 자세한 설명을 찾아볼 수 있다. 팔모등을 만들 때 종이를 바르기도 하고, 붉고 푸른 비단을 바르기도 한다. 또는 운모(雲母)로 장식하고 신선이 날아가는 모양이나 꽃과 새를 그리기도 한다. 평평한 면과 각진 곳에는 삼색 종이를 말아서 길쭉하게 만들어 붙이기도 하는데, 팔모등이 바람에 펄럭이는 풍경이 매우 멋있다고 한다.

팔모등은 띠지(각각의 면 외곽부분에 바르는 색이 진한 종이)를 붙여 면을 확실히 드러내는 방법, 면에 다양한 모양의 종이를 오려 붙이고 귀를 장식하는 방법 등으로 만드는데 팔모등의 바깥에 연잎을 말아 붙였던 기억을 해내는 사람들이라면 팔모등은 아주 친근하게 다가올 것이다.

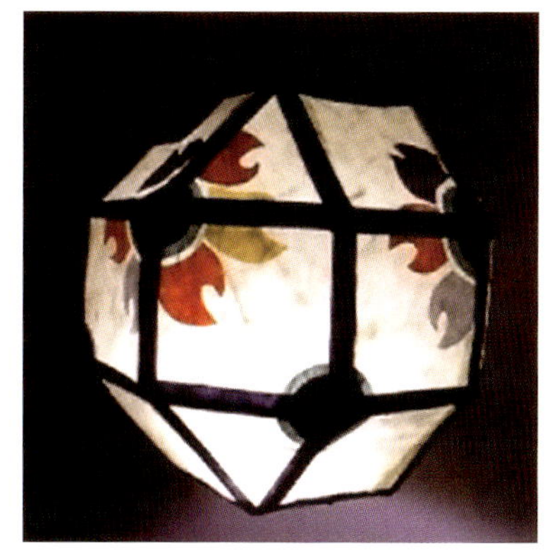

요즈음에는 연꽃잎을 말아 붙이는 모양의 팔모등도 잘 볼 수 없다. 사찰에서 사용되지 않는 것은 물론이고 만드는 사람도 귀하다. 사람의 손과 정성이 들어가는 일은 점차 소외받고 있기 때문이다.

다양하게 만들어지고 몇 개를 이어서 만들기도 하고 온갖 뽐을 내던 팔모등에서 그보다는 조금 손이 덜 가지만 연잎을 붙여 나름대로 정성이 깃든 연꽃 모습의 팔모등으로 변하였고 지금에 와서는 전통등이라는 이름으로 겨우 그 명맥을 유지하고 있지만 우리민족의 대표적인 등은 누가 뭐래도 팔모등이 아닐까 생각해본다.

2) 조립식 팔모등 뼈대 만들기

서울의 인사동이나 을지로 또는 불교용품점에 가면 철사로 만든 조립식 팔모등 뼈대를 쉽게 구입할 수 있다. 크기는 사각형의 한 변을 기준으로 6cm, 8cm, 10.5cm, 12cm가 있는데, 일반적인 제등행렬용으로는 10.5cm를 많이 사용한다. 그 외의 크기는 많이 사용되지 않는다.

팔모등의 뼈대는 팔모등을 반으로 자른 모양의 골조 2개로 되어 있다. 이 두 개의 골조를 이음쇠에 잘 맞추어 이어주면 뼈대가 완성된다. 이때 아랫면과 윗면의 모양이 같아야 하므로 주의해서 연결할 필요가 있다.

만약 양초를 사용해서 조명을 할 예정이라면, 양초를 끼우는 부분을 아래로 하면 되고, 전구로 조명할 예정이라면 그와는 반대로 뒤집으면 된다.

두 개의 골조를 잘 끼운 다음, 가운데 겹치는 부분을 커팅플라이어로 눌러서 연결부위를 단단히 고정시킨다. 손에 들고 다닐 경우를 생각하여, 손잡이용 끈이나 꽂꽂이용 철사를 윗면에 사선으로 고정시키기도 한다.

전구를 설치하는 방법은 앞의 마늘등과 수박등을 참조한다.

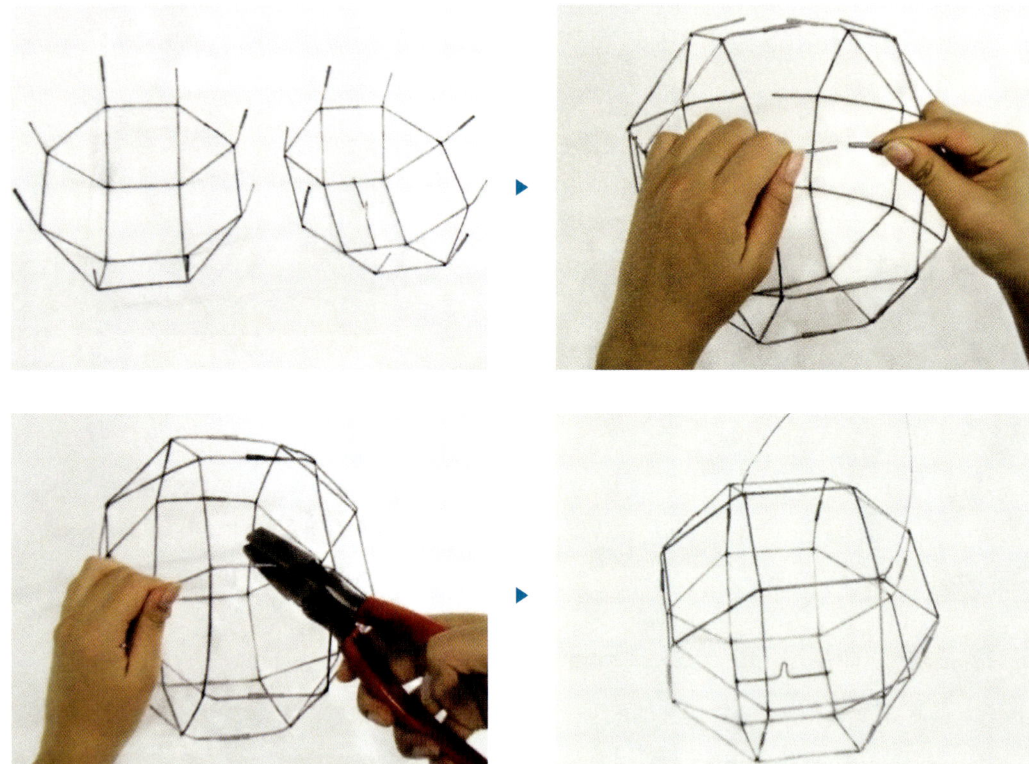

3) 배접하기

팔모등은 다양한 크기와 느낌으로 만들어져 많은 사람들의 사랑을 받는 등이다. 팔모등의 뼈대에 한지를 붙이는 작업은 쉬운 편이다. 면의 모양은 사각형과 삼각형의 두 가지뿐인데 모두 평면이기 때문에 면의 본을 뜨는 작업과 한지를 가위로 오리는 작업도 비교적 쉽다.

2합 장지로 배접하고 그 위에 다양한 형태의 그림과 문양을 넣어 완성할 수도 있다. 또는 처음부터 빛깔 고운 색한지를 배접하여 화려하고 고운 등을 만들 수도 있다. 그러나 한지의 느낌을 빛으로 잘 살리려면 강한 색감으로 염색된 색한지를 그대로 사용하는 것보다는 조금 얇은 2합 장지로 배접을 한 다음에 고운 그림을 그려 넣어 마무리하는 방법이 더 좋다.

수박등처럼 까다로운 3각면을 먼저 해야 하는 번거로움은 없지만, 면의 개수가 많으므로 시간이 걸리는 작업이다. 작업 시간을 줄이기 위해 팔모등의 면을 세 개씩 연결하여 한 번에 붙일 수도 있다. 이렇게 할 경우, 종이의 가운데라도 뼈대에 닿는 부분에는 반드시 풀칠을 하여 종이가 떨어지지 않도록 해야 한다.

5) 채색하기

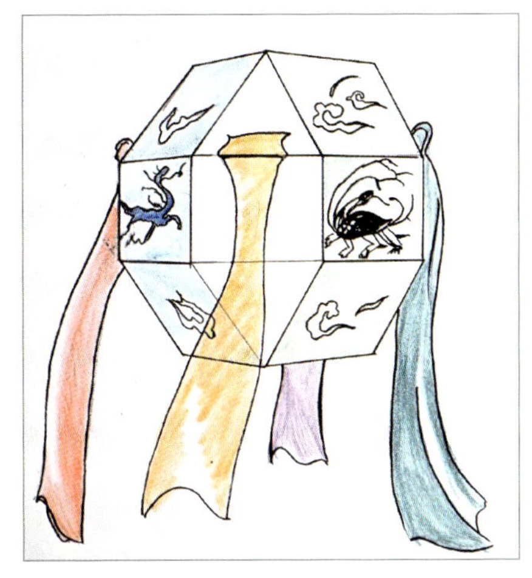
팔모등의 면 구상도

채색물감으로는 한국화 물감을 쓴다. 한지에 가장 잘 어울리는 채색재료는 한국화 물감이다. 이는 한지의 구조에는 입자가 굵고 색이 선명한 한국화 물감이 본래의 색을 잘 살려내기 때문이다. 수채화물감은 입자가 작아서 덧칠을 하거나 색을 섞게 되면 선명하지 않은 색이 나와서 뿌옇게 뜨는 느낌이 든다.

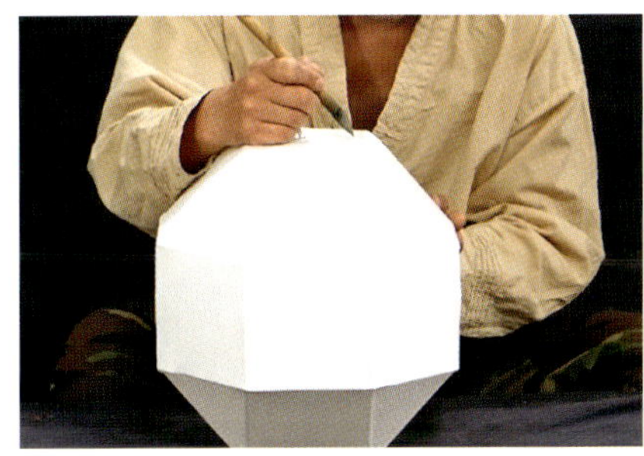
배접을 한 후 채색하는 모습

수박등이나 마늘등은 면이 넓어서 한지에 물감을 잘 먹일 수 있다. 그러나 팔모등은 상대적으로 면이 좁고 경계가 많아서 동일한 느낌으로 면과 면을 연결하는 채색이 쉽지 않다. 따라서 문양이나 그림은 각각의 면을 따라서 해야 된다. 여기에서 팔모등의 특징이 잘 나타난다.

6) 종이 오려 붙이기

문양과 색을 선택하여 여러 장의 색한지를 겹친 다음 문양견본을 대고 한지를 가위로 오려낸다. 오려낸 문양을 등에 붙이고 뼈대가 있는 부분에 색 띠를 두르면 깔끔하고 아름다운 팔모등이 완성된다.

전통문양 이외에도 색종이를 여러 겹 접어 가위질을 하여 색다른 모양을 만들어 붙여도 예쁘다. 이밖에 다양한 글씨를 써넣거나 여러 가지 그림도 그려 넣어 나름대로 창조적인 등을 만들어도 좋다.

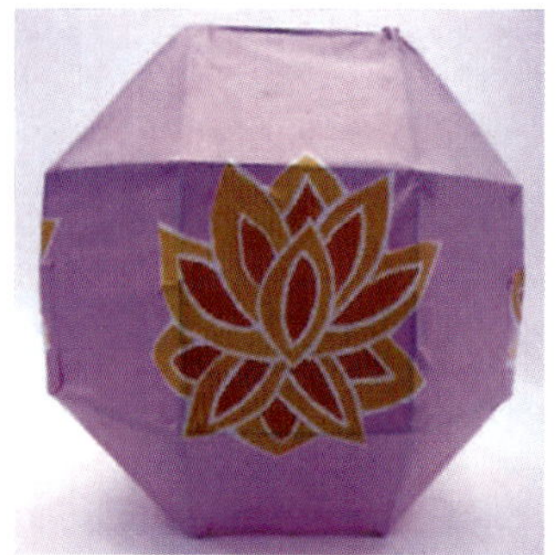
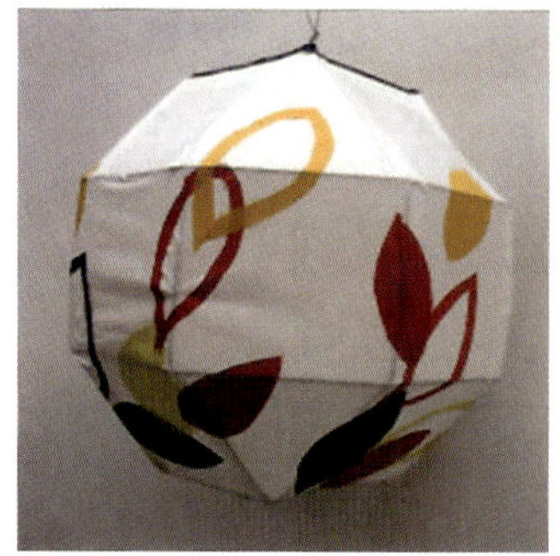
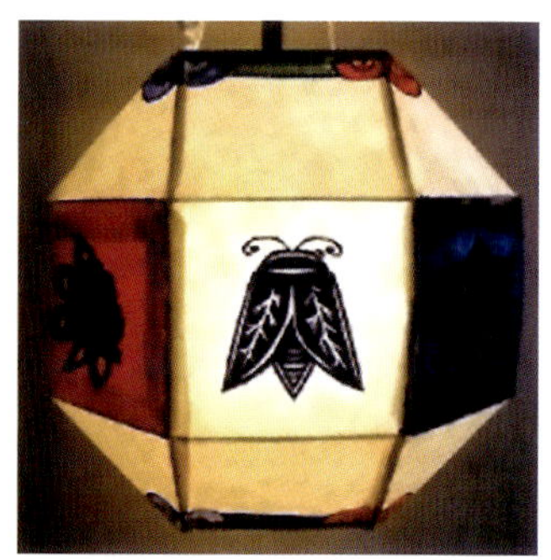
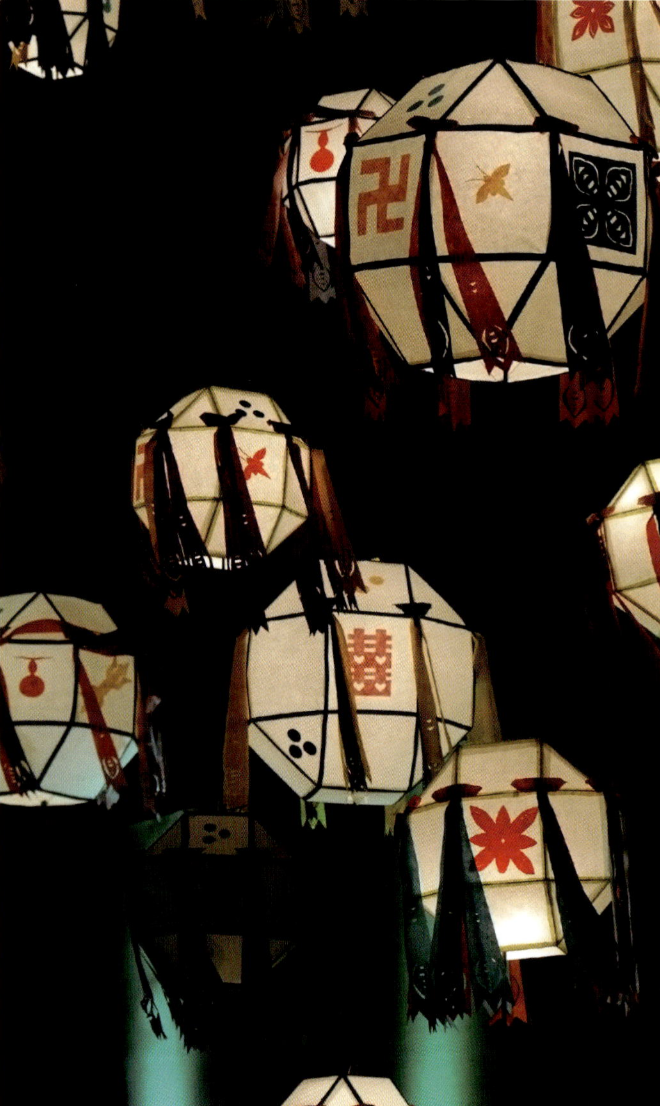
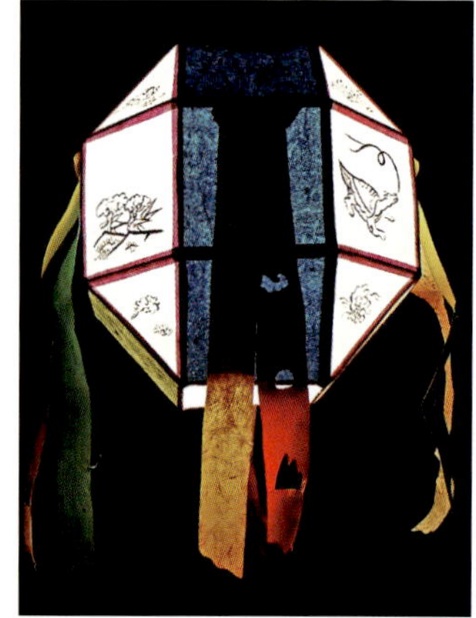
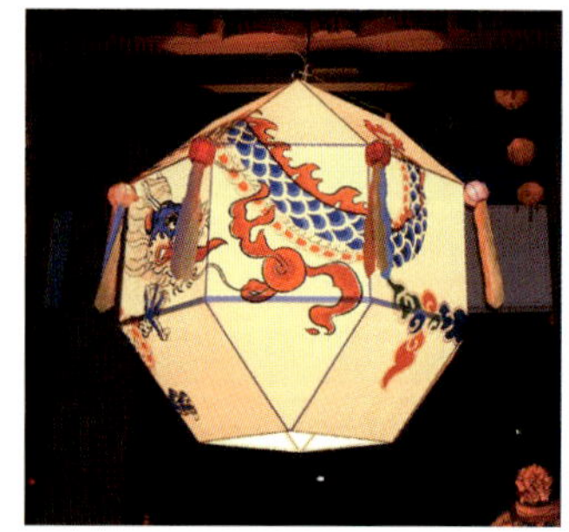
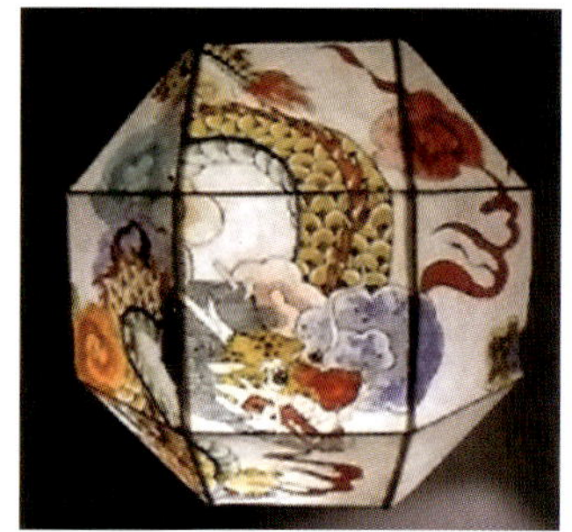

1) 조족등

조족등(照足燈)은 대나무 가지로 둥근 틀을 만들고 그 주위를 기름종이로 감싸서 둥그런 박 모양으로 만든 등이다. 등에는 손잡이 자루가 달리고 밑 부분에 커다란 원형 구멍이 있는데, 내부에는 움직이는 방향에 상관없이 초꽂이가 항상 수평을 유지하도록 만들었다. 내부에 설치된 초꽂이 장치는 철로 만들었는데, 회전용 돌쩌귀를 이용해서 회전하더라도 수평을 유지하기 때문에 촛불이 꺼지지 않았다.

조족등(照足燈)은 말 그대로 발 아래를 비추는 등이었으나 누구나 사용할 수 있는 것은 아니었다. 조선시대에 화재를 경계하고 도적을 잡던 순라군(巡邏軍)이 주로 사용을 해서 도적등이라고 불리기도 하였으며, 모양가 박처럼 생겼다고 하여 박등이라고도 불렀고, 궁중에서는 현등이라고 하였는데 간단하지만 과학적

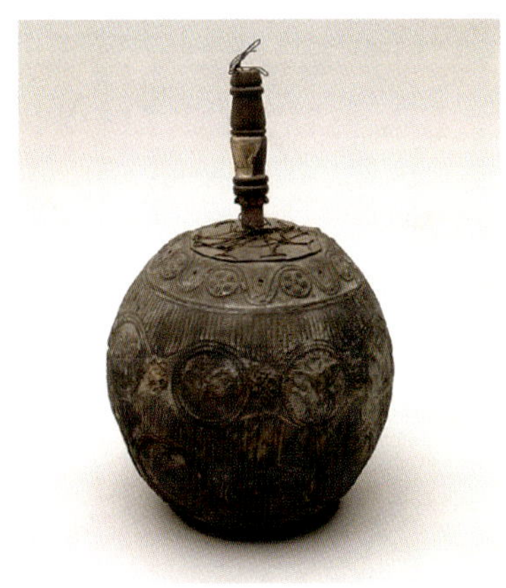

조족등(경희대 소장)

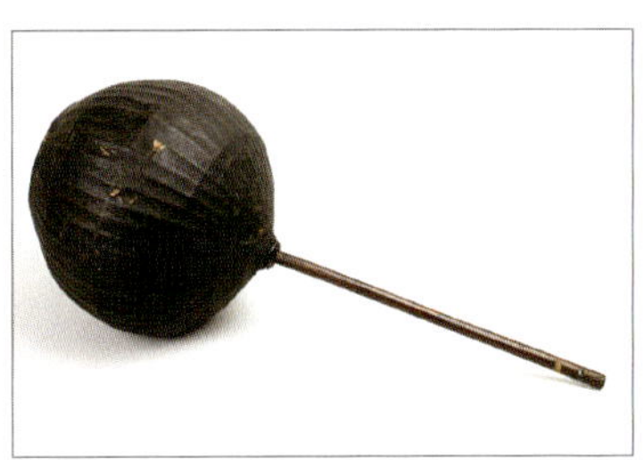

조족등(국립민속박물관 소장)

인 조명장치임에는 분명하였다. 초가 귀했던 시대에 초를 사용하여 조명했다는 사실만으로도 이 등을 사용했던 사람들의 지위를 미루어 짐작할 수 있다.

2) 풍등

풍등(風燈)은 주로 군사신호용으로 사용되었다고 전해오는데, 구체적인 자료는 남아 있지 않다. 풍등의 원리는 서양의 열기구와 흡사한데, 같은 원리로 하늘에 떠오르기 때문에 모양도 비슷하다. 기록에 따르면, 한국전쟁 이후에도 풍등대회를 열었다는 것을 보면, 등놀이와 불꽃놀이를 즐겼던 우리 민족이 풍등도 놀이용으로 사용했음을 추측할 수 있다.

중국이나 대만에서는 풍등과 비슷한 등을 하늘에 날리는데, 이때 어김없이 소원도 함께 올려 보낸다. 중화권에서는 풍등과 유사한 형태의 등을 다양하게 만들고 있으며, 지금까지도 대규모의 풍등 날리기가 잘 보존되어 있다. 이러한 사실을 미루어 볼 때 풍등은 주로 동아시아문화권에서 널리 만들어 사용한 것으로 생각된다.

풍등의 내부에는 대개 뼈대가 없으며 종이로 둘러싸여진 안쪽 밑에는 가벼운 대나무가 종이를 잡으며 테두리를 형성한다. 그 대나무에 가느다란 철선을 연결하여 기름 먹은 종이나 솜 등을 가운데에 묶어 불을 붙이면 등 안의 공기가 데워져서 등이 하늘로 떠오르는 원리를 이용하였다.

원리는 간단하지만 바람을 타고 가다가 높은 산의 나뭇가지에 걸리거나, 건물에 내려앉거나, 미처 다 타지 못하고 땅에 떨어질 우려도 있다. 그러므로 화재의 위험을 고려해서 풍등에 끈을 매달아 날리다가 다시 회수하는 등의 노력이 필요하다.

⑴ 풍등 만들기

지금 60cm의 대나무 원을 두께 2mm 이하의 얇은 철사로 十 모양이 되도록 연결한다.

한지를 그림의 설계대로 네 장을 오려서 준비한다. 오린 한지 네 장의 위와 옆면을 서로 연결되도록 풀로 붙이면 커다란 원뿔 모양이 된다. 이 원뿔 모양의 한지를 둥글게 연결한 대나무 뼈대에 잘 붙인다. 이때 사용하는 한지는 '노루지'라고 불리는 종이다.

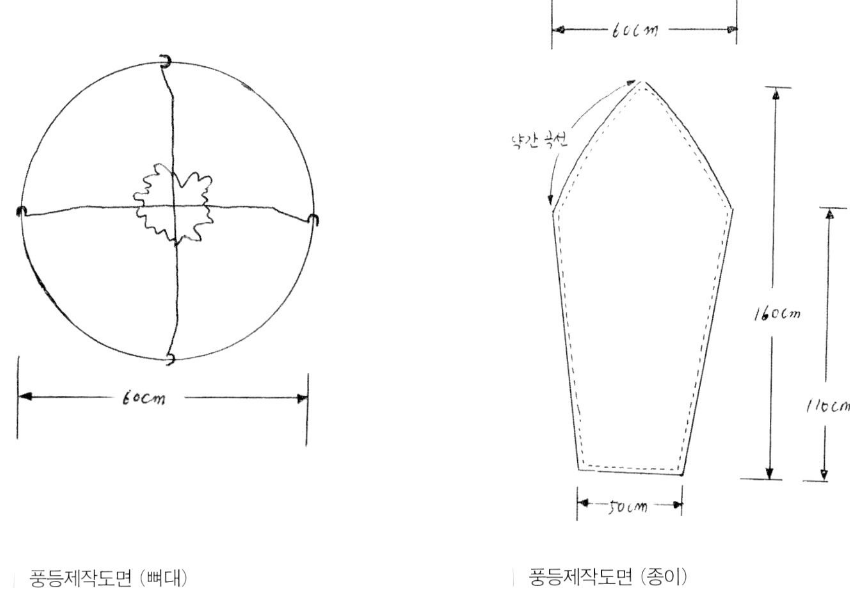

| 풍등제작도면 (뼈대) | 풍등제작도면 (종이) |

(2) 풍등 날리기

풍등은 심지에 불을 붙여 날리기 때문에 화재의 위험이 상존한다. 따라서 도심이나 나무가 많은 곳, 바람이 심한 곳에서는 절대 날려서는 안 된다. 과거에는 풍등을 멀리 날려 보냈지만 화재의 위험 때문에 풍등 틀에 얇고 가벼운 와이어줄을 매달아서 등을 날려 보내지 말고, 다시 회수해야 한다.

풍등을 날릴 때는 혼자서는 날릴 수 없고 두세 사람이 필요하다. 한 사람은 풍등의 몸체를 잡고, 다른 한 사람은 와이어줄을 잡는다. 또 한 사람은 심지에 불을 붙이고 등을 붙잡고 있어야 한다. 불에 데워진 공기 때문에 풍등의 몸체가 팽창해서, 풍등이 스스로 땅을 차고 위로 떠오를 때까지 약간 누르듯 등을 잡고 있어야 한다. 충분하게 공기가 데워지지 않은 상태에서 억지로 등을 하늘로 밀어올리면, 오래지 않아 내부 공기가 차가워지면서 추력을 잃고 등이 추락하게 된다.

풍등이 하늘로 날아오르면 와이어줄을 잡고 있던 사람은 등을 주시하며 대략 50m 정도 상공에서 고정시킨다. 풍등의 추력이 남아 있으므로 단단히 잡고 있어야 줄을 놓치지 않는다. 풍등의 원리상 데워진 공기가 남아 있는 이상 불이 붙어 있는 상태로는 추락하지 않는다. 하지만 화재의 위험이 크기 때문에 와이어줄을 반드시 장치하여 화재를 대비하고 예방하여야만 한다.

심지의 종류와 기름의 성질이나 양에 따라 풍등이 하늘에 머무는 체공 시간과 움직이는 속도가 결정된다. 충분한 경험과 지식이 없는 상태에서 잘못 띄우게 되면 자칫 낭패를 당할 수 있으므로 조심해야 한다.

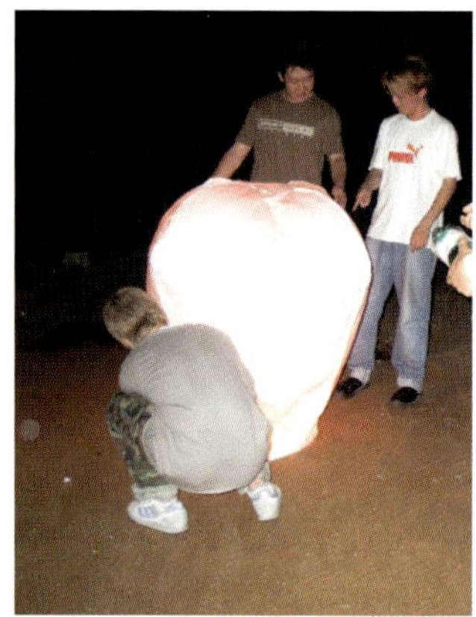

| 풍등 심지에 불을 넣는다

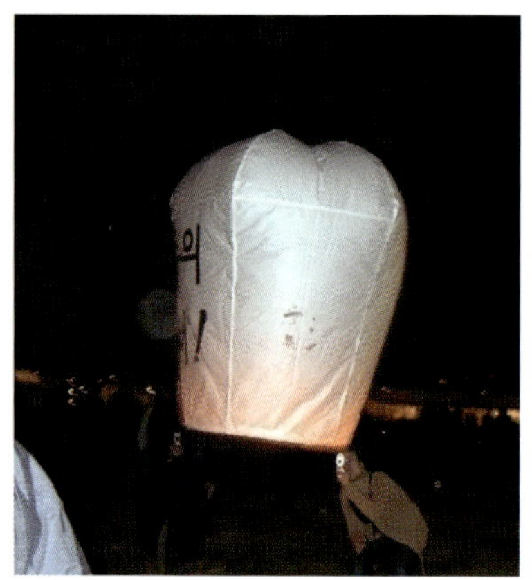

| 추력으로 올라가는 모습

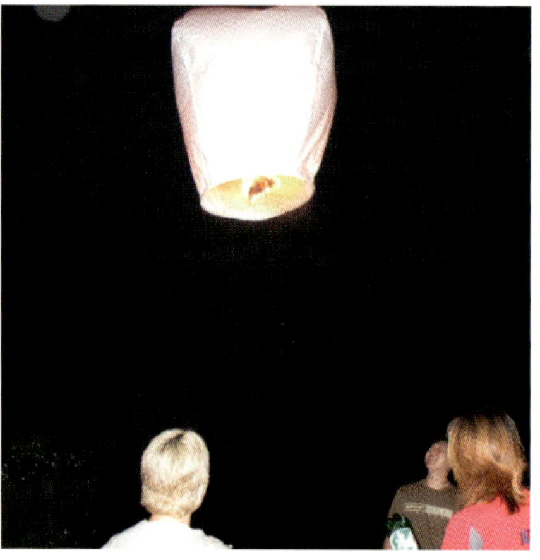

| 풍등에 열이 상승하여 떠오르는 모습

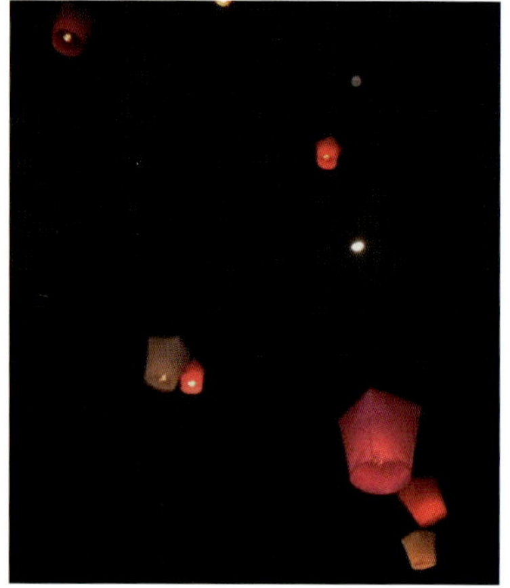

| 여러 개의 풍등이 날아간다

● 1999년 전통등연구회에서는 전통적인 풍등의 복원과 재현을 위해 일산의 호수공원에서 풍등을 날린 적이 있었다. 그 뒤로도 여러 가지 행사를 통해 서울 시내에서 풍등을 날리려 하였으나 안전상의 이유로 실험적인 성과에 만족하여야 했다. 그 후 풍등 만드는 방법을 지면을 통해 보급하였으며 그러한 과정을 통해 풍등을 만드는 업체와 이벤트가 생기게 되었다.

3) 주마등(走馬燈)

세월이 주마등처럼 스쳐 지나간다는 속담이 있다. 흔히 인생의 무상함을 의미하는 말이
다. 주마등 은 등 안에 설치된 말 모양의 갈이틀이 빠르게 도는 그림자가 등의 표면에 드리
워지는 것이다. 등 속에 불을 켜면 그 열기가 위로 상승하면서 갈이틀을 회전시키는데 이때
날개에 달아놓은 말 모양의 그림자가 등의 표면에 비치는 것이다. 재미를 위해 말이 달리는
모습의 틀을 여러 개 설치하면 말이 빠르게 달리는 광경을 볼 수 있다. 주로 달리는 말의 형
상을 틀 안에 넣기 때문에 주마등(走馬燈)이라고 부르지만, 갈이틀의 그림자가 등의 표면에
비치는 것을 보고 즐기는 등이기 때문에 그림자 등, 즉 영등(影燈) 또는 회전등이라고도 불
렀다.

옛 문헌에 따르면, 주마등 안에 갈이틀을 만들어 놓고 종이를 잘라서 말 타고 사냥하는
모습이나 매, 개, 호랑이, 이리, 사슴, 노루, 꿩, 토끼 모양을 선기에 붙여 바람에 빙빙 돌게

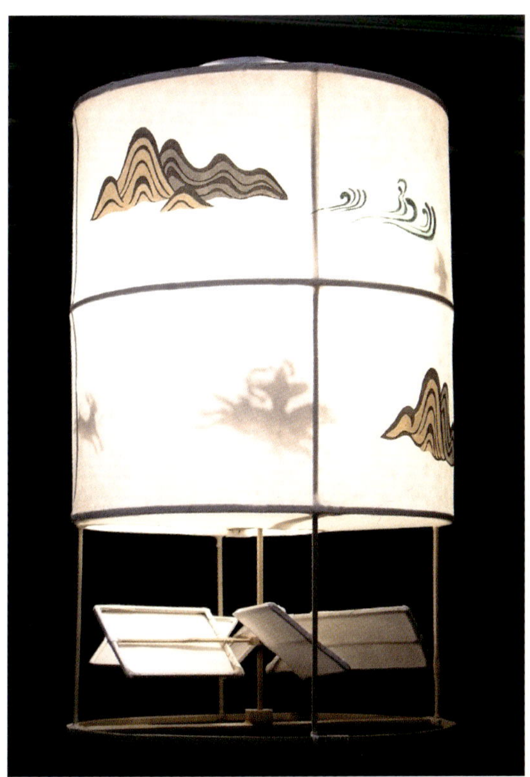

문헌을 바탕으로 재현된 주마등

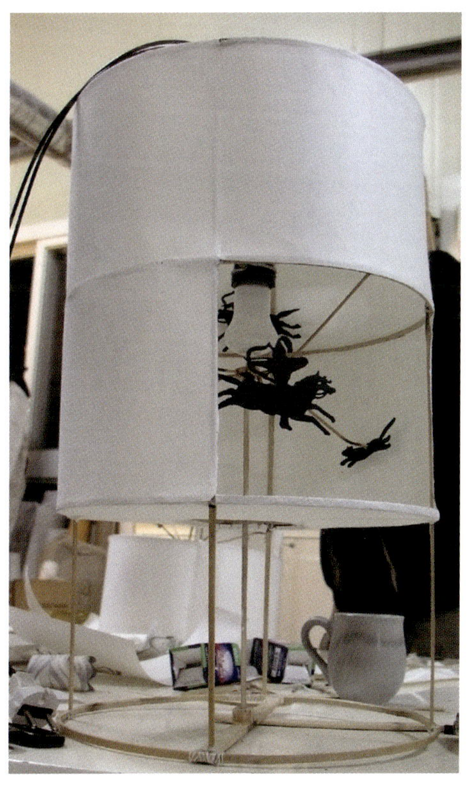

주마등의 내부(전구를 설치함)

하여 밖에서 그 그림자를 보고 즐겼다고 한다. 또한 여러 가지 이야기를 통해 주막에 내걸리기도 하고, 사람들의 시선을 끌었다는 것으로 보아 많은 재주가 있는 등임에 틀림없다.

(1) 주마등 만들기

주마등을 제대로 만들기는 쉽지 않은 일이다. 뼈대를 만드는 과정이 녹녹치 않기 때문이다. 먼저 네 개의 원을 만들고, 제일 아래 원 틀에 ＋ 모양으로 대나무를 붙이고 한 가운데에 갈이틀을 앉힐 홈을 판다.

아래에서 두 번째 원 틀 가운데 넓은 대나무를 대고 갈이틀이 통과할 수 있는 구멍을 낸다. 바람개비 종이를 붙이고 사람이나 동물의 문양을 오려 붙인 후 갈이틀을 본체 안에 넣고 고정시킨다. 문양을 붙일 때는 안쪽으로 약간 둥글게 말아 붙여서 주마등의 겉을 싼 종이에 그림자가 고르게 비치도록 한다. 각각 네 개의 길고 짧은 보조대를 세로로 붙인다. 겉종이에 배경 그림을 오려 안쪽으로 붙이고 배접한다. 주마등은 움직이는 그림자를 보기 위한 것으로 전구가 밝을수록 그림자가 선명해진다.

5

나만의 등 만들기

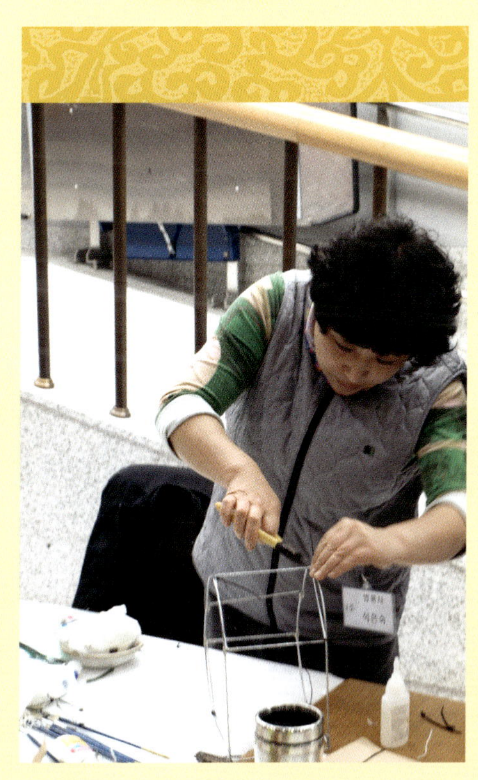

1 · 창작등 만들기

　이제부터는 전통등의 원리를 응용한 나만의 창작등을 만들어 보자. 창작등 만들기는 수박등이나 마늘등처럼 간단하지는 않다. 크기를 정확하게 맞추거나 똑같은 모양을 이어 붙이거나 하는 방법을 사용할 수도 있지만 그렇게 하면 딱딱하게 각이 진 재미없는 모양이거나 또는 매우 단순한 모양의 등이 될 것이다. 자신이 원하는 형태의 등을 제대로 만드는 데는 상당한 노력과 시간이 필요하다.

　예를 들어, 등에는 빛을 발할 수 있는 공간이 필요하다. 최소한 그 공간은 전구를 설치할 수 있고 또한 전구를 끼울 수 있을 정도여야 한다. 등의 형태가 조금만 복잡해져도 한 개가 아니라 여러 개의 전구를 달아야 한다. 이밖에도 초보자가 새로운 등을 창작하는 데 주의해야 할 점이 한두 가지가 아니다. 간단한 지식만 가지고 등을 처음 만들어 보는 사람은 몇 가지 원칙을 정해놓고 만들어야 한다.

　첫째, 만들려는 등의 모양이 최대한 단순해야 한다. 만약, 모양이 복잡하다면 큰 덩어리를 위주로 단순화하고 크기를 줄이는 방향으로 구상하도록 한다.

　둘째, 전구를 설치해서 빛이 은은하게 나올 수 있을 정도의 공간이 있어야 한다.

　셋째, 어디에 달 것인지 미리 고민하여 거기에 맞추어 제작해야 한다.

1) 물고기등 만들기

● 물고기등의 의미

우리나라에서 민물고기를 생각하면 얼른
떠오르는 것이 잉어이다. 민물고기의 대표가
잉어라고 할 수 있다. 양자강 상류의 '용문'
이라는 협곡에서 잉어들이 거센 물결을 거슬
러 오르면 용이 된다는 등용문(登龍門)의 고사

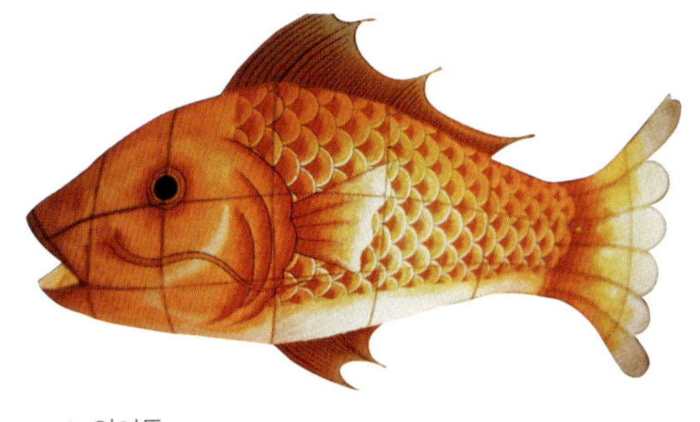

잉어등

를 비롯하여 수많은 이야기에 등장하고 있다. 부모님의 병을 고치기 위해 한 겨울에 물 속
에 자신의 팔을 넣고 잉어를 잡으려고 했던 효성 가득한 이야기도 전해지고 있다. 또한 산
후에 부인네들의 회복을 돕고 젖을 잘 나오게 하는데 잉어만한 것이 없다. 예부터 온갖 고
초를 겪으면서 장원급제하여 출세하는 것을 '등용문'에 비유하였으며, 여러 가지 고사와 설
화를 통해서 잉어는 곧 부귀와 장수를 뜻하게 되었다.

잉어를 본 뜬 문양은 여러 가지 종류의 물고기 문양 가운데 최고로 여겨졌고, 그런 이유
로 등으로도 많이 만들어졌다. 시대를 막론하고 부귀와 장수, 입신출세와 건강은 세상 사람
들의 간절한 바램이었는데 지금은 어디에 '등용문'이 있을까?

(1) 구상하기

등을 처음 만드는 초보자는 가능한 간단한 형태의 등을 구상하는 것이 좋다. 물고기의 경
우, 몸통과 꼬리, 등지느러미, 배지느러미 등으로 크게 형태를 구상할 수 있다. 여기에서는
지느러미는 제외하고 몸통과 꼬리만 표현하는 간단한 형태의 등을 만들어 보자. 등이나 배
에 지느러미가 달린 형태는 좀더 숙련된 다음에 만드는 것이 실패할 확률이 줄어들고 좋다.

먼저 원하는 등의 모습을 상상하면서 그림을 그려본다. 간단한 형태를 그리고 눈과 입을
그려 넣고 비늘과 꼬리지느러미의 모양도 표현하면서 색칠을 해본다. 그 그림을 토대로 하
여, 물고기 등의 특징적인 형태가 드러나도록 옆에서 보는 모습을 먼저 도면에 그리고, 원
하는 치수를 표시한다. 여기에서는 전체 길이가 60㎝인 물고기등을 만들어 보자. 등의 형태
가 유지될 수 있도록 중심 뼈대를 그려 넣는다. 면을 너무 잘게 분할하지 않도록 한다. 이곳
에서는 전체 12면으로 나누어진 등을 만들 것이다. 그러고 나서 정면에서 바라본 모습을 그

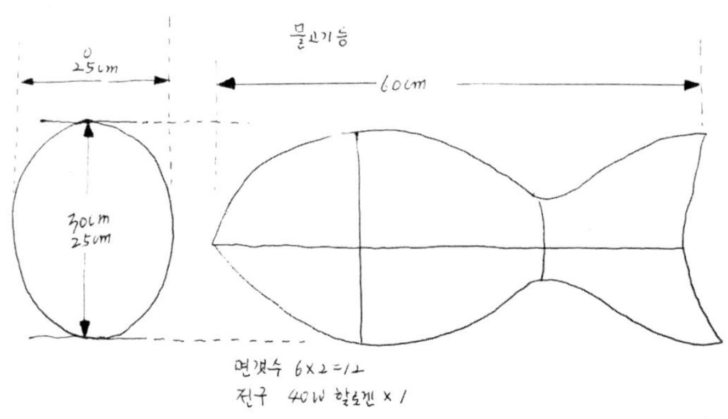

| 물고기등의 도면

리고, 원하는 치수를 표시한다.

전구를 어디에 설치할지 결정한 다음, 전구가 드나들 수 있는 공간을 비워둔다. 여기에서는 물고기등의 등 부분에 둥글게 공간을 비워서 전구를 끼워 넣고 설치하도록 한다.

(2) 뼈대 만들기

물고기등의 뼈대가 완성된 사진을 참조하여 철사로 뼈대를 만들어 본다. 물고기등의 모양은 도면에 기록한 치수대로 계산하여 작업하기 어렵다. 때문에 자신의 예술적 감각과 경험에 의지하여 뼈대의 모양을 만들어야 한다. 지금까지 설명한 창작의 원칙을 기억하면서 뼈대를 만들어 본다.

먼저, 재료로 철사, 사이드커팅플라이어, 무명실, 순간접착제, 케이블타이를 준비한다.

뼈대 만드는 순서

1. 커다란 종이에 실제로 만들려는 크기로 물고기등의 옆모습 그림을 그린다. 그 그림을 기준으로 철사를 휘어서 물고기등의 옆모습을 완성한다.

2. 물고기등을 정면에서 바라보았을 때 보이는 타원을 만들어 보자. 이 타원의 크기에 따라 물고기등의 두께가 결정된다. 한지 배접이 가능한지 잘 살펴보고 면의 크기가 적당하도록 위치를 잡아서 타원을 만든다.

3. 물고기등의 크기에 따라서 만들어야 하는 타원의 개수가 결정된다. 우리가 만드는

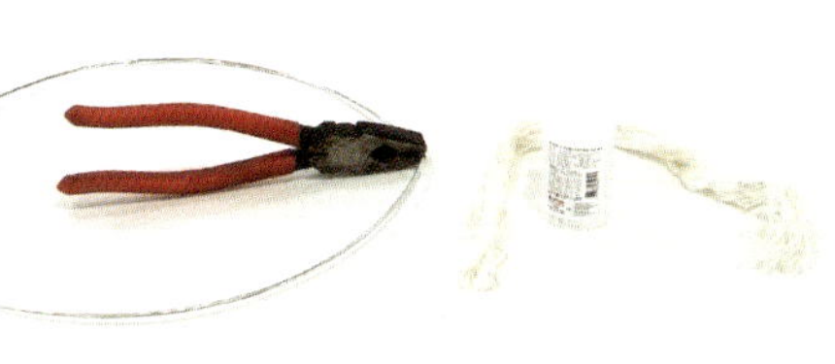

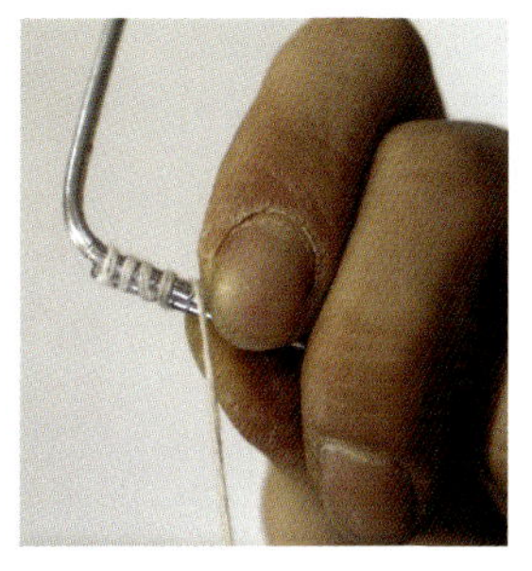

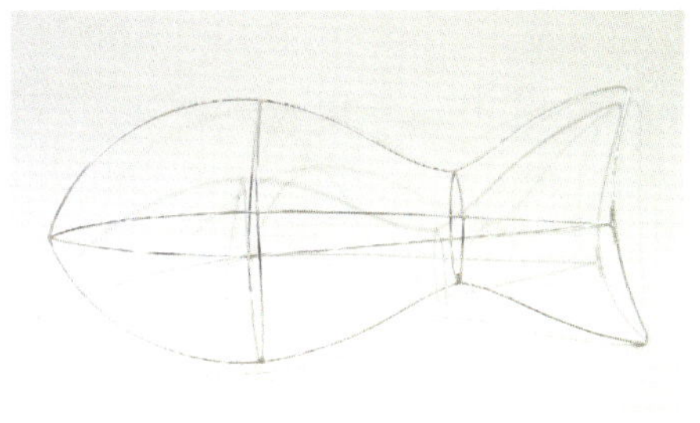

| 물고기등의 뼈대 제작재료 | 물고기등의 뼈대 연결 방법 | 물고기등의 뼈대 |

60㎝ 크기의 등에는 한 개의 타원이면 충분하다. 이보다 더 큰 등을 만들 경우에는 면의 크기를 잘 가늠해서 적당한 수의 타원의 만들도록 한다.

4. 수박등이나 팔모등, 마늘등의 경우에는 가장 윗부분과 아랫부분은 열려 있기 때문에 뜨거운 열기를 배출하고 전구도 갈아 끼울 수 있는 공간이 있다. 그러나 물고기등은 이러한 공간을 임의로 만들어야 한다. 물고기등의 윗부분, 즉 전선이 나오는 부분에 어른 손이 들어갈 만한 크기의 구멍을 만들어 열기 배출과 전구 교체를 가능하게 한다.

(3) 전구 설치하기

작은 물고기등에는 전구가 한 개에서 두 개 정도 들어가면 좋다. 전구의 위치를 잘 잡아서 물고기등 내부 공간을 적절하게 비추도록 하는 것이 중요하다.

여기서는 뼈대를 만들 때 물고기등의 윗부분에 확보한 공간에 한 개의 전구를 설치할 것이다. 물고기등에서 가로의 무게 중심 부위에 전선코드에 연결된 소켓을 설치한다.

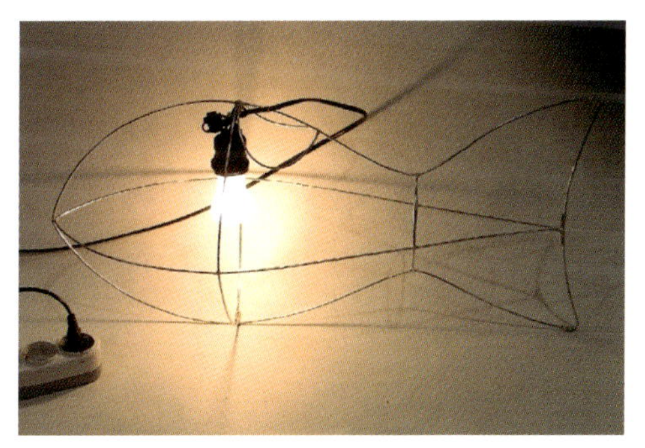

전구를 단단히 끼워 넣고 불을 켜 본 뒤, 위에 연결한 전선을 들어 보면서, 물고기등이 원하는 각도로 매달리는지 확인한다. 무게가 어느 정도 나가는 경우에는 와이어을 설치하고, 무게가 가벼운 경우에는 전선을 이용하여 설치하면 좋다.

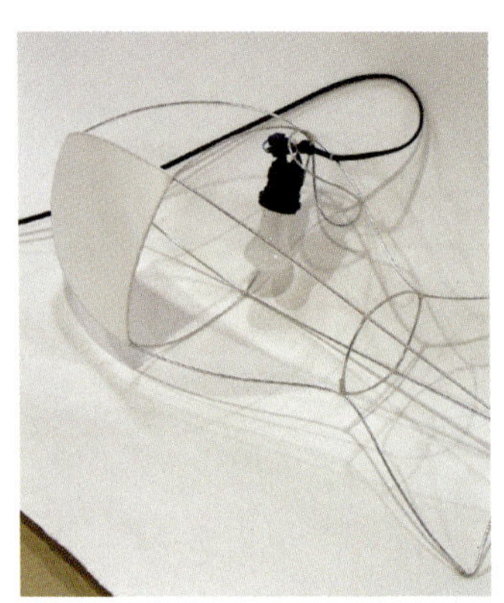
| 배접

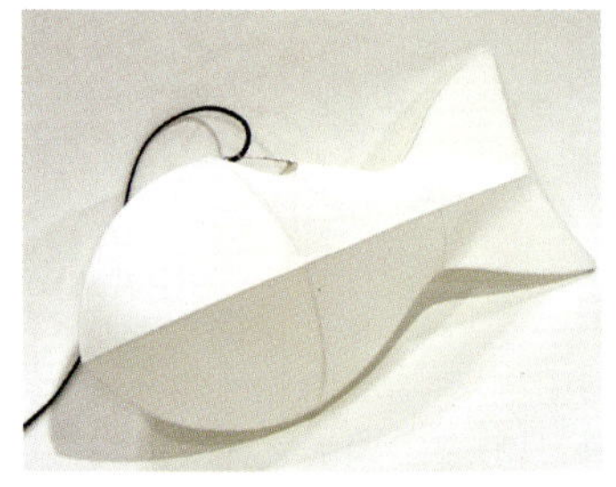
| 물고기등 배접 완성

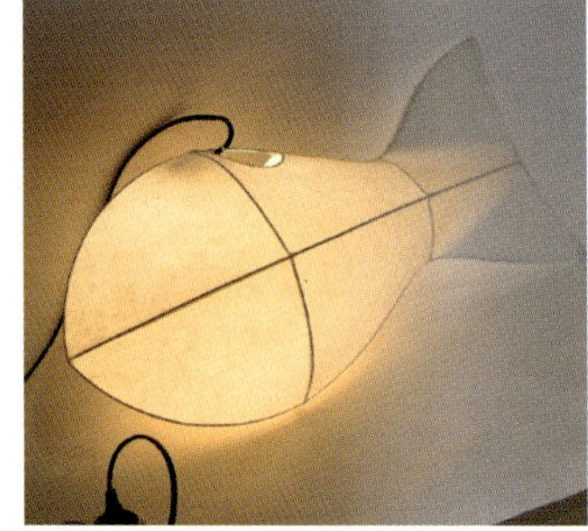
| 불켜기

⑷ 한지 배접하기

물고기등은 모든 면이 곡선으로 이루어졌기 때문에 배접에 상당히 공을 들여야 한다. 평면과는 달리 뼈대와 뼈대를 연결하는 한지의 본을 잘 떠야 한다. 본을 뜬 종이는 풀을 바르기 전에 반드시 뼈대에 대보고 확인하는 과정을 거쳐야 잘 붙일 수 있다.

꼬리지느러미를 배접할 때에는 연결부분의 면을 잘 보아야 한다. 꼬리지느러미와 연결되는 몸통의 타원 뼈대에서 꼬리지느러미 끝의 평면적인 뼈대에 이르는 면에 한지가 제대로 붙는지 확인하고 본을 떠야 한다. 이때 면이 이상해서 종이가 잘 붙지 않는다고 생각되면 뼈대를 수정해야 한다. 한지가 뼈대면에 붙을 때에는 책받침처럼 한번만 휜다는 것을 알아야 한다. 억지로 종이를 구겨서 배접하게 되면 모양새가 좋지 않고 채색을 하고 난 뒤에도 팽팽하게 펴지지 않기 때문이다.

⑸ 채색 및 꾸미기

기본적으로 채색하는 방법을 정하지는 않는다. 깔끔한 잉어의 이미지를 만들려면 잉어의 비늘을 정성껏 그리면 좋다. 아기자기한 맛을 내려면 색한지로 만든 비늘을 오려붙이는 방법도 좋다. 비늘을 직접 그려 넣거나 분위기 위주의 인테리어용으로 만들고 싶다면 전체적으로 염색기법을 사용하는 것이 어울릴 것이다.

채색을 할 때는 색을 선택하는 것이 중요하다. 아무 색이나 마음대로 칠한다면 열심히 만든 등을 망치기 쉽다. 가장 무난한 색을 고르는 것이 현명할 수 있다. 한지는 미색이며 등의 내부에 설치한 전구의 불빛 색을 잘 반영한다. 그렇기 때문에 노란색이나 붉은색 계열이 가장 무난하고, 갈색 계열, 연두빛 등이 어울리는 빛깔이며, 푸른색 계열이 표현하기 어려운 색감이다. 푸른 물고기를 생각하고 그림을 그릴 생각이라면 물고기등을 만든 똑같은 한지에 색을 미리 칠해서 색감을 확인하여야 한다.

| 물고기등 채색하기 |

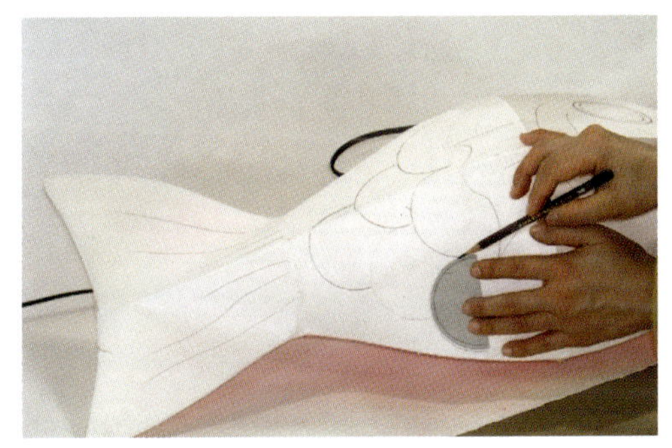

물고기등 밑그림 반원 모양의 두꺼운 종이를 오려서 그것을 대로 규칙적으로 비늘을 그린다

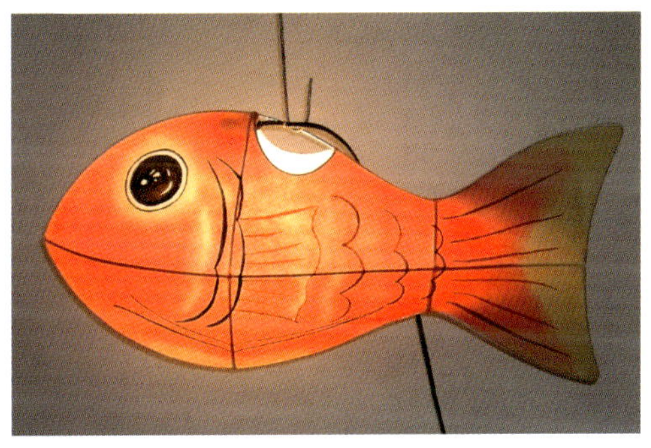

물고기등 채색 완성 모습

| 종이오려 붙이기 |

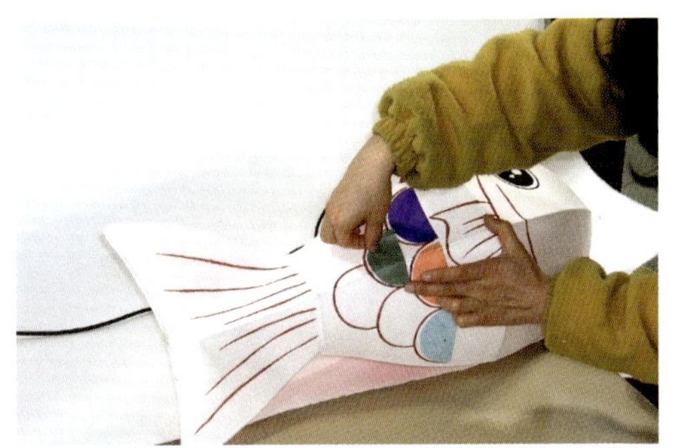

비늘을 색한지로 붙인다

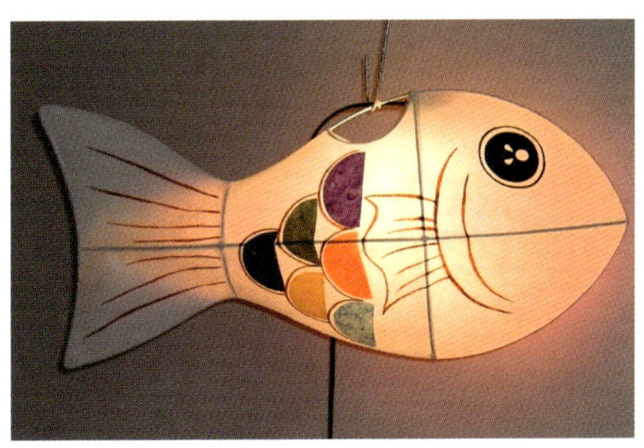

색한지 붙이기 완성 모습

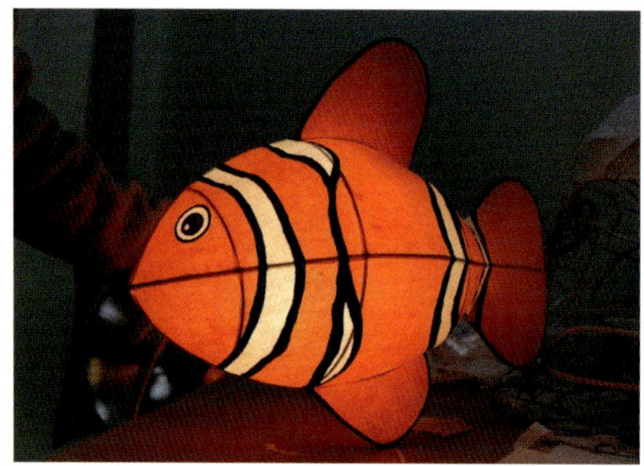 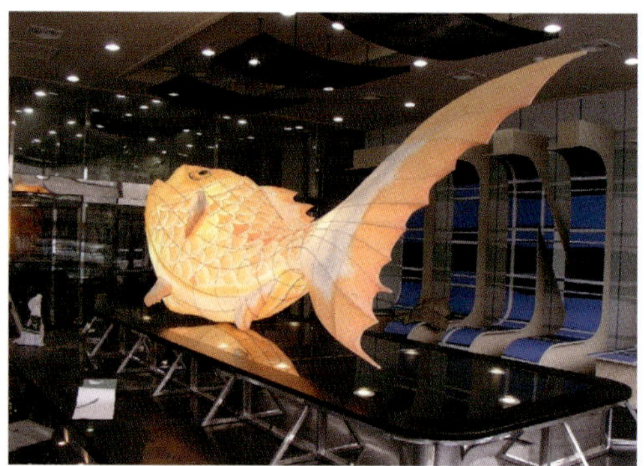

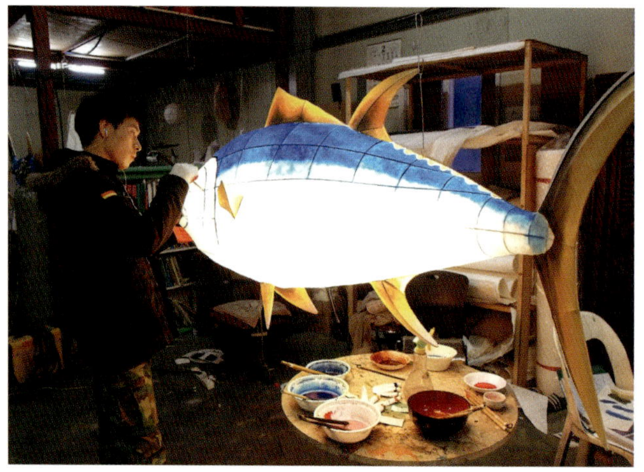

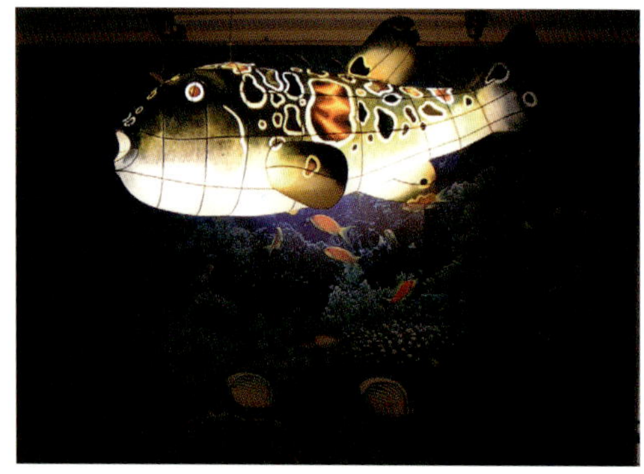 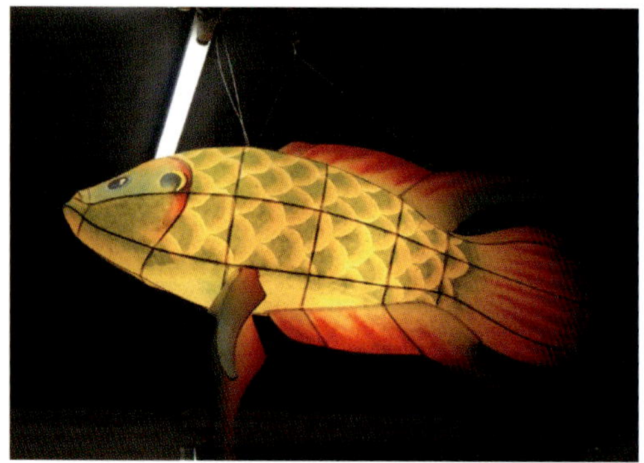

2) 책등 만들기

(1) 구상하기

책등은 책이 층층이 쌓인 모습을 형상화한 것이다. 모양은 딱딱하고 각이 졌지만, 한지를 만나서 더욱 포근하고 따뜻한 분위기를 만들어낸다. 책등과 같은 작품을 구상할 때는 크기와 모양을 정확하게 그려서, 만들어진 결과물을 예측가능하도록 해야 한다.

(2) 뼈대 만들기

이렇게 복잡한 형태의 책등과 같은 구조에서는 전체 형태를 한 번에 만들 수 없다. 그러므로 도면에 근거해서 사각형의 형태를 하나씩 만들어 차곡차곡 쌓아가듯 뼈대를 만드는 것이 좋다. 이때 안정감과 비례를 잘 고려하여 배치해야 한다.

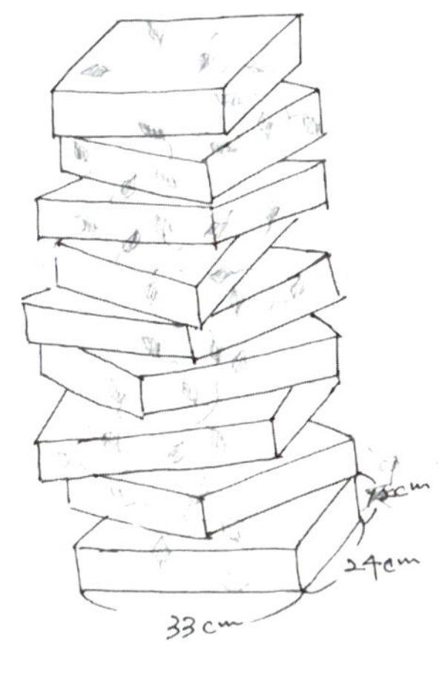

책등의 구상도

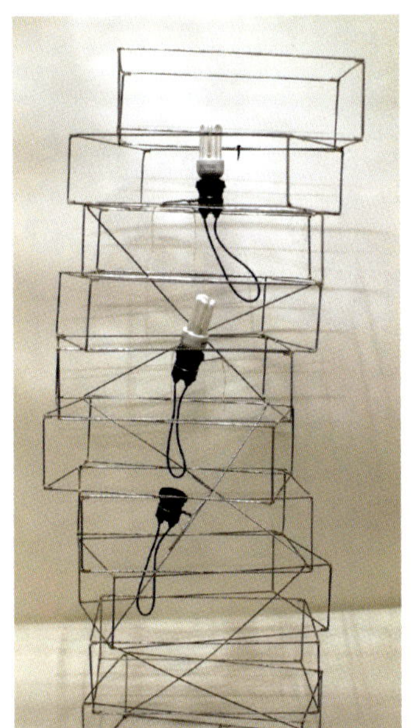

책등의 뼈대만들기

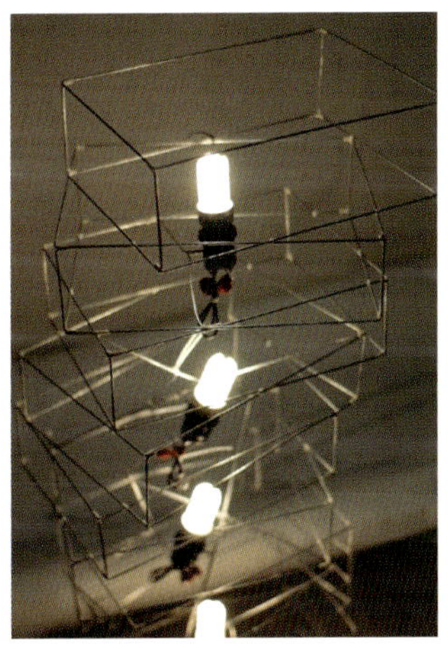

책등의 전구설치장면

(3) 전구 설치하기

전구는 등의 가운데 있어야 한다. 책등의 뼈대는 사각형을 한 단 한 단 쌓아가는 동안 각도의 변화가 생기므로, 높낮이를 잘 설정하고 뼈대의 힘을 잘 살릴 수 있는 구조로 연결해야 한다. 소켓을 잘 고정시키고, 전구를 설치한 다음 전원을 연결해서 잘 작동하는지 확인하도록 한다.

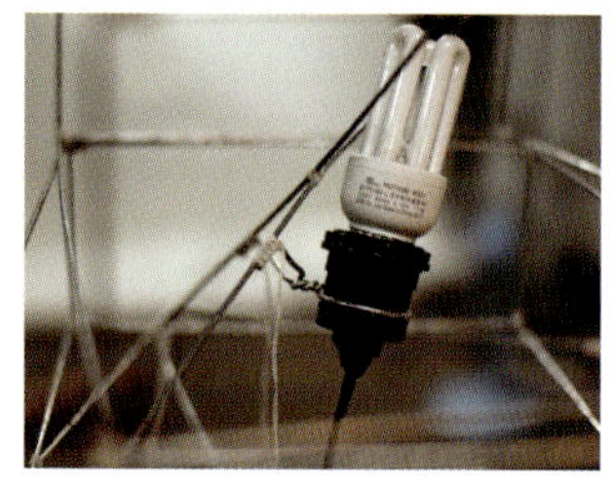
| 소켓연결

(4) 한지 가공하기

줌치 기법으로 한지를 가공해서 사용한다. 먼저 한지를 몇 시간 동안 물에 푹 담궈 둔다. 충분히 물을 먹은 한지를 꺼내서 손으로 꾸깃꾸깃 접어서 손아귀에 힘을 주고 꽉 쥐어짠다. 이때 짓이기듯 짜면 한지가 상할 위험이 있기 때문에 조심한다. 다시 한지를 펴서 깨끗한 바닥에 대고 탕탕 두들긴다. 이 종이를 다시 물에 담궜다가 꺼내서 물을 짜고 종이를 편 다음 바닥에 두들기는 과정을 여러 차례 되풀이한다. 원하는 질감이 만들어지면, 그때 멈추고 종이를 펴서 말리면 그 상태로 굳게 된다. 이러한 줌치 기법을 사용해서 만들어진 한지를 줌치지라고 한다.

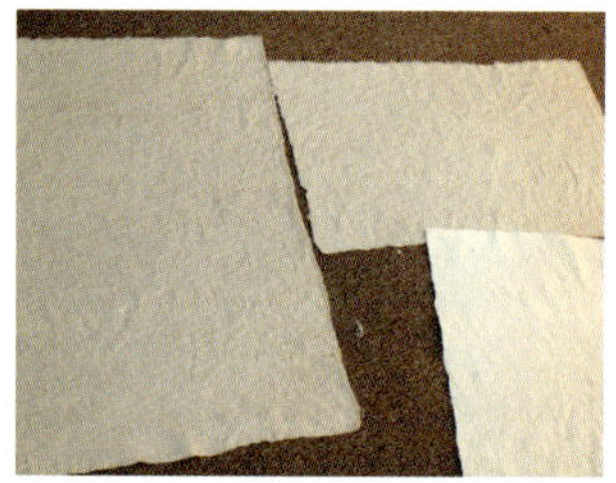
| 줌치지를 말리는 장면

원래의 줌치는 닥풀을 사용하여 한지를 뜨고 덜 마른 상태에서 만들기 때문에 닥풀의 역할이 크다. 줌치 기법으로 만들면 섬유질이 아름다우면서도 광목처럼 질긴 한지를 얻게 된다. 그러나 이미 가공이 끝난 한지를 구입해서 줌치 기법으로 재가공하면 강도와 질감에서 우수한 종이를 얻기는 어렵다.

| 줌치지의 조명질감

등을 만드는 데 필요한 만큼의 양을 만들었다면 종이가 쪼그라들거나 울지 않도록 말리는 것이 좋다. 종이가 완전히 마르기 전에 평평하고 무게 있는 물건으로 살짝 눌러주면 나름 평평한 줌치지를 얻을 수 있다.

(5) 한지 붙이기

어려운 부분을 먼저 배접하고 사각형이 온전히 나오는 부분은 맨 나중에 한다. 이 원칙을 지키지 않으면 시간이 오래 걸리기도 하지만 한지가 겹치는 부분에 일관성이 없어져서 지저분해 보일 수도 있다. 완성도가 떨어지는 것이다.

배접을 다하면 완성인데, 마지막으로 아교포수를 적당히 해서 말려주면 종이가 약간 굳게 되고 튼튼해진다.

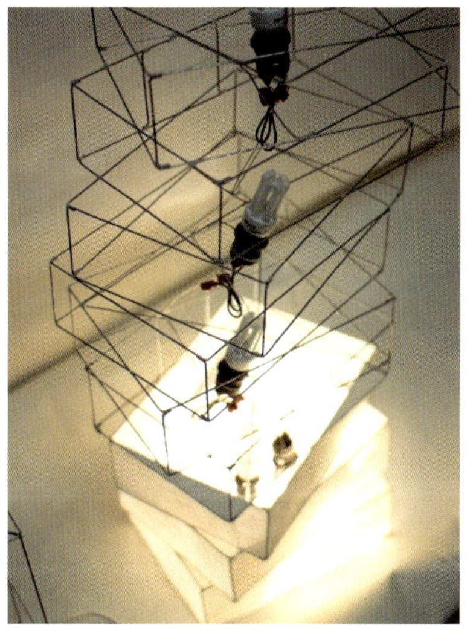

| 배접

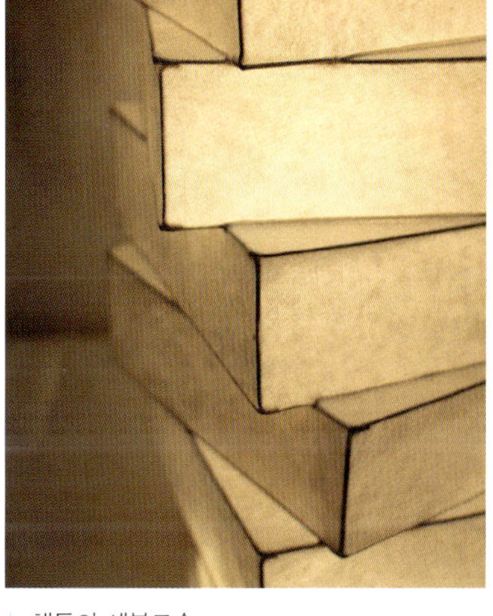

| 책등의 세부모습

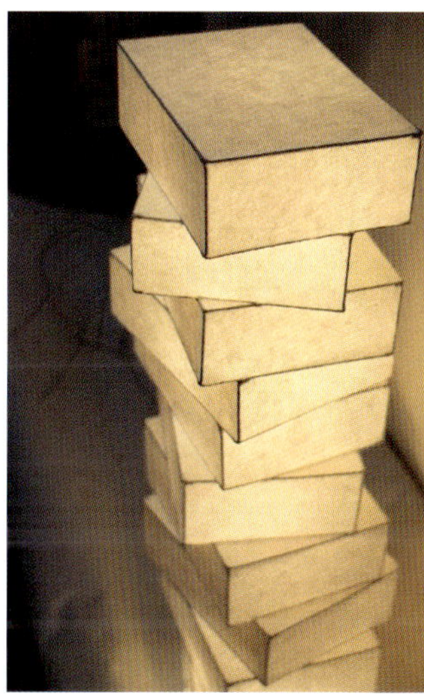

| 책들의 완성 모습

● 줌치 기법은 원래 공예기법의 하나이다. 줌치는 두 겹의 한지를 물만으로 붙이는 방법으로 공기가 들어가지 않도록 밀착시키고 주물러 아주 강하게 만드는 기법이다. 닥종이로 만든 한지를 몇 시간 동안 물속에 담가 주무르고 치고 두들기다 보면 닥의 섬유질이 아름다워지고 광목처럼 질긴 성질이 생긴다. 이런 식으로 여러 장의 한지를 겹치게 되면 가죽처럼 질겨진다.

2 · 행렬등 만들기

단순한 구조라서 만들기 쉬운 여덟 가지 종류의 행렬등을 만들어 보자. 여기에서는 목어등, 보리수등, 복주머니등, 풍경등, 팔각등, 공등, 연꽃등, 호박등을 만드는 기본적인 원리와 만들기 과정을 살펴보자. 등 만드는 과정을 작업순서에 따라 나열하면 구상하기 – 재료준비 – 뼈대 만들기 – 배접하기 – 꾸미기의 순서이다.

1) 구상하기

등을 만드는 과정에서 구상이 가장 중요한 작업이다. 무슨 등을 어떻게 만들 것인지에 대한 고민은 재료와 순서, 용도 및 보관에 이르는 전반적인 사항을 고려해야 한다. 평면도와 측면도, 입면도를 치수와 함께 그림을 그려서 대략적인 모양을 상상하여 그것을 바탕으로 실제 등을 만들 수 있어야 한다.

2) 재료준비

- 한지, 철사, 오공 205본드, 배접용 붓, 무명실, 순간접착제, 물감, 채색용 붓, 니퍼, 지우개, 4B연필, 트레이싱 페이퍼, 도면

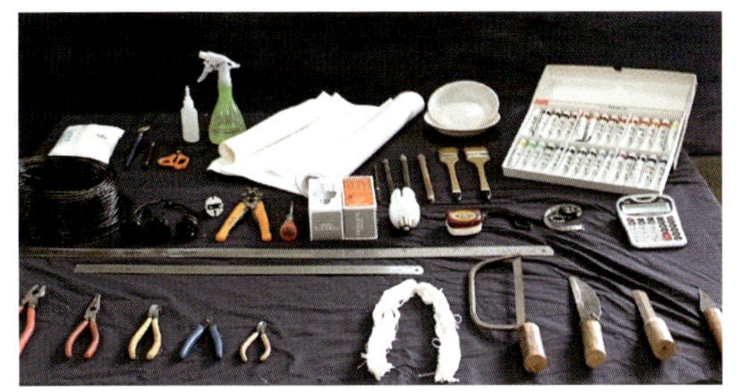

전통등 제작의 재료와 도구

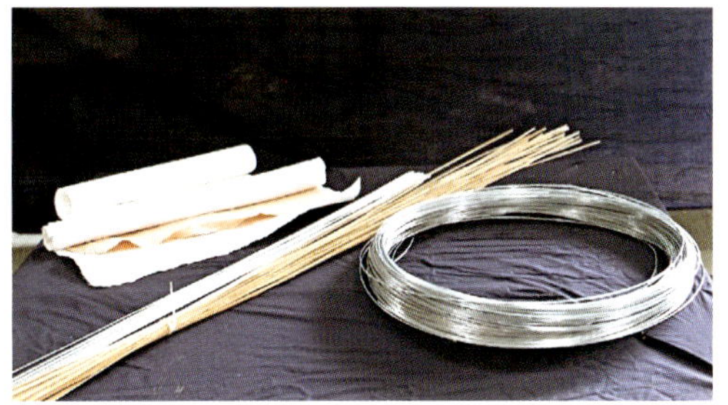

전통등 제작의 주재료(철사,대나무,한지)

3) 뼈대 만들기

구상한 밑그림을 바닥에 놓고, 그 선을 따라서 뼈대를 만들어 본다. 1:1의 크기이므로 모양에 딱 맞게 만드는 것이 가장 중요하다.

만들 때는 반드시, 조명장치에 대한 고려를 해야 한다. 초를 사용해서 조명할 경우에는 T자 형의 모양을 뒤집어서 등의 아랫부분에 붙여야 하고, 윗부분은 열려 있어야 한다. 전구를 사용하여 조명할 경우에는 전구가 들어갈 만한 공간과 전선을 고정할 지지대가 붙어 있어야 한다.

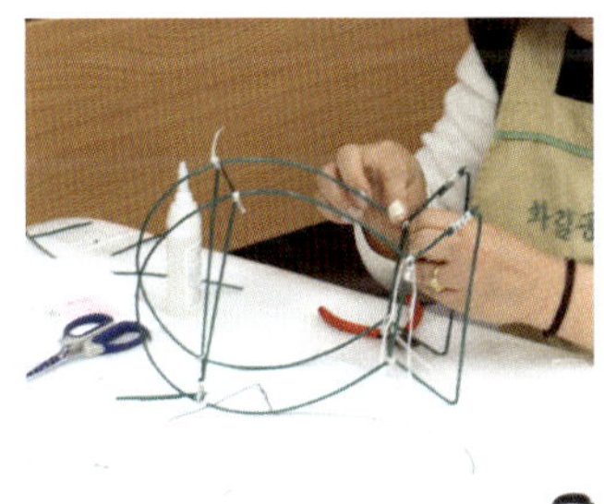

뼈대 만들기(목어등)

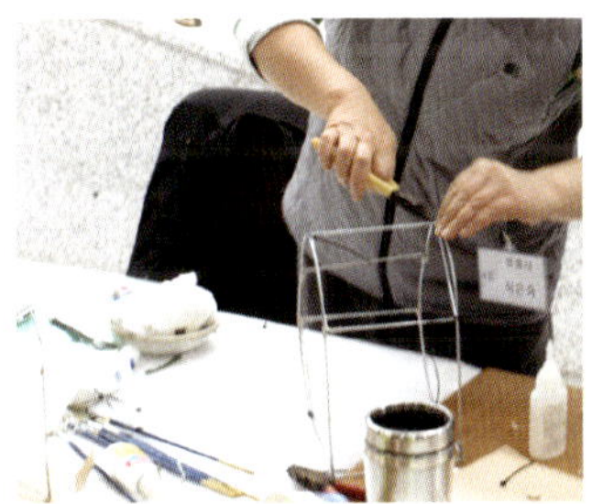

뼈대 만들기(보리수등)

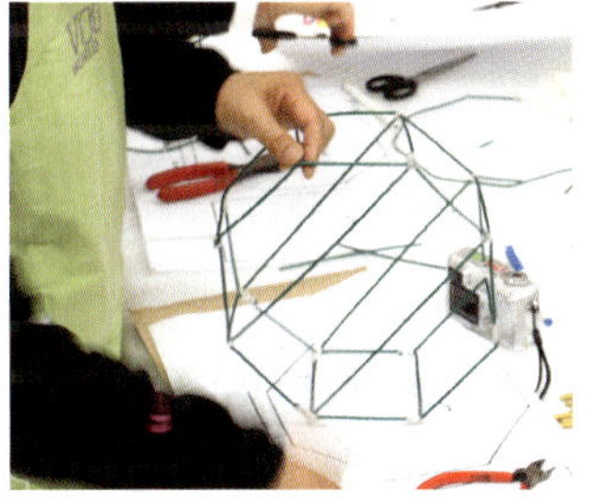

뼈대 만들기(팔각등)

● 철사의 선택

등의 뼈대를 만드는 재료에는 대나무와 싸리나무 등 전통적인 재료도 있고, 철사도 있다. 대나무와 싸리나무 등의 재료는 다루기가 쉽지 않기 때문에 여기에서는 철사를 이용하기로 한다. 다양한 굵기의 철사를 시중에서 쉽게 구할 수 있다. 또한 큰 힘을 쓰지 않아도 쉽게 모양을 낼 수 있고, 가격도 저렴하다. 대개의 철사는 롤에 말려 있는데, 등의 재료로는 직선 철사를 위주로 사용하는 것이 좋다. 두께 2㎜ 정도의 직선 철사를 구하여 사용한다. 이 정도 두께의 철사는 작은 크기의 행렬등을 만드는 데 적합하다. 등의 크기가 커지면, 철사의 굵기와 종이의 두께가 두꺼워져야 한다.

4) 배접하기

  행렬등에는 빛의 밝기가 중요하기 때문에 한지의 두께가 얇고 튼튼해야 한다. 한지 중에서 섬유질이 길고 튼튼한 장지는 보통 그 장점을 살리기 위해 2합 장지, 3합 장지의 형태로 만들어 판매된다. 2합 장지 이상의 합지나 그 이상의 두께에는 많은 양의 빛이 필요하므로 행렬등을 만들 때는 적합하지 않다. 큰 장엄등을 만들 때는 조명의 성격에 맞추어 한지를 잘 선택해야 한다. 합지하지 않은 장지를 홑지라고 부르는데, 홑지는 얇기 때문에 작은 밝기에서도 빛을 잘 투과시키는데 이를 확인하고 고르기 위해서는 발품을 팔아 직접 한지를 보고 구입하여야 한다.

  한지를 뼈대에 붙이기 위해 오공풀(205)을 사용한다. 풀을 너무 많이 바르지 않도록 조심한다. 풀이 발린 부분에는 채색이 잘되지 않으므로 조심해서 사용해야 한다.

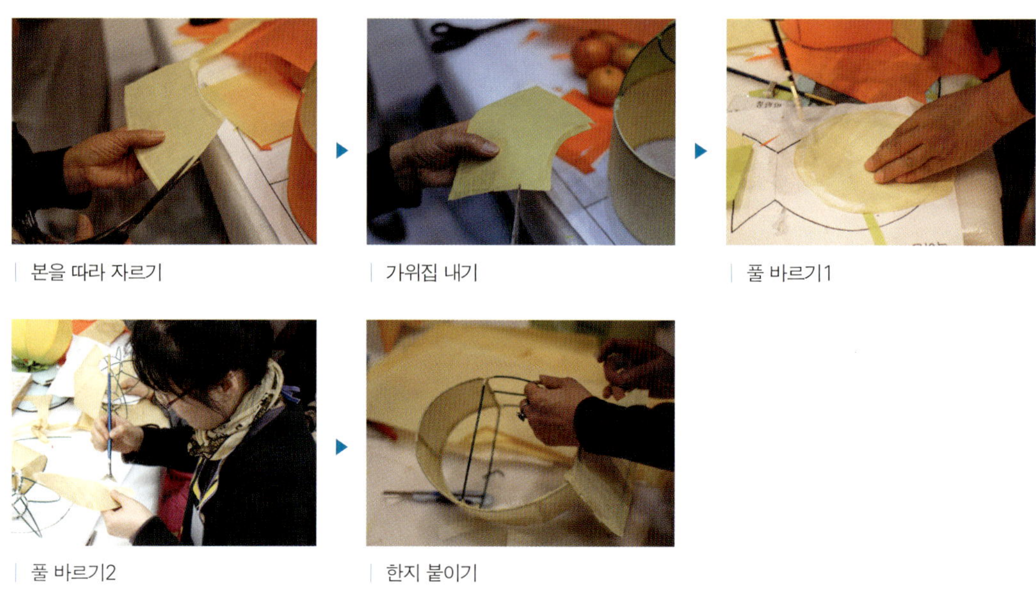

| 본을 따라 자르기 | 가위집 내기 | 풀 바르기1 |

| 풀 바르기2 | 한지 붙이기 |

5) 꾸미기

  꾸미는 데는 여러 가지 방법이 있다. 전통 문양의 본을 떠서 등에 그리고 채색을 할 수도 있고, 고운 색의 색한지를 여러 가지 문양으로 오려붙일 수도 있고, 각진 모서리에 색지로 띠를 두르거나, 아랫부분에 종이로 술을 달아 장식할 수도 있다.

（1） 채색하기

먼저 원하는 문양을 선택한 다음 문양을 복사기로 복사하여 트레이싱 페이퍼를 그 위에 올려놓고 연필로 똑같이 따라 그린다. 문양이 그려진 트레이싱 페이퍼의 반대편에 4B 연필로 진하게 한 번 더 그린 다음 배접된 한지등에 대고 눌러서 그려주면 정확한 문양이 베껴진다.

옮겨 베낀 문양을 한국화 물감으로 원하는 색을 칠한다. 한국화 물감을 물에 풀어서 농도를 잘 조절하는 것이 채색에서 중요한 점이다. 한지의 두께만큼 곱게 색을 먹이면 조명에 투영되는 빛이 매우 곱고 깊게 표현된다.

（2） 오려붙이기

각종 도안집의 문양을 보고 하나를 선택하여 색한지를 문양대로 오려붙여서 꾸미는 방법이다. 그밖에 자신이 원하는 대로 자유롭게 종이를 오리거나 뜯어서 붙여도 좋다.

（3） 술 달기

완성된 등의 아랫부분에 부드러운 질감의 색지를 가늘고 길게 잘라서 술을 달아서 꾸미는 방법이다. 구슬을 실에 꿰어서 달아도 좋고, 종이에 글씨를 세로로 길게 써서 잘라 붙여도 좋다.

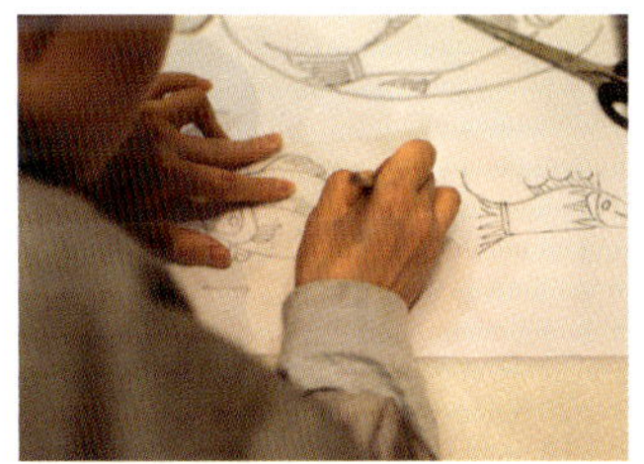

문양위에 트레이싱지를 올리고 베낀다

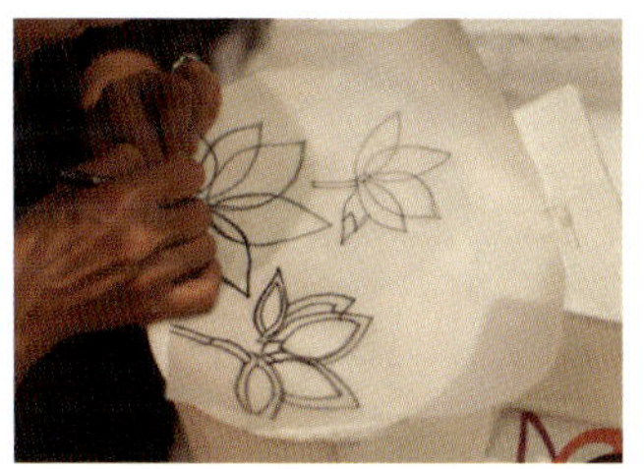

트레이싱지를 거꾸로 놓고 문양을 한지에 옮긴다

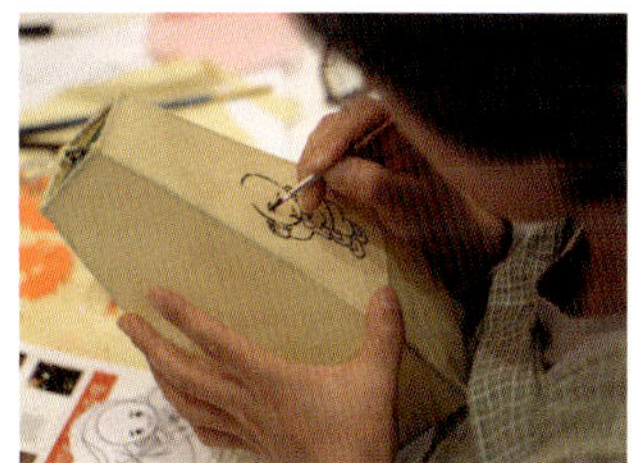

옮겨진 선을 따라 먹으로 선을 그린다

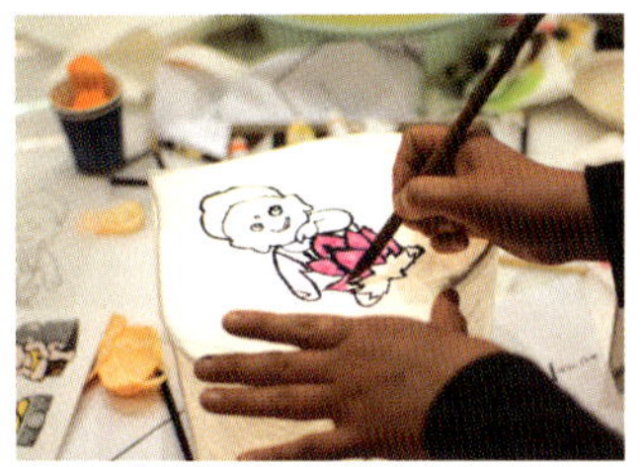

문양에 채색한다

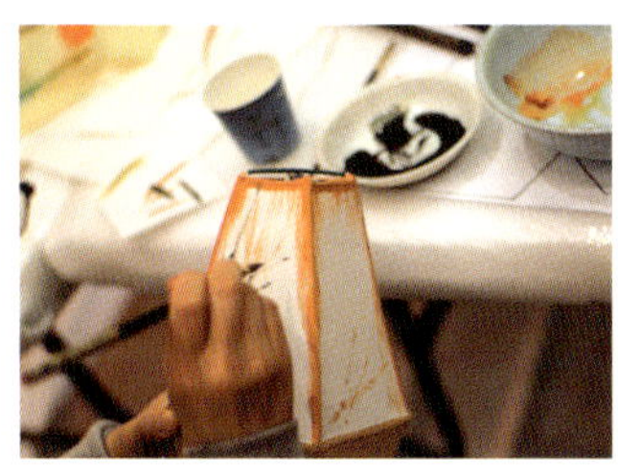

원하는 그림을 그린다

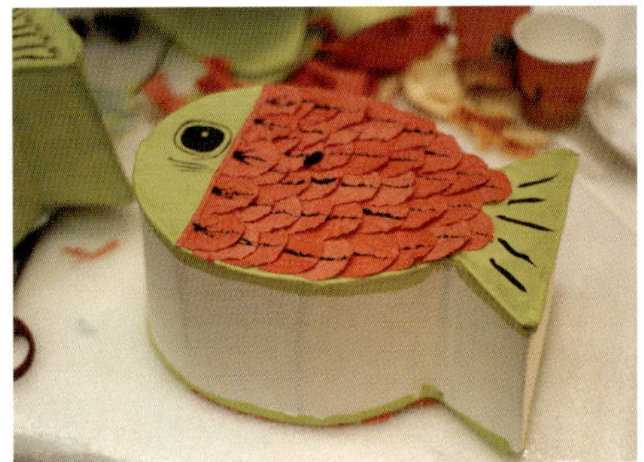

| 색지 오려 붙이기

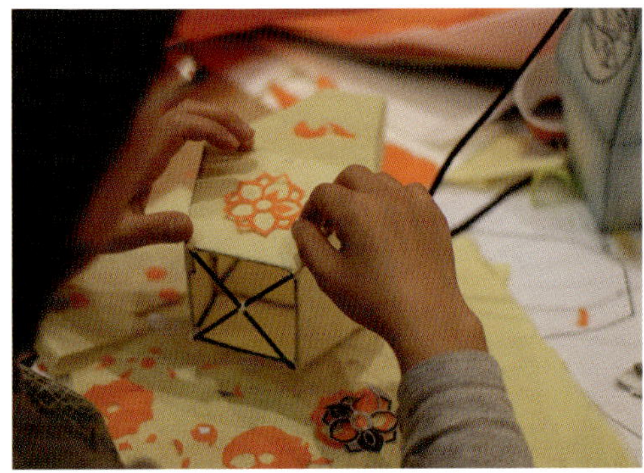

| 문양 오려 붙이기

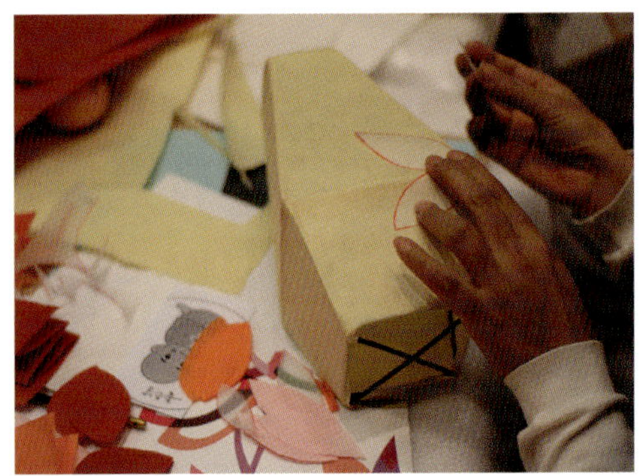

| 꽃잎 오려 붙이기

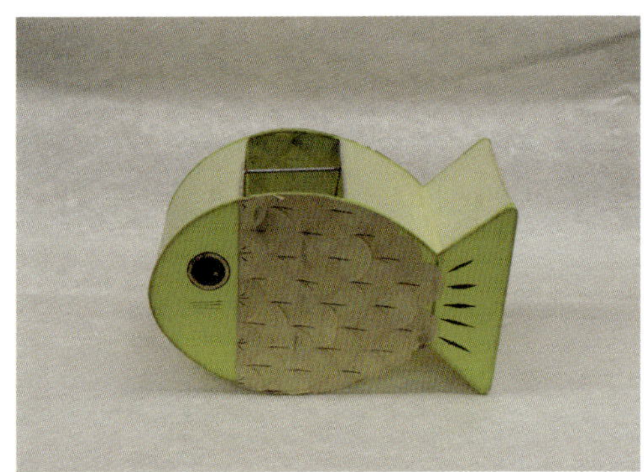

| 물고기 오려 붙이기

1. 목어등

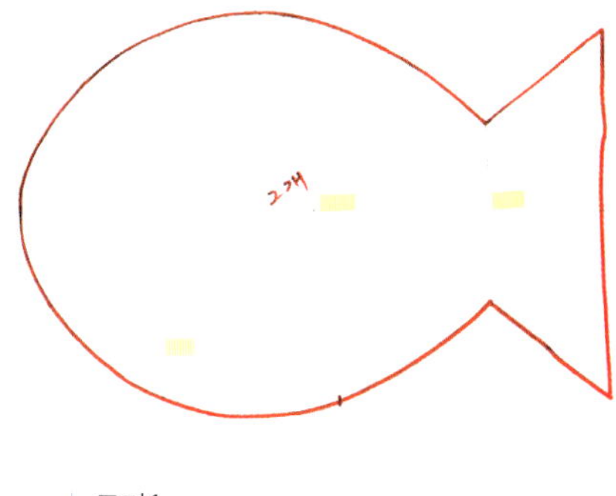

도면1

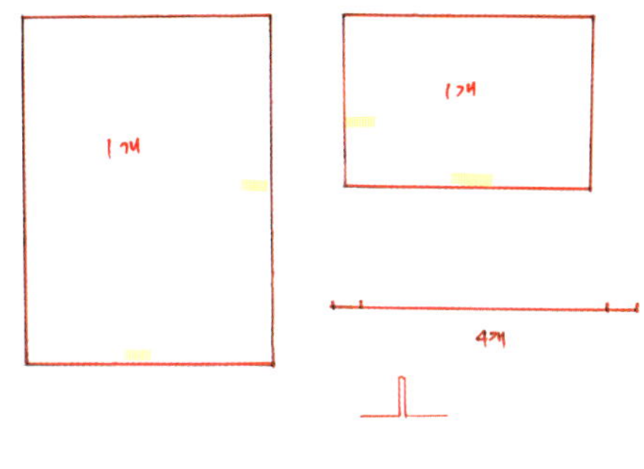

도면2

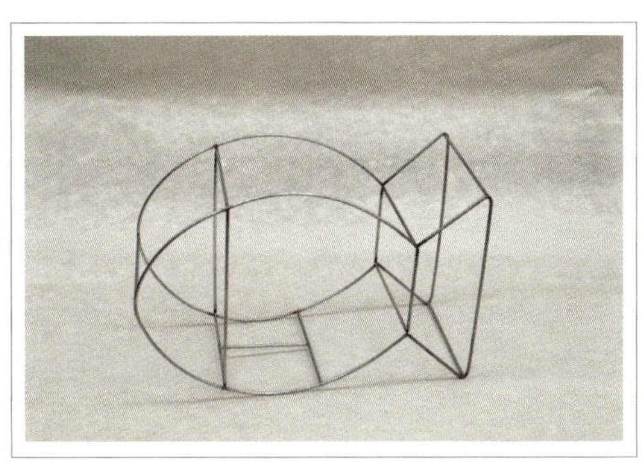

뼈대 완성

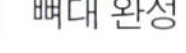

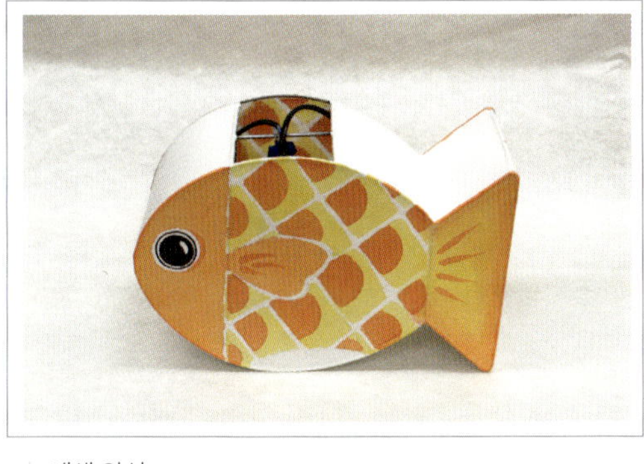

채색 완성

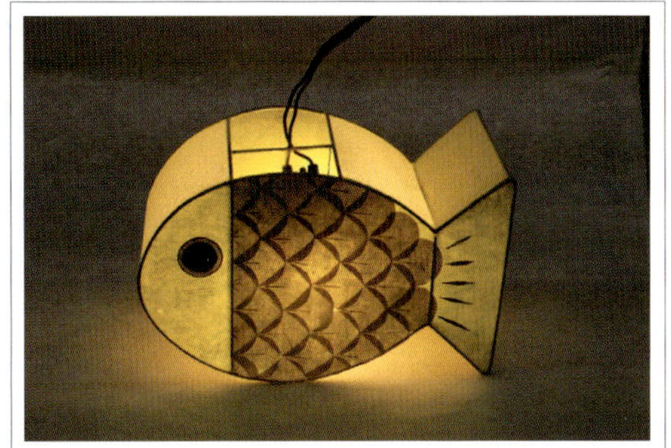

완성 모습

뼈대

2. 보리수등

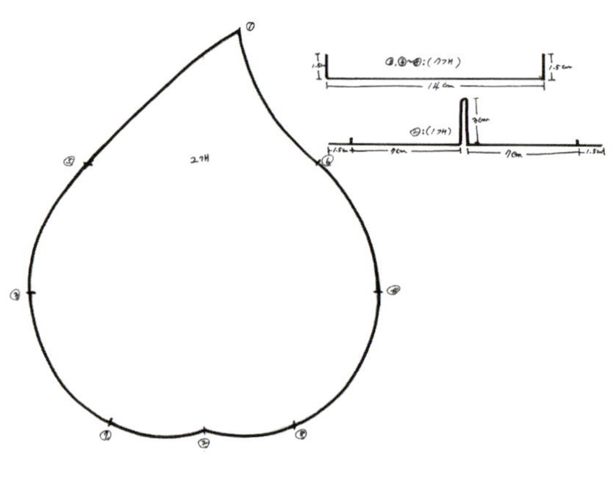

| 도면

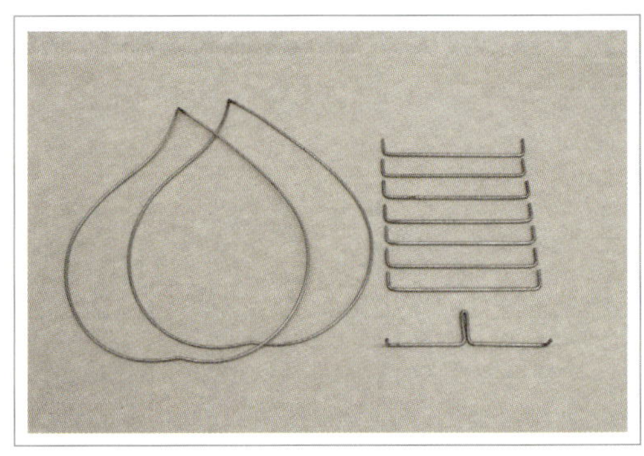

| 뼈대

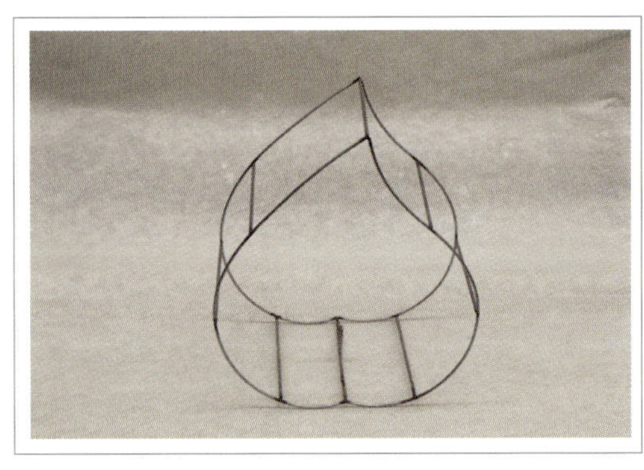

| 뼈대 완성

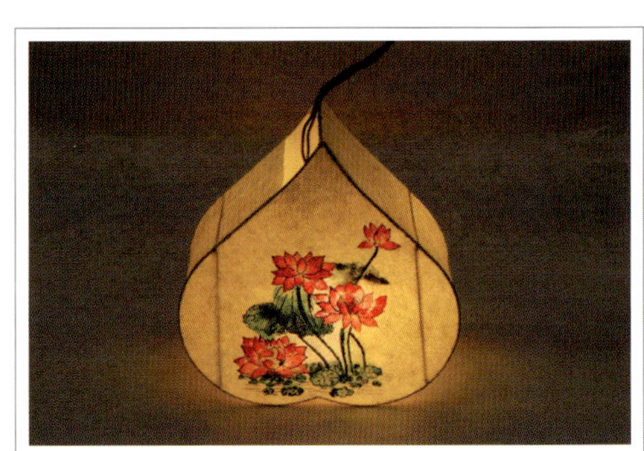

| 완성 모습1

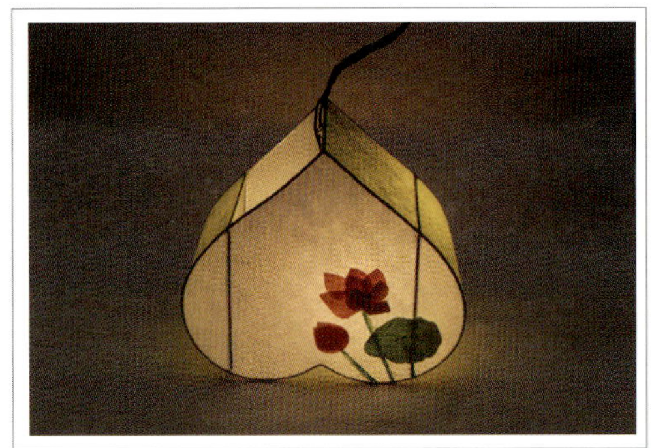

| 완성 모습2

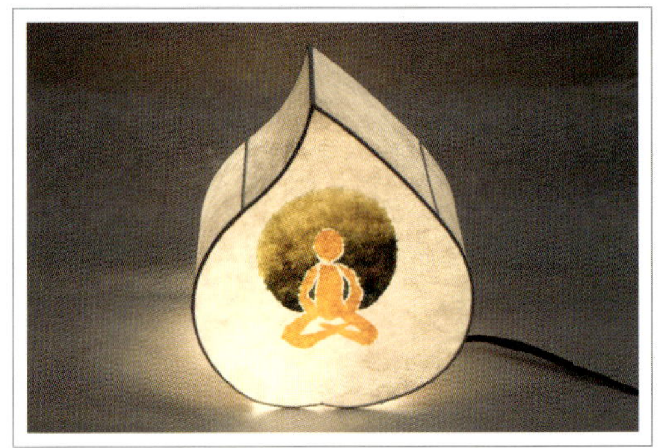

| 완성 모습3

3. 복주머니등

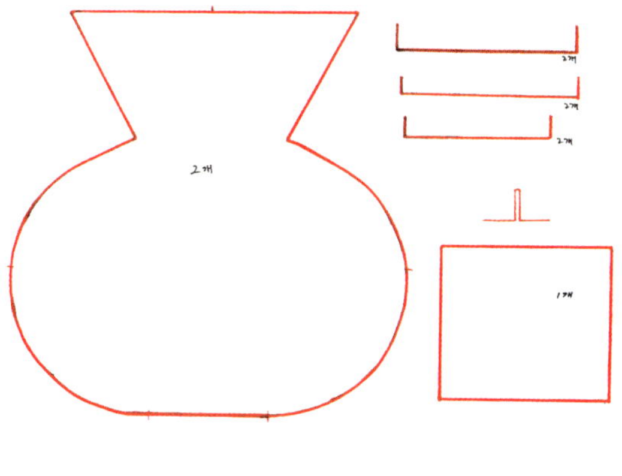

| 도면

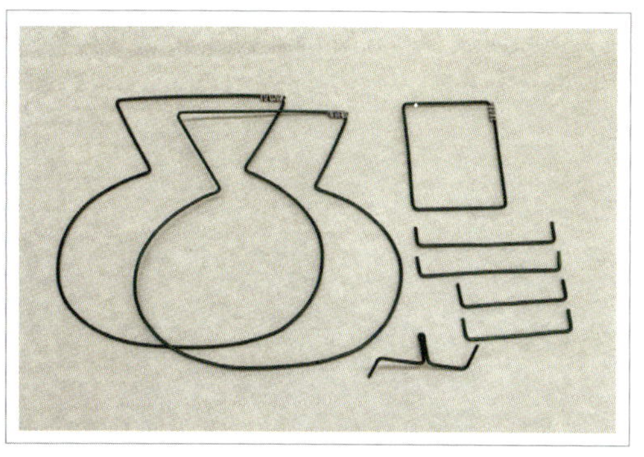

| 뼈대

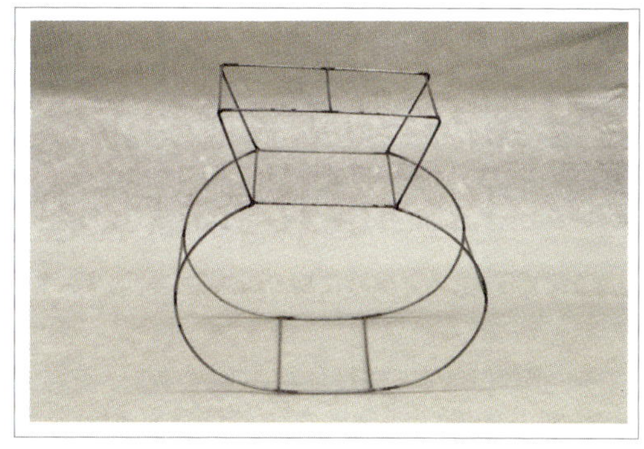

| 뼈대 완성

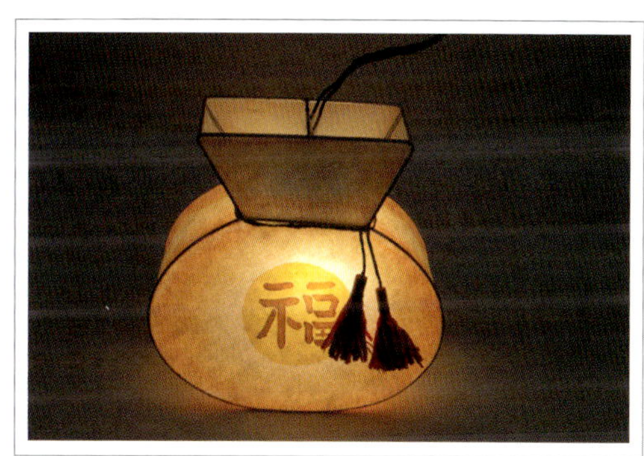

| 완성 모습1

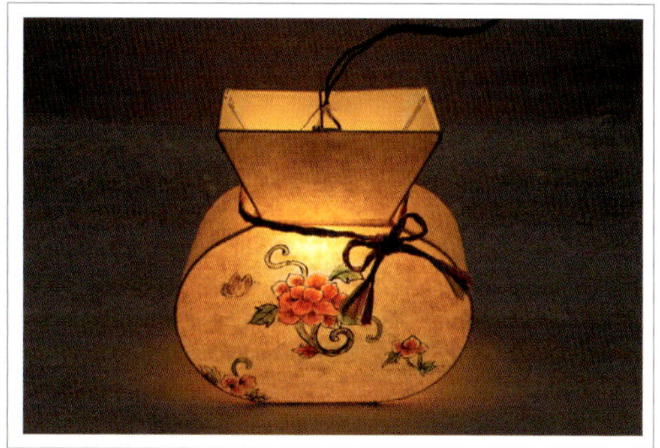

| 완성 모습2

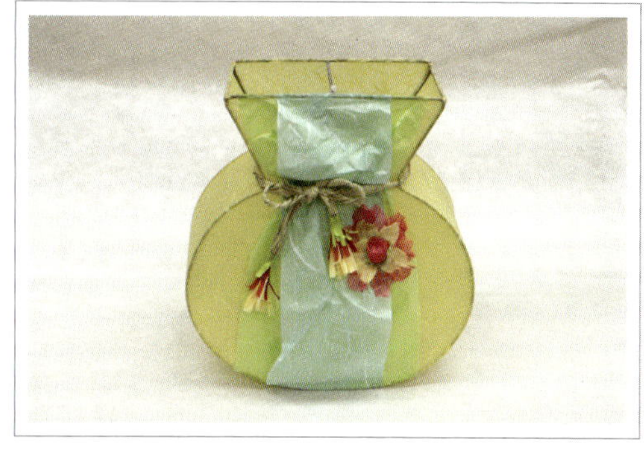

| 완성 모습3

4. 팔각등

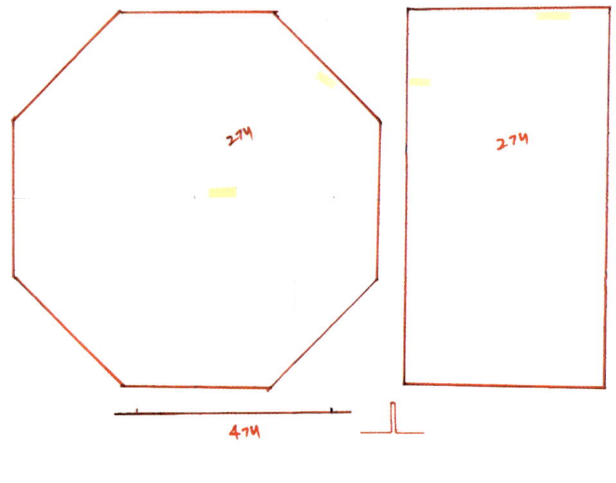

| 도면

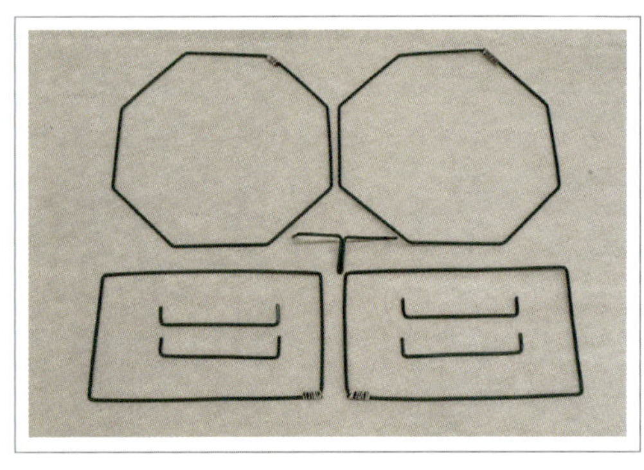

| 뼈대

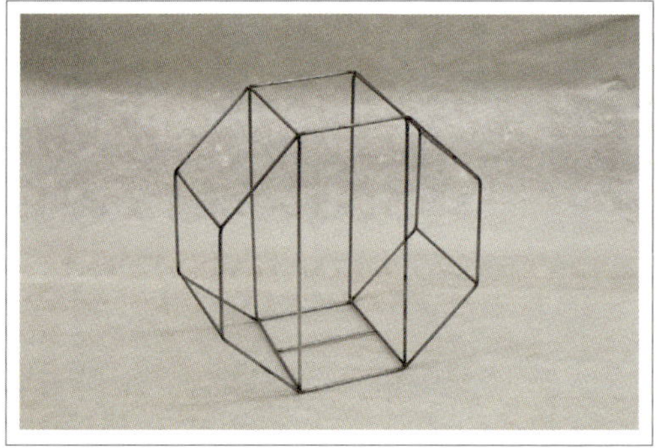

| 뼈대 완성

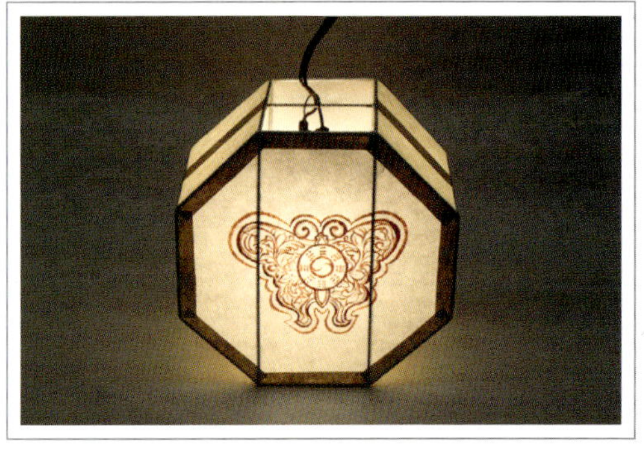

| 완성 모습1

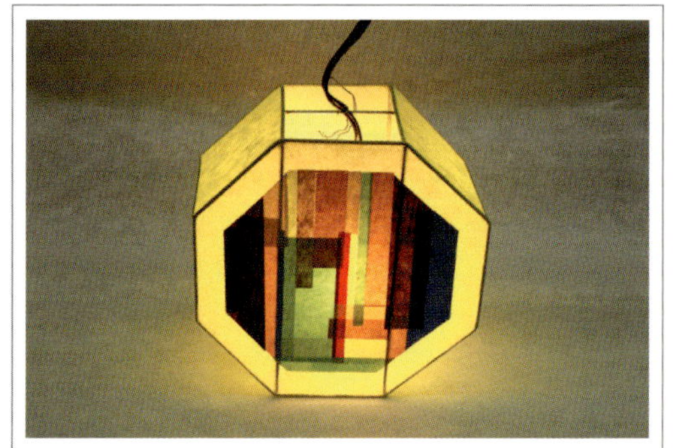

| 완성 모습2

5. 풍경등

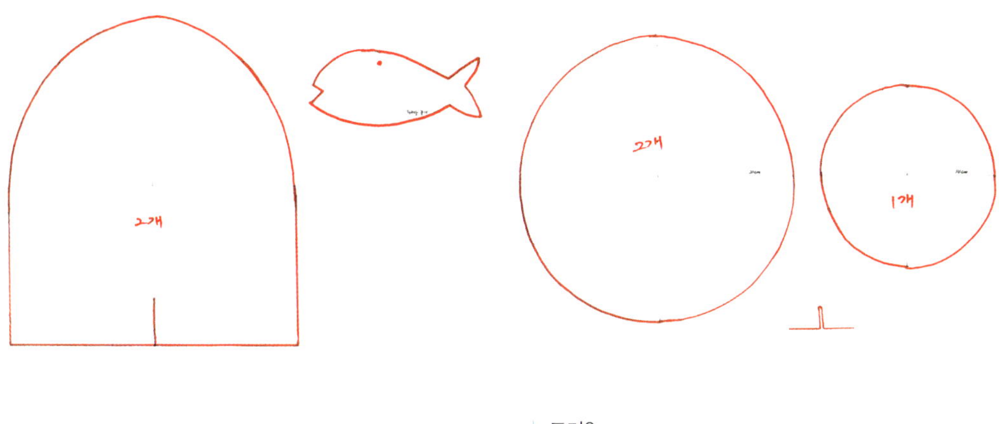

| 도면1 | 도면2

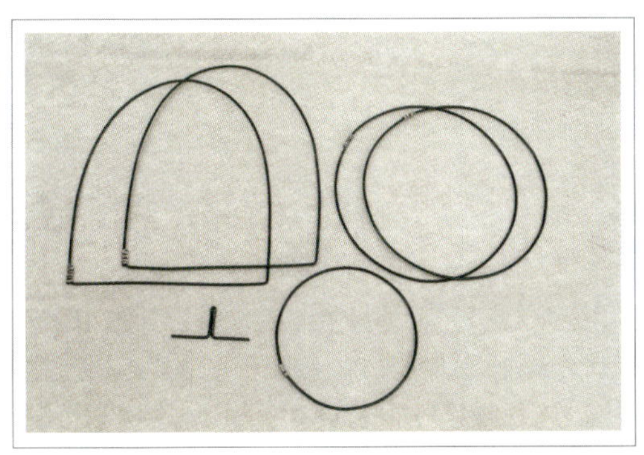

| 뼈대

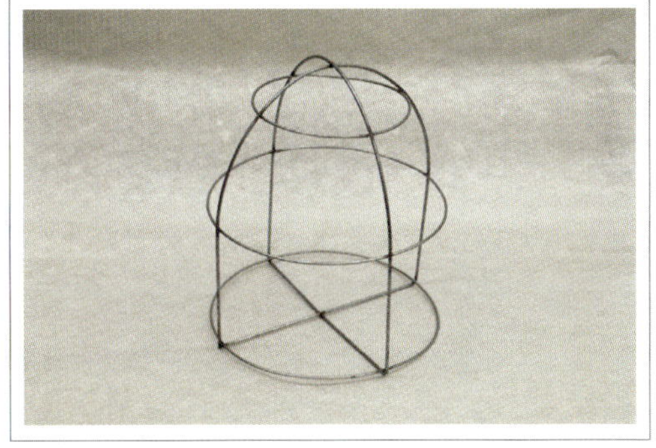

| 뼈대 완성

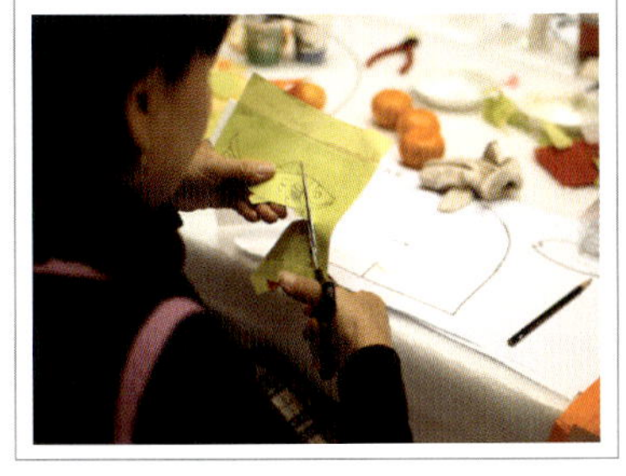

| 풍경 그려서 오리기

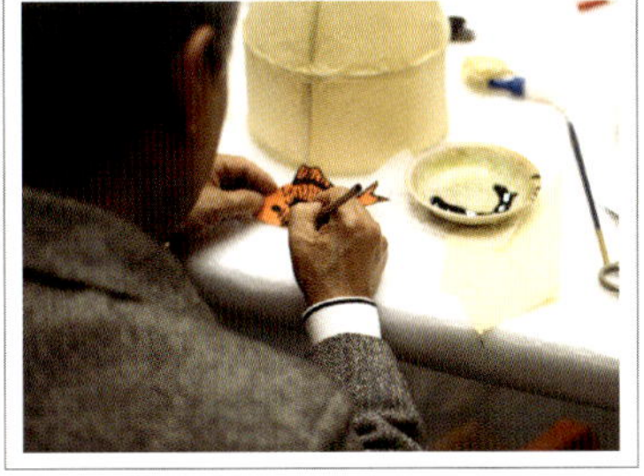

| 풍경 색칠하기

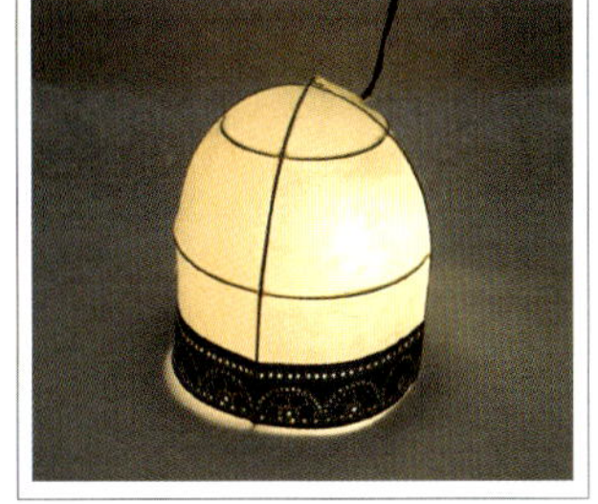

| 완성 모습

6. 공등

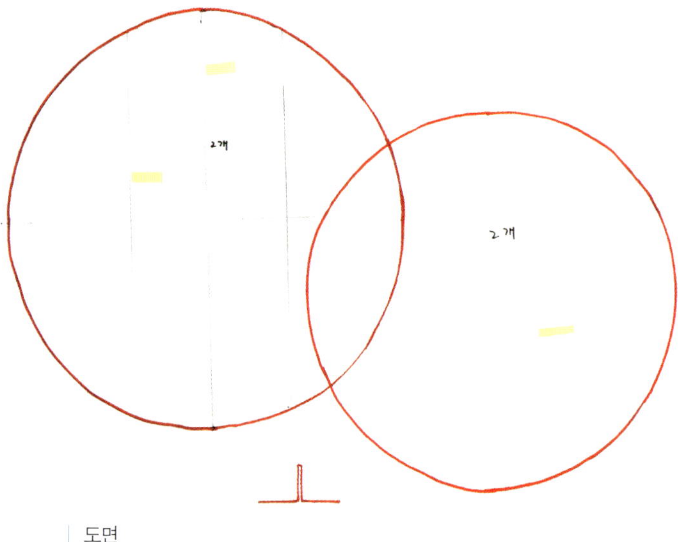

| 도면

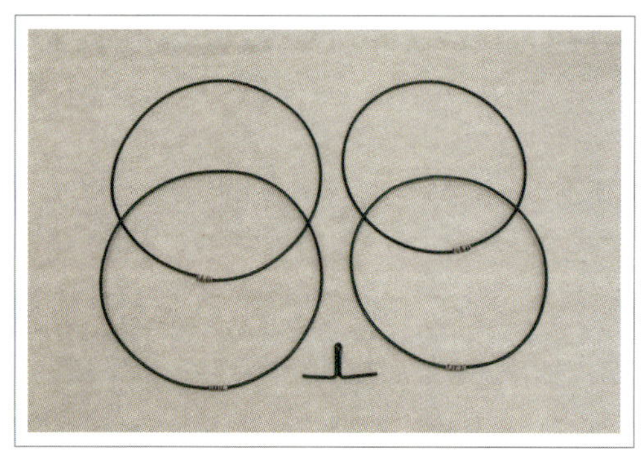

| 뼈대

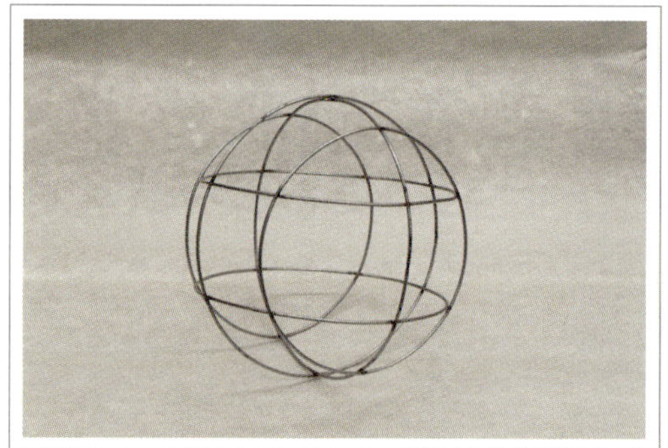

| 뼈대 완성

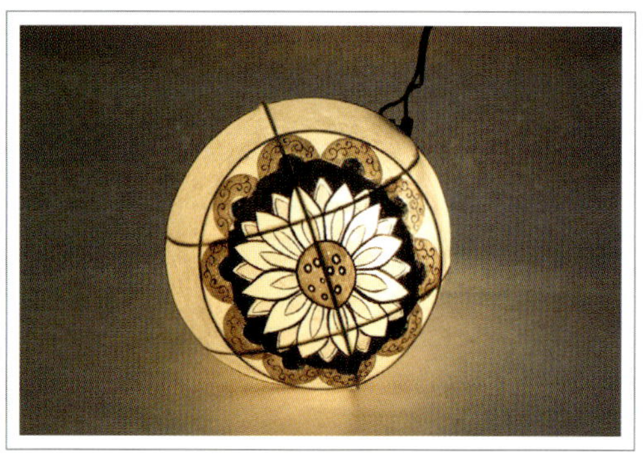

| 완성 모습1

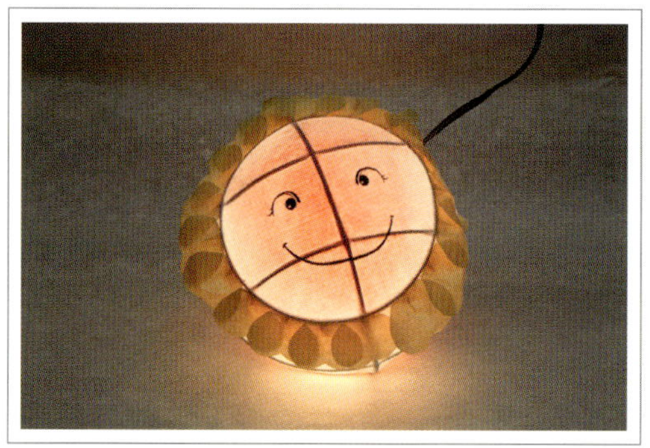

| 완성 모습2

7. 연꽃등

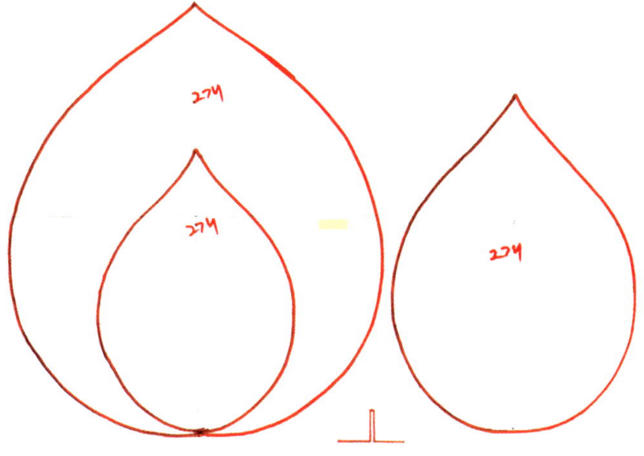

| 도면

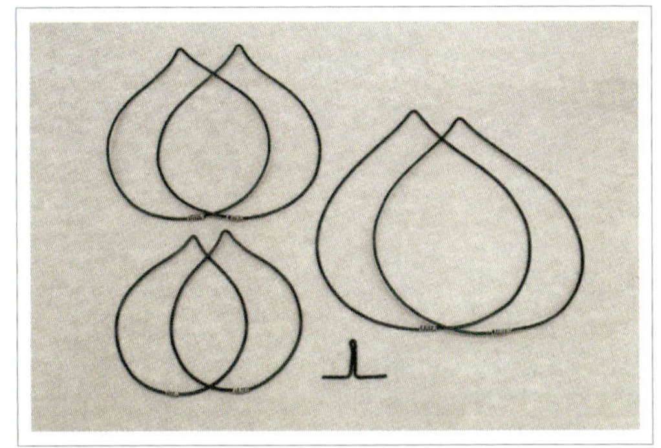

| 뼈대

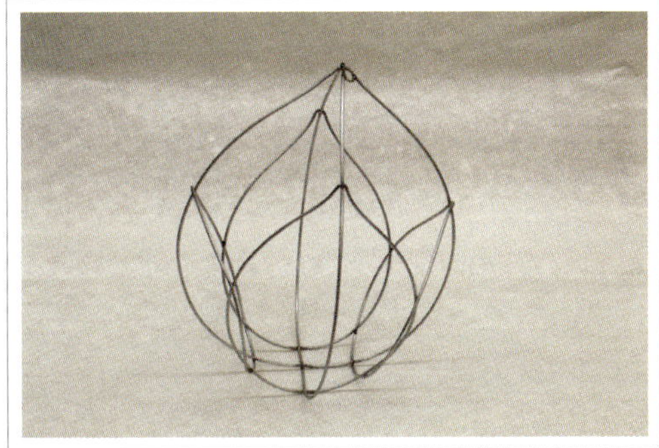

| 뼈대 완성

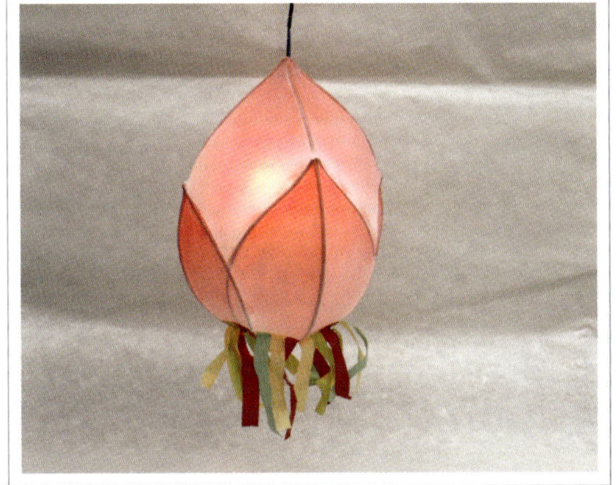

| 완성 모습

8. 호박등

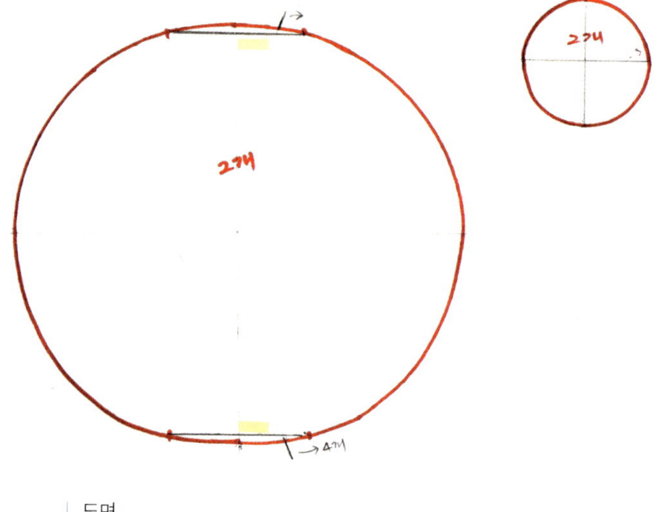

| 도면

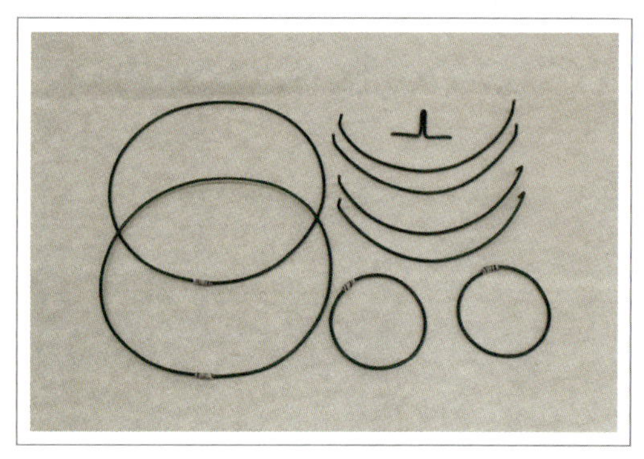

| 뼈대

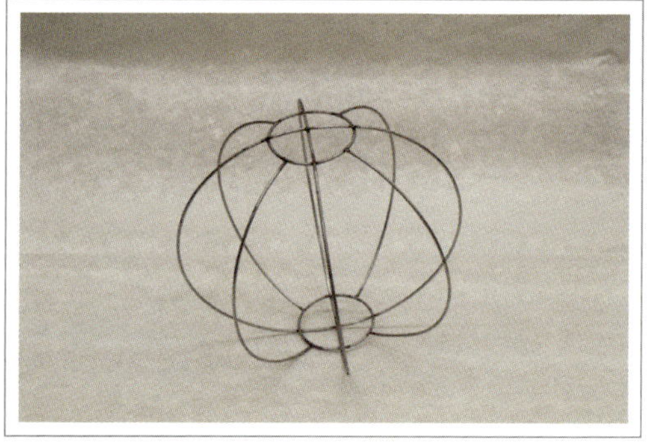

| 뼈대 완성

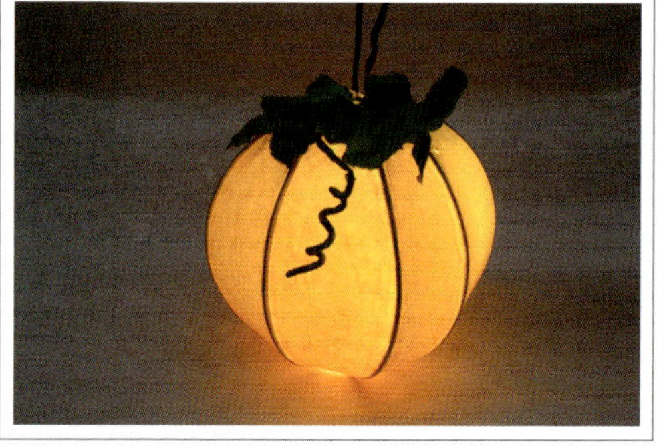

| 완성 모습

2) 종이상자 집등

(1) 종이상자 집등 구상하기

네모난 종이상자로 만들기 적당한 등의 모양을 구상해 본다. 많은 종류는 아니지만 몇 가지로 변형시킬 수 있는데, 네모난 상자 그대로 사각형 등을 만들어도 좋고, 윗부분을 조금 변형시켜서 집 모양의 등을 만들 수도 있다. 여기에서는 재미있게 집 모양의 등으로 만들어 보자

종이상자 집등 재료

· 가로세로 20㎝ 내외의 종이상자, 장지 1장, 색한지 3장, 불을 켤 수 있는 조명장치

(2) 뼈대 만들기

집에 있는 상품 상자가 적당하다면 그대로 이용할 수 있다. 먼저 상자를 넓게 펼친 형태로 분해한다. 상자를 펼친 안쪽에 간단한 형태의 그림을 원하는 대로 그린 다음 외곽선을 가위나 칼로 오려낸다. 그 부분에 한지를 붙여서 조명이 투영되게 하려는 것이다. 안에서 조명을 비추었을 때의 모습을 상상하면서 상자를 다양하게 오려낸다. 이렇게 상자를 오려 구멍을 낼 때, 모서리 부분은 형태를 지탱하는 힘이 되므로 많은 부분을 오려서 무리하게 변형시켜서는 안 된다.

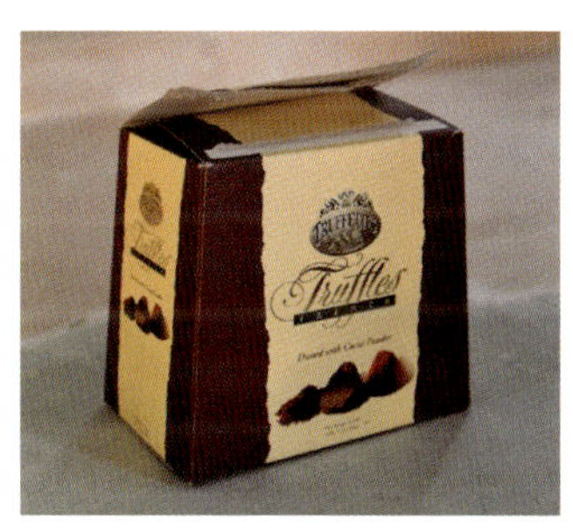

| 초콜릿박스

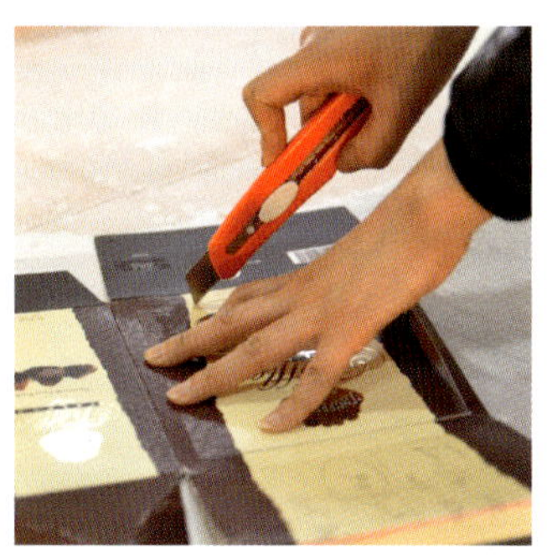

| 박스를 집모양 등으로 만들기 위해 오린다

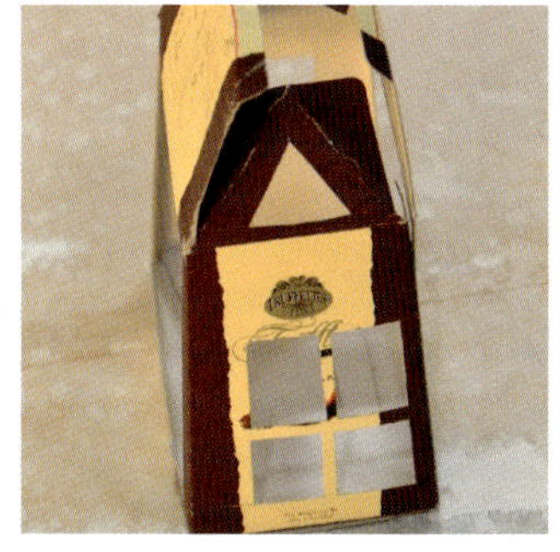

| 오리고 난 후의 모습

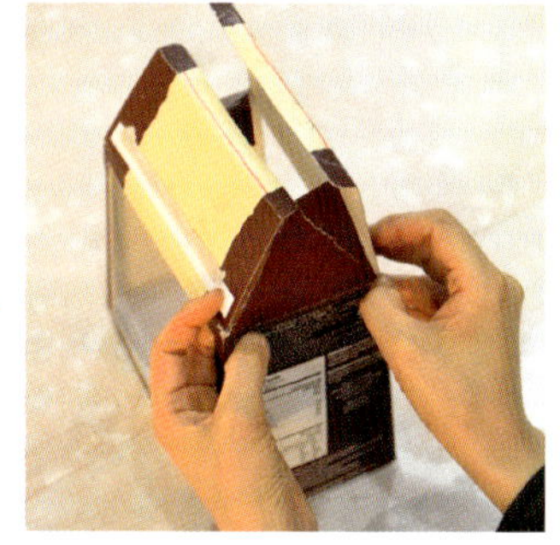

| 지붕 부분은 접어서 표현한다

현관과 창문의 모양을 상상하면서 조명이 충분히 비칠 수 있도록 종이를 오려낸다. 윗부분은 삼각형 지붕모양으로 잘 맞춰 형태를 완성한다. 지금까지 만든 등과는 달리 집등에서는 조명을 등의 아랫부분에 세워서 표현하고자 한다. 그래서 조명이 들어갈 아랫부분은 오려낸다. 모서리까지 모두 다 오려내지 말고, 조명을 앉힐 정도만 적당히 오려낸다.

(3) 한지 붙이기 및 꾸미기

삼각형 모양의 지붕이 완성되었으면 그 위에 한지를 발라서 지붕의 색과 모양을 표현한다. 창과 현관 모양으로 오려낸 부분에 한지를 바른다. 상자의 안쪽에서 붙여도 좋고, 바깥쪽에서 붙여도 좋다. 깔끔한 모양을 원한다면, 상자의 안쪽에 한지를 붙이는 편이 좋다. 창문과 현관의 색깔을 서로 다르게 붙인다. 붙인 한지 위에 글씨를 쓰거나 그림을 그리거나 하여 독창적으로 꾸며본다.

오려서 한지를 붙인 부분은 조명이 밖으로 투영되고, 나머지 부분은 조명이 투영되지 않는다. 그러나 그런 부분에는 상자에 원래 표시되어 있던 상품 소개글이나 그림 등이 그대로 보여 지저분해 보일 수 있다. 이런 부분은 색한지를 풀로 붙여서 보이지 않게 한다. 이러한 세부적인 꾸미기가 등의 완성도를 좌우하는 중요한 요소가 된다.

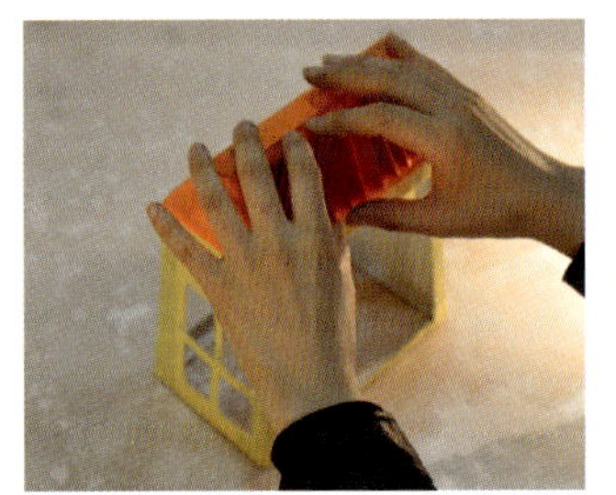

지붕을 꾸민다

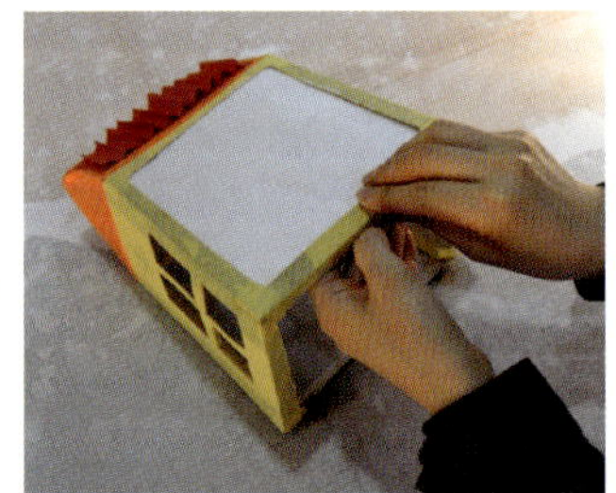

안쪽 면에 한지를 댄다

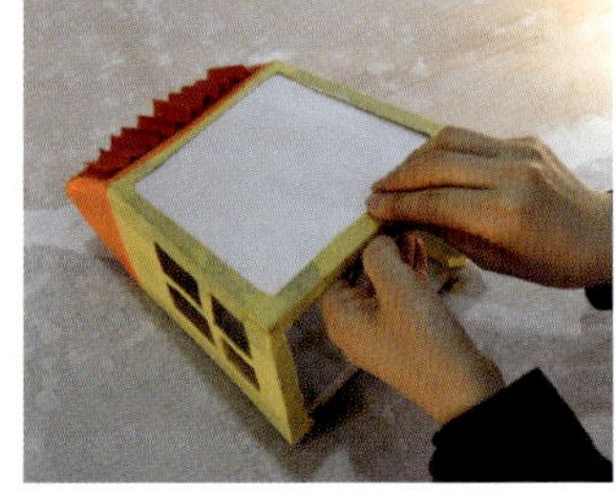

옆면 안쪽에도 한지를 댄다

(4) 전구 설치하기

집등에서는 바닥에 세우는 스탠드 조명장치로 불을 밝혀보자.

먼저 약간 굵은 철사에 소켓을 연결해서 흔들리지 않도록 잘 조이고, 사진과 같이 ㄴ자 형태로 만든다. 완성된 틀에 전구를 끼운 뒤 스카치락을 이용해서 전선을 연결해서 안전하게 고정시킨다. 자세한 과정은 사진을 참조하면 좋다. 소켓의 전선과 코드의 전선이 서로

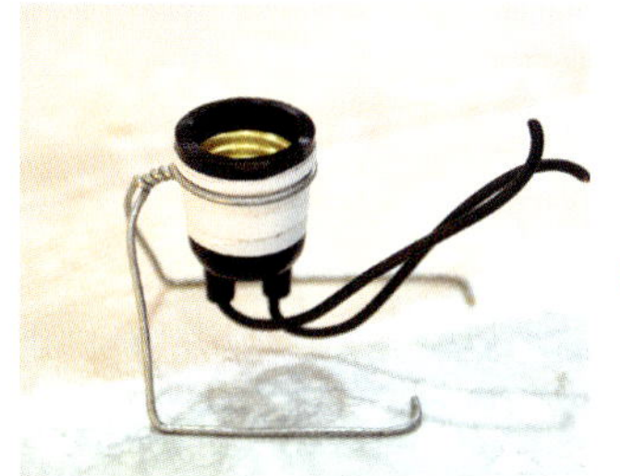

간단한 스텐드조명만들기

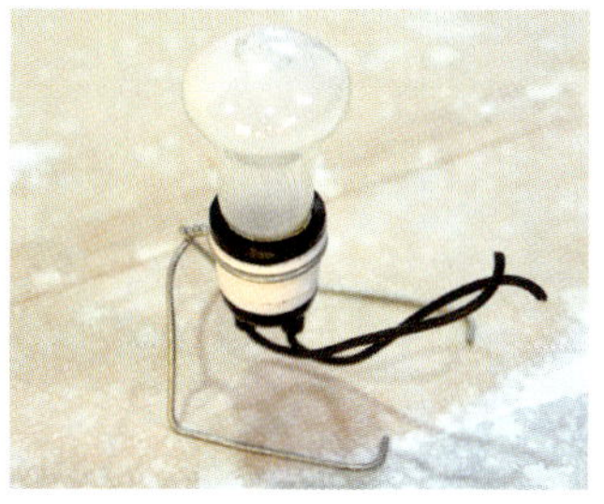

스텐드를 만들어 전구를 끼운다

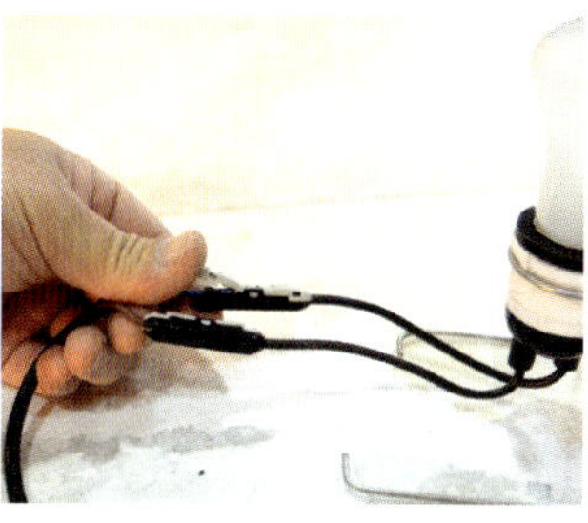

스카치락에 전선을 끼운다

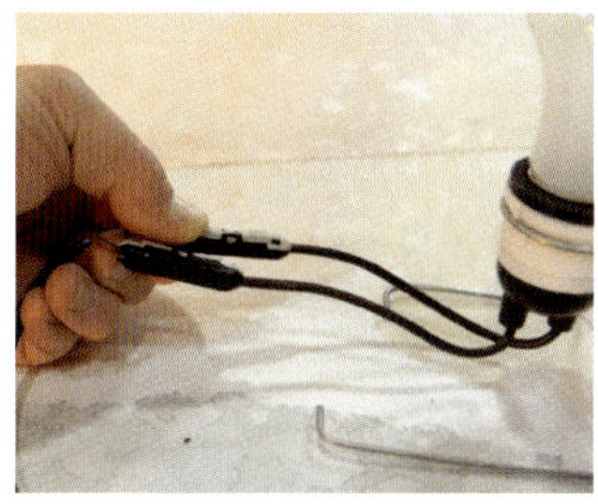

스카치락에 전선을 끼운다음 꼭눌러
준다

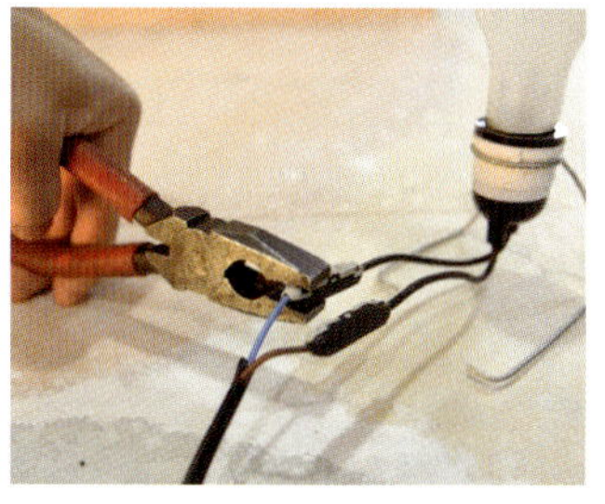

딸칵소리가 나면 플라이어로 꼭
눌러서 확실하게 연결되게 한다

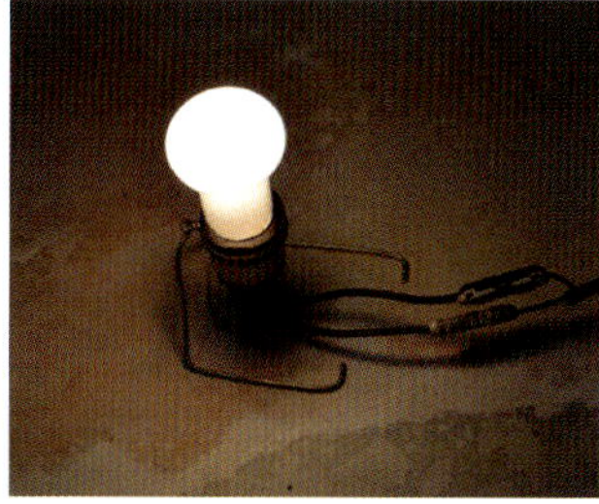

소켓의 전선과 코드전선을 스카치락
으로 연결한다

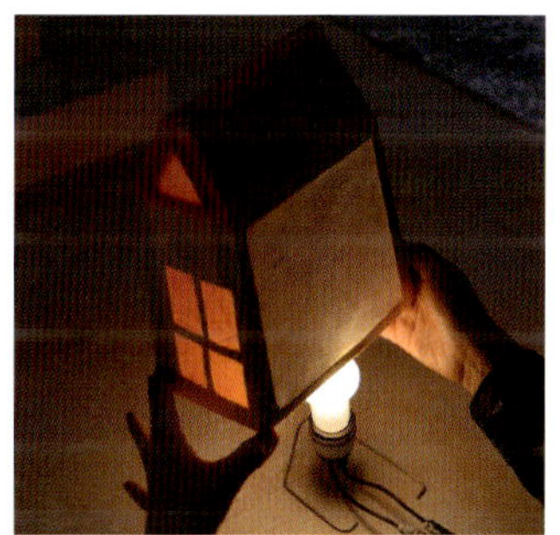

다만든 집등을 스텐드조명에 씌운다

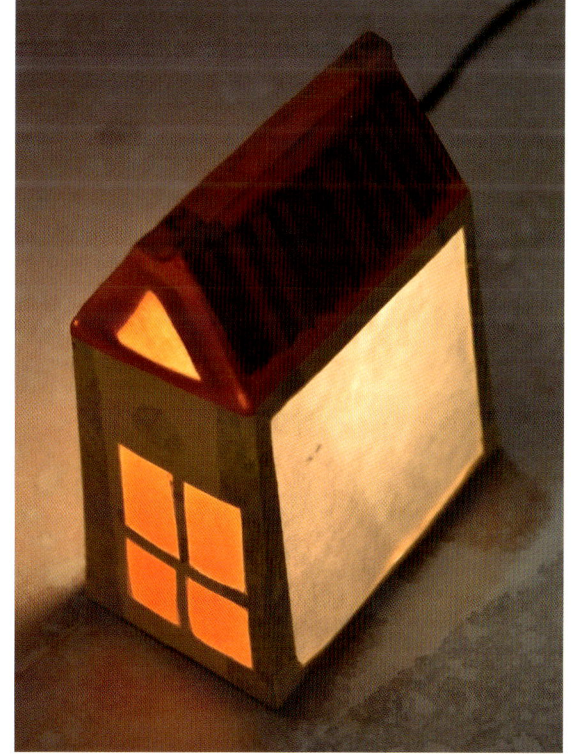

재활용박스를 이용한 집등을 완성했다

연결되면 콘센트에 연결해서 불이 들어오는지 확인한다. 스탠드 조명장치가 완성되면 그 위에 집등을 씌워서 만들어진 모습을 감상해 보자. 전선을 연결하는 기본적인 내용은 제2장을 참조하자.

3) 페트병 오징어등

(1) 페트병 오징어등 재료

• 입구가 큰 각종 페트병1개,
  색한지, 장지, 조명장치

용량이 1리터 이상인 여러 가지 종류의 음료수병을 사용할 수 있다. 병의 입구가 작은 것들은 작은 전구도 들어가지 않아서 등 만들기에 적합하지 않다. 조명장치로 사용하려는 전구가 페트병의 입구에 충분히 들어가는지 확인해야 한다.

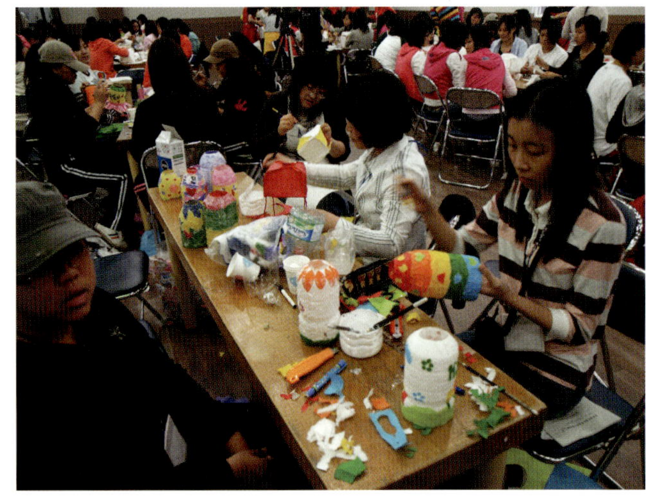

| 패트병으로 등만들기 체험

(2) 뼈대 만들기

페트병의 입구가 전구가 들어갈 수 있는 크기인지 확인한다. 만일 준비한 병의 입구가 전구보다 작다면, 페트병의 병목 부분을 칼이나 가위로 잘라내서 크기를 넓힐 수도 있다. 그러나 이렇게 잘라내기 보다는 입구가 큰 병을 사용하면 더 보기 좋은 등이 만들어진다. 페트병의 밑부분도 잘라낸다. 이렇게 하면, 위가 조금 작은 원통형의 모양이 나온다.

나중에 전구를 연결할 수 있도록 구리선을 원통형의 페트병 상단을 관통하여 설치한 다음 흔들리지 않도록 잘 고

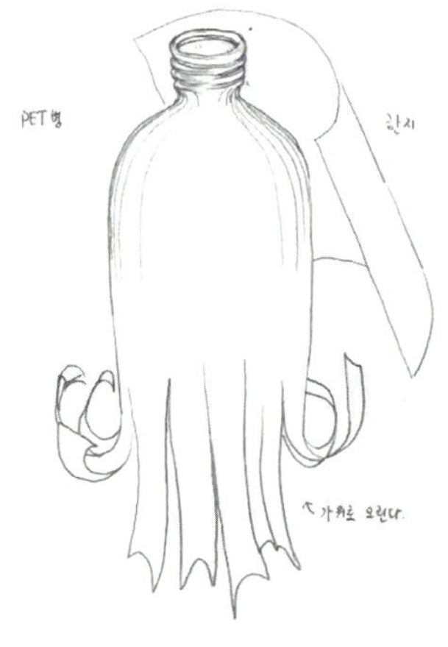

| 패트병등의 이해 - 그림

정한다. 전선을 연결하는 기본적인 내용은 제2장을 참조하자.

페트병 중간이나 끝을 예쁘게 오려서 밖으로 구부려서 오징어 다리 모양으로 만든다. 구멍을 내거나 일부분만 오려 내거나 끝을 잘게 오려서 불로 살짝 달궈주면 고정을 시킬 수 있다.

(3) 한지 바르기 및 꾸미기

이렇게 만든 페트병 오징어등에 한지를 입히거나 술을 달거나 또는 다른 재활용 재료를 이용하여 꾸민다. 단, 빛이 투영되지 않는 재료는 사용하지 않는 것이 좋다.

페트병의 중간을 오려서 페트병보다 튀어나온 부분에는 술을 달거나 꽃이나 종이조형물 등 각종 장식을 붙일 수 있다. 서로 다른 색깔의 색지나 셀로판지, 천 등을 섞어서 사용하면 색다른 맛이 나기도 한다.

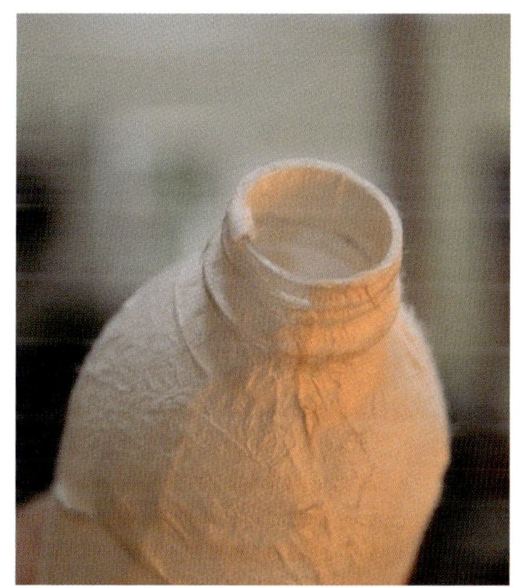

│ 페트병은 입구가 큰 것을 써야 한다

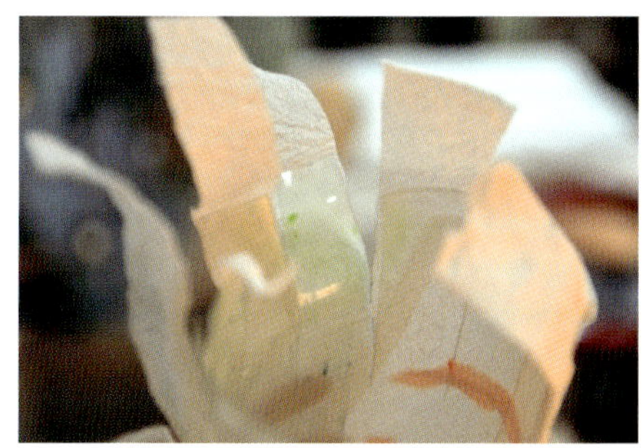

│ 페트병 밑부분은 가위로 잘라놓았다

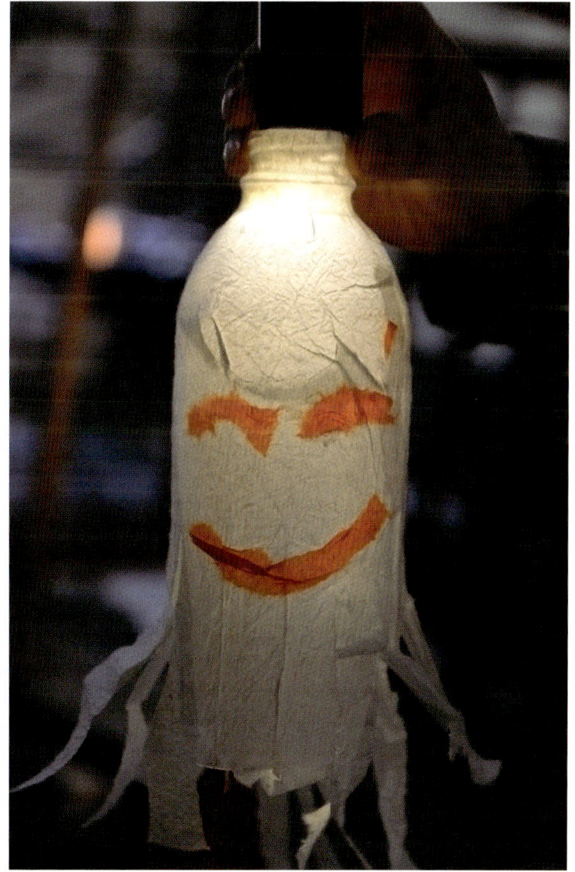

│ 페트병으로 만든 등

6

공간을 창조하는 인테리어 등

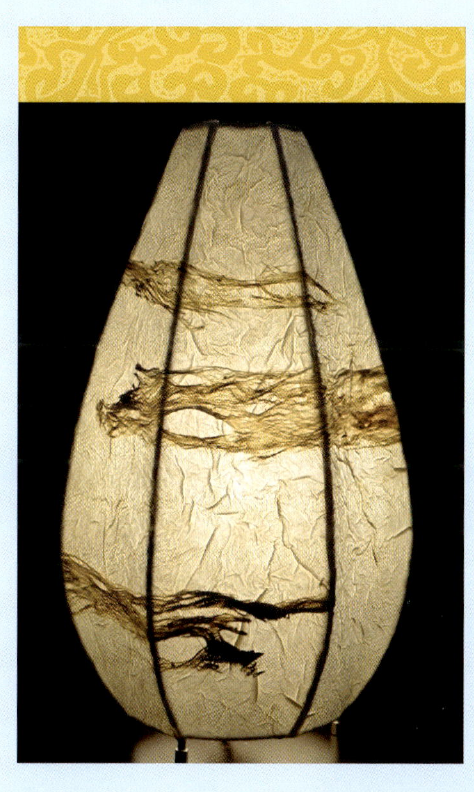

1 · 전통찻집을 넘어서서

우리나라의 닥나무는 자연환경의 영향으로 일본이나 중국의 닥나무보다 훨씬 뛰어난 품질의 인피섬유를 가지고 있다. 뛰어난 품질 중에서 조명성을 좋게 만드는 요소로, 섬유의 길이가 길고 얇으며 반투명한 성질을 가지고 있다. 이러한 특성 때문에 전통 한지는 빛의 투과율과 퍼짐이 탁월하고 자연 섬유의 깊고 아름다운 빛깔을 뿜어낸다. 한지에서 뿜어 나오는 빛깔은 다른 나라의 어떤 등에서도 볼 수 없는 독특하고 깊이 있는 것이며, 이러한 우수한 성질의 조명은 마음을 평안하게 한다.

그렇다면 탁월한 조명성을 가진 아름다운 한지로 어떤 등을 만들어 어디에 연출할까? 이러한 질문을 던질 수 있다. 대부분의 사람들은 전통찻집이라고 금방 대답한다. 가까운 사람과 오붓하게 이야기를 나누며 따뜻한 차를 마시는 공간에서는 동양적인 매력이 발산되며 은은한 향취가 풍긴다. 이런 공간에는 정성을 들인 화려한 등보다 자연적인 느낌이 나는 장지나 창호지를 그냥 덧대어 등을 감싸기만 해도 멋있는 분위기를 연

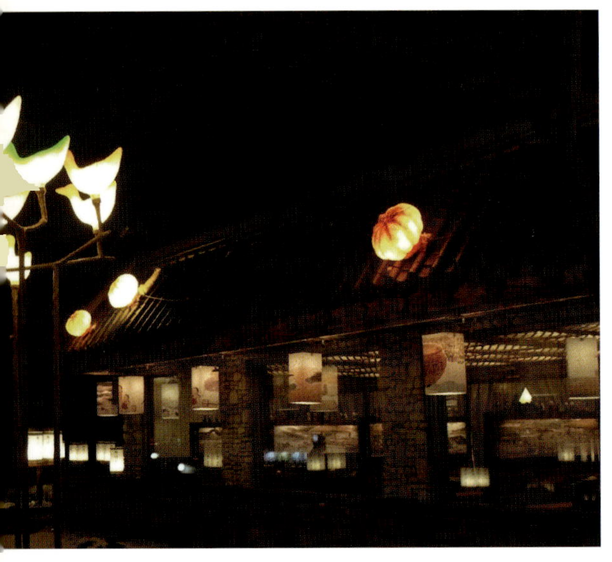

전통찻집

출할 수 있다.

공간에 은은한 빛을 드리우는 한지등이 필요한 곳은 많다. 해가 진 밤에도 필요 이상으로 지나치게 밝은 인공조명 아래에 익숙해진 현대인이지만, 한지를 통해 뿜어져 나오는 온화하고 고풍스러운 빛깔에 마음의 평화를 느끼게 된다.

한지등을 이용한 인테리어에 관심이 점차 커지고 있으며 실제로 많이 볼 수도 있다.

전통찻집이 상업적인 공간이라면 주택의 내부공간은 개인적인 공간이다. 조각보 문양을 응용하여 면을 쪼개고 전통적인 소재인 마와 장판지, 2합 장지를 이용하여 정갈한 한옥 내부에 인테리어 등을 설치한 모습이다.

한국의 전통적인 가옥이나 인테리어는 요즘은 정말 보기 귀한 것이 되었다. 한옥과 함께 해야 한다는 강박관념만 버린다면 굳이 한옥에 맞추어 한지등을 만들 필요는 없다. 시각예술의 광활한 아이템이 넘쳐나는 현대적 디자인에 맹목적으로 편승할 필요도 없다.

다른 측면에서, 변하는 세상과 동떨어진 곳에 사는 것처럼 "우리 것이 좋은 것이여!"라며 현대와는 금을 긋고 사는 것이 멋져 보이지도 않는다. 과거에 좋았던 것도 지금에 와서 가치가 떨어진다면 시대의 유물이 되어 박물관에 가야하는 것이다.

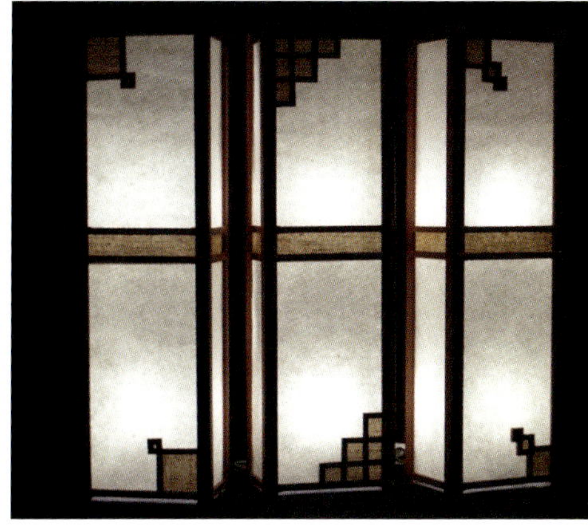

| 자주 볼 수 있는 문창살을 이용한 한지등

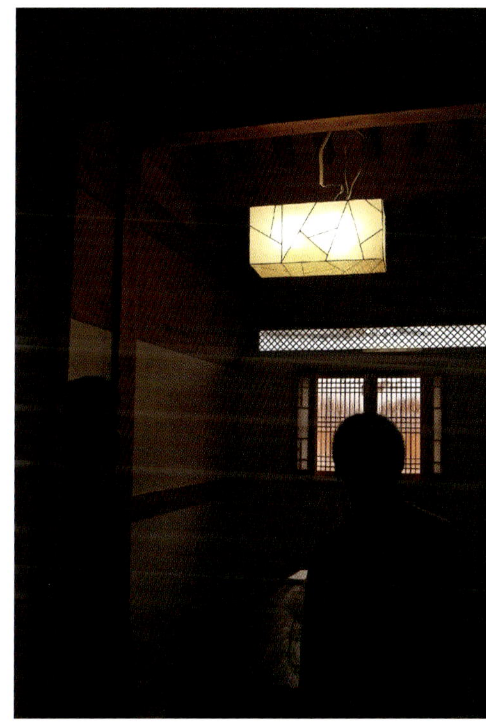

| 한옥 내의 입식부엌에 설치된 한지등

현대에서도 계승해야 할 가치가 있는 것은 마땅히 소통하여 변치 않는 전통의 맥을 되살리는 노력을 해야 한다. 씨름과 같은 민속 경기를 프로경기화한 것이 씨름의 저변을 늘렸는지는 모르겠으나 현대사회를 지배하는 거대 스포츠문화에 가려 사장될 위기에 있다. 문화적 측면에서 민속 고유의 보존가치를 중심에 두고 사려 깊게 다루었더라면 훨씬 값어치 있는 결과가 나왔으리라 생각한다.

우리의 전통가옥이 자연과 인간의 친화에 중심을 두었다면 그 핵심을 전통으로 살려서 현대건축에 이르게 하는 것이 옳은 것이지 전통가옥 자체를 발전시킨다는 것은 역사와 사회발전에 도전하는 꼴이 되고 만다. 구들의 난방기술을 계승하여 방안을 따뜻하게 하는 것은 동일하지만 땔감의 종류는 시대에 따라 나무에서 석탄으로 그리고 석유와 전기로 바뀌었으며 온돌을 불로 달구는 방식에서 따뜻한 물을 돌게 하여 온수와 겸용으로 사용하게 되었다. 이것은 효과적으로 방을 데우는 것을 계승 발전시키는 것이지 나무를 태워 밥을 하고 그 열기로 구들장을 데우는 형식에 있다고 보기는 어렵다.

전통과 현대의 조화는 자연스러운 현상이다. 새로운 것과 낡은 것이 대립하면서 생기는 과정으로써의 조화가 진정 새로운 것이 되는 것이다. 여기에는 무수한 창의와 도전이 수반되기 때문에 많은 예술가가 등장하기도 한다.

사라지고 있던 우리의 전통적인 등 문화가 부활하고 있는 시점에서 과연 무엇을 남기고 무엇을 계승할 것인지 되돌아보아야 한다. 전통문화의 범위가 매우 광범위하고 모호하지만 사라지기는 쉽고 만들기는 어렵다. 이것은 분명하다. 그래서 우리의 전통한지등이 현대에 이르러도 훌륭한 가치를 가진 것이라면 전통찻집과 같은 곳에 한지등을 대입시키는 소극적인 태도에서 벗어나 현대와 조우할 수 있는 수많은 지점에서 한지등의 효용성을 실험하고 창조적인 노력을 기울일 것을 제안하는 것이다.

전통찻집은 우리의 예술적인 감각을 가두는 고정된 관념이며 그것에서 벗어날 수 있는 용기와 도전이 필요하다. 전통이라는 과거가 준 혜택을 소비만 하지 말고 미래를 준비해야 하는 데 써야 한다.

인테리어를 한지등으로 꾸미기 위해서는 인테리어 공간에 대해 충분히 숙지할 필요가 있다. 인테리어는 실내를 꾸미는 것이기 때문에 이미 인테리어가 충분한 공간에 한지등을 조명으로 설치한다면 다소 어렵더라도 그 공간에 맞추어야 한다. 동떨어진 듯한, 공간과의 이질감이 느껴지는 한지등은 존재감이 떨어질 뿐만 아니라 군더더기처럼 보일 수 있다.

일반적인 조명과는 달리 한지등은 그와는 조금 다른 기능을 하기도 한다. 쉽게 이야기하면 인테리어 조명이 보조적인 역할에 중심을 두면서 자신의 주변을 빛나게 하는 것이라면 한지등은 그 자체로 인테리어를 구성하는 쪽에 가깝다. 따라서 한지등을 주인공으로 두어 작품을 감상하는 듯한 연출을 한다면 공간과의 이질감을 극복할 수 있으려니와 시각적으로 돋보이는 재료가 되기도 한다.

시중에는 한지를 이용한 조명상품이 많은데 대부분 대량생산방식으로 제작되기 때문에 한지등의 깊은 맛을 내기가 어려울 뿐만 아니라 현대적인 인테리어 아이템에 들기 어렵다. 수작업이 많은 부분을 차지하는 전통적인 방식의 한지등은 자체의 디자인 하나하나가 독특할 수밖에 없으므로 이러한 장점을 살리는 것이 중요하다. 전통등을 구현하는 제작기술이라면 대개의 인테리어에도 잘 어울리는 조명을 만들 수 있다.

다만 외국의 조명을 흉내 내어 한지를 뒤집어씌우기만 하면 한지등이 된다는 생각은 버리는 것이 좋다. 분명 서유럽과 같은 선진국의 디자인은 훌륭하다. 그들의 감각은 우리보다 수없이 많은 시행착오를 거쳐서 나온 소중한 결과물이기 때문이다.

한지가 훌륭한 재료임에는 틀림없지만 외국에서 보고 베껴 한지로 포장한다거나 예술가들의 작품을 흉내 내서 새로운 한지등처럼 보이게 하는 것은 자신의 작업이 영혼이 없는 공예품임을 선언하는 꼴이다. 항상 창의적인 작업을 염두하고 모방은 피하도록 하여야 한다.

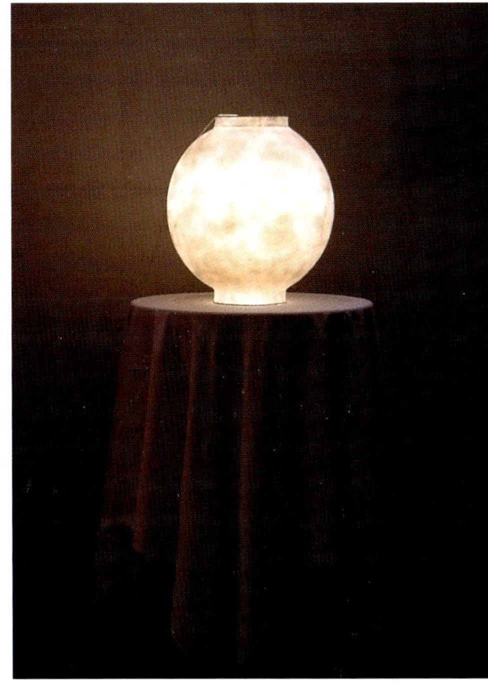

달항아리 모양의 한지등

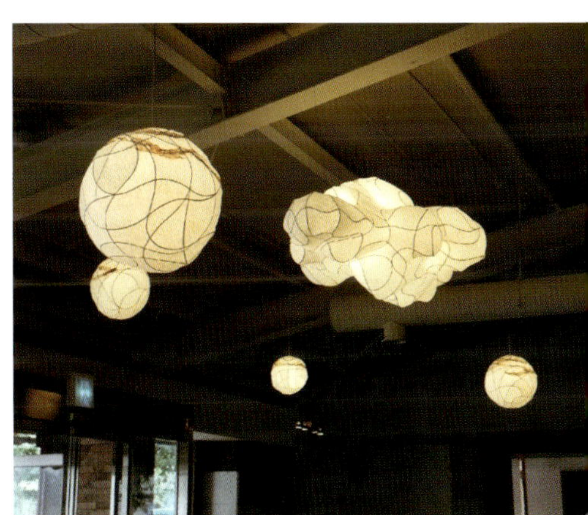

넓은 실내에 들어갈 한지등

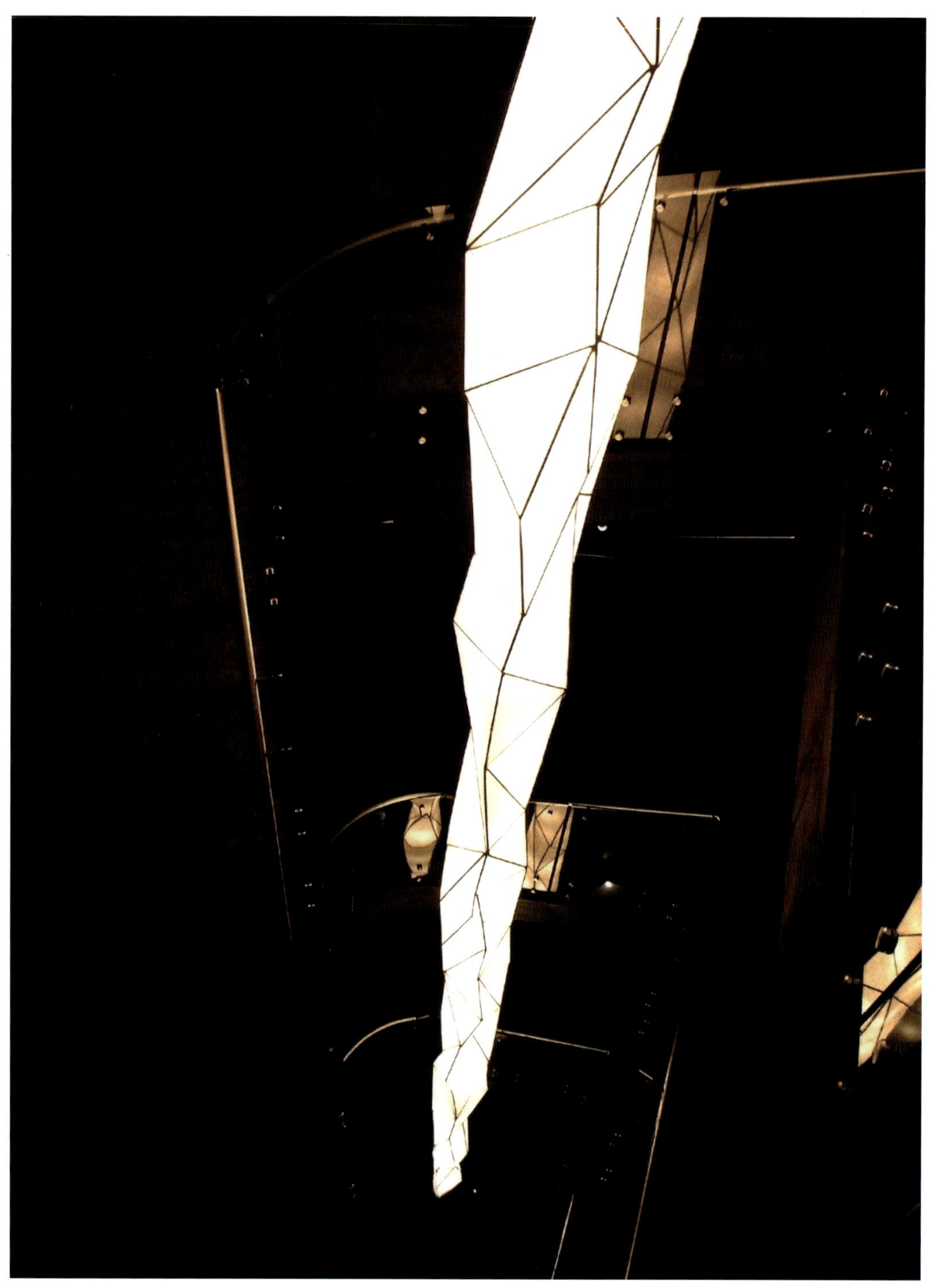

건물 중앙계단을 채운 길고 거대한 인테리어 등

2 · 한지등 인테리어의 유의점

1) 주조명용 한지등

한지를 투과하는 빛은 넓게 확산되어 은은한 분위기가 나지만, 조도가 떨어지기 때문에 밝은 빛이 필요한 공간에서는 무리가 따른다. 이런 곳에 한지등을 사용하려면 광원을 가리는 형태의 전통등 형식을 조금 바꿔 직접조명이 떨어지는 부분을 열어놓아야 한다. 한지등의 아랫부분을 열면 일반조명과 비슷해지지만 한지로 만든 갓은 자연적인 맛을 주기 때문에 은은한 분위기를 유지한다.

은은한 불빛이 필요할 때는 멋들어진 한지등을 주 조명으로 하여 그대로 설치하면 된다. 밝기가 조금 떨어지기는 하지만 천연 닥섬유가 뿜어내는 한지 고유의 자연스러운 빛은 백열등이나 형광등의 느낌과는 전혀 다른 깊은 맛을 드리운다.

등의 형태는 공간의 구조적 특징과 인테리어 디자인과의 연관성을 살려 정해야 한다. 주조명의 역할을 충분히 수용하고 한지등의

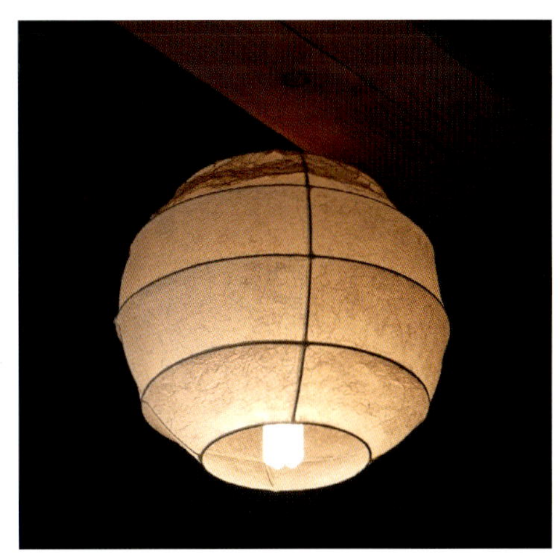

한지등의 밑을 열어서 밝은 분위기를 연출한다

장점도 살리는 방법을 찾아야 한다.

2) 인테리어용 조명등

주조명의 역할보다 인테리어 요소로 한지등을 설치할 계획이라면 작품처럼 공간을 할애하여 설치할 수도 있다. 조도가 높지 않은 분위기라면 어느 곳이라도 잘 어울린다. 세련되고 현대적인 분위기이지만 전통적인 느낌의 등이 어울릴 수 있는 이유는 고풍스러운 빛이 다른 조명공간을 압도하는 때문이다. 때로는 조금 과한 것이 거슬리기도 한다. 한지는 여러 가지의 색감을 가지고 있으며 채색도 가능하기 때문에 원하는 분위기를 연출할 수 있다.

인테리어등을 한지등으로 제작하기 전에 설치하고자 하는 부분의 전반적인 상태를 점검할 필요가 있다. 대체적으로 건축할 때 인테리어 공사를 하면서 천정에는 매립등을 설치하기 때문에 새로 등을 설치할 경우 주변 조명의 밝기와 용량을 잘 계산하여 필요한 만큼의 조도를 만들어야 하고 천정의 전기배선이나 골조도 미리 파악하면 등을 설치하는 데 도움이 된다.

3 · 우리 집 인테리어 한지등

휴식을 위한 공간인 집은 살고 있는 사람의 개성이 잘 드러나는 공간이기도 하다. 이 공간을 전통 한지등으로 꾸미면 훨씬 더 정겹고 따뜻한 느낌을 줄 수 있다. 아이들을 위한 공간은 화려하고 단순한 형태의 등이 동심을 살려내는 데 좋다. 거실에는 요란하지 않으면서 은은하게 밝혀 주는 등이 어울린다. 전통한지등이 가장 잘 어울리는 공간은 바로 침실이다. 적당한 밝기와 은은한 분위기는 평온하고 포근한 느낌의 침실을 만들 것이다.

1) 구상하기

간단한 형태의 인테리어 등을 만들어 보자. 여기에서는 긴 직사각 형태의 등과 둥그스름하게 둥글린 육각형 형태의 등을 만들고자 한다. 모두 등의 아래쪽에 전구를 설치하여 조명하는 형태이다. 두 가지 모두 기본적인 원리는 동일하다.

만들고자 하는 등의 모습을 간단하게 스케치하면서 어떻게 뼈대를 구성하는 것이 좋을지를 염두에 두고 작업한다.

첫 번째로 제시하는 긴 직사각등은 직선철사를 구부려서 무명실로 연결하는 방법으로 현대적인 스탠드등을 만드는 과정이다. 물론 대나무를 이용하여 비슷한 모양으로 만들 수도 있다. 다만 앞에서 일반적인 등 구조의 설명과 뼈대 제작에 대해 자세히 논하였으므로 그것을 참고하기 바란다.

　두 번째로 소개하는 둥글린 육각등의 경우 뼈대 작업을 제외하였다. 용접과 관련한 부분은 방대한 설명과 기술이 필요한 부분이다. 둥글린 육각등의 제작된 뼈대는 깔끔하고 완성도 높은 이미지를 위해 스테인리스 스틸 재질의 프레임을 구부리고 알곤 용접으로 연결한 것이다. 따라서 이러한 등을 만들고자 한다면 구상을 하여 용접을 전문적으로 하는 곳에 주문제작을 의뢰한 다음 작업할 것을 권한다. 그렇지 않은 경우에는 일반 철사나 대나무를 무명실로 연결하는 방법을 사용해 보아도 좋겠다.

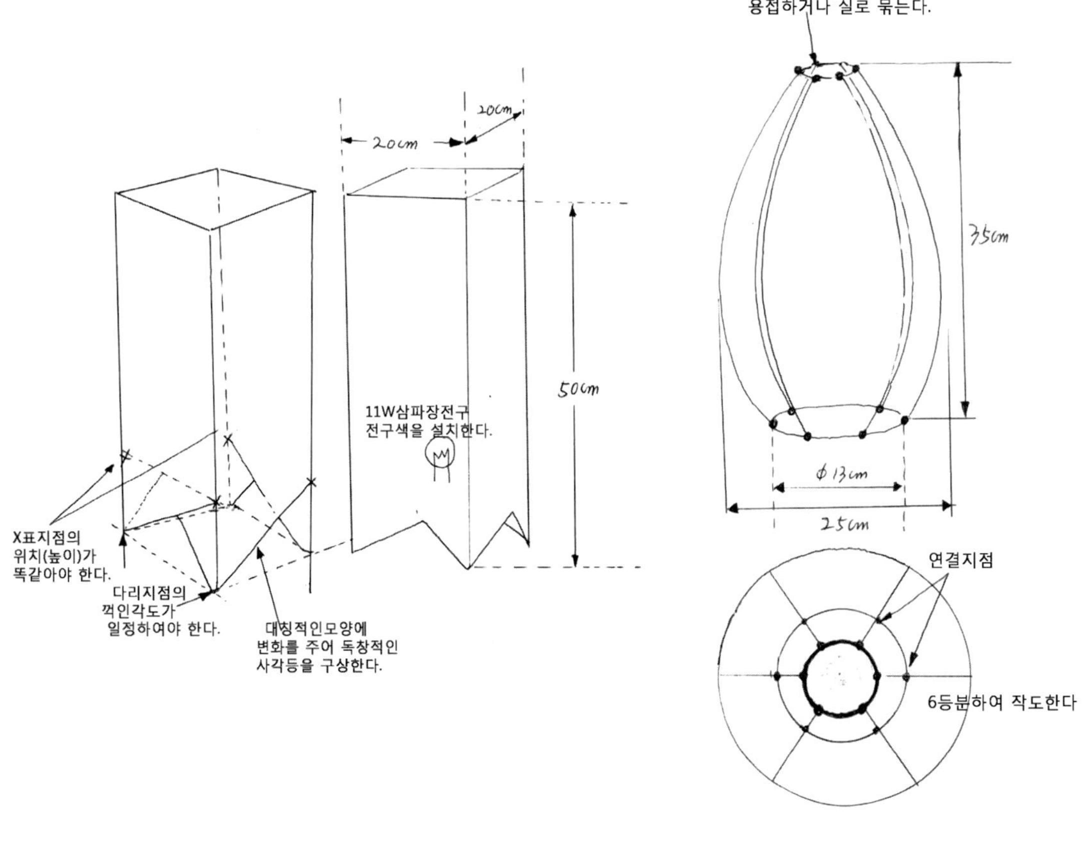

| 긴 직사각등의 구상도 | 둥글린 육각등의 구상도 |

2) 뼈대 만들기

구상도를 참조하여 철사를 이용해서 뼈대를 만든다. 구상도에 설계한 대로 정확한 치수와 각도를 맞춰서 철사를 준비한다. 케이블타이를 이용해서 임시로 고정한 다음 형태가 잡히면 무명실과 순간접착제로 완전히 고정시킨다.

긴 직사각등은 사이드커팅플라이어를 이용하여 90도로 돌려가며 꺾는다. 정확한 크기와 각도를 잘 맞추려면, 정사각형을 그린 종이 위에 철사를 올려놓고 꺾으면 된다.

둥글린 육각등의 경우에도 동일한 곡선을 만들기 위해서는 먼저 종이에 원하는 곡선을 그린 다음, 그 선을 따라 철사를 구부리는 방법을 사용한다. 6개의 중심 철사를 모두 동일한 곡선으로 잘 구부리도록 한다. 철사는 대나무와 달리 곡선을 만들기가 쉽지 않다. 철사를 구부려 형태를 만들 때는 힘의 균형이 중요하다. 양손 중 어느 한 손이라도 힘이 더 들어가게 되면 철사가 꺾여서 모양이 비뚤어지게 된다. 두 손에 골고루 힘을 주고 형태를 만들도록 한다.

뼈대 재료와 도구

- 3mm 두께 정도의 직선철사 또는 이와 비슷한 재료, 케이블타이, 무명실, 순간접착제, 줄자, 사이드커팅플라이어

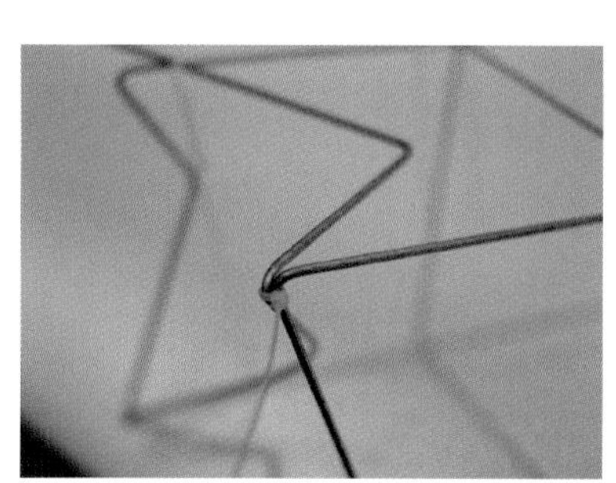

긴 직사각등의 뼈대 연결

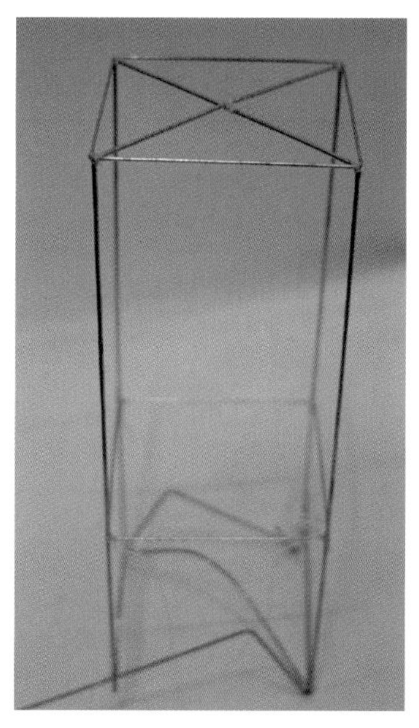

긴 직사각등의 완성된 뼈대

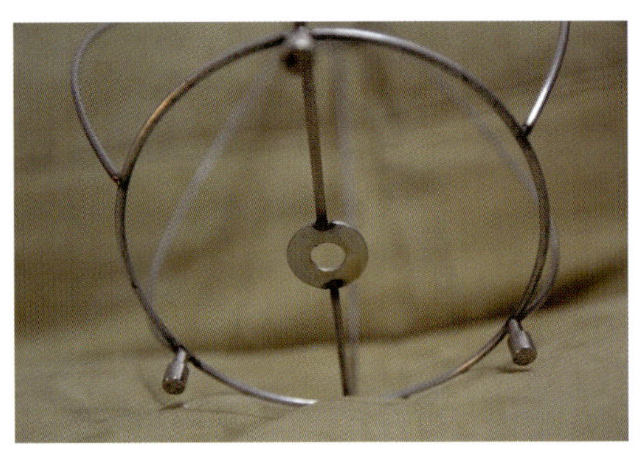
나사관을 고정할 수 있도록 와샤를 용접하여 붙이고,
짧은 다리 세 개를 붙였다.

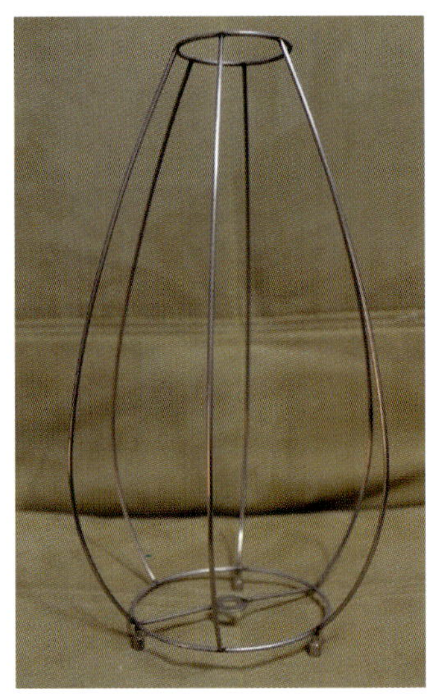
둥글린 육각등의 완성된 뼈대

3) 전구 설치하기

소켓은 일반적인 26베이스 사이즈를 사용한다. 프레임 만드는 과정은 제2장을 참조하기 바란다. 둥글린 육각등의 제작과정에서는 위에서 다루지 않은 인테리어등 상품을 만들 때 사용하는 깔끔한 소켓을 조립하는 방법을 추가하였다. 이 소켓들은 인터넷을 검색하여 정보를 얻은 다음 서울의 을지로 등 조명부속을 파는 전문점에서 수소문하여 구할 수 있는 재료들이다. 이 재료들을 사용하여 한지등 수공예품을 만든다면 전통등 제작과정처럼 손쉽게 전선을 연결할 수는 없지만 공예품의 완성도를 더욱 높일 수 있을 것이다.

우리나라에서는 조명을 자신이 스스로 만드는 문화 자체가 없으므로 당연하게도 이러한 부품을 구하기가 어렵다. 하지만 자신이 노력한다면 얼마든지 구할 수 있고 응용할 수 있다. 종류는 다양하지 않지만 방수소켓을 이용하는 것보다는 훨씬 세련된 결과물을 얻을 수 있다.

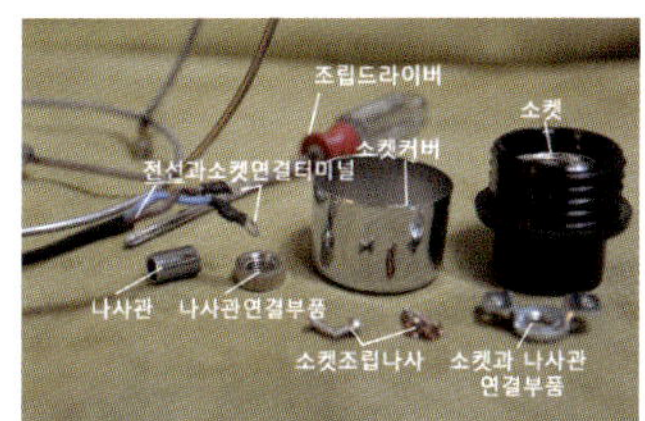

둥글린 육각등 소켓재료의 이해

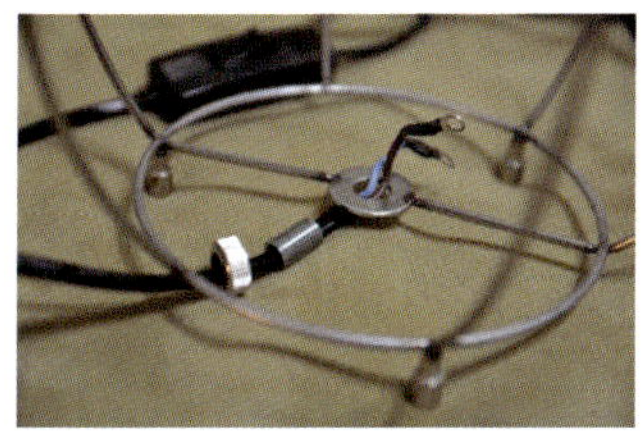

바닥의 와샤 구멍에 들어가는 순서로
부품을 미리 넣어놓고 작업한다.

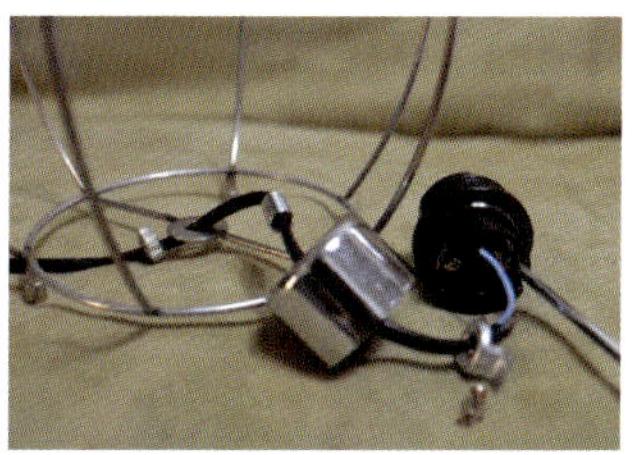

전선을 소켓에 연결하기 전
소켓커버와 재료

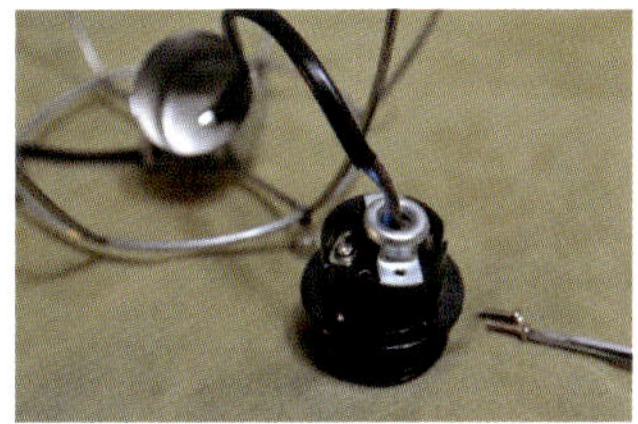

소켓을 뼈대에 연결하기 위해 부품을
나사구멍에 맞춘다

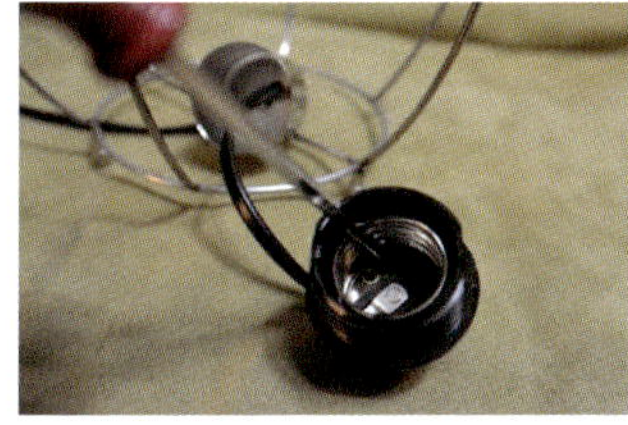

소켓 연결부품을 안쪽에서 나사로
조립한다

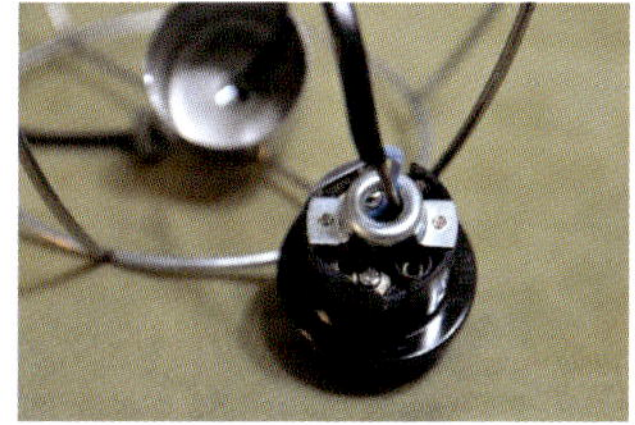

소켓 연결부품을 고정하였다

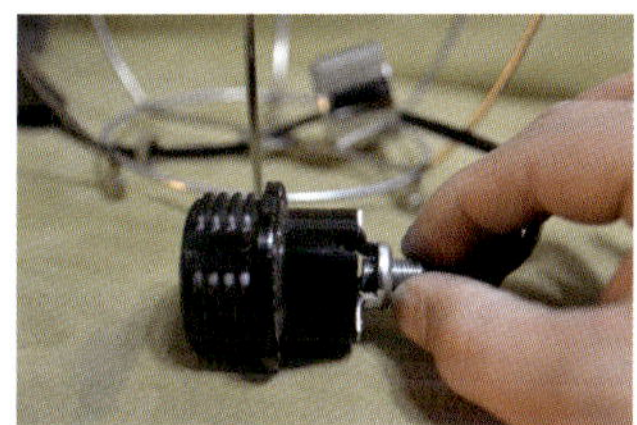

연결부품에 나사관을 조여서
연결한다

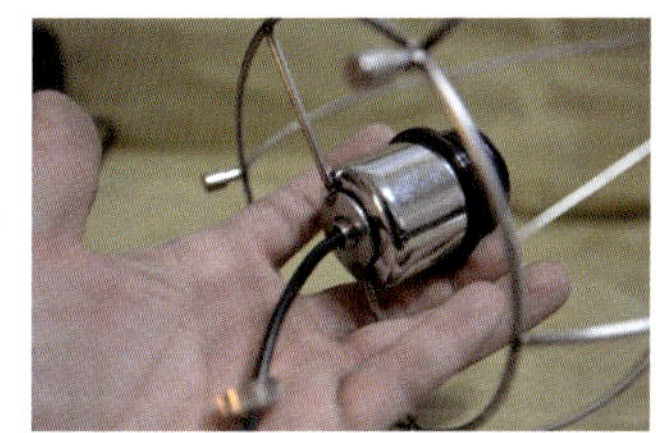

뼈대의 와샤 구멍에 나사관을 넣는다

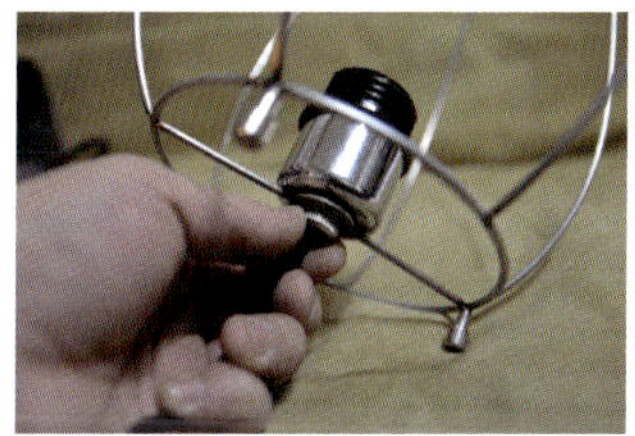

나사관 조임부품을 이용하여 단단히
고정한다

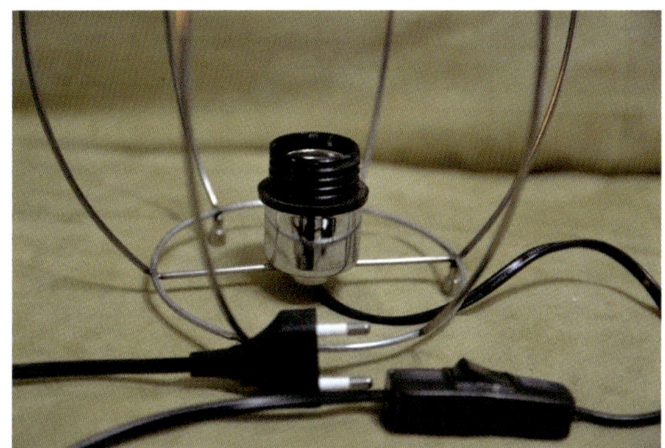

소켓조립이 완성된 모습

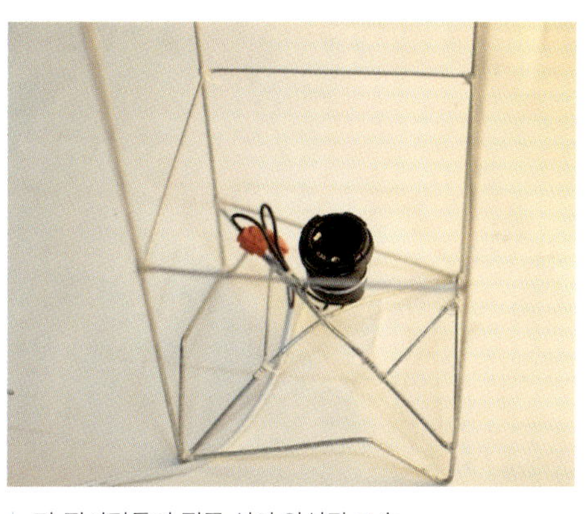

긴 직사각등의 전구 설치 완성된 모습

4) 배접하기

한지는 표백이 되지 않은 고급한지를 사용하는 것이 좋다. 화학적인 표백제를 사용하면 한지의 고유한 성질이 줄어들고 광택도 점차 사라진다. 그러나 햇볕으로 자연 표백을 한 한지는 닥나무의 원래 색깔인 미색이 밝게 나타나고, 고유의 성질이 그대로 살아 있다. 한지는 진한 미색일수록 고급품인데, 고급한지를 사용해야 조명을 켰을 때 한지 본연의 온화하고 은은한 색감이 살아난다.

2합 장지를 구매해서 줌치 기법으로 가공하여 사용해 보자. 줌치 기법으로 가공된 한지를 구매해서 사용해도 좋다. 그러나 내 손으로 만든다는 의미가 줄어들게 되므로 가능한 스스로 가공하도록 한다. 제5장에서 소개했듯이 줌치 기법으로 가공하는 방법은 그리 어렵지 않다. 홑지 두 장을 줌치 기법을 사용하여 2합으로 만드는 어려운 방법은 하지 않아도 된다. 우리가 사용하고자 하는 것은 질긴 한지가 목적이 아니라 더 나은 조명질감을 얻기 위한 것이므로 2합 장지에 줌치 만드는 기법을 사용한다.

여러 시간 물에 푹 담근 한지를 손으로 꾸깃꾸깃 접어 쥐어짜서 물기를 대략 제거한 다음 깨끗한 바닥에 두들기면 된다. 원하는 질감이 만들어질 때까지 이 과정을 몇 차례 되풀이한다. 원하는 질감이 보이면 그때 종이를 펴서 잘 말리면 된다. 종이가 완전히 마르기 전에 평평하고 무게 있는 물건으로 살짝 눌러주면 강도와 질감이 뛰어난 줌치지가 완성된다.

한지 배접을 할 때는 면이 작고, 어려운 부분부터 먼저 시작한다. 긴 직사각등은 밑바닥부터 배접하고 제일 윗부분을 한 다음, 옆면을 바르는 순서로 배접한다. 둥글린 육각등은 위와 아래가 트여 있기 때문에 옆면만 배접하면 된다.

배접 준비물 ·한지, 풀, 가위, 배접용 붓

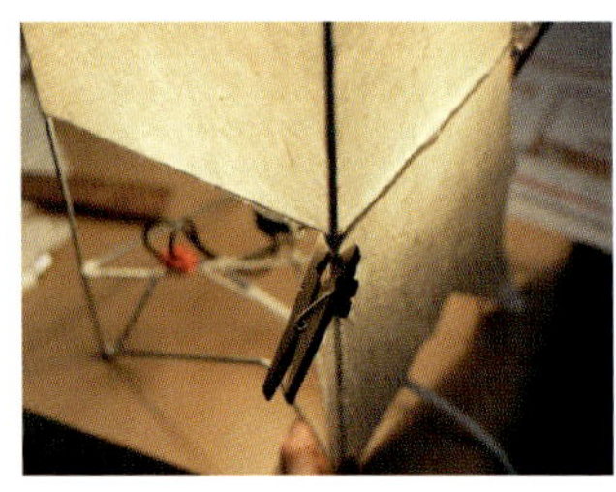

| 긴 직사각등의 배접 과정

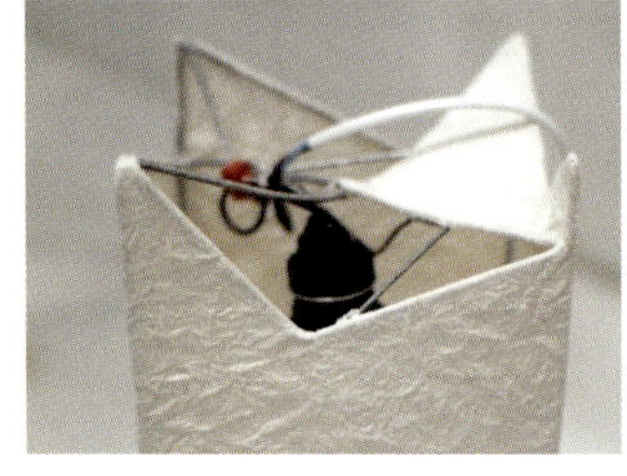

| 긴 직사각등의 밑부분 배접 모습

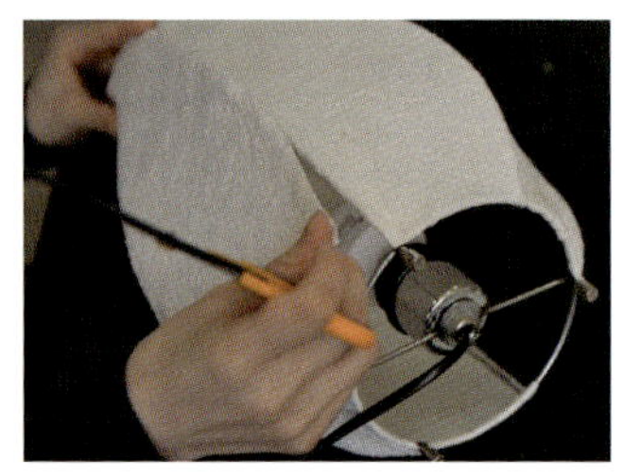

| 둥글린 육각등의 배접 과정

4) 꾸미기 및 완성

　아무 장식을 하지 않고 한지만으로도 특유의 질감을 드러내는 아름다운 등이 완성된다. 여기에서는 닥피로 간단하게 꾸미는 방법도 소개하고자 한다. 닥피, 즉 닥나무 껍질은 한지를 만드는 원료이다. 닥나무에서 분리한 닥피를 찌고 말리는 초기 과정에서 만들어낸 제품이다. 이렇게 만들어진 닥피는 한지 전문점에서 쉽게 구매할 수 있는데, 여러 가지 용도로 사용된다. 닥나무의 섬유질이 자연스럽게 만들어내는 문양이 매우 아름답기 때문에 적당한 크기로 손으로 찢어서 풀로 붙이는 방법으로 간단하게 마무리하면 된다.

　실내에 설치하여 계속 사용하는 인테리어 등이므로 가능한 한 코팅은 하지 않도록 한다. 코팅을 하면 먼지제거가 쉬운 등 여러 가지 보관상의 이점이 있지만, 한지가 가진 독특한 환기성이 완전히 망가지기 때문에 곰팡이가 생기기 쉬운 단점이 있다. 그러므로 비를 맞는 실외가 아닌 실내에 설치하는 등에는 코팅을 하지 않는 것이 좋다.

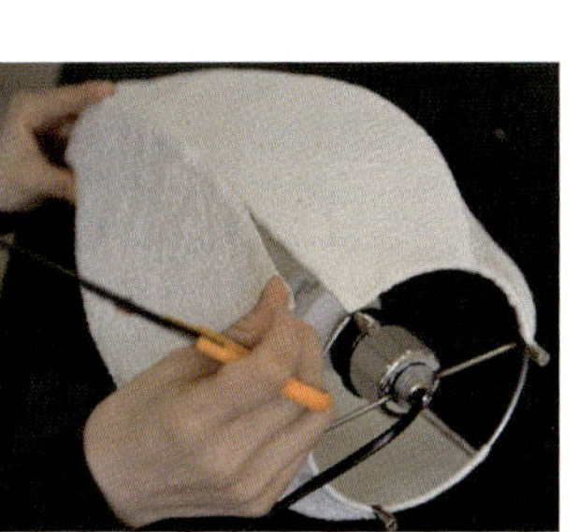

| 닥피로 꾸민 둥글린 육각등

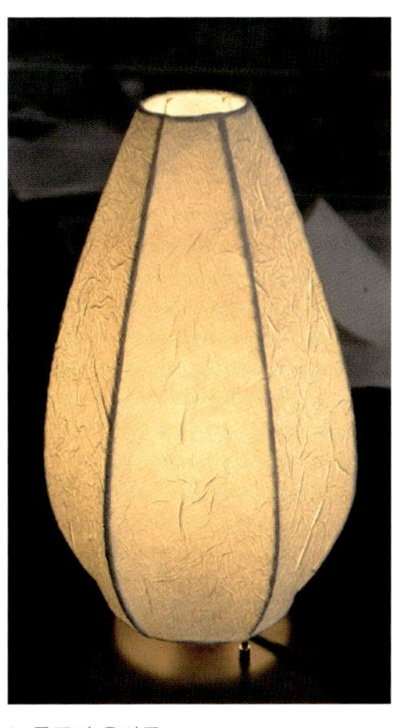

| 둥글린 육각등

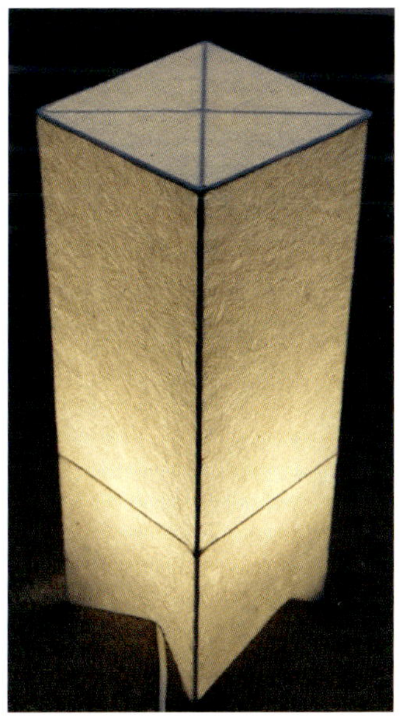

| 긴 직사각등

7

전통등 예술세계로의 초대

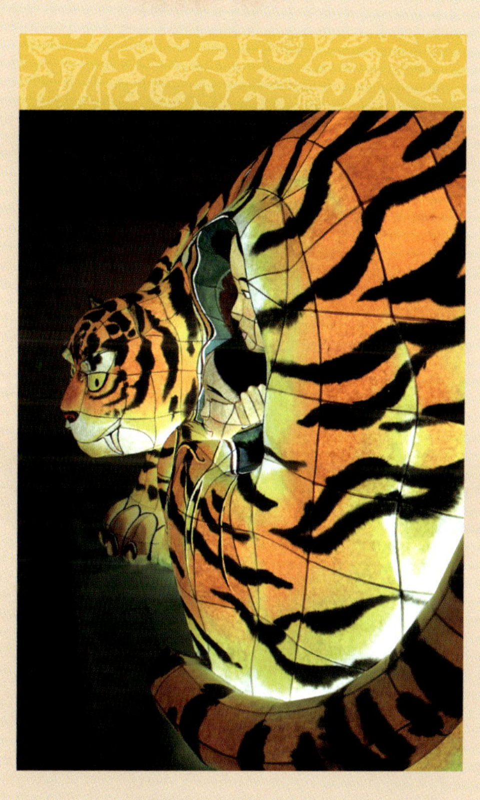

1 · 전통등전시회의 작품

부처님오신날을 축하하고 기념하기 위해 열리던 연등놀이가 조계종단의 개혁적 변화에 힘입어 1996년부터 연등회·연등축제로 바뀌었다. 그 후 연등축제를 주관하는 기구는 '봉축기획단'이라는 이름으로 상설화되었다. 봉축기획단은 비닐로 만들어진 주름등으로 대표되던 일제강점기의 잔재를 벗어나기 위해, 산업화 과정을 거치면서 규모가 축소된 연등놀이를 신명나는 전통적인 연등놀이로 되살리기 위한 노력을 열성적으로 지속하였다. 전통적인 연등놀이를 현대적인 축제로 계승하기 위해서는 다 함께 흥겹게 어울려 노는, 축제의 '연희적(演戲的)' 요소와 축제를 상징하는 '등'을 온전하게 복원하는 것이 필요하였다.

봉축기획단이 출범할 당시 조계종 총무원 총무국장의 소임을 맡고 있던 지현 스님(현 청량사 주지, 한국불교문화사업단장)과 박상희 간사 및 많은 사람들의 노력으로 전통등 복원 작업을 하였고, '전통등연구회'를 결성하여 이 복원 작업에 참여한 사람들의 역량을 한 데 모으며, 활동을 지원하였다. 이듬해인 1997년 여러 가지 형태의 전통등을 다시 재현하여 세간의 주목을 받게 되었다. 1998년에는 서울 삼성동에 위치한 봉은사에서 '전통등전시회'를 개최하고, 그 해 부처님오신날 연등축제에 한지로 전통등 기법의 대형장엄등을 선보였다. 봉축기획단은 전통등 복원을 위해 수많은 자료를 수집·정리하며, 젊은이들이 전통등의 세계에 심취하도록 열정적인 지원을 아끼지 않았다. 그러한 결과로 오늘의 연등축제가 세계인을 이목을 집중시키는 성대한 축제가 될 수 있었다.

전통등전시회는 그 문화적 가치를 인정받아 매년 정기적으로 열렸다. 또한 전통등의 전국적인 보급과 대중화를 위해 매년 개최하는 '등 경연대회'의 입상작품과 연등 문화의 전승을 위해 무료로 진행되는 '전통등 강습회'의 우수한 결과물을 수용하여 전통등전시회가 연등축제의 연장선상에서 대중적인 확대를 꾀하는 목적을 분명히 하였다. 또한 연등축제는 전통등전시회라는 든든한 소프트웨어를 바탕으로 하고 있기 때문에 세계적인 축제에 걸맞는 컨텐츠를 지속적으로 공급받을 수 있었다.

전통등전시회는 매년 새롭게 창작되는 작품을 통해 연등축제에 참여하는 사람들의 등에 대한 애정과 관심을 높이고 있을 뿐만 아니라 전통등 자체의 아름다움과 활용에 목말라 하는 수많은 문화예술대중의 눈높이를 맞추며 꾸준히 발전하였다. 세계인의 이목을 끄는 연등축제를 뒷받침하는 전통등전시회는 축제의 중심에서 보다 진취적인 모습의 작품을 전시하는 장으로 변모하여 지금에 이르렀다.

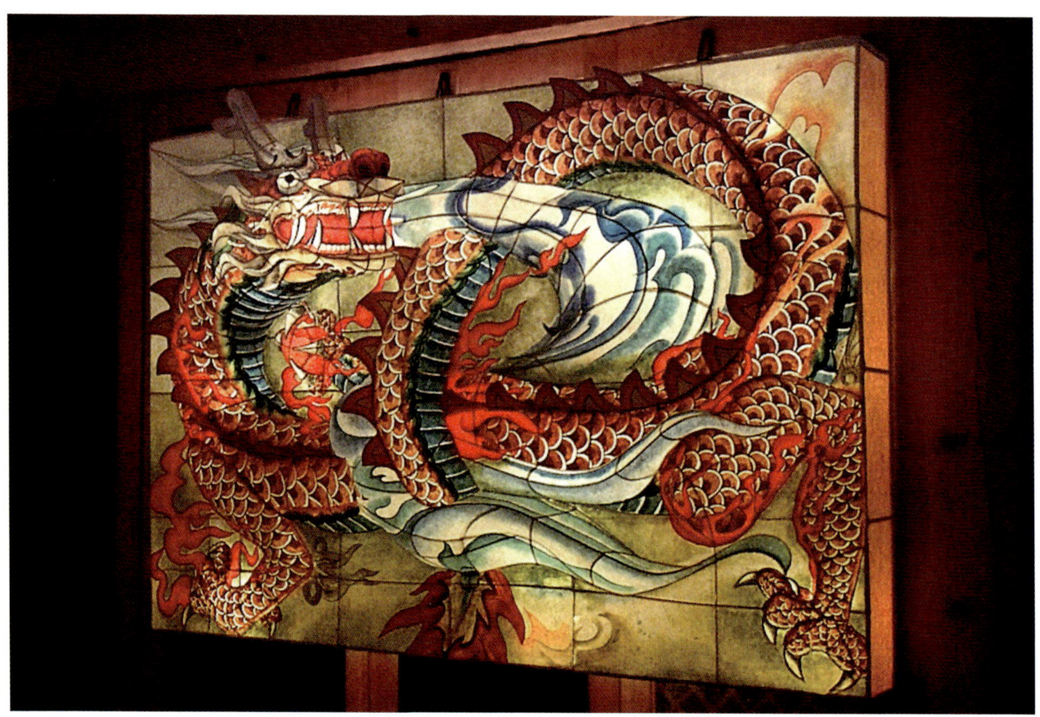

비룡(전영일, 2001)

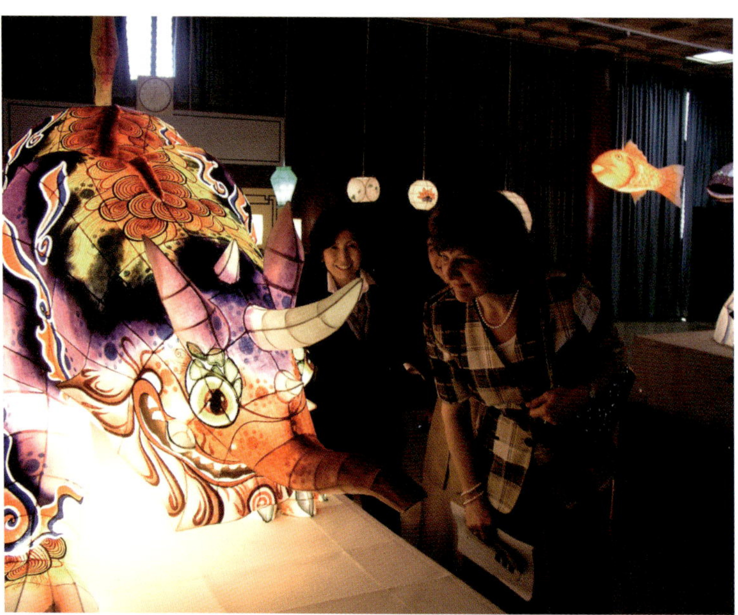

불가사리(전영일, 2003)

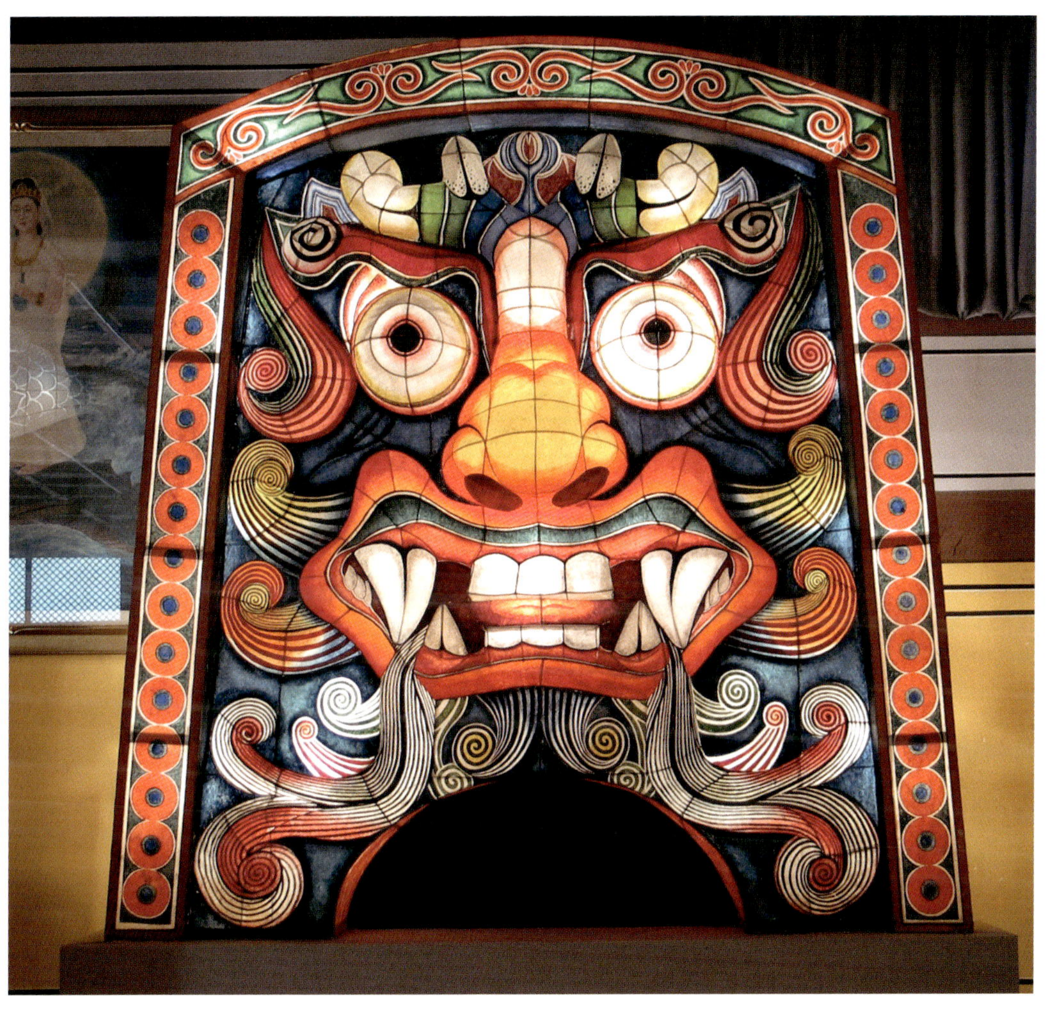

귀면(전영일, 인송자, 2004)

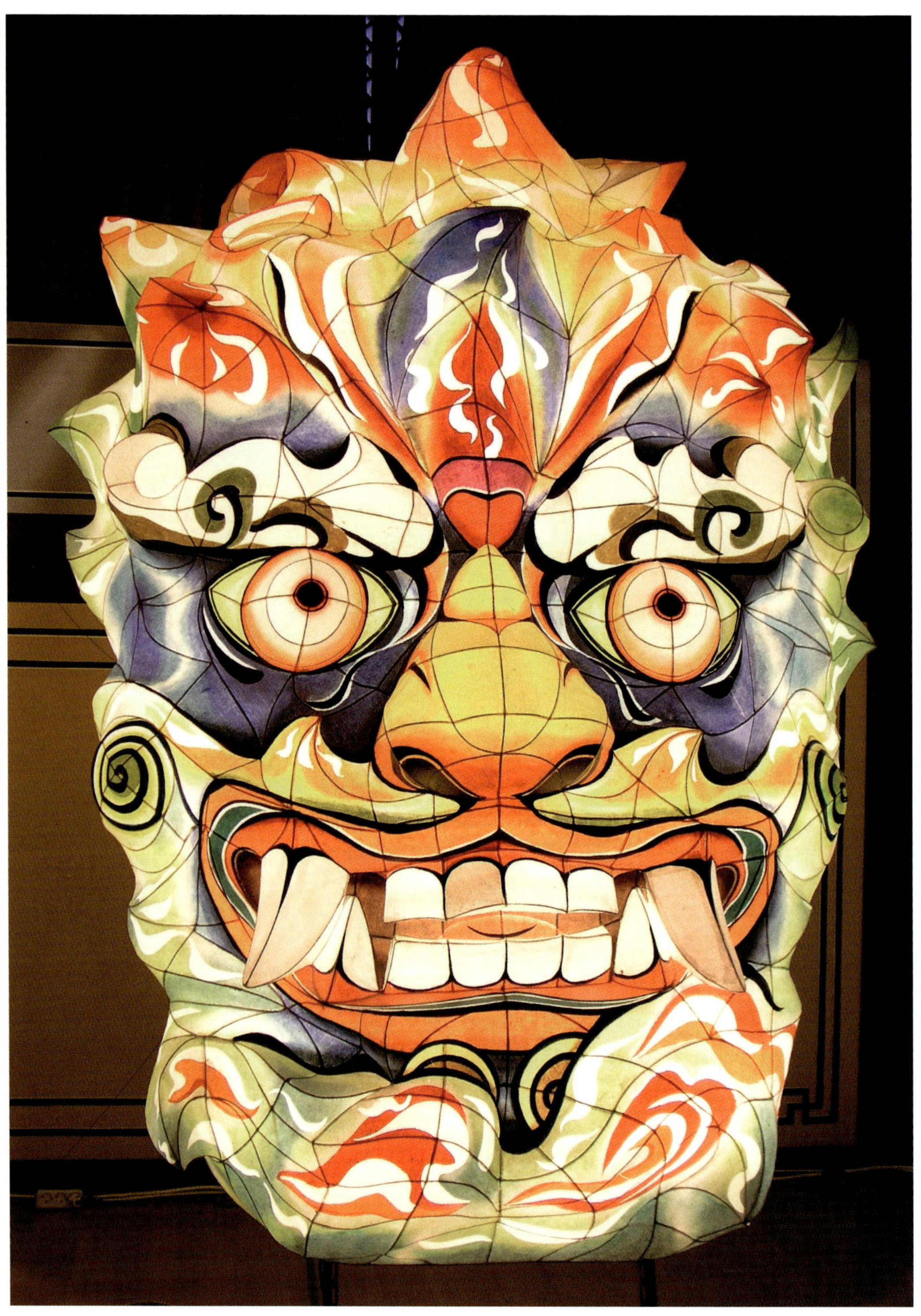

| 도깨비불(전영일, 신승용, 조순영, 2005)

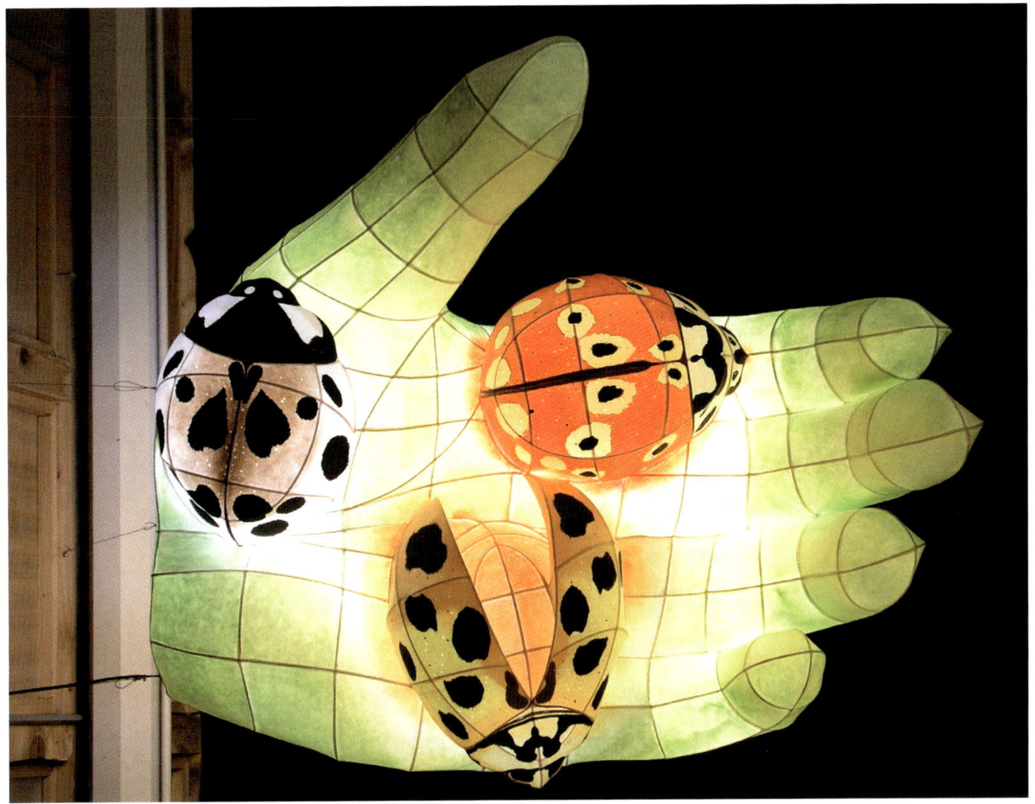

생명(국근일, 2005)

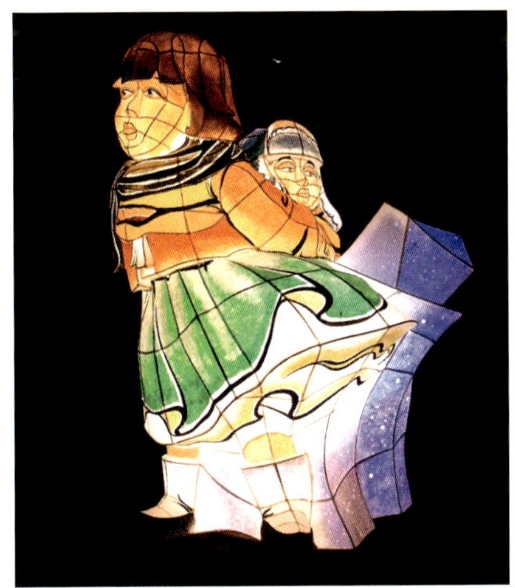

어머니 어린시절1(전영일, 2006)

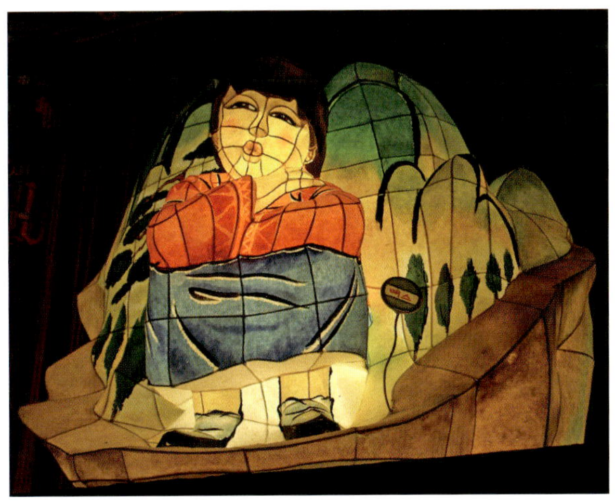

어머니 어린시절2(전영일, 2006)

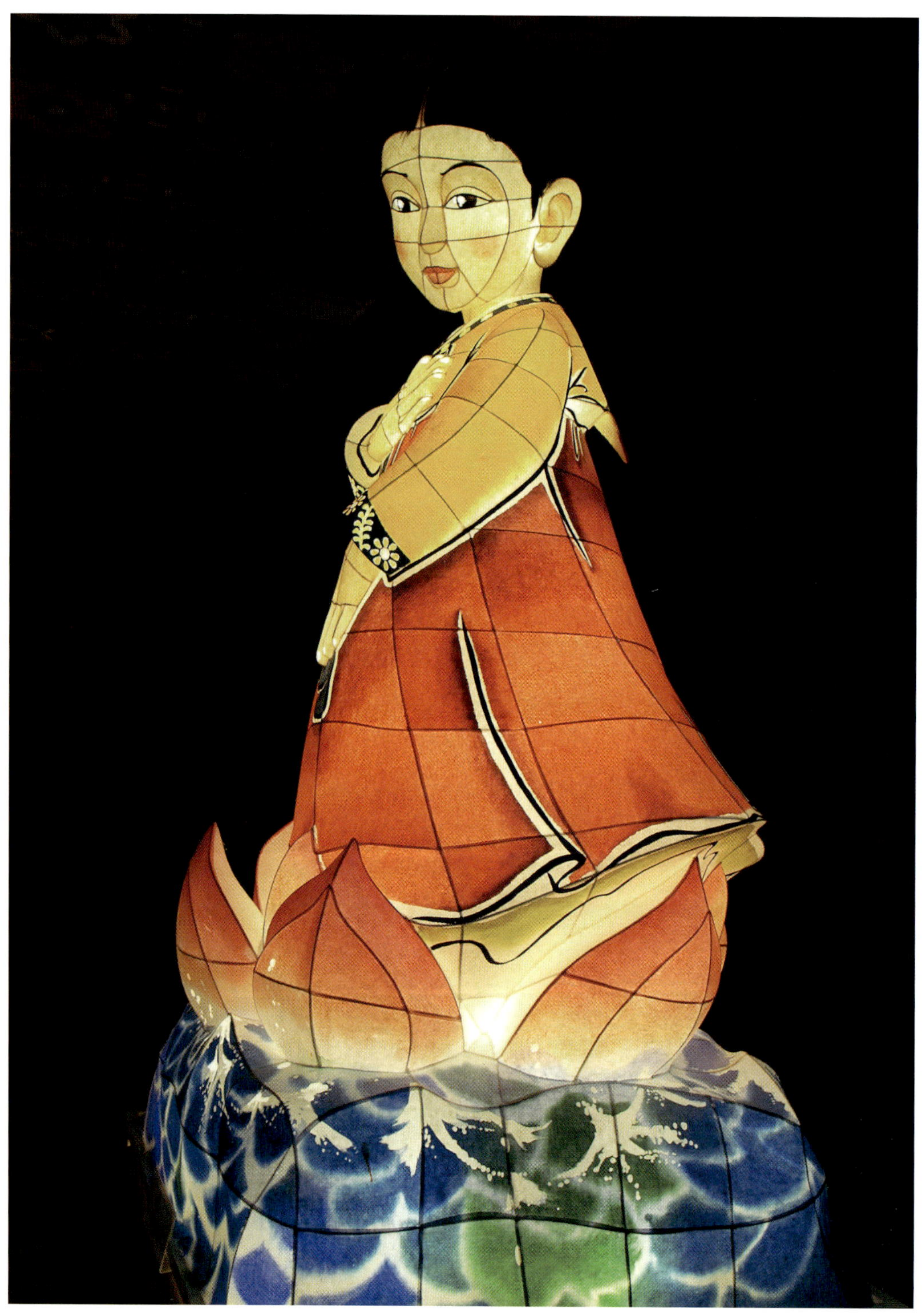

심청(박석희, 2007)

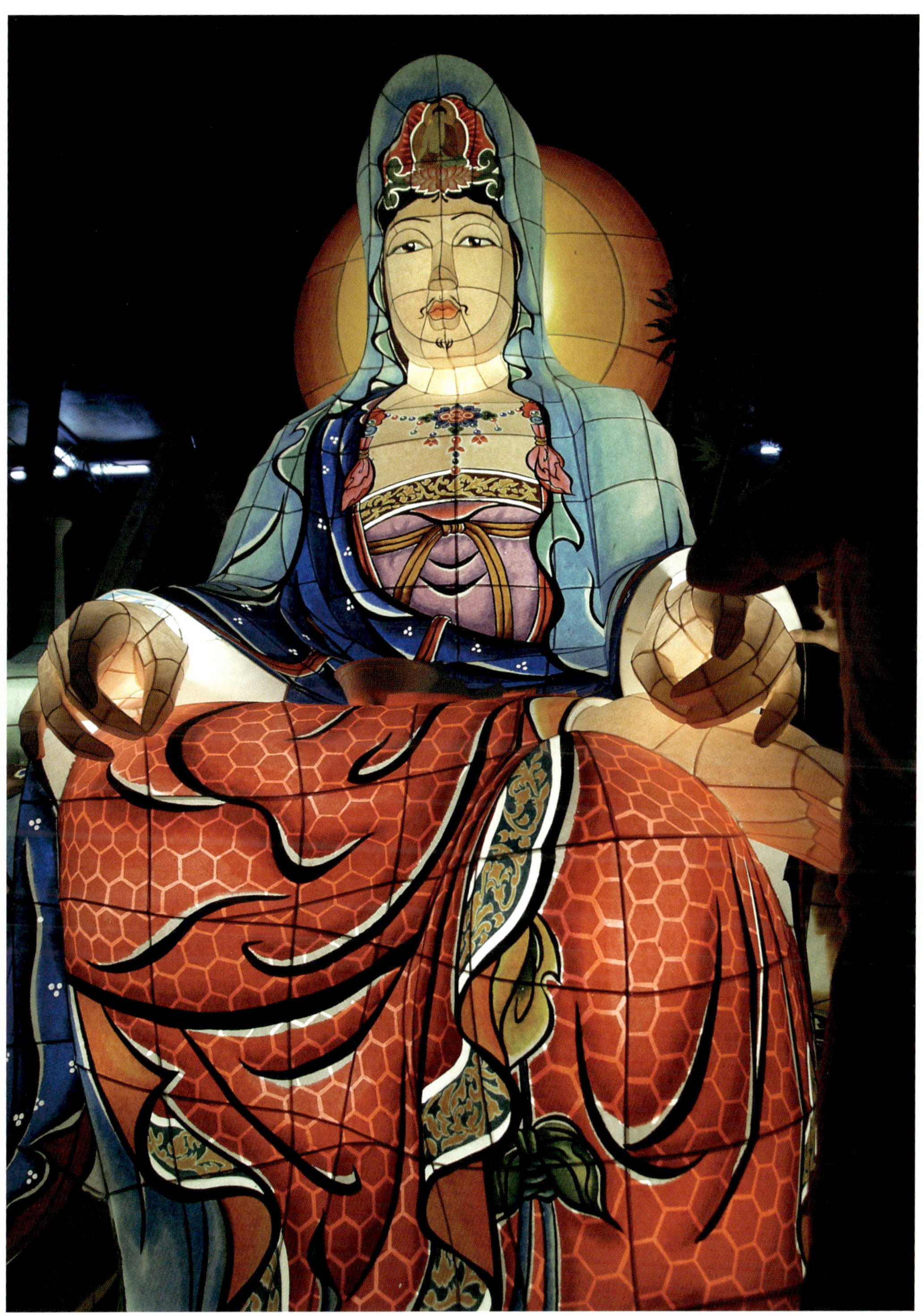

수월관음(전영일, 박석희, 2008)

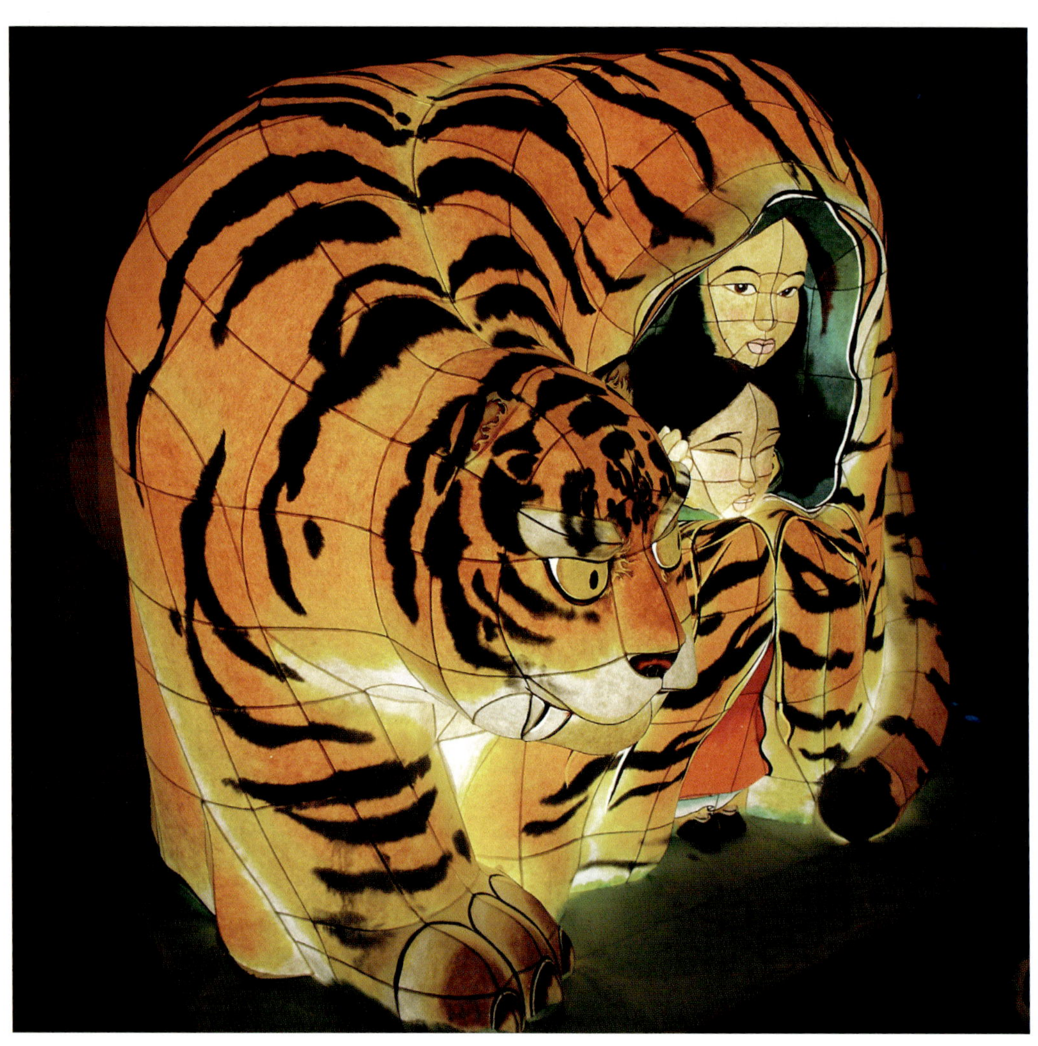

오누이와 호랑이(김재성, 전영일, 2008)

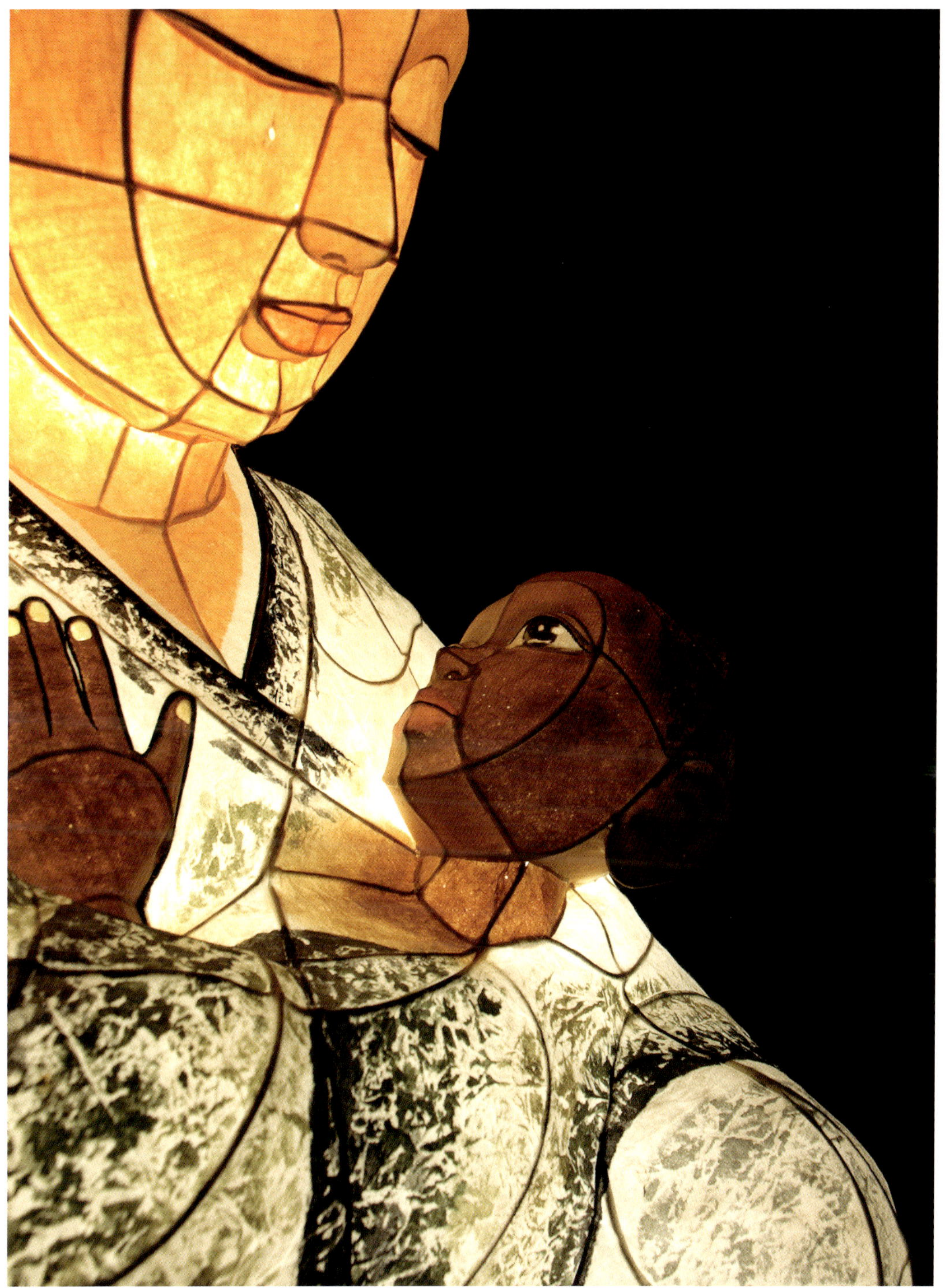

반본환원(박석희, 2008)

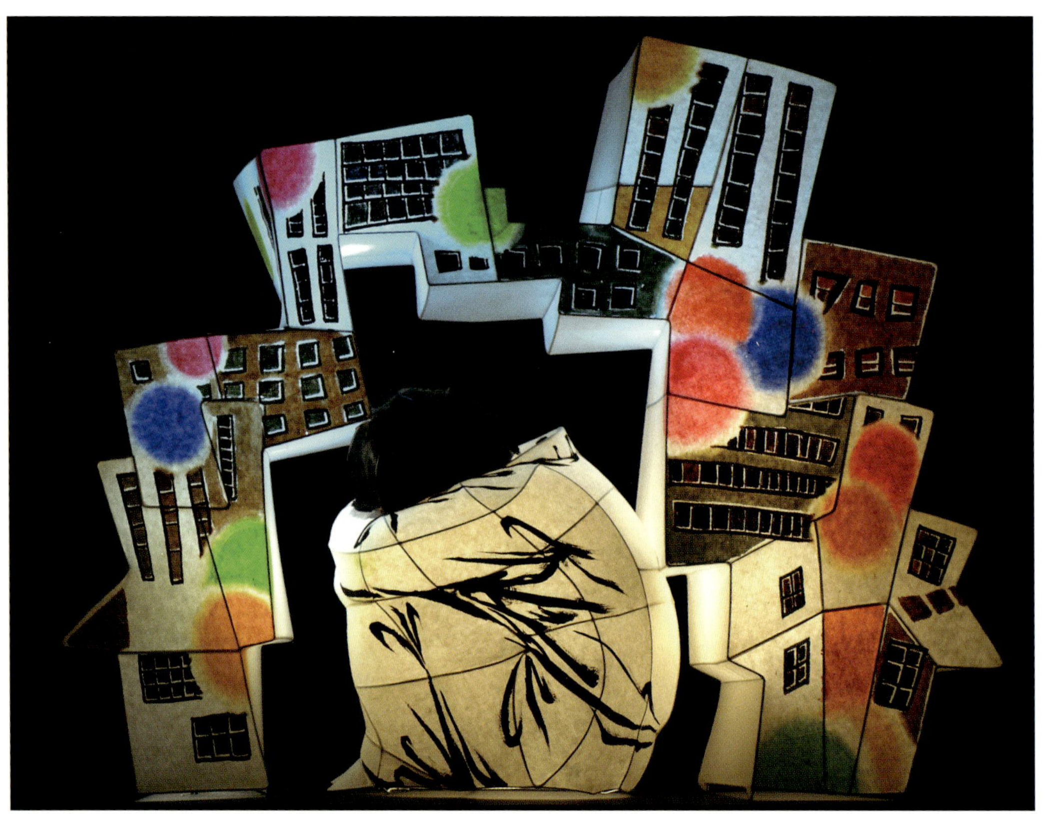

| 상실시대(전영일, 2009)

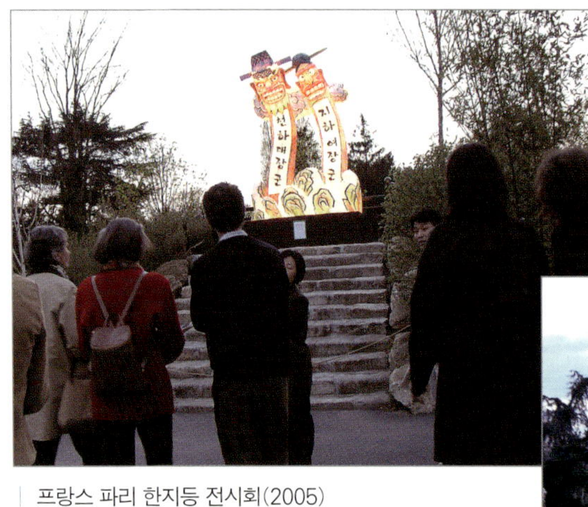

| 프랑스 파리 한지등 전시회(2005)

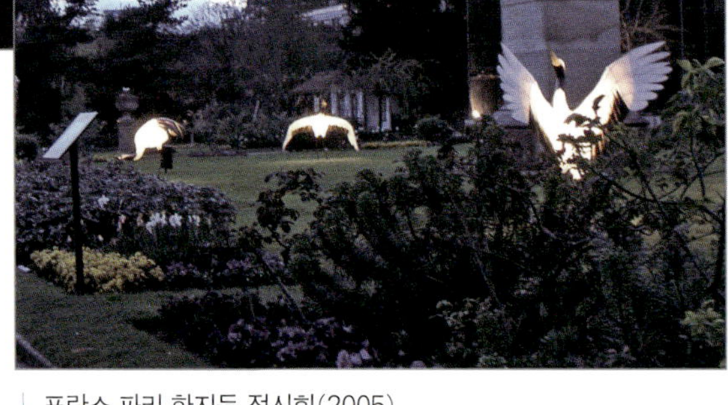

| 프랑스 파리 한지등 전시회(2005)

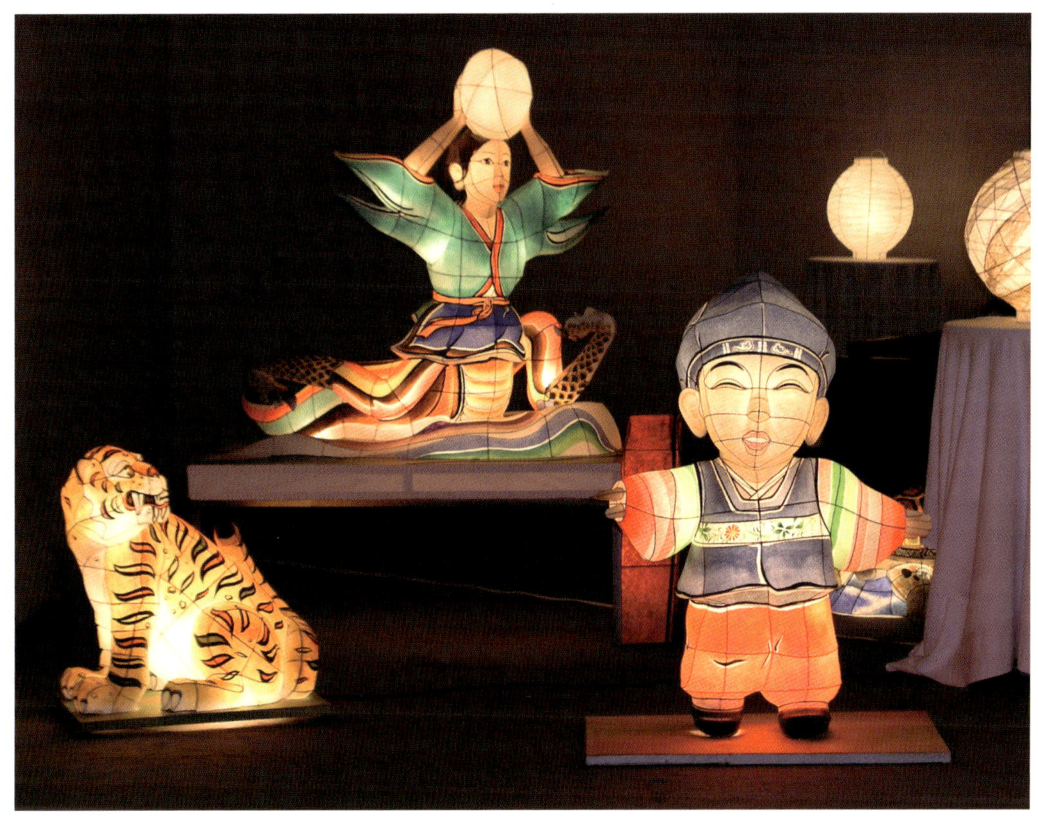

| 영국 런던 대영박물관 전시(전영일, 국근일, 김재성, 2007)

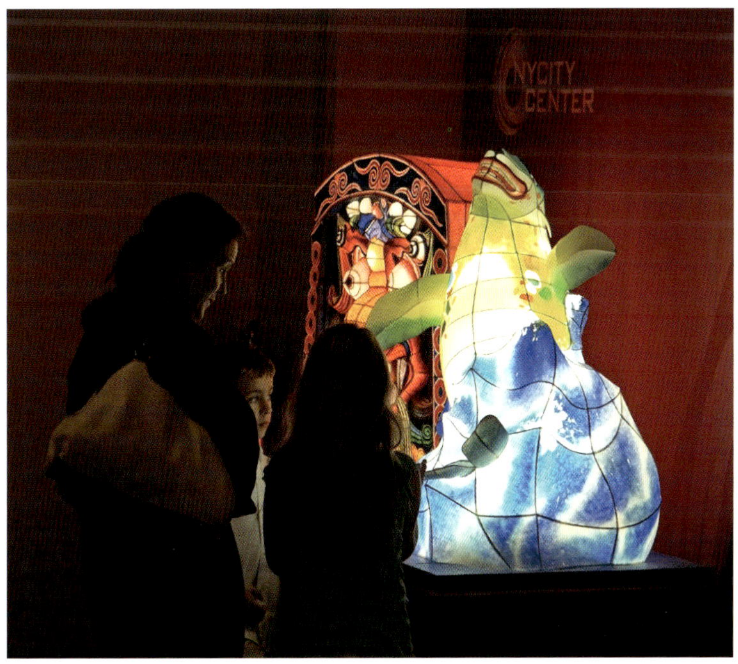

| 미국 뉴욕 뉴욕시티센터 전시(전영일, 국근일, 박석희, 2008)

2 · 시청 앞에 세워진 거대한 한지등

2008년부터 부처님오신날을 기념하기 위해 매년 세워지던 조형물을 전통등의 제작방식을 따라 거대하게 만든 한지등 조형물로 대체하였다. 기존의 작품은 연등회의 소재인 전통등이 아니었기 때문에 빛깔의 정체성이 모호했으며 연등축제를 대표하기에는 여러 가지로 안정성이 떨어진다는 평가를 받았다. 서울 시청 앞에 세워지는 한지전통등은 수작업으로 만든 전통 한지를 사용하여 한 면 한 면을 정성스레 붙이고 채색하여 만든 세계에 유래가 없는 작품이다. 이 거대한 전통등은 전시되기 전 해의 가을부터 준비하여 제작된다. 연등회·연등축제 주관 기구인 봉축기획단은 매년 연등회·연등축제에 대한 평가를 실시하여 다음해의 연등회·연등축제를 준비하는데, 시청 앞 장엄등도 당연히 포함된다. 그러한 평가 위에서 봉축기획단은 다음해의 작품에 대한 의견을 수렴하여 작가를 선정하고 작품을 의뢰한다.

선정된 작가는 가을부터 장엄등에 대한 구상과 디자인을 결정하고, 정확한 도면과 구체적인 실행계획을 작성하고, 세부적인 작업일정을 정한 뒤 제작을 시작한다. 장엄등의 작업과정을 간단히 말하면, 〈등의 설계 → 설계안정성 감리 → 내부구조물 제작 → 외부골조 제작 → 조립 및 설치 리허설 → 해체 → 전기배선 → 특수 한지 제작 → 배접 → 채색 →방오 코팅 → 완성 → 시청 앞으로 이동 → 설치〉의 순서로 진행된다.

장엄등의 골조는 대개 10개의 커다란 조각으로 나누어 만들어지며 내부의 구조물에 전기관련 설비를 한다. 설계와 제작의 오차를 최소화해야 하기 때문에 일상적으로 점검하는데,

크기가 거대하기 때문에 작업자의 안전에도 유념하며 작업한다.

골조가 준비되면 배접을 시작한다. 배접에 사용되는 한지의 총 분량은 60호를 기준으로 했을 때 1000장 정도인데, 한지의 바깥부분과 자르고 남아서 버리는 양을 제외해도 대략 600장 정도가 실제로 사용된다. 이때 큰 장력이 필요한 면에는 한지의 안쪽 면에 특수한 천을 다림질하여 붙이는데, 나중에 조명을 켜도 다른 곳과 달라 보이지 않고, 온도 변화와 바람의 힘에 저항하는 능력이 생긴다.

배접은 먼저 한지를 고르는 일부터 시작한다. 색감과 두께가 너무 차이나지 않도록 한지를 선별하는 작업이다. 그 후 특수 천을 붙이는 작업을 하고, 완성된 골조에 배접한 후, 아교포수까지 마치는 데 대략 한 달 가까운 시일이 소요된다. 여러 과정 중에서 배접 작업에 가장 많은 인원이 필요한데, 약 10여 명 이상이 작업한다. 입체 구조물인 장엄등의 골조를 하나씩 작업장으로 옮기고, 높은 곳은 사다리를 이용하여 작업하고, 한지를 붙인 풀이 완전히 다 마른 뒤에 아교포수를 하기 때문에 많은 시간이 소요된다.

채색작업에도 배접과 마찬가지로 사다리가 반드시 필요하다. 등의 크기가 크기 때문에 서서 큰 붓을 사용하여 채색한다. 조금이라도 실수를 하면 그 면의 한지를 떼어내고 다시 작업해야 하기 때문에, 한마디로 초긴장의 연속이다. 등의 윗부분을 채색할 때는 거대한 비닐로 아랫부분 전체를 가리고 작업한다. 물감을 물에 섞을 때는 기본적으로 커다란 양동이를 사용하고, 혹시 실수할 것을 대비하여 필요한 분량의 두 배 이상의 물감을 만들어야 한다. 만든 물감은 채색을 마친 뒤에는 밀폐하여 보관하다가 나중에 등을 수리할 때 다시 사용한다. 장엄등 제작에서 중요하지 않은 과정은 없지만, 가장 핵심적인 작업은 설치라고 할 수 있다. 설치는 조립을 준비하는 단계부터 시작한다. 거대한 구조물이기 때문에 차량으로 운반할 수 있는 크기로 제작하여 조립하는데, 조립과정에서 골조가 휘어지거나 전기적 문제가 발생하지 않도록 주의한다. 미륵사지9층석탑등의 경우 설치하는 데 선도차를 제외하고 5톤 트럭 13대가 필요하였고, 여기에 크레인 2대와 작업차량 5대가 추가되었다. 대체로 장엄등 전체를 모두 설치하는 데 이틀이 소요된다. 첫째 날은 전날 밤 오후 9시부터 다음날 오전 6시까지 이루어져야 하므로 신속하게 작업을 진행한다. 둘째 날은 전기 작업, 하부좌대에 대한 외부조명 작업, 안전관리요원에 대한 교육 등 마무리 작업을 진행한다.

오랜 시간과 많은 사람들의 정성과 열정을 다하여 제작된 장엄등은 해마다 부처님오신날을 전후로 약 한 달여 동안 수도 서울의 시청 앞에서 부처님의 자비의 빛을 뿜어낸다.

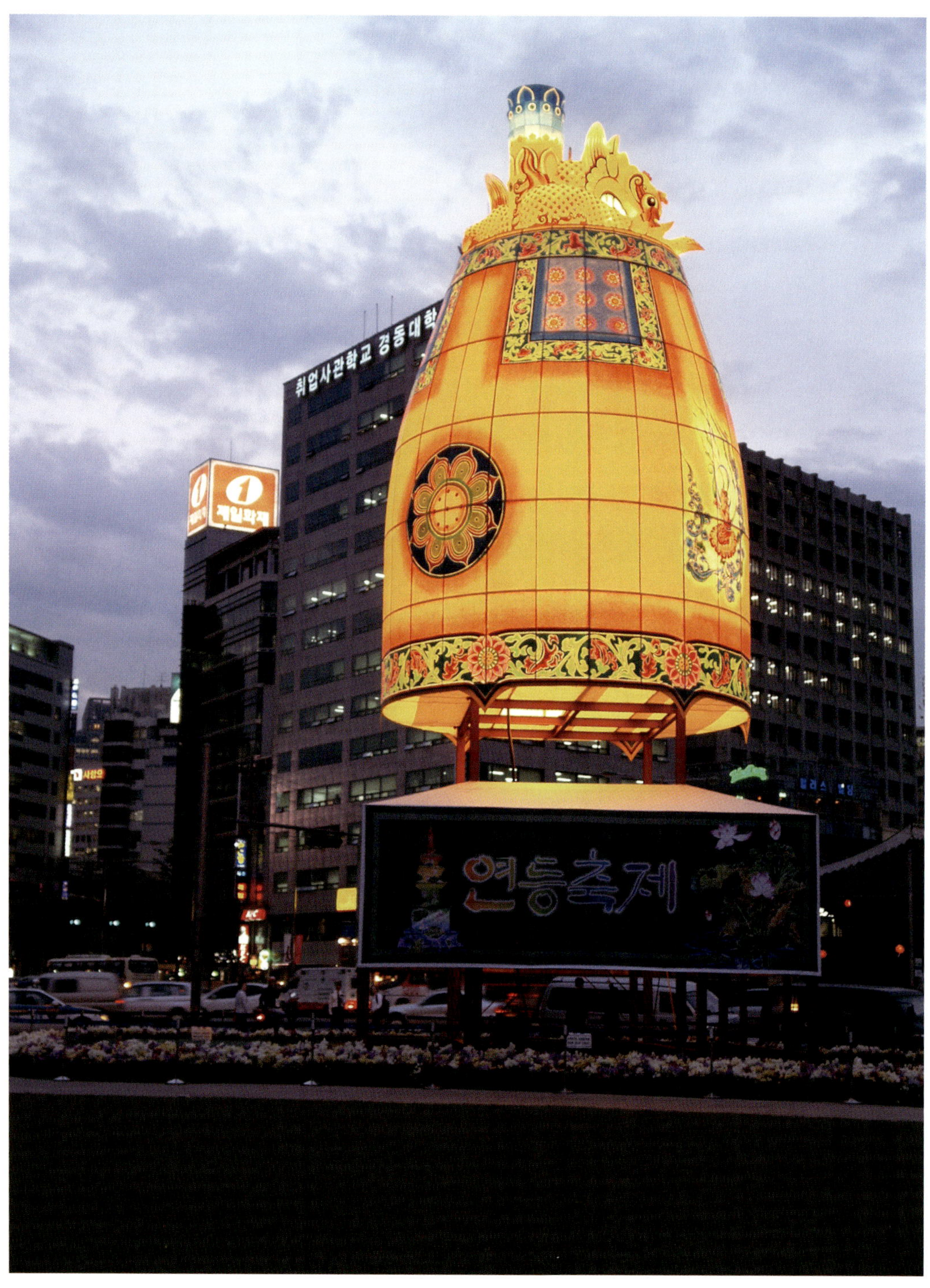

2008 시청 앞 봉축상징물, 범종등

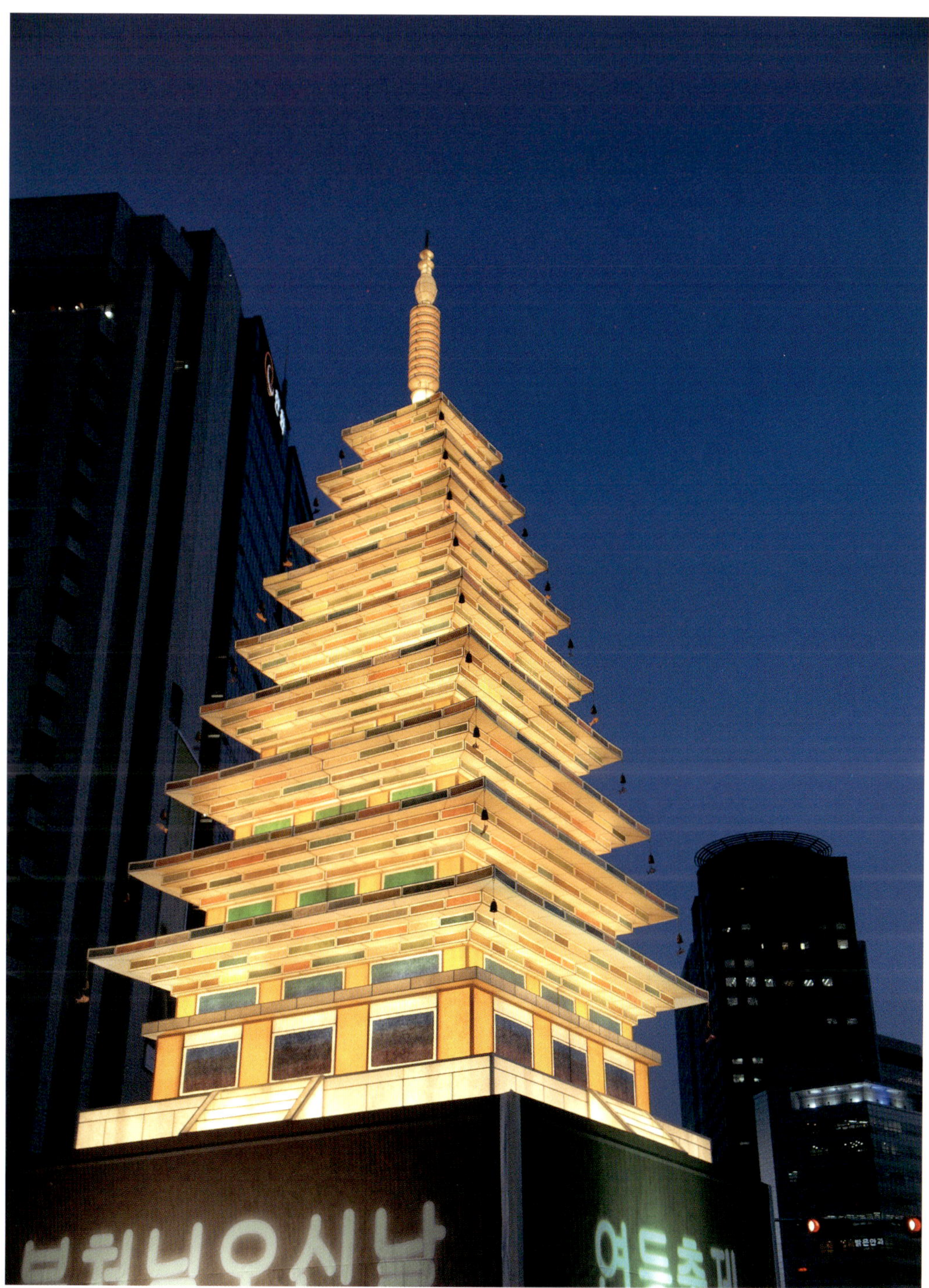

2009 시청 앞 봉축상징물, 미륵사지9층석탑

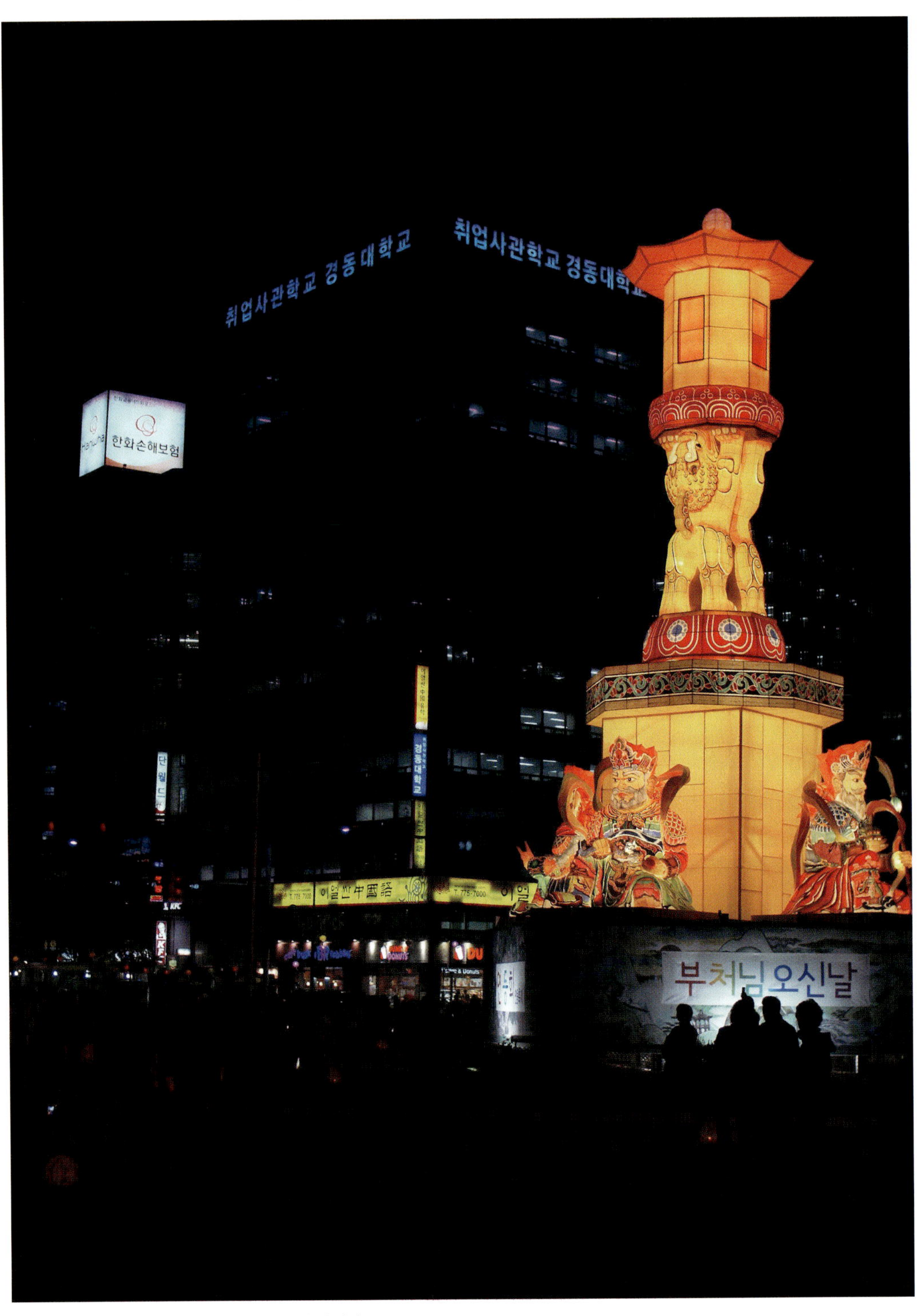

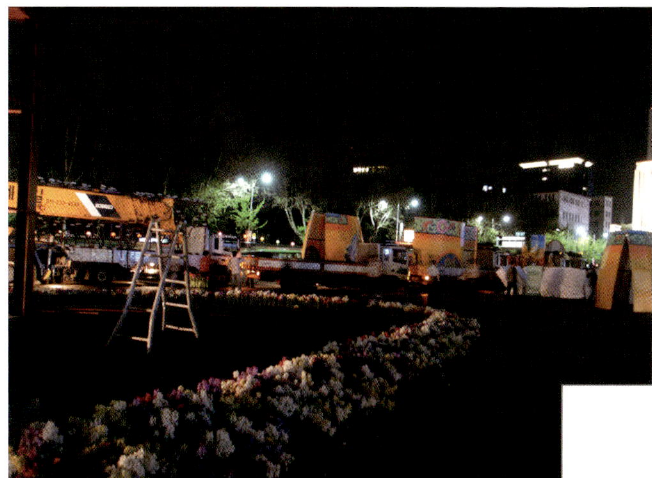

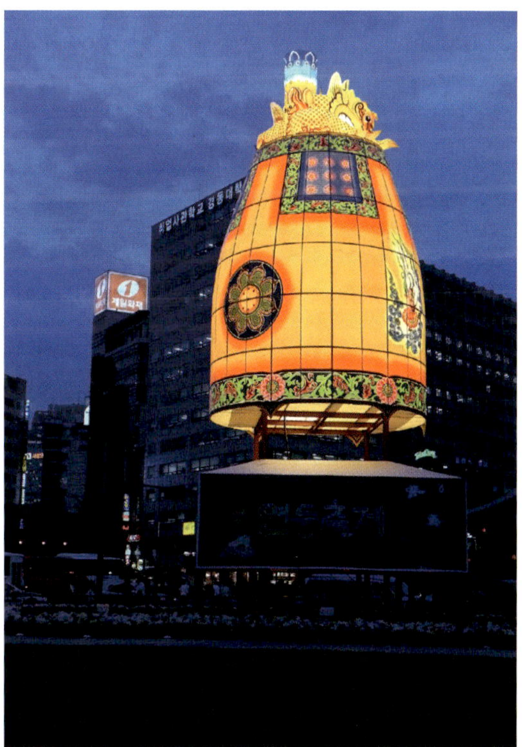

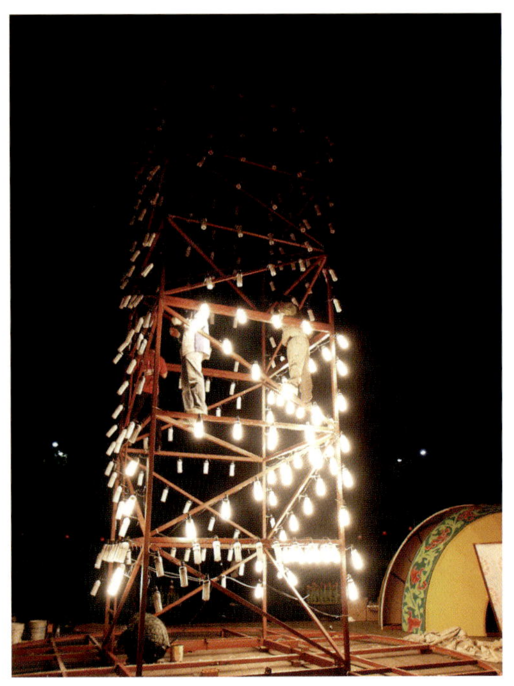

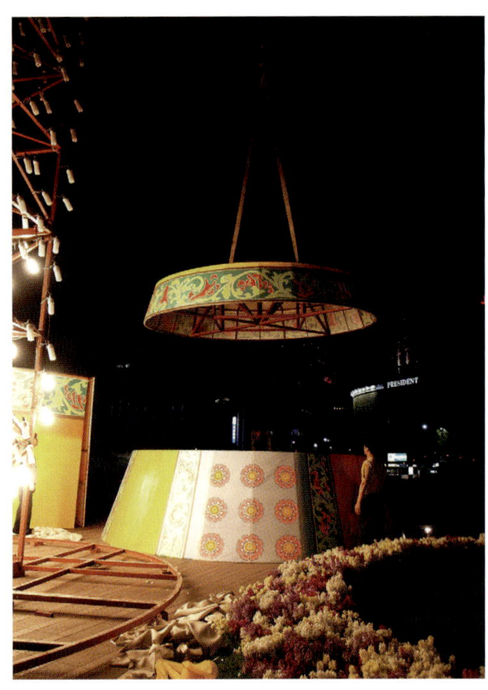

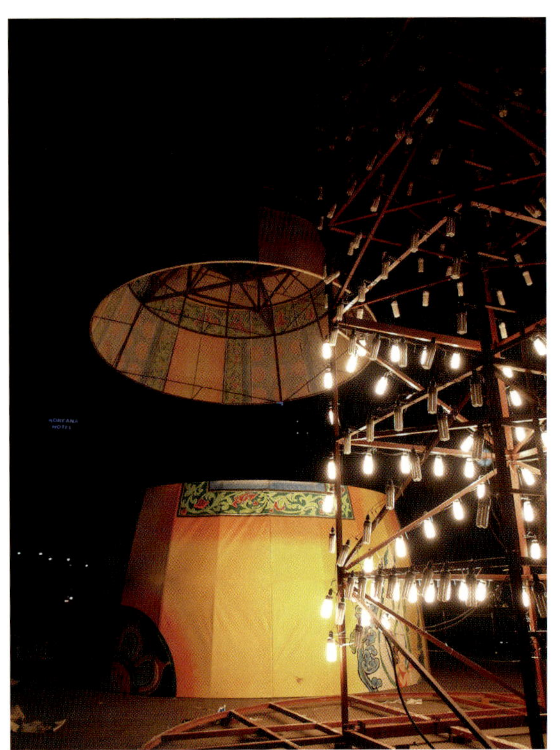

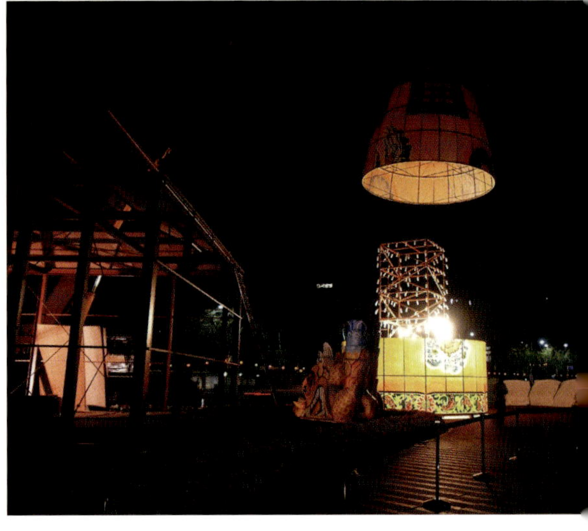

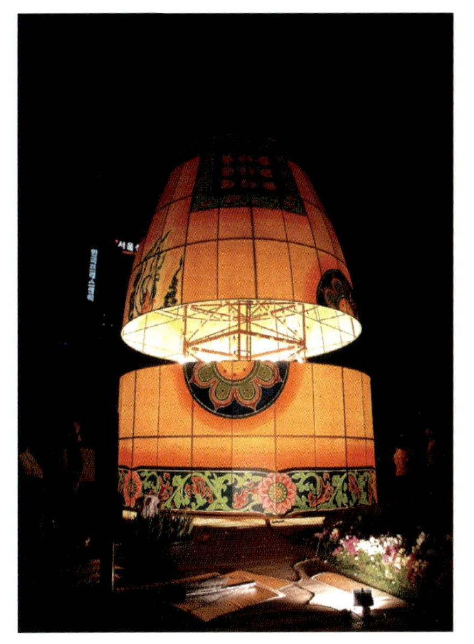 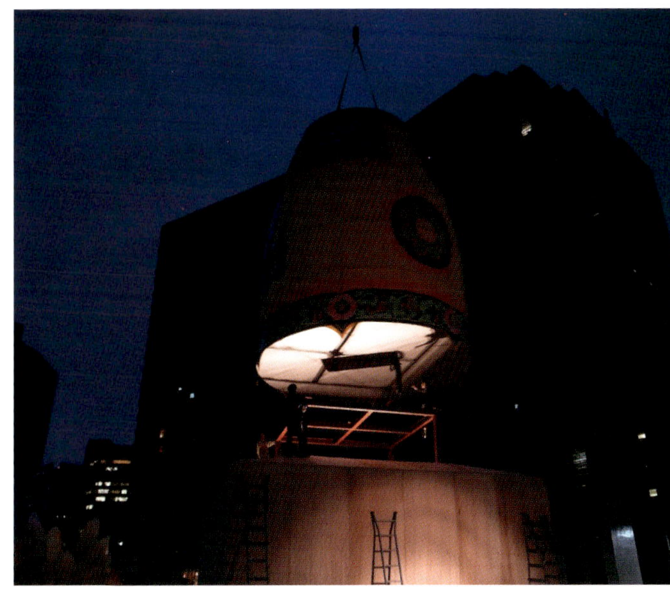

| 2008년도 봉축기념 범종등 설치과정 |

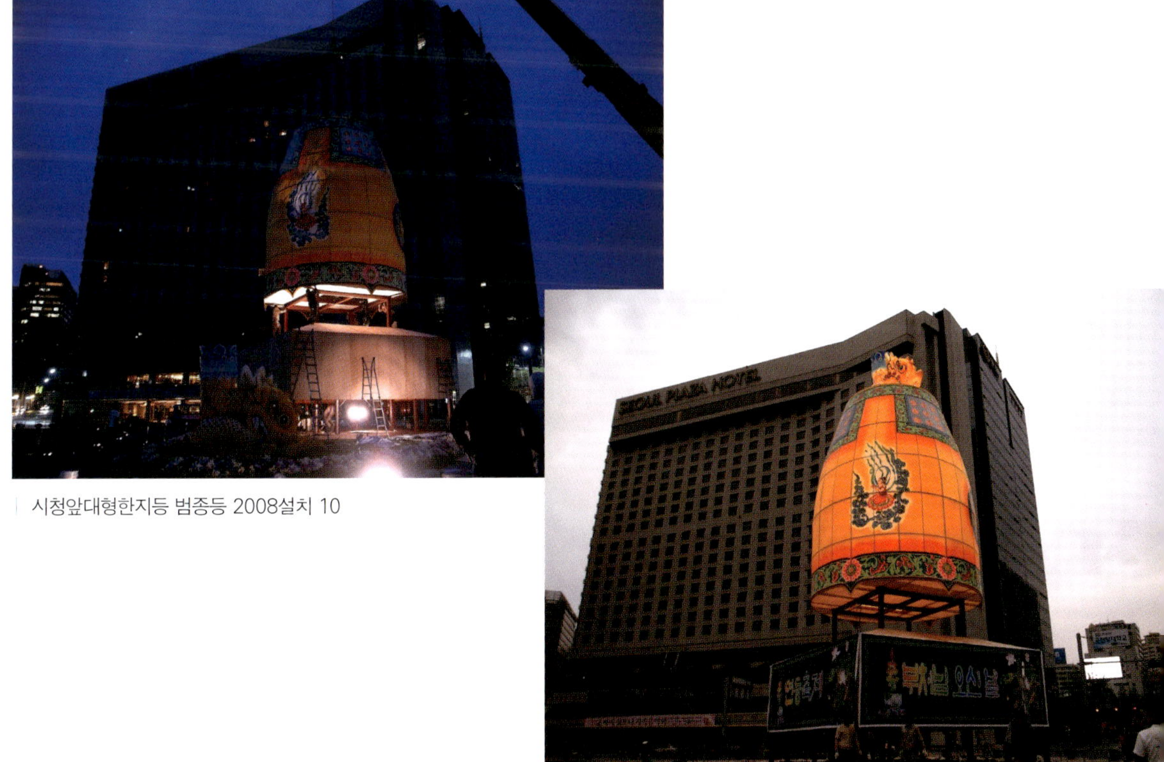

| 시청앞대형한지등 범종등 2008설치 10

| 시청앞대형한지등 범종등 2008설치 11

3 · 전통한지등 경연대회

전통예술문화를 계승·발전시키고, 등(燈) 예술가의 창작의욕 고취와 등 예술의 확산을 위해 마련된 전통한지등 공모전은 2009년까지 진행되었던 연등축제 등 경연대회를 질적으로 발전시킨 것이다. 연등축제와 함께 진행되던 등 경연대회는 전문적인 심사위원이 적었고 상대적으로 불교신자들을 중심으로 출품이 이루어졌기 때문에 한계가 있었다. 그러나 연등축제의 외연이 더욱 커지고 전통한지등을 창작하는 전문 작가가 점차 증가하였다. 이러한 변화에서 전통등의 예술적 측면을 더욱 향상시키고, 전통등 전문 작가를 지원하기 위한 방안이 요구되었다. 또한 연등축제의 발전을 담지하고 있는 여러 전통등 작가들의 활동공간 확장도 필요한 시점이었다. 이를 위해 전통한지등 공모전이 개최되었다.

전통한지등 공모전은 공모전의 형식을 취하면서도 출품작의 질적인 향상과 발전을 이끌어내기 위해 상금을 높이는 한편 출품시기를 연등축제기간이 아닌 가을로 옮기기도 하였다. 이렇게 하여 연등축제를 위해서 잠시 전통등 제작에 참여하던 전문 작가들이 축제가 끝난 뒤에도 작업을 계속할 수 있게 되었고, 또한 연등축제를 경험하지 않은 일반 작가도 참여하는 문이 열리게 되었다. 첫 공모전은 2010년도에 개최되었는데, 처음 시작이었기 때문에 예술적으로 뛰어난 작품이 나오기는 무리가 있었다. 그러나 충분한 발전가능성을 엿볼 수 있는 다양한 작품들이 출품되었고, 완성도가 높은 결과물도 찾아볼 수 있었다. 앞으로 더욱 활력 넘치고 상상력이 풍부한 작품이 기대된다.

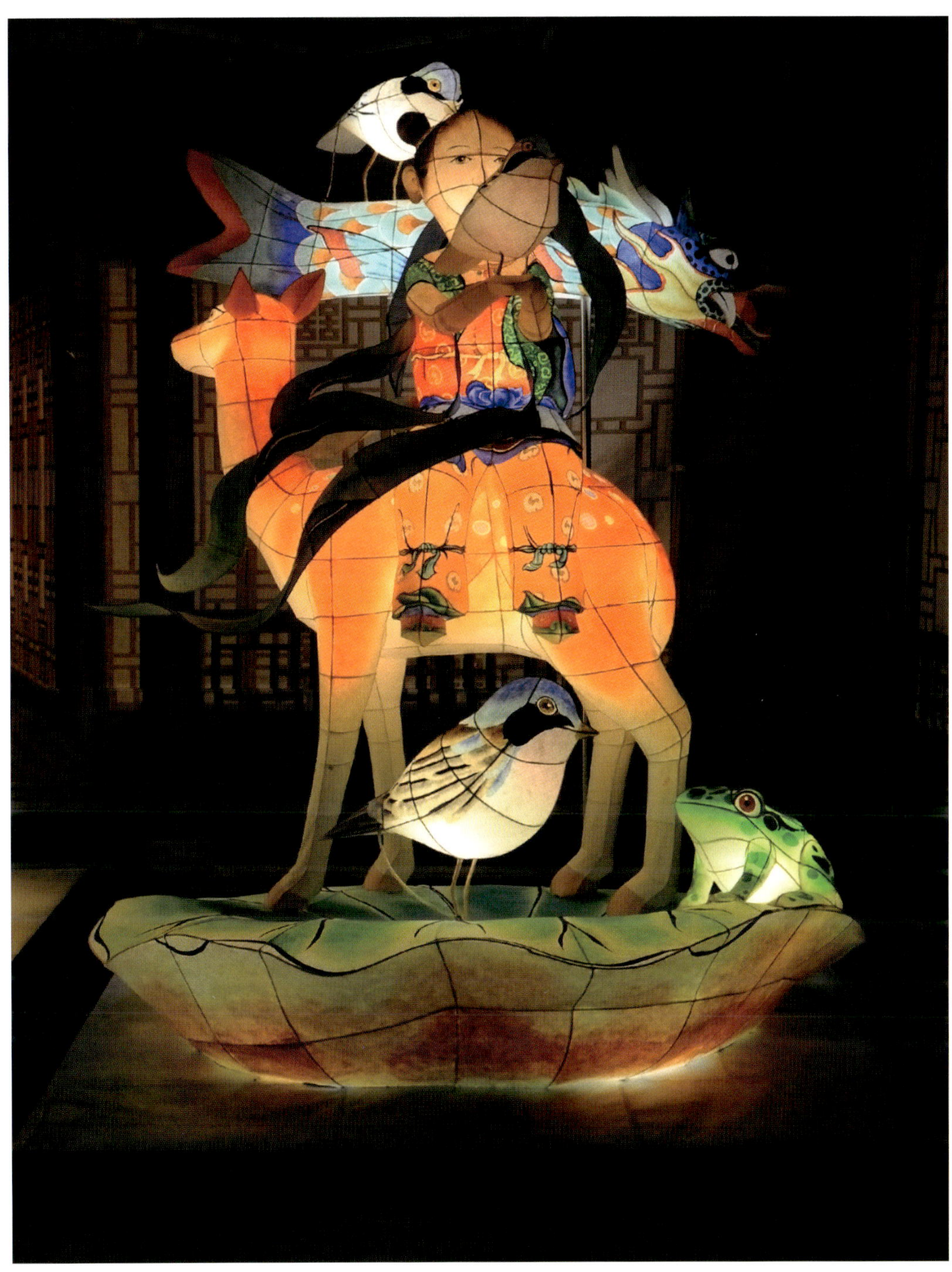

전통한지등 공모전 수상작(김재성)

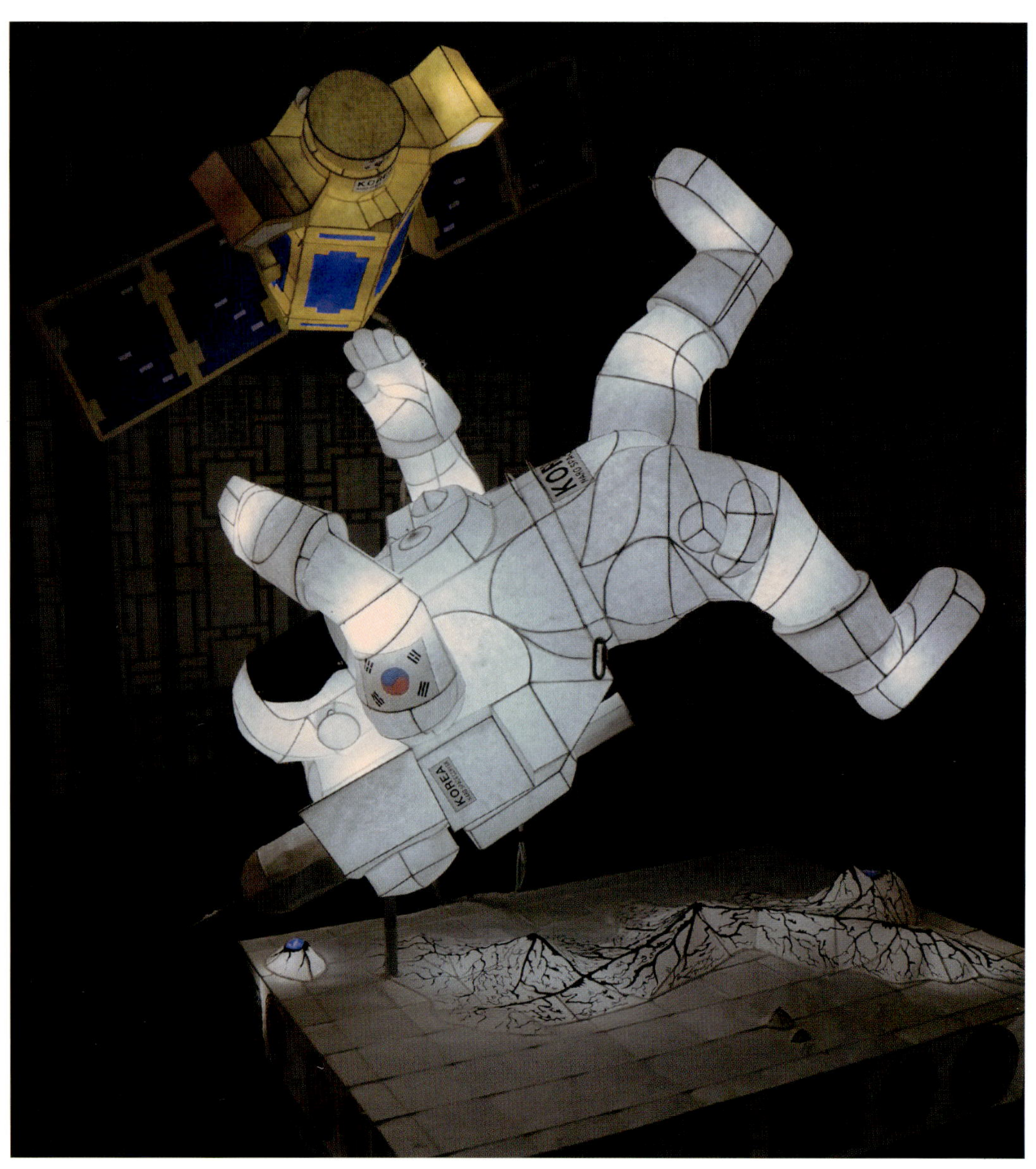

전통한지등 공모전 수상작(이기환)

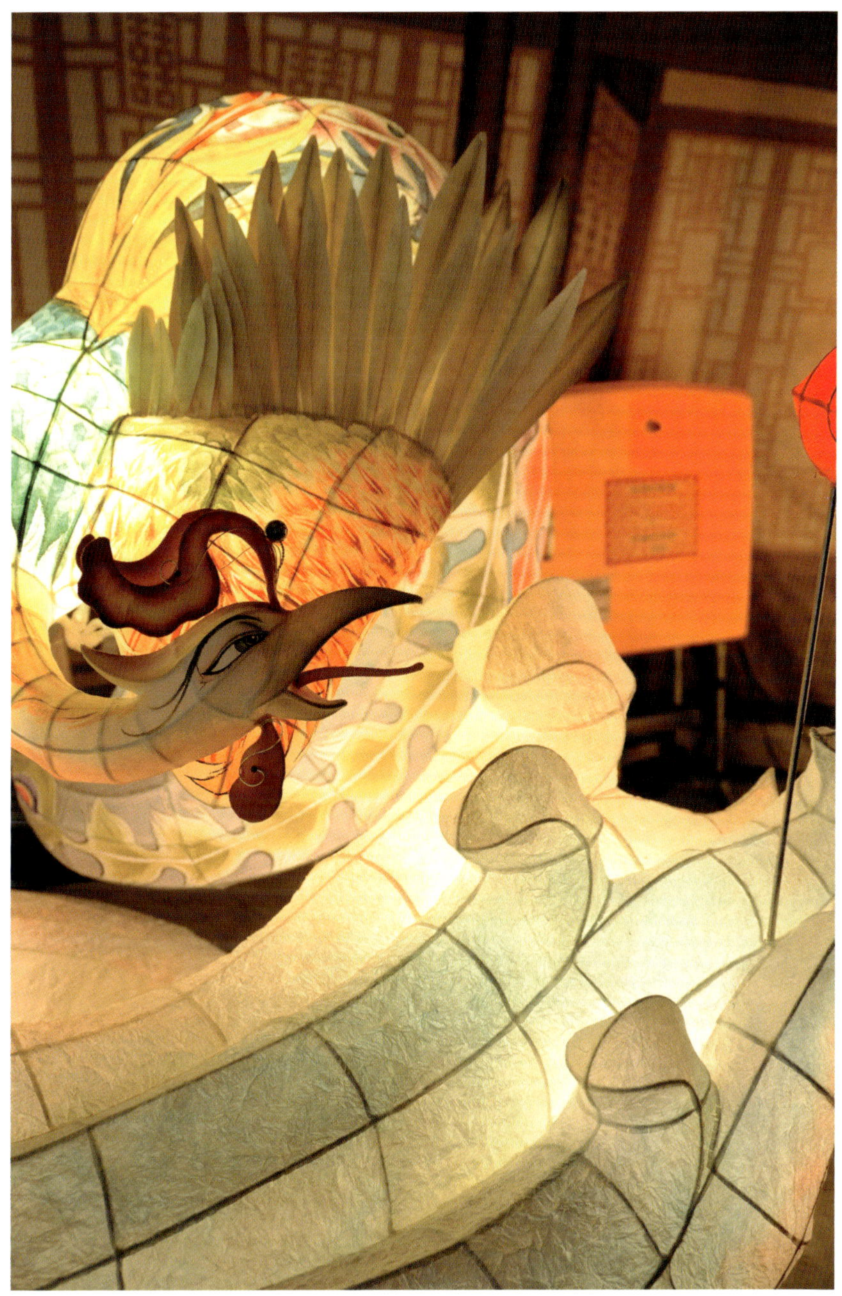

전통한지등 공모전 수상작(서지연)

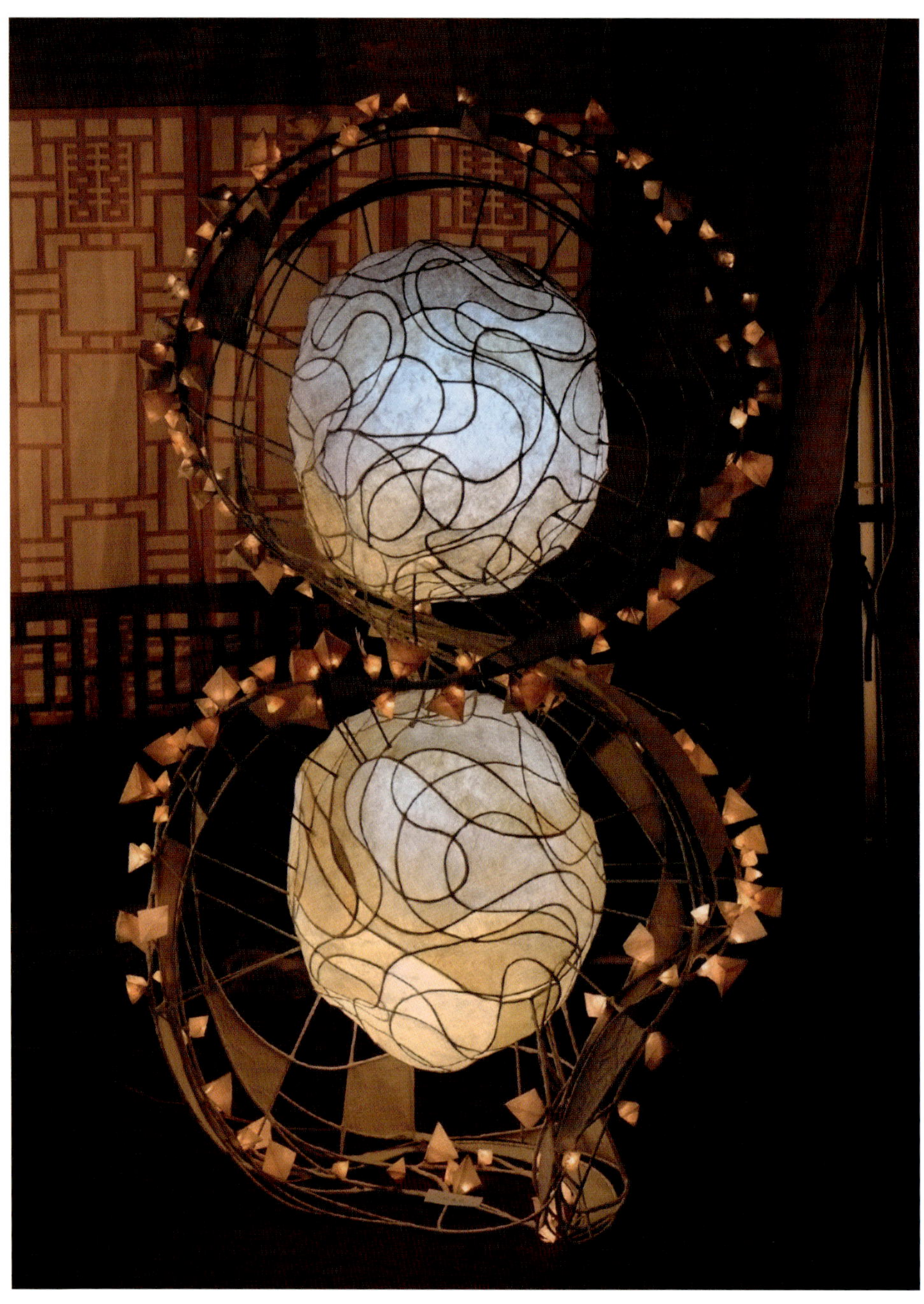

전통한지등 공모전 수상작(빛과 놀이 공동창작)

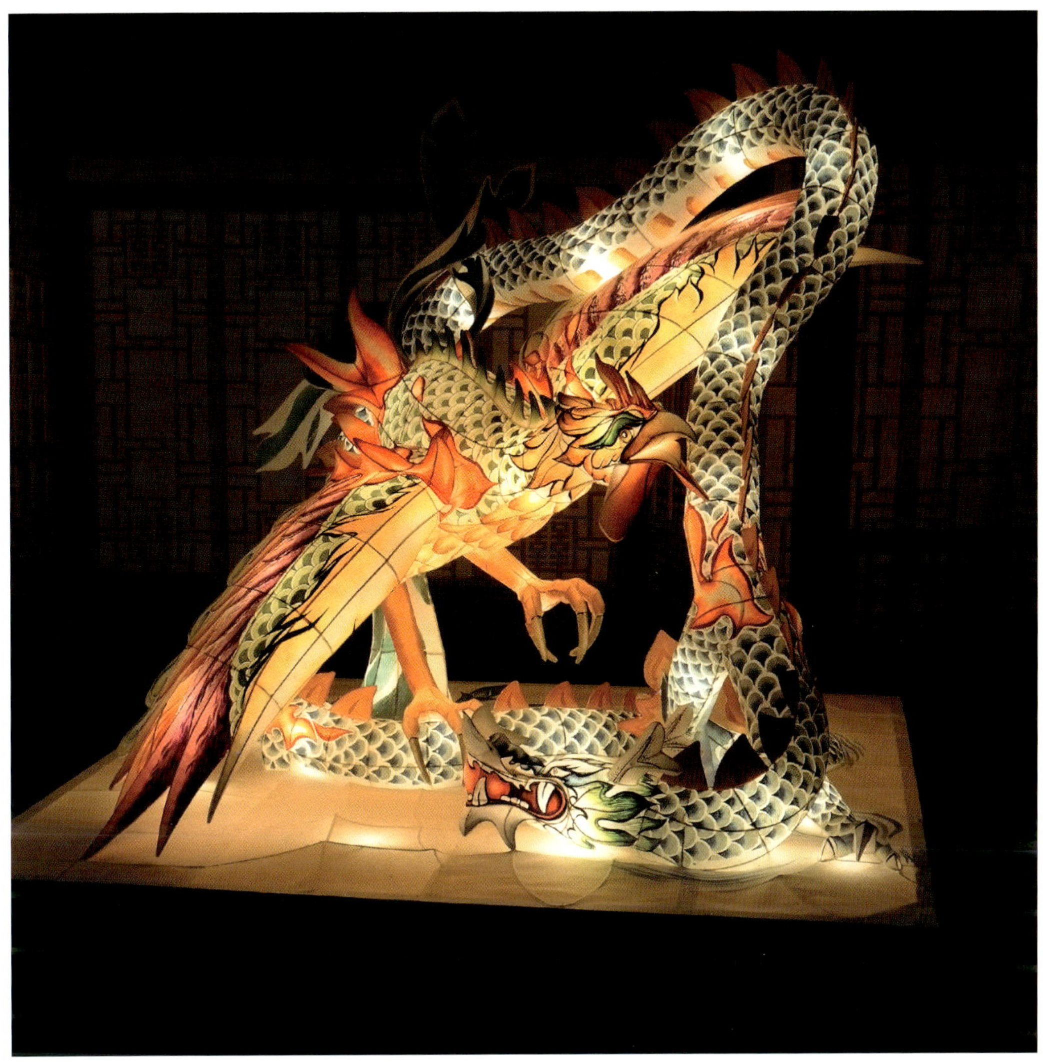

전통한지등 공모전 수상작(신승용)

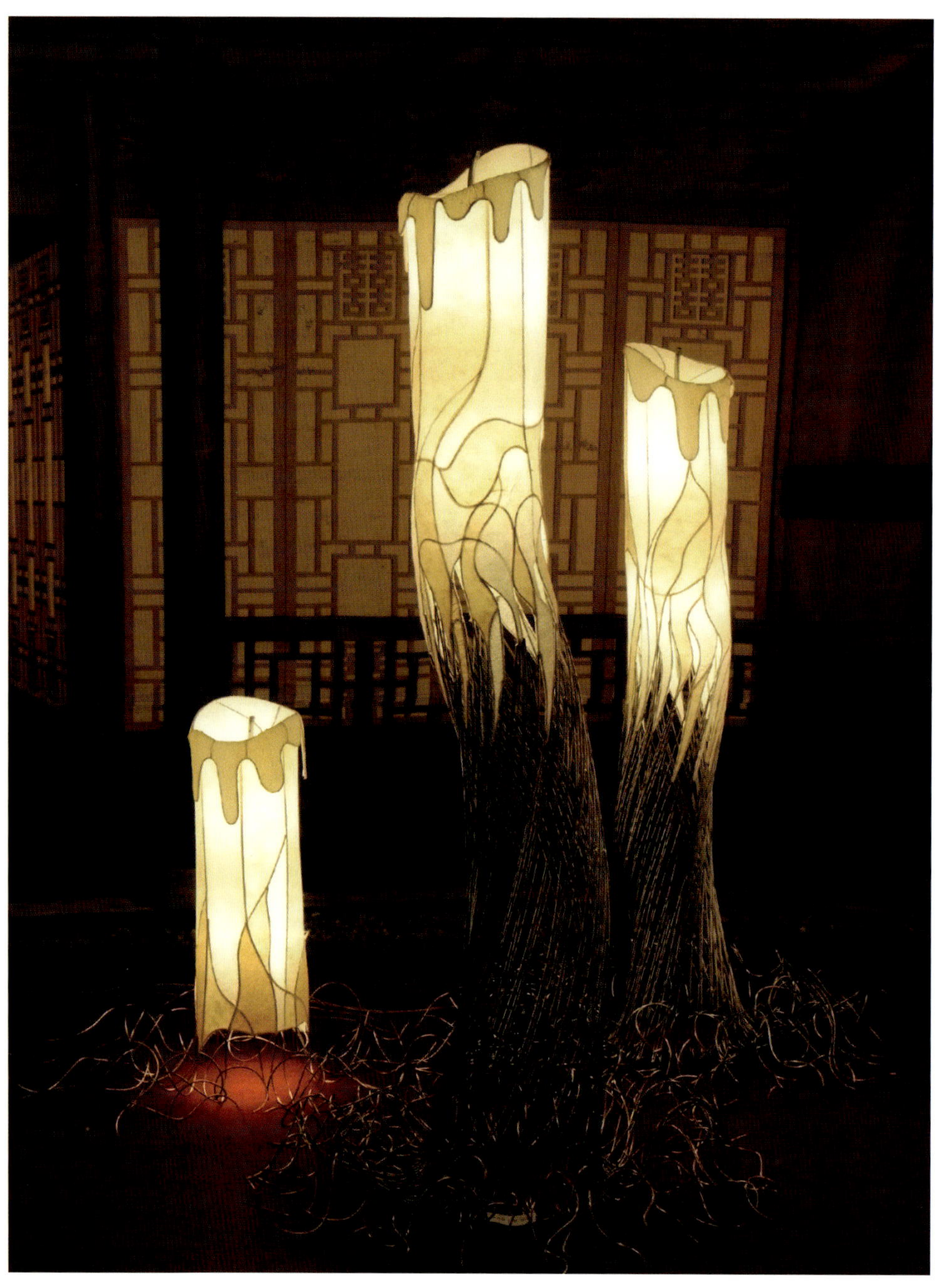

전통한지등 공모전 수상작(이기범)

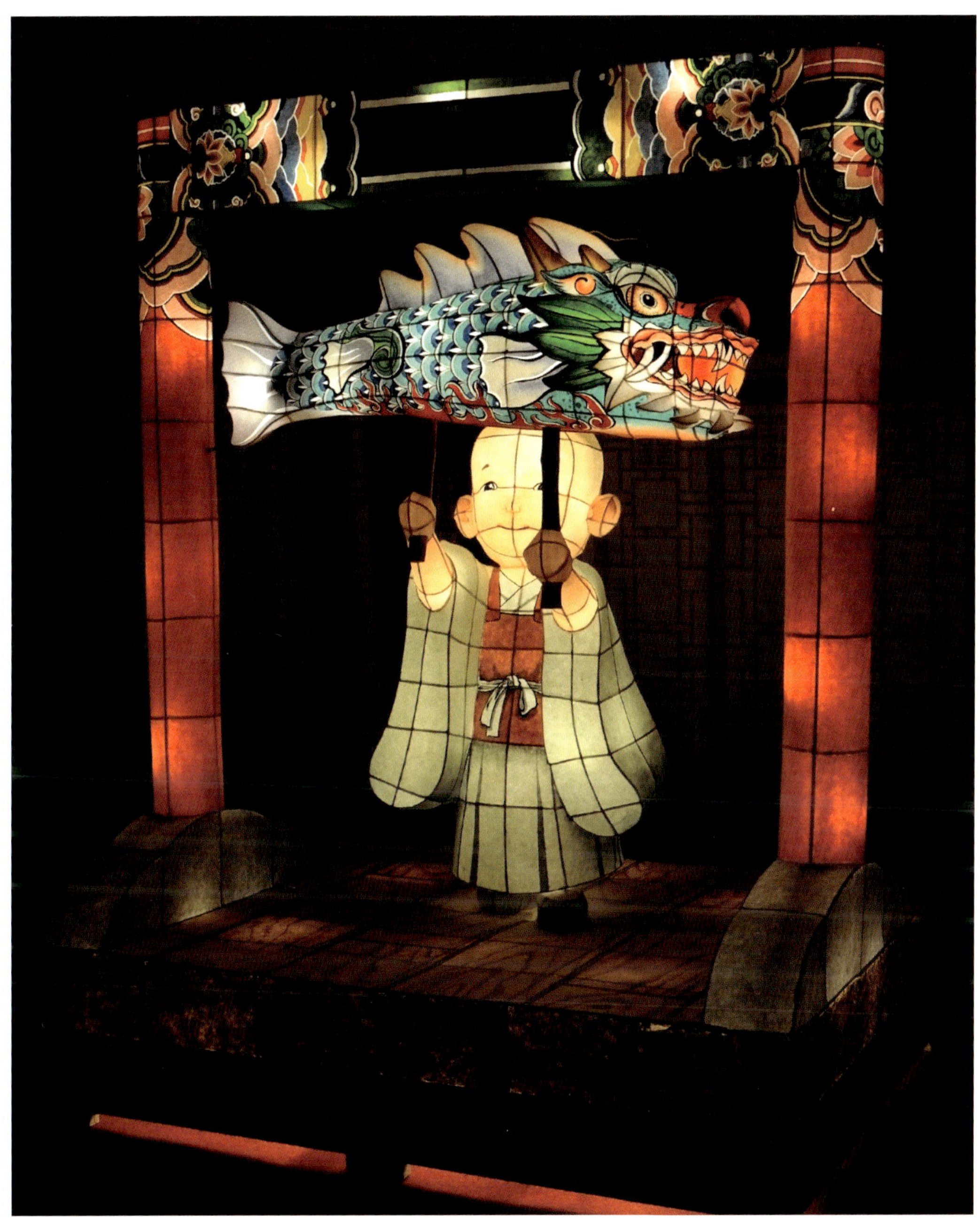

전통한지등 공모전 수상작(한마음선원)

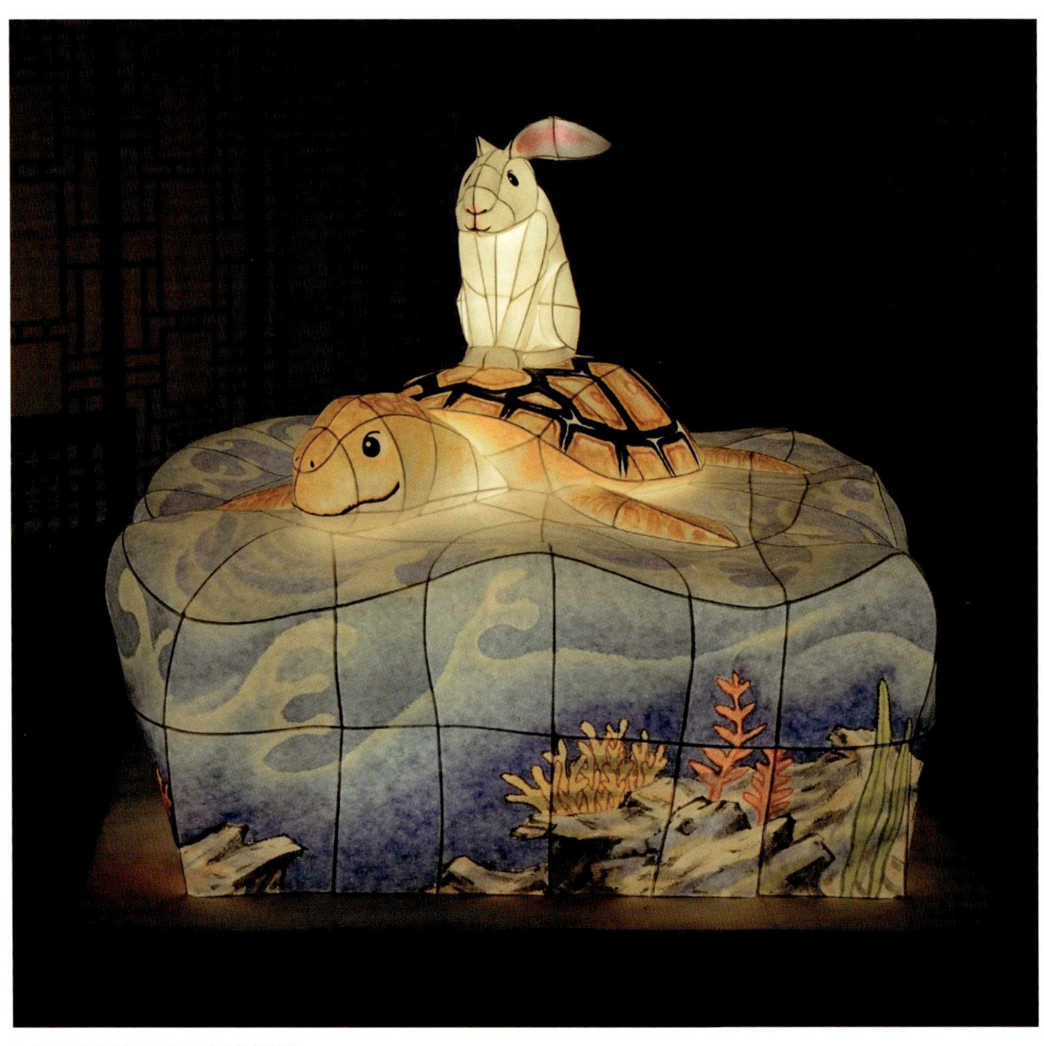

전통한지등 공모전 수상작(현재열)

4 · 전통등 작품

지금까지는 조명을 위한 등, 축제를 위한 등을 소개하였다. 그러나 한지로 만든 전통등도 순수한 예술적 창작이 가능한 분야이며, 여러 작품과 작가가 등장하고 있다. 한지전통등의 고유한 특징인 뼈대 구조에 한지 마감을 하여 만든 조형물은 기존의 조각과는 다른 퍼포먼스를 펼쳐낸다.

전통등이라는 훌륭한 문화유산을 물려받은 전문 작가들이 전통등의 구조가 지닌 조형적 특징이 현대적인 조형언어와 매우 잘 어울린다는 점에 착안하여 많은 시도를 벌이고 있다. 골조(프레임)를 활용한 작업과 무한한 확장성을 가지고 있는 한지는 독특한 영역의 빛 조형 작업을 가능하게 한다.

한때 사라질 위기에 처했던 연등놀이의 소재가 이제는 전통놀이의 필수적인 유희적 도구로, 나아가 일상생활을 풍족하게 하는 공예품으로, 또한 문화적인 삶의 질을 높이는 예술체험교육으로, 더 나아가 독창적인 영역을 갖는 예술작품의 영역으로 끊임없이 변화·확장되고 있다. 이러한 다양한 시도는 전통등의 질을 높이고 대중화시키는 데 커다란 역할을 하고 있다. 그러나 아직까지도 전통등 제작기법을 활용하여 현대적인 예술작업을 하는 이는 드물다. 여기에 게재된 작품은 전체적인 경향을 대변하는 것이 아니며, 일부를 소개하는 것이다. 이와는 다른 시선으로 작품을 만드는 또 다른 작가들의 작품도 접할 기회를 갖게 되기를 바란다.

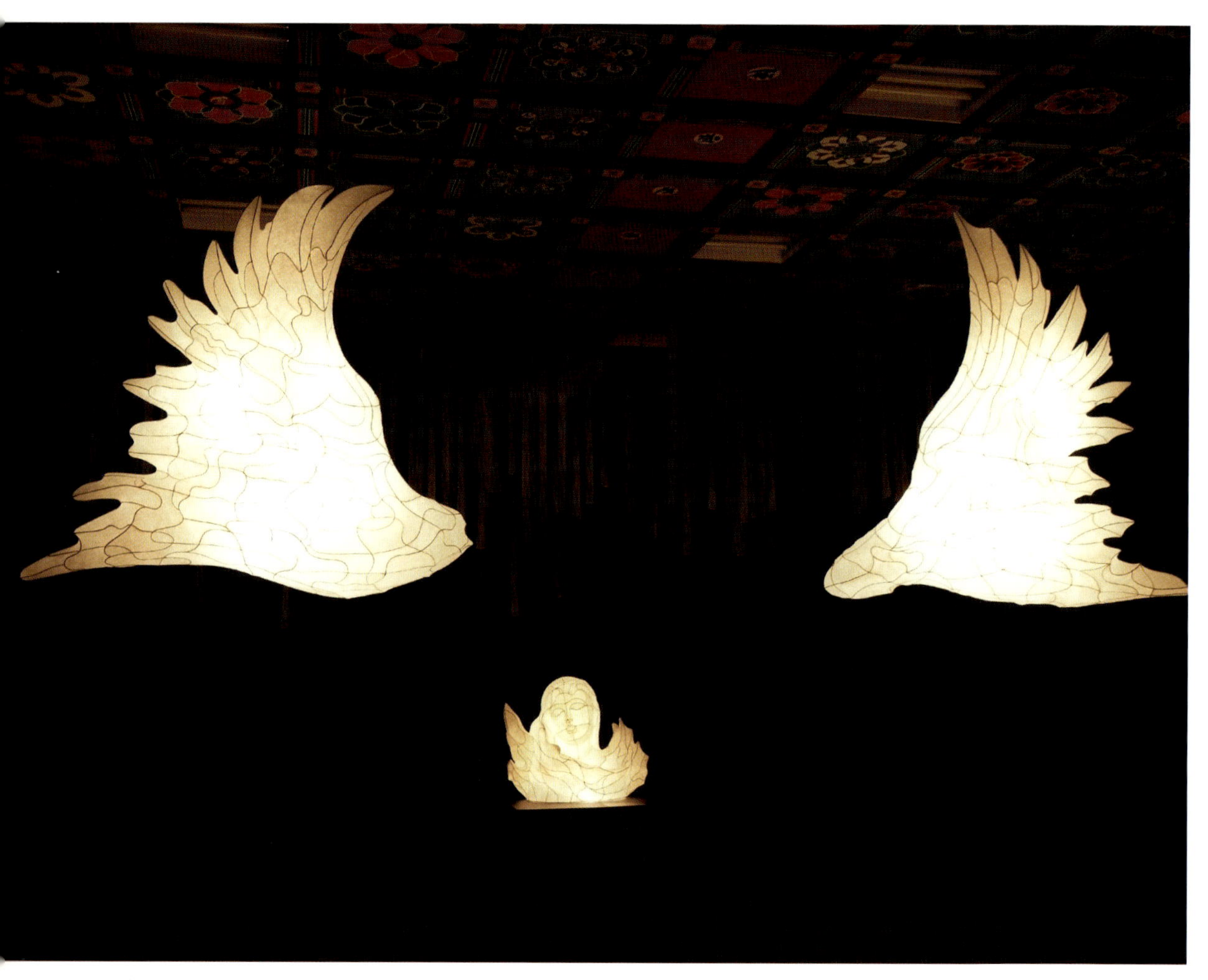

기다림, 아, 훔(전영일, 2010)

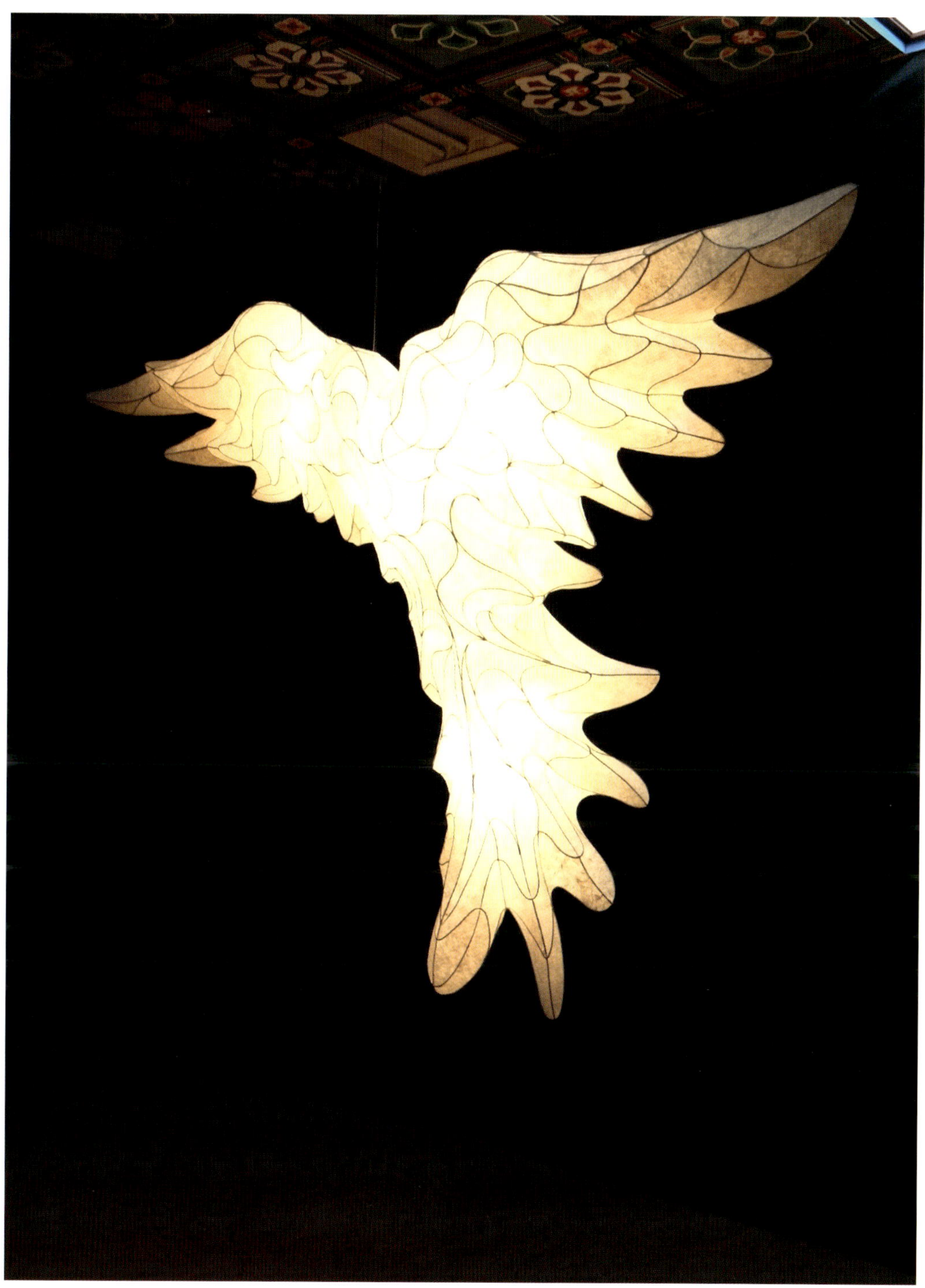

희망의 날개(이기범, 2010)

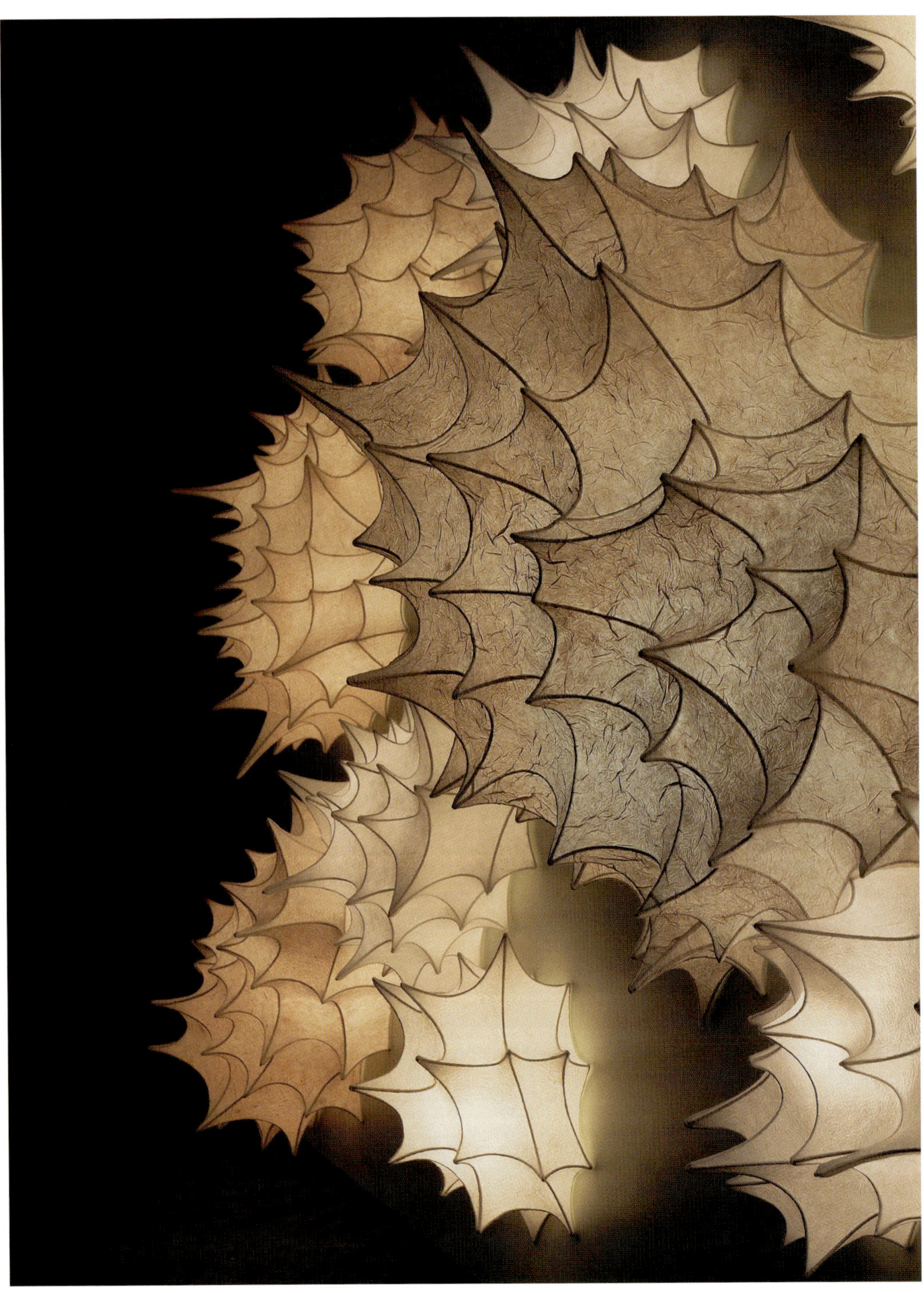

조용한 확산(전영일, 2009)

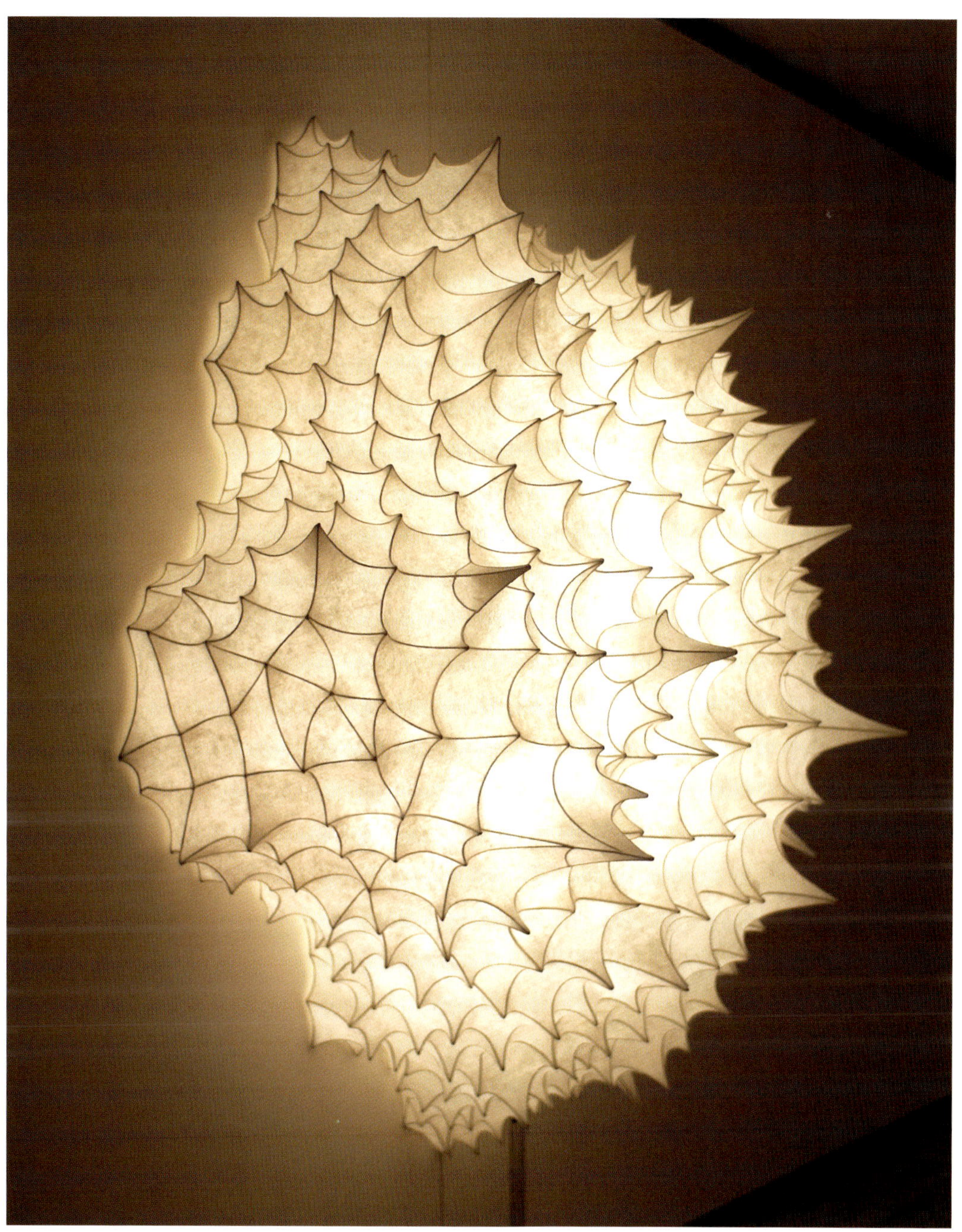

빛이 머물다 I (전영일, 2009)

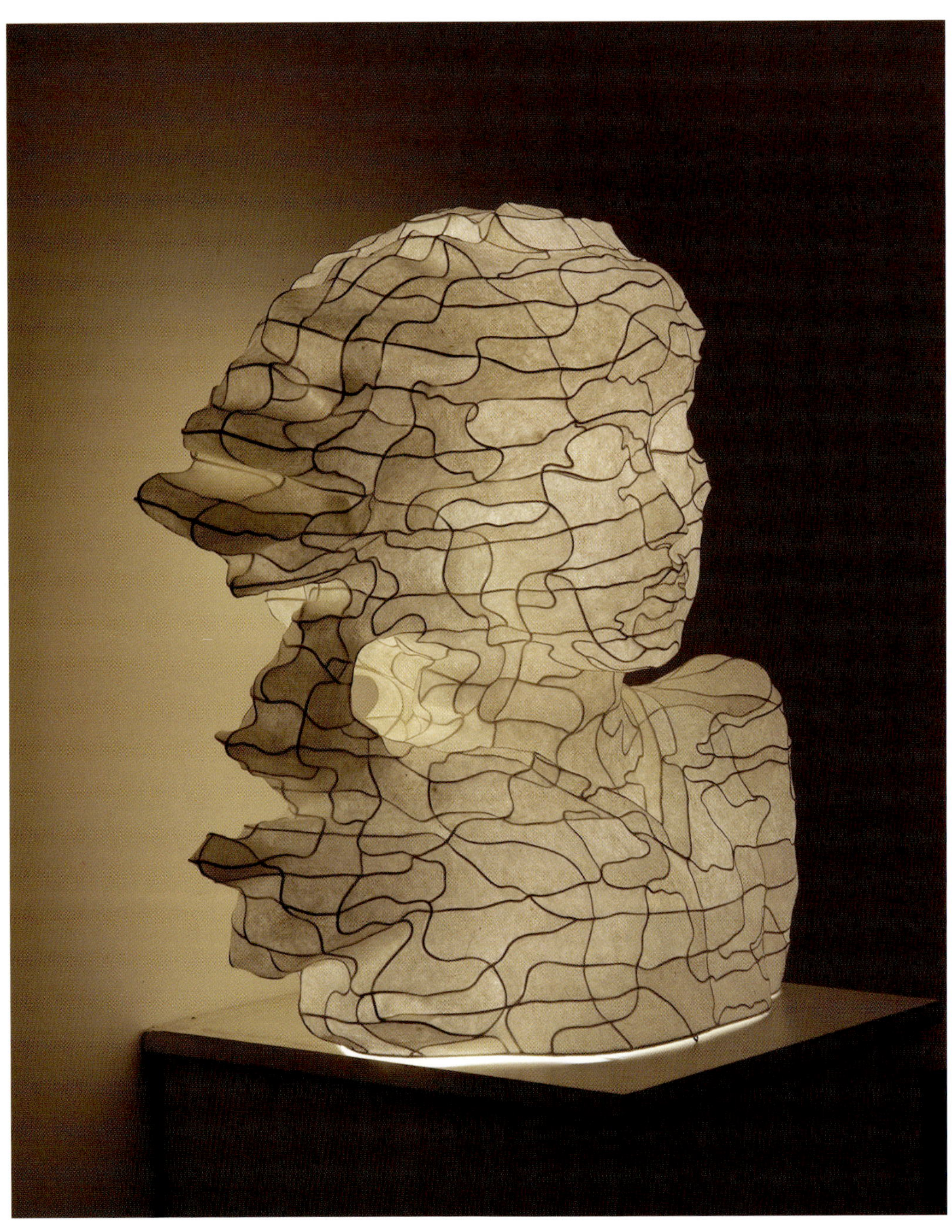

빛이 머물다 Ⅳ (전영일, 2009)

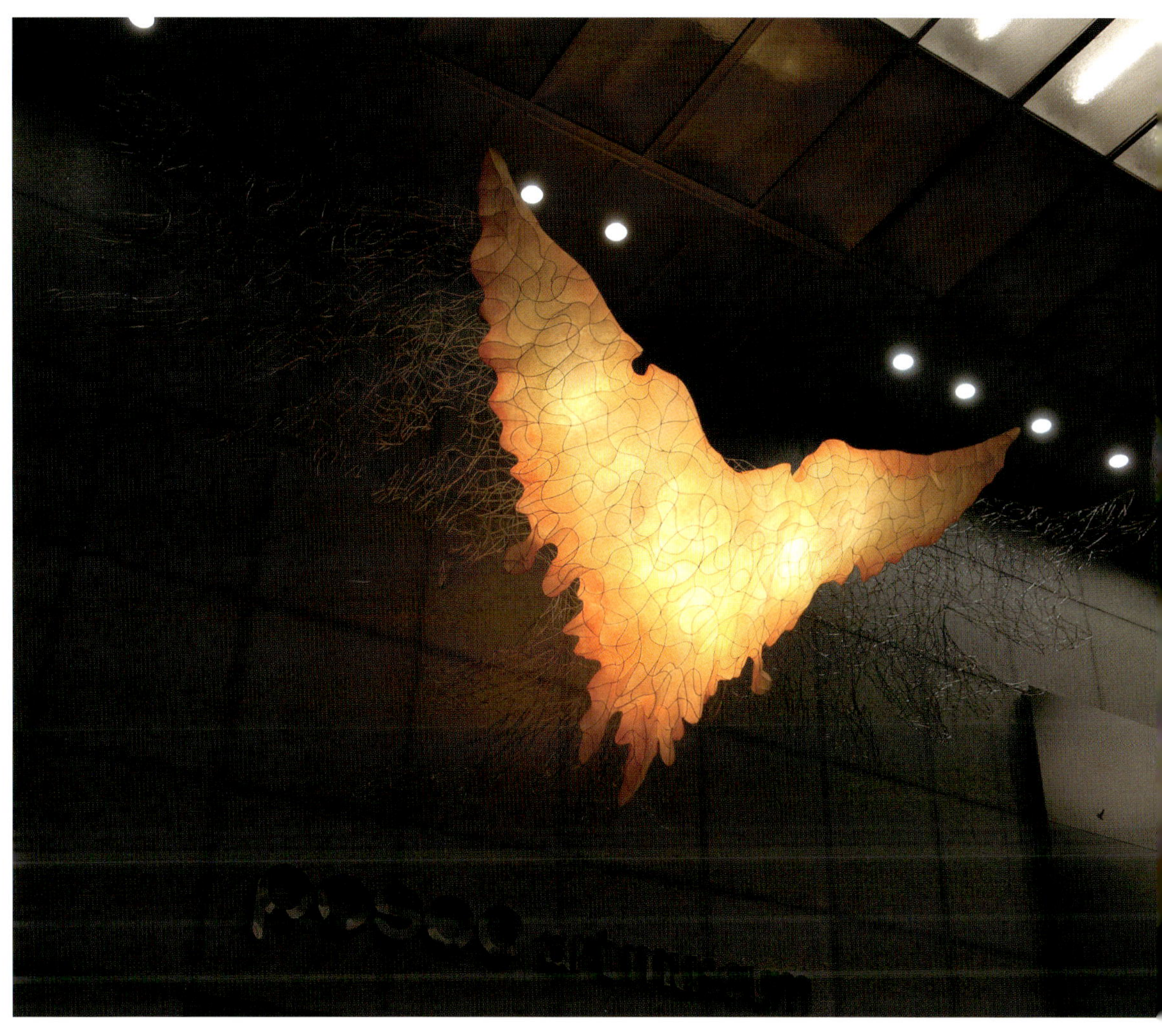

빛이 머물다(전영일, 2009)

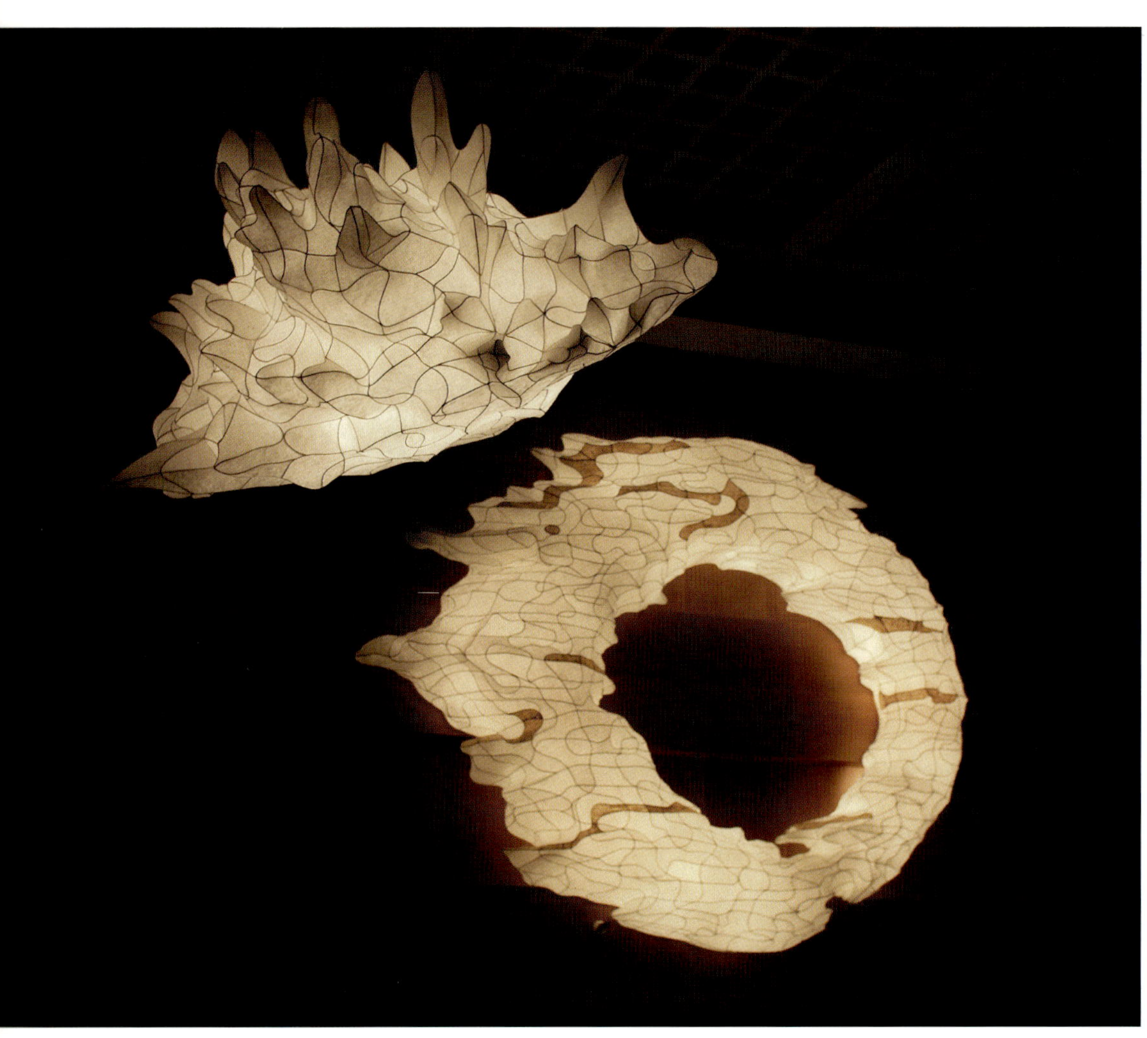

빛이 머물다Ⅱ (전영일, 2009)

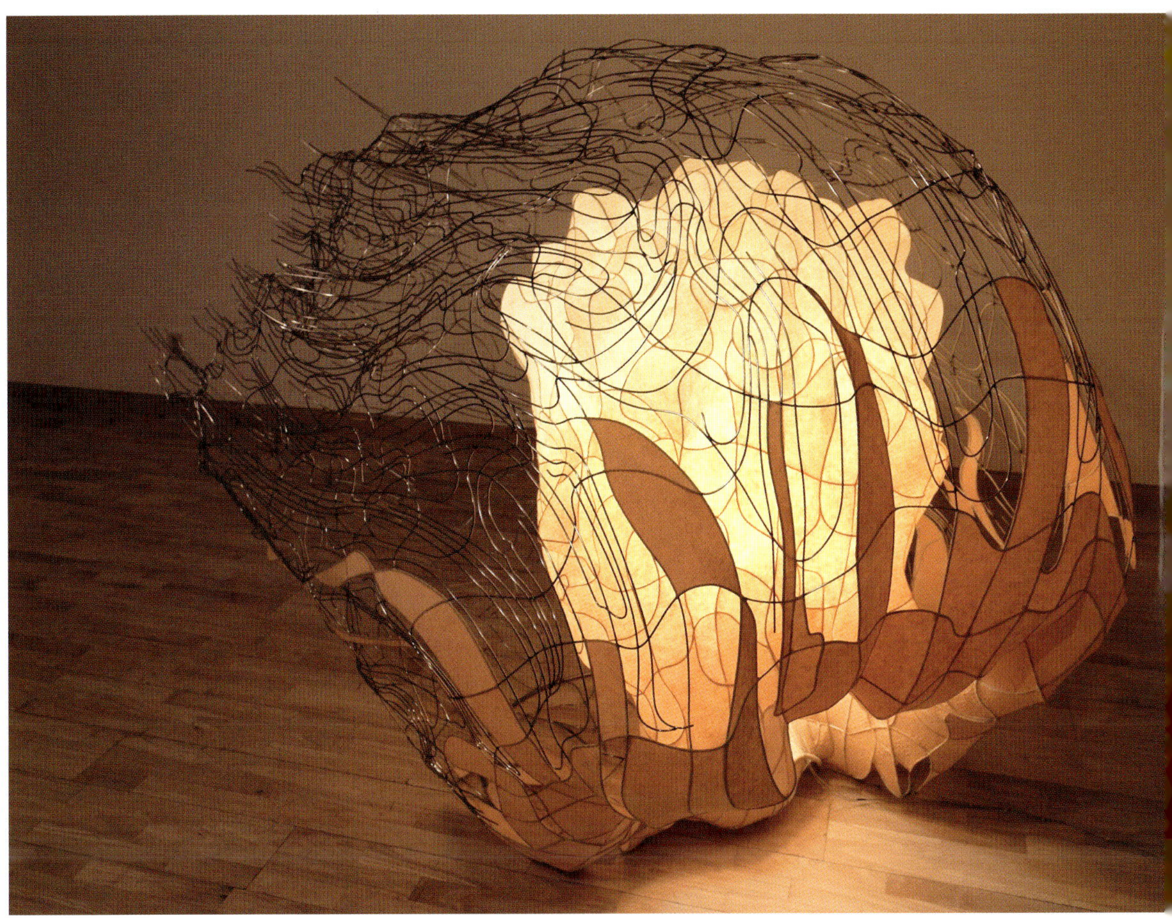

조용한 확산 I (전영일, 2009)

참고문헌

『고려의 국가불교의례와 문화』, 안지원, 서울대출판부, 2005
『동국세시기』, 과학원 고전연구실, 한국문화사 1999
『오감만족 연등축제』, 대한불교조계종 행사기획단, 불광출판사, 2009
『초파일민속론』, 편무영, 민속원, 2002
『한국민속대사전』, 사전편찬위원회, 민족문화사, 1994
『한국의 민속놀이』, 심우성, 대광문화사, 1990
『한국종교민속시론』, 편무영, 민속원 2004
「연등제의 역사와 전통」, 대한불교조계종 총무원 문화부, 2008
「연등회의 문화재적 가치와 한 · 중 · 일 연등축제의 비교」, 대한불교조계종 총무원 문화부, 한국민속학회, 2009
「초파일행사 100년」, 대한불교조계종 행사기획단, 2010
「고려 연등회의 연행공간 연구」, 이영미, 『연극학보』 vol.31, 2003

누가 만들어도 참 쉬운 한지전통등

2011년 5월 2일 초판 인쇄
2011년 5월 6일 초판 발행

지은이 전영일
펴낸이 박상근(至弘)
주간 류지호
편집 사기순, 이상근, 정선경, 이기선
책임편집 정선경
디자인 이유달
사진 전영일, 대한불교조계종 행사기획단
일러스트 전영일
제작 김명환
홍보마케팅 허성국, 김대현, 김영수
관리 윤애경

펴낸 곳 불광출판사
주소 110-140 서울시 종로구 수송동 46-21, 3층
대표전화 02) 420-3200
편집부 02) 420-3300
팩시밀리 02) 420-3400
출판등록 제1-183호(1979. 10. 10)

ⓒ 전영일, 2011

ISBN 978-89-7479-597-9 (13630)
값 25,000원

독자의 의견을 기다립니다. 잘못된 책은 바꾸어드립니다.
www.bulkwang.co.kr